MUSIQUE, CINÉMA, PROCESSUS CRÉATEUR

NORMAN MCLAREN-MAURICE BLACKBURN
DAVID CRONENBERG-HOWARD SHORE

Dernières parutions dans la même collection

Mémoires d'Hector Berlioz de 1803 à 1865, et ses voyages en Italie, en Allemagne, en Russie et en Angleterre, écrits par lui-même, texte établi, présenté et annoté par Peter Bloom, 2019, 920 pages.

De la Libération au Domaine musical : dix ans de musique en France (1944-1954), sous la direction de Laurent Feneyrou et Alain Poirier, 2019, 576 pages.

Écoles de Paris en musique, 1920-1950 : identités, nationalisme, cosmopolitisme, par Federico Lazzaro, 2018, 436 pages.

Léo Delibes : itinéraire d'un musicien des Bouffes-Parisiens à l'Institut, par Pauline Girard, 2018, 432 pages.

Maurice Emmanuel, *Lettres choisies, 1880-1938*, rassemblées, présentées et annotées par Christophe Corbier, 2017, 632 pages.

Jules Massenet, *Mes souvenirs et autres écrits*, textes rassemblés, présentés et annotés par Jean-Christophe Branger, 2017, 360 pages.

Berlioz et la scène : penser le fait théâtral, par Violaine Anger, 2016, 304 pages.

Regards sur le Dictionnaire de musique de Rousseau : des Lumières au Romantisme, par Emmanuel Reibel, 2016, 290 pages.

Entretiens d'artistes : poétique et pratiques, par Laurence Brogniez et Valérie Dufour, 2016, 280 pages.

Jean Cocteau, *Écrits sur la musique*, présentés par David Gullentops et Malou Haine, 2016, 648 pages.

Marges de l'opéra : musique de scène, musique de film et musique radiophonique en France, en Suisse, en Allemagne et aux États-Unis, 1920-1950, sous la direction de Frédérique Toudoire-Surlapierre et Pascal Lécroart, 2015, 288 pages.

L'orchestre à cordes sous Louis XIV, sous la direction de Jean Duron et Florence Gétreau, 2015, 472 pages.

Essais de philosophie, par Jerrold Levinson, textes réunis, traduits et introduits par Clément Canonne et Pierre Saint-Germier, 2015, 288 pages.

L'orchestre au travail : interprétations, négociations, coopérations, par Hyacinthe Ravet, 2015, 384 pages.

L'enquête en ethnomusicologie : préparation, terrain, analyse, par Simha Arom et Denis-Constant Martin, 2015, 288 pages.

Perception et cognition de la musique, par Stephen McAdams, 2015, 248 pages.

Camille Saint-Saëns et le politique de 1870 à 1921 : le drapeau et la lyre, par Stéphane Leteuré, 2014, 224 pages.

Darius Milhaud, compositeur et expérimentateur, sous la direction de Jacinthe Harbec et Marie-Noëlle Lavoie, 2014, 288 pages.

La steppe musicienne : analyses et modélisation du patrimoine musical turcique, par Frédéric Léotar, 2014, 320 pages (Coup de cœur Académie Charles Cros, 2015).

Musicologies

MUSIQUE, CINÉMA, PROCESSUS CRÉATEUR

NORMAN MCLAREN-MAURICE BLACKBURN
DAVID CRONENBERG-HOWARD SHORE

par

Solenn Hellégouarch

Ouvrage publié avec le concours
du Centre national du livre (CNL)
et de l'Observatoire interdisciplinaire de création et de recherche en musique (OICRM)

VRIN

La collection *MusicologieS* présente des ouvrages qui répondent aux attentes des mélomanes, des musiciens, des musicologues mais aussi à celles de toutes les personnes qui s'intéressent à la musique et qui souhaitent découvrir et explorer son histoire, son langage, sa place et son rôle au cœur des sociétés occidentales et non occidentales.
La musicologie contemporaine possède de multiples orientations disciplinaires : histoire, histoire de l'art, philosophie, psychologie, psychanalyse, esthétique, sociologie ou anthropologie, pour ne citer qu'elles. Les ouvrages de la collection puiseront à ces univers et contribueront à la connaissance et à la compréhension des musiques savantes et populaires de toutes les époques.

MusicologieS
collection dirigée par
Malou Haine et Michel Duchesneau

Imprimé en France

ISSN 2114-169X
ISBN 978-2-7116-2887-2

www.vrin.fr

Introduction

ANALYSER LE PROCESSUS CRÉATEUR EN MUSIQUE DE FILM

Quelques exemples glorieux inscrits dans l'histoire du cinéma prouvent qu'un accord parfait entre un cinéaste et un musicien contribue à l'édification de l'idée et de la réalité d'une ŒUVRE[1].

Le cadre de la collaboration réalisateur-compositeur

Une musique fonctionnelle ?

Tout au long de son histoire, le cinéma a vu naître un certain nombre de collaborations, à plus ou moins long terme, entre un réalisateur et un compositeur, qui en ont marqué l'évolution. Bien souvent, ces créateurs ont permis non seulement le développement de styles bien spécifiques, certains noms de réalisateurs étant devenus indissociables de celui de leur compositeur, mais également une réévaluation du rôle et de l'esthétique de la musique au cinéma. Dans de telles collaborations, il apparaît inapproprié de considérer la musique comme une donnée secondaire, subordonnée à l'image et confinée à une fonction purement illustrative – redondante. La qualification de « musique fonctionnelle », dans son sens le plus péjoratif (par comparaison avec la musique dite « pure » et de concert), est également inadaptée si elle renvoie à l'idée d'une musique « de divertissement » ou « d'ameublement », impersonnelle, utilitaire et incompatible avec les notions nobles d'« art » et de « création ». Certes, la musique de film remplit une, voire plusieurs fonctions – celle, déjà, d'être destinée à un film (excepté dans le cas d'une musique préexistante) –, mais ce rôle n'en réduit pas nécessairement la qualité, *a fortiori* dans le cadre de certaines collaborations qui ont su développer un rapport privilégié et réfléchi entre musique et image, qui s'inscrit dans un projet à long terme.

1. Alain Lacombe et Claude Rocle, *La musique du film*, Paris, Francis Van de Velde, 1979, p. 81.

Nous aurions tort également d'oublier qu'à un moment de son élaboration, la musique de film se présente sous la forme d'une partition indépendante, organisée par des règles de langage et de structure propres au compositeur. Ceci est d'autant plus vrai dans le contexte d'une musique composée sur une « idée » de l'image, à partir du scénario seul, ou sur une simple sensation provoquée par l'image après un premier, voire l'unique, visionnement du film. Ainsi certains analystes s'évertuent à étudier les rapports entre musique et image en termes de « fonctions » tout en ignorant l'étape préalable qui consisterait à comprendre la construction d'une telle musique. Il n'est donc pas étonnant que la définition de la musique de film se réduise bien souvent à l'expression de « musique fonctionnelle », puisque c'est principalement en tant que telle qu'elle est analysée. Ainsi, du côté des musicologues, l'étude de la musique de film peut s'avérer insignifiante étant donné cette nature utilitaire et « impure »[2]. C'est ce que remarque K. J. Donnelly, en 2001 :

> Les spécialistes de la musique ont persisté à véhiculer le préjugé selon lequel la musique de film est en quelque sorte inférieure à la norme de la musique absolue (« pure », non fonctionnelle, écrite spécifiquement pour la « respectable » salle de concert). [...] La musique de film est invariablement plus qu'elle semble être. Elle est souvent loin de faire office de simple fond d'écran sonore : dynamique et touchante, elle constitue un pilier central du pouvoir et du charme cinématographiques[3].

Sans vouloir imposer ce fait comme une généralité, il apparaît que la musique de film est encore bien trop souvent définie en termes de fonctions.

Avant d'aller plus loin, une parenthèse s'avère nécessaire, car Donnelly attire l'attention sur un point important : mais pourquoi chercher à comparer la musique de film à la musique de concert ? Dès 1998, Nicholas Cook rappelle que la musique composée pour l'image n'a de sens qu'à l'intérieur du contexte pour lequel elle a été créée. Souvent trop fragmentaire pour faire sens dans ses propres termes, sa logique n'est pas celle de la musique de concert[4]. Il serait ainsi peu judicieux de chercher à la justifier en fonction des valeurs de la musique de concert : pourquoi ne pas plutôt « théoriser son rôle en tant que musique *de film* »[5] ? Le musicologue apporte aussi un éclairage certain sur la notion de pureté ou d'absolutisme de la musique :

> L'objectif de nos mots [dans un discours musicologique ou musico-théorique] est-il de reproduire ce qui se trouve déjà dans la musique, ou de dire ce que la musique ne dit pas (peut-être parce qu'elle ne le peut pas) ? Et pourquoi même utilisons-nous des termes

2. Sur la question du « pur » et de l'« impur », on lira les travaux de Jean Molino, notamment *Le singe musicien : essais de sémiologie et d'anthropologie de la musique*, précédé de « Introduction à l'œuvre musicologique de Jean Molino » par Jean-Jacques Nattiez, textes réunis par Jean-Jacques Nattiez en collaboration avec Jonathan Goldman, Arles, Actes Sud / INA, 2009.

3. « *Music scholarship has persisted in the prejudice that film music is somehow below the standard of absolute music ("pure", non-functional music, written specifically for the "respectable" concert hall). [...] Film music is invariably more than it seems to be. It is often far from simply aural wallpaper : it is vibrant and affecting, a central pillar of cinema's power and charm* » (K. J. Donnelly, *Film Music : Critical Approaches*, New York, The Continuum International Publishing Group, Inc., 2001, p. 1. Notre traduction).

4. « *Theorizing its role as* film *music* » (Nicholas Cook, *Analysing Musical Multimedia*, Oxford, Clarendon Press, 1998, p. 9).

5. *Ibid.*, p. 149.

> relatifs à la musique, si nous croyons que la spécificité de celle-ci – de la musique seule, « pure » – réside dans son autosuffisance, son indépendance absolue des autres médias? En fait, pouvons-nous parler de « musique seule » quand elle cesse d'être seule dès le moment où nous en parlons[6] ?

Selon Cook, les musiciens réitèrent constamment que la musique ne peut être capturée par les mots. Ils sont cependant les auteurs de toutes sortes de commentaires (métaphoriques, descriptifs, techniques, etc.) sur la musique : ne font-ils pas alors ce qu'ils réprouvaient? La culture musicale est une culture multimédiatique (impure), affirme Cook : ce n'est pas une culture sonore ou de la représentation sonore, c'est une culture de la relation entre son et représentation[7]. La musique n'est donc pas absolue ou pure, elle « n'est jamais "seule" »[8].

Pour le moment, gardons à l'esprit cette vision plus répandue de la musique de film définie comme fonctionnelle, utilitaire et impure, notamment lorsqu'elle est opposée à la musique de concert. Dans un tel contexte, il n'est pas surprenant qu'une attention particulière ait été portée aux collaborations privilégiées réalisateur-compositeur, sur ces « accords parfaits »[9] de l'univers musico-filmique, alors présentés comme autant de binômes qui remettent en cause la définition commune et acceptée de la musique filmique et relancent ainsi la question du rôle de la musique au cinéma. Selon Lacombe et Rocle, « c'est à ce type de travail que l'on doit les meilleures réussites musicales à l'intérieur du film » : « L'esprit unitaire entre l'œuvre, le réalisateur et le compositeur permet d'avoir un approfondissement du travail sur l'intégration de la musique sur le film »[10]. Ils s'intéressent ainsi à quelques tandems choisis : Sergueï Eisenstein et Sergueï Prokofiev, Federico Fellini et Nino Rota, Michelangelo Antonioni et Giovanni Fusco, Alfred Hitchcock et Bernard Herrmann, Claude Chabrol et Pierre Jansen, Alain Robbe-Grillet et Michel Fano. Dans son petit livre introductif sur la musique de film, Kathryn Kalinak cite également un certain nombre de collaborations qui ont su conférer au compositeur un rôle plus actif dans le projet filmique. Outre quelques-uns des binômes que nous venons de mentionner, s'ajoutent, entre autres, Abel Gance et Arthur Honegger, Jean Cocteau et Georges Auric, Kenji Mizoguchi – ou Akira Kurosawa – et Fumio Hayasaka, ou encore Sergio Leone et Ennio Morricone[11]. Dans sa récente histoire de la musique filmique, Mervyn Cooke prend, quant à lui, le temps de s'arrêter assez longuement sur quelques duos présentés comme des cas exemplaires : on y retrouve, entre autres, Hitchcock-Herrmann, Cocteau-Auric, Chabrol-Jansen, Eisenstein-Prokofiev, Fellini-Rota, Leone-Morricone, mais aussi Jean Vigo et Maurice

6. «*Is the purpose of our words [in a musicological or music-theoretical discourse] to duplicate what is already in the music, or to say what the music does not (perhaps because it cannot) say? And why do we use words of music at all, if we believe that the defining feature of music – of music alone, "pure" music – is its selfcontainedness, its aloof independence of other media? In fact, can we sensibly speak of "music alone", when it ceases to be alone the instant we speak of it?* » (*ibid.*, p. vii-viii. Notre traduction).

7. *Ibid.*, p. 23 et 270.

8. « *Music is never "alone"* » (*ibid.*, p. 23).

9. Voir Lacombe et Rocle, *La musique du film*, p. 80-100.

10. *Ibid.*, p. 81.

11. Voir Kathryn Kalinak, *Film Music : A Very Short Introduction*, New York / Oxford, Oxford University Press, 2010, p. 100-104.

Jaubert, Norman McLaren et Maurice Blackburn, François Truffaut et Georges Delerue, Jacques Demy et Michel Legrand, Krzysztof Kieślowski et Zbigniew Preisner, Vsevolod Pudovkin et Yuri Shaporin, Steven Spielberg – ou George Lucas – et John Williams [12].

Malgré l'intérêt certain que semble présenter le cas de la collaboration privilégiée entre réalisateur et compositeur, peu de binômes ont fait l'objet d'une attention particulière et détaillée dans la littérature musico-filmique. Les prochaines pages proposent dès lors un tour d'horizon non exhaustif des informations que nous avons rassemblées à propos de quelques collaborations connues. Ce parcours nous permettra d'en identifier la spécificité, ainsi que quelques constantes qui nous donneront la possibilité d'introduire les cas de figure qui font l'objet de ce livre. Dans cette optique, nous avons retenu les binômes suivants : Hitchcock et Herrmann, Cocteau et Auric, Robbe-Grillet et Fano, Fellini et Rota, Peter Greenaway et Michael Nyman.

De quelques « grandes » collaborations et de leurs constantes

Le duo Hitchcock-Herrmann (1955-1966) est le plus documenté. En 1994, Royal S. Brown lui consacre un chapitre entier qui cherche à définir un style musico-filmique propre au duo (« la musique de l'irrationnel ») et démontrer le caractère essentiel de la composante musicale dans l'univers hitchcockien, ainsi que l'interdépendance de la musique et des images. Selon l'auteur, un tel style a pu voir le jour, entre autres, grâce à la sensibilité du réalisateur à la musique et au rapport musique-image, faisant de la musique une partie intégrante de ses films [13]. Cette sensibilité est telle qu'elle a fait l'objet d'études qui s'intéressent non plus uniquement au duo formé avec Herrmann, mais au rôle de la musique dans toute l'œuvre du cinéaste. Ainsi, selon Jack Sullivan, par exemple, le rapport particulier que Hitchcock a entretenu avec la musique parcourt l'ensemble de sa carrière; cette connexion est telle que le spectateur ne pourra pas comprendre pleinement ses films sans en considérer la donnée musicale. C'est que le cinéaste a changé la manière de penser la musique de film par son dépassement des conventions hollywoodiennes : la musique ne doit pas être utilisée en tant qu'emphase, elle doit être « libérée pour créer ses propres significations, approfondissant ou contrepointant des images mémorables avec des sons beaucoup plus sophistiqués que ce que nous entendons dans les partitions classiques hollywoodiennes » [14]. Cette sensibilité se traduit, en outre, par une certaine méfiance vis-à-vis de la musique et de ses pouvoirs, ainsi qu'envers le compositeur qui prend dès lors le relais du réalisateur dans un art que ce dernier ne peut lui-même diriger. Soucieux de garder le contrôle sur son œuvre, Hitchcock s'impliquait d'autant plus dans la conception musicale de ses films [15].

12. Mervyn Cooke, *A History of Film Music* [2008], 3ᵉ impression avec corrections, Cambridge / New York, Cambridge University Press, 2010.

13. Voir Royal S. Brown, *Overtones and Undertones : Reading Film Music*, Berkeley, University of California Press, 1994, p. 173.

14. « *Music is freed up to create its own realm of meaning, deepening or counterpointing memorable images with sounds that are far more sophisticated than what we hear in standard Hollywood scores* » (Jack Sullivan, *Hitchcock's Music*, New Haven, Conn., Yale University Press, 2006, p. xiv. Notre traduction). Voir aussi le livre de Jean-Pierre Eugène, *La musique dans les films d'Alfred Hitchcock*, Paris Dreamland, 2000.

15. Sullivan, *Hitchcock's Music*, p. xvi.

On retrouve cette même sensibilité musicale chez Cocteau, qui collabora longuement avec Auric (1930-1961) et accordait une attention égale à l'image et au son, en général. Désirant, ici aussi, s'affranchir des conventions pour éviter le pléonasme musico-filmique, les deux hommes firent usage de « synchronisme accidentel » [16] pour former un contrepoint entre musique et image et mettre ainsi l'accent sur la fonction poétique qui peut s'établir entre les deux. Dans cette même veine, où l'intérêt porte sur l'apport poétique et non pragmatique (fonctionnaliste) de la musique, il faut citer le travail de Fano pour les films de Robbe-Grillet (1963-1974). Dans son approche musico-filmique, Fano cherche à « doter le film d'un canevas sonore dont l'objectif n'est pas uniquement fonctionnalisant, mais aussi surtout relecture » et « puise son inspiration dans l'idée qu'on peut se faire du film qui chemine, souterrain » [17]. Sa démarche n'est d'ailleurs pas exclusivement musicale, mais sonore : « Son travail sur le son échappe du vocable : "Musique de". Il est préférable d'écrire : partition sonore, montage sonore ou même "personnage" sonore » [18]. Ce que cherche Fano n'est pas de composer une musique qui serait « étrangère » au film ou qui ne viendrait qu'amplifier la composante émotionnelle, mais de réaliser une trame sonore qui comprend tous les sons – bruits, paroles, musique [19] –, un continuum sonore qui permettrait ainsi aux sons d'entretenir un véritable rapport de dialogue avec l'image, et non plus simplement de commentaire [20].

Le duo Fellini-Rota (1952-1979) a également fait l'objet d'une attention particulière dans la littérature musico-filmique. Prenons l'exemple du livre de Thomas Van Order, qui, comme pour Sullivan avec Hitchcock, insiste sur la sensibilité musicale propre à Fellini et son implication profonde dans la place occupée par la musique dans ses films. L'engagement musical de Fellini est tel qu'il compose parfois la musique avec Rota – il arrive même que Fellini collabore avec le musicien sur d'autres films que les siens;

16. Le « synchronisme accidentel » est une technique qui consiste à « déplacer, lors du montage, les morceaux de musique prévus pour les séquences filmiques », afin d'« évite[r] ainsi la redondance entre l'œil et l'oreille et donne[r] du relief à l'image sans amoindrir l'adhésion de la musique aux plans en question ». De la sorte, la musique conserve une autonomie et « ajoute à l'image une valeur expressive ou émotionnelle » ; voir Angie Van Steerthem, « La sonorité des films coctaliens », dans David Gullentops et Malou Haine [dir.], *Jean Cocteau : textes et musique*, Sprimont, Mardaga, 2005, p. 124.

17. Lacombe et Rocle, *La musique du film*, p. 97.

18. *Ibid.*

19. Pour une conception plus globalisante de la musique de film – analysée dans le contexte plus large de la bande sonore –, on consultera l'ouvrage de James Buhler, David Neumeyer et Rob Deemer, *Hearing the Movies : Music and Sound in Film History*, New York / Oxford, Oxford University Press, 2010 ; mais aussi James Buhler, « Analytical and Interpretative Approaches to Film Music (II) : Analysing Interactions of Music and Film », dans Donnelly (dir.), *Film Music*, p. 39-61. Si cette considération pour tous les éléments constitutifs de la bande sonore est assez nouvelle d'un point de vue académique, il n'en est donc rien pour les compositeurs eux-mêmes. Outre les travaux de Fano, citons la partition semi-bruitiste d'Arthur Honegger et Arthur Hoérée pour le film *Rapt* (1934) de Dimitri Kirsanoff, ainsi que les essais de son (lu) à l'envers de Maurice Jaubert dans *Zéro de conduite* (1933) de Jean Vigo. Plus proche de nous, il faut signaler le travail du compositeur canadien Maurice Blackburn, qui sera étudié ici-même.

20. Sur les notions de continuum et de partition sonores chez Fano, voir Réal La Rochelle (dir.), *Écouter le cinéma*, Montréal, Les 400 coups, 2002, p. 182-190 ; et Frédéric Dallaire, « Son organisé, partition sonore, ordre musical : la pratique et la pensée cinématographiques d'Edgar Varèse et de Michel Fano », *Intersections*, vol. 33, n° 1, 2012, p. 71-76.

selon Van Order, le cinéaste paraît d'ailleurs plus impliqué que le compositeur[21]. De l'élaboration de la partition au mixage final – où Rota est absent –, Fellini exerce un grand contrôle sur la partie musicale de ses films – pour Van Order, il est donc un auteur[22]. À l'inverse, Rota n'exerce aucun contrôle direct sur la partie visuelle qu'il, par ailleurs, ne visionne presque pas :

> Rota travaillait surtout à partir de notes, et, généralement, ne voyait le film que dans la Moviola, après avoir composé la majeure partie de la musique, puis seulement pour résoudre des problèmes techniques [...]. Il ne regardait presque jamais le film en entier, du début à la fin, même après que celui-ci soit sorti[23].

L'ouvrage de Van Order porte ainsi davantage sur Fellini et les fonctions cinématographiques de la musique, que sur Rota et la musique elle-même[24].

Parmi les différents auteurs que nous venons de citer, plusieurs ne proviennent pas du milieu musicologique. Il n'est donc pas surprenant d'y retrouver peu d'analyse musicale à proprement parler. L'attention est ainsi davantage portée sur les fonctions de la musique et donne, parfois, plus de poids au rôle du réalisateur, dont on veut démontrer la sensibilité musicale – et le statut d'auteur. Même si elle ne s'intéresse pas tant à la musique elle-même, cette démarche a cependant le mérite de montrer qu'une bonne collaboration réalisateur-compositeur peut se définir par un dialogue éclairé rendu possible par la conscience qu'a le réalisateur du rôle important que peut jouer la musique dans ses films. Cette conscience se traduit ainsi par une implication profonde du cinéaste dans l'élaboration musicale, synonyme, parfois également, d'une volonté de contrôle total – surtout si la musique n'est pas considérée comme une simple illustration ou un renforcement, mais bien comme un élément constitutif du complexe audiovisuel. Notons cependant que les réalisateurs cités appartiennent à un panthéon moderne qui s'attache à définir la singularité, la spécificité du cinéma ; le contrôle qu'ils peuvent ainsi manifester vise la création d'un nouveau langage musical qui échappe aux fonctions habituelles et participe au développement d'un art du cinéma qui use singulièrement de l'expression musicale.

Lorsque les musicologues s'intéressent aux collaborations réalisateur-compositeur, il n'est pas étonnant que leurs ouvrages considèrent prioritairement le compositeur et la musique elle-même, c'est-à-dire en termes de langage et de structure : on y trouve ainsi davantage de musique écrite[25]. Dans les binômes que nous allons évoquer, les auteurs

21. M. Thomas Van Order, *Listening to Fellini : Music and Meaning in Black and White*, Madison, Wis., Fairleigh Dickinson University Press, 2009, p. 21.

22. Voir *ibid.*, p. 25.

23. « *Rota mostly worked from notes, and usually only saw the film in the Moviola, after having composed most of the music, and then only to resolve technical problems [...]. He almost never watched the whole film, from beginning to end, even after it was released* » (Francesco Lombardi ; cité dans *ibid.*, p. 23. Notre traduction).

24. En 2005, Franco Sciannameo s'intéresse à *Amarcord* (1973), œuvre du binôme qu'il juge particulièrement représentative. Le film fait l'objet d'une analyse du sens de l'œuvre, mais du point de vue de l'image, puis, là encore, des fonctions de la musique dans quelques scènes sélectionnées. Voir Franco Sciannameo, *Nino Rota, Federico Fellini, and the Making of an Italian Cinematic Folk Opera : Amarcord*, Lewiston, NY, Edwin Mellen Press, 2005.

25. Dans la littérature musico-filmique, les musicologues sont les premiers à prôner un retour à la partition. En 2001, Neumeyer et Buhler appliquent à la musique de film les méthodes traditionnelles d'analyse

s'intéressent d'ailleurs plus exactement à l'œuvre globale du compositeur considéré et l'étude comporte dès lors un chapitre qui relate la collaboration spécifique du musicien avec un réalisateur. Nous prendrons ici pour exemples les collaborations Greenaway-Nyman (1976-1996) et Hitchcock-Herrmann.

Selon Pwyll ap Siôn, la collaboration Greenaway-Nyman a mené à l'élaboration d'un univers sonore singulier. Ici encore, le duo aurait procédé à une réévaluation de la bande sonore filmique en questionnant la nature du rapport son-image. La collaboration et la compréhension mutuelle des deux artistes sont telles qu'il peut même arriver que Greenaway réajuste des séquences en fonction de la musique. Comme Hitchcock, Cocteau et Fellini, le réalisateur fait preuve d'une certaine sensibilité musicale. Et comme Rota, Nyman compose sa musique sans l'image, parfois avant que le film ait été réalisé, ce qui lui permet de créer un monde sonore parallèle à l'univers visuel du cinéaste. À la différence des œuvres de Hitchcock et Herrmann, image et musique entretiennent une relation de coexistence indépendante :

> Traditionnellement, le rôle de la musique de film a été de mettre en valeur et d'amplifier les qualités visuelles et émotionnelles du film. Nyman et Greenaway ont établi une approche alternative radicale où la musique existe séparément et de manière autonome de la narration visuelle. [...] Cette approche peu conventionnelle concède l'indépendance de la musique tout en reconnaissant sa capacité à affecter et influencer les images et la narration filmiques [...] [26].

Si les discours visuel et musical suivent des voies parallèles, les deux hommes se sont cependant accordés sur quelques directives préalables à partir desquelles ils travaillent isolément : cette approche permet ainsi un certain degré d'ambiguïté des rapports entre musique et image et enrichit leur relation.

À la différence de Nyman, Herrmann ne peut composer sans les images : « C'est le *timing* de Hitch qui crée le suspense, déclare-t-il. Vous ne pouvez pas deviner ses besoins musicaux à l'avance » [27]. Bien que travaillant plus près de l'image que Nyman,

---

de la musique de concert pour en démontrer l'aspect productif et révéler les continuités entre les pratiques dans les deux milieux. En se concentrant davantage sur la musique, ils se donnent ainsi la possibilité de la considérer, du moins temporairement, comme un élément autonome. La démarche renverse ainsi le rapport en suggérant que la musique peut influencer notre perception visuelle, voire suggérer à elle seule des images à l'aide de ses propres moyens. Mais l'analyse ne s'arrête pas là, car une fois que l'analyse purement musicale nous a éclairé sur ce que la musique, dans ses propres termes, peut accomplir dans le cadre du film, l'attention doit être ensuite portée sur les interactions entre musique et film. La musique de film ne peut être considérée d'un point de vue strictement musical – en tant que musique « pure » – et en dehors du médium auquel elle est destinée. Voir David Neumeyer et James Buhler, « Analytical and Interpretative Approaches to Film Music (I) : Analysing the Music », dans Donnelly, *Film Music*, p. 16-38; et Buhler, « Analytical and Interpretative Approaches to Film Music (II) ».

26. « *The role of film music traditionally has been to enhance and heighten the film's visual and emotive qualities. Nyman and Greenaway established a radical alternative approach where music existed separately and autonomously from the visual narrative. [...] This unconventional approach acknowledges music's independence while at the same time recognizing its power to affect and influence the film's images and narrative* » (Pwyll ap Siôn, *The Music of Mychael Nyman : Texts, Contexts and Intertexts*, Aldershot, Hants/Burlington, VT, Ashgate, 2007, p. 85. Notre traduction).

27. « *It's Hitch's timing that creates the suspense. You can't guess his musical requirements ahead of time* » (Herrmann; cité dans Graham Donald Bruce, *Bernard Herrmann : Film Music and Narrative*, révision de la thèse de l'auteur [Ph.D.], Ann Arbor, Michigan, UMI Research Press, 1985, p. 117. Notre traduction).

Herrmann n'en compose pas moins une musique intéressante puisque le tandem tend à vouloir s'affranchir des conventions musico-filmiques, notamment hollywoodiennes. En 1985, Graham Donald Bruce consacre tout un chapitre à la collaboration des deux artistes et propose deux analyses de films, soit *Vertigo* (*Sueurs froides*, 1958) et *Psycho* (*Psychose*, 1960). Partant des codes établis par les compositeurs d'Hollywood dans les années 1930, il démontre comment Herrmann en est venu à élaborer ses propres méthodes de composition qui questionnent les conventions, et décrit les stratégies adoptées par le compositeur pour servir au mieux chaque projet filmique, notamment dans le cadre de sa collaboration avec Hitchcock. Ainsi, les chapitres dédiés à *Vertigo* et *Psycho* permettent à l'auteur d'isoler certaines de ces stratégies et de les analyser en termes d'interaction avec l'image. Bruce note que bien que variées, certaines de ces stratégies (accord de septième, dissonance et polytonalité, chromatisme, ostinato) reviennent d'un film à l'autre et participent de ce qu'il nomme le « son du suspense » (« *sound of suspense* »), un univers sonore qui s'est particulièrement développé dans l'univers hitchcockien.

La question de la variété des stratégies exploitées par le compositeur nous amène à discuter d'autres constantes qui marquent les collaborations privilégiées entre réalisateur et compositeur, et que nous avons déjà plus ou moins évoquées. La première est celle de l'adaptabilité du compositeur. Disons-le tout de suite, cette adaptabilité que nous avons perçue chez les compositeurs mentionnés ne signifie pas qu'ils ne possèdent aucune « couleur » particulière, aucun style qui leur est propre – même si celui-ci a été spécifiquement développé au contact de l'univers d'un réalisateur ; c'est d'ailleurs cette spécificité stylistique qui peut amener un réalisateur à travailler avec un compositeur donné. Bien que l'on puisse définir le compositeur de musique de film comme un « omnipraticien », on peut également le décrire selon un certain nombre de traits stylistiques, *a fortiori*, peut-être, s'il a eu la chance de pouvoir développer ses idées dans le cadre d'un projet musical à long terme avec un cinéaste. Il existe ainsi un « son Morricone » rattaché aux films de Leone (utilisation d'un siffleur, vocalises de soprano, orchestre réduit, par exemple)[28]. Dans une collaboration privilégiée, le compositeur s'adapte à l'univers du cinéaste, de film en film, et crée des univers musicaux singuliers qui répondent aux besoins de chaque projet. Il s'en dégage ainsi une certaine cohérence musico-filmique du corpus dont chaque film marque une étape de plus dans l'évolution de l'œuvre globale. Ce caractère unitaire du corpus ne résulte pas seulement de l'adaptabilité du compositeur, mais également du recours aux mêmes stratégies compositionnelles, d'une méthode de travail élaborée par le réalisateur et le compositeur au sein de leur collaboration et d'un accord souvent tacite sur le rôle occupé par la musique.

---

28. Paradoxalement, pour Morricone, la « créativité de la musique cinématographique » est « totalement dépouillée de toute orientation stylistique propre et univoque ». Un compositeur de musique de « ne doit pas se spécialiser » : « il doit être omnipraticien et savoir bien manier les contaminations entre des genres musicaux très différents ». Voir Ennio Morricone, « Un compositeur derrière la caméra », dans Jean-Jacques Nattiez (dir.), *Musiques : une encyclopédie pour le XXIe siècle*, vol. 1 : *Musiques du XXe siècle*, 2001, Arles, Actes Sud / Paris, Cité de la musique, 2003, p. 796.

Les deux autres constantes que nous voudrions évoquer sont celles de la liberté accordée au compositeur et de son implication précoce dans le projet filmique. Dans le cas des collaborations privilégiées entre réalisateur et compositeur, ce dernier est souvent impliqué dès le scénario, ce qui lui permet de s'imprégner très tôt de l'univers du cinéaste et de son nouveau projet. Comme nous l'avons vu, certains compositeurs commencent dès lors à penser à leur musique à partir du scénario, si bien que, parfois, certaines pièces musicales sont terminées avant même que le film soit réalisé ou achevé. Cela permet alors au réalisateur de penser à l'image en fonction de la musique, voire de faire jouer la musique spécialement composée pour le film pendant le tournage, comme ce fut le cas, par exemple, pour *C'era una volta il west* (*Il était une fois dans l'Ouest*, 1968) de Leone (musique de Morricone), et pour la série *Twin Peaks* (1990-1991) de David Lynch (musique d'Angelo Badalamenti). Cette implication précoce du compositeur confère ainsi à ce dernier une plus grande marge de manœuvre : il dispose de suffisamment de temps pour penser à ses idées et les développer, voire expérimenter. Même si le réalisateur est particulièrement impliqué dans la partie musicale de ses films, le compositeur bénéficie d'une certaine liberté acquise soit dès le début – notamment si le réalisateur considère que la musique se situe hors de son champ d'action –, soit au fil du temps, une fois la relation de confiance établie. Cette liberté est tout de même relative et dépend du degré d'implication du réalisateur dans la musique de ses films, ainsi que de l'acuité de sa sensibilité musicale. Autant les « meilleures réussites » peuvent résulter d'une collaboration étroite et dialoguée, autant elles peuvent découler d'une confiance mutuelle qui se traduit par une relative indépendance des deux artistes : comme nous l'avons vu dans le cas Greenaway-Nyman, les deux hommes s'entendent sur certains points, mais ils travaillent séparément dans leurs champs d'expression respectifs.

Nous aurions pu nommer un bon nombre d'autres collaborations. Reprenons simplement la liste, non exhaustive, que donne Alexandre Tylski :

> En Amérique du Nord, on cite Curtiz & Steiner, Capra & Tiomkin, Aldrich & De Vol, Hitchcock & Herrmann, Edwards & Mancini, Lean & Jarre, Brooks & Morris, Francis & Carmine Coppola, De Palma & Donaggio, Cronenberg & Shore, Jarmusch & Lurie, [les frères] Coen & Burwell, Lynch & Badalamenti, Dante & Goldsmith, Lee & Blanchard, Zemeckis & Silvestri, Egoyan & Danna, Eastwood & Niehaus, Burton & Elfman, Soderbergh & Martinez, etc. En Europe, Eisenstein & Prokofiev, Delannoy & Auric, Renoir & Kosma, Pagnol & Scotto, Korda & Rózsa, Fellini & Rota, Roberto & Renzo Rosselini, Polanski & Komeda, Truffaut & Delerue, Leone & Morricone, Pollet & Duhamel, Lelouch & Legrand, Oury & Cosma, Herzog & Vuh, Tarkovski & Artemyev, Techiné, Tavernier & Sarde, Fassbinder & Raben, Greenaway & Nyman, Claude & Matthieu Chabrol, Kusturica & Bregović, Angelopoulos & Karaïndrou, Branagh & Doyle, Kieślowski & Preisner, Besson & Serra, Audiard & Desplat. La liste serait encore longue[29].

29. Alexandre Tylski, *John Williams : un alchimiste musical à Hollywood*, Paris, L'Harmattan, 2011, p. 21-22. À cette liste, ajoutons Hayao Miyazaki – ou Takeshi Kitano – et Joe Hisaishi, Ishiro Honda et Akira Ifukube, Akira Kurosawa et Fumio Hayasaka, pour le Japon. Parmi les noms cités par Tylski, précisons que Michael Curtiz collabora également avec Erich W. Korngold, Joseph Kosma avec Marcel Carné, Claude Lelouch avec Francis Lai, Michel Legrand avec Jacques Demy, Philippe Sarde avec Claude Sautet et Claude Chabrol avec Pierre Jansen. Précisons, à titre informatif, qu'il existe également un ouvrage de Peter Moorman sur la collaboration Spielberg-Williams (*Spielberg-Variationen : Die Filmmusik von John Williams*, Nomos,

Il apparaît que le cas d'une collaboration suivie entre réalisateur et compositeur n'est pas si rare. Un examen de chacun de ces binômes pour en déterminer les points communs et divergences ainsi que leur apport particulier, s'il y a lieu, dans le champ des interactions entre musique et image est un travail encore à réaliser. Notre but n'était pas de considérer chaque binôme, mais d'en sélectionner quelques-uns afin d'en indiquer l'intérêt et la spécificité, ainsi que l'attention qui leur a été portée.

Au travers des quelques collaborations choisies, nous avons pu identifier un certain nombre de constantes qui se présentent, selon nous, à la fois comme des facteurs, plus ou moins déterminants selon le cas, des « réussites musicales » dont parlaient Lacombe et Rocle, mais également de ce qui pourrait expliquer en partie la « durabilité » de ces partenariats : 1) une sensibilité, voire une connaissance musicale manifeste du réalisateur, qui est déjà là, naît ou se développe au contact du compositeur, et qui se traduit souvent par un dialogue éclairé entre les deux artistes[30]; 2) une implication précoce et, en conséquence, un rôle plus actif du compositeur dans le projet filmique – exception faite de Rota; 3) la plus grande liberté accordée au compositeur, que l'on peut traduire également par une plus grande ouverture d'esprit du réalisateur, et qui résulte en partie de la relation de confiance construite au fil de la collaboration[31]; 4) une malléabilité ou une disponibilité du compositeur qui se donne avant tout pour but de capter l'univers du cinéaste, qui s'adapte sans chercher nécessairement et consciemment à imposer, apposer sa marque[32]; 5) une volonté d'outrepasser les conventions musico-filmiques et de questionner, explorer les rapports musique-image. Parmi tous ces binômes, notre regard s'est porté sur deux cas singuliers qui présentent ces mêmes constantes : Norman McLaren et Maurice Blackburn (1947-1983), David Cronenberg et Howard Shore (1979-2014).

Deux cas de figure : McLaren-Blackburn, Cronenberg-Shore

Si McLaren œuvre principalement dans le domaine onirique de l'animation, Cronenberg, parfois surnommé « le baron du sang » (« *The Baron of Blood* »)[33], réalise des films de fiction qui appartiennent à un genre singulier qu'il a lui-même développé,

Reinhard Fischer, 2010). Nous tenons également à mentionner la thèse de Michelle Carole Bozynski, sur les collaborations canadiennes d'Atom Egoyan-Mychael Danna et Patricia Rozema-Lesley Barber/Mark Korven (*Music in Canadian Visual Narrative – Musical Collaboration in Five Films of Atom Egoyan and Patricia Rozema*, thèse de doctorat, Université de Toronto, 2004).

30. On notera, par exemple, que dans le cadre de sa relation avec Prokofiev, Eisenstein évoquait la structure de ses films en termes musicaux. Voir Lacombe et Rocle, *La musique du film*, p. 82.

31. Ce qui n'est pas le cas du binôme Antonioni et Fusco. Voir *ibid.*, p. 90-91.

32. À titre d'exception, mentionnons le caractère indépendant de Herrmann, maintes fois relaté. Par exemple, Hitchcock lui avait précisé de ne pas composer de musique pour la scène de la douche dans *Psycho*, mais Herrmann se laissa guider par ses propres convictions. C'est en partie cette forte personnalité qui provoqua la séparation du duo en 1966, sur le film *Torn Curtain* (*Le Rideau déchiré*) : Herrmann ne pouvait réaliser la partition qu'il souhaitait – pour 16 cors et 12 flûtes – et Hitchcock avait cédé aux exigences des producteurs qui demandaient une partition construite sur un air ou une chanson facilement reconnaissable qui servirait à la promotion du film. Mais Herrmann n'écrit pas de « musique pop ».

33. Peter Morris, *David Cronenberg : A Delicate Balance*, Toronto, ECW Press, 1994, p. 9.

celui de « l'horreur intérieure ». Que peuvent donc partager ces deux cinéastes aux univers *a priori* si distincts ? Premièrement, ils ont tous deux contribué à enrichir le cinéma canadien. Mais, disons-le tout de suite, notre étude ne cherche en rien à définir quelque « canadienneté » filmique et musico-filmique. Deuxièmement, McLaren et Cronenberg ont chacun développé une relation à long terme avec un compositeur. Troisièmement, et comme nous le verrons, si les univers des deux réalisateurs ont été maintes fois investigués, l'apport de leurs compositeurs respectifs demeure peu examiné. Or, d'un univers à l'autre, la musique semble jouer un rôle de toute première importance, chacun des compositeurs étant impliqué très tôt dans le processus filmique. Cette implication précoce dans la création collective est indicatrice de la place et du rôle centraux qu'occupent Blackburn et Shore et leur musique au sein, respectivement, de l'œuvre de McLaren ou de Cronenberg. De la sorte, les partitions semblent ne pouvoir être considérées comme une simple illustration sonore des films, mais comme une composante tout à fait fondamentale.

L'indifférence des chercheurs qui se sont intéressés aux cinémas de McLaren et Cronenberg pour la contribution de leurs compositeurs lègue un terrain de choix au musicologue. L'esthétique et les thématiques spécifiques des réalisateurs constituent un terrain déjà défriché. Mais dans le cadre d'une création collective, tous les paramètres devraient être interrogés afin d'aboutir à une compréhension plus achevée de l'œuvre. Si aucun des spécialistes du cinéma cronenbergien ne s'est précisément intéressé aux partitions de Shore, tous semblent cependant reconnaître leur importance. Dans la littérature musico-filmique, peu d'ouvrages ont examiné la production de Shore avec Cronenberg, mais soulignent l'intérêt des collaborations durables. Les informations disponibles sont donc assez parcimonieuses, quoique témoignant de l'intérêt suscité par sa musique « cronenbergienne » : entretiens, ouvrages historiques, théoriques, analytiques ou portant sur un film précis[34]. À propos de McLaren, les ouvrages existants mettent en évidence le rapport singulier du cinéaste à la musique, celui-ci ayant développé la technique du son synthétique gravé sur la pellicule. Cependant, peu s'attachent à décrire en profondeur la pensée, tout aussi singulière, de son collaborateur musical, justement élaborée au contact du cinéaste d'animation, mais aussi de la musique concrète, telle que pensée par Pierre Schaeffer. Pour Blackburn, c'est une recherche majoritairement archivistique qui a pu nous orienter. Disons tout de même que les publications sur McLaren et Cronenberg fournissent un certain nombre de données quant à la musique de leurs films. Ainsi, la bibliographie disponible témoigne de la curiosité suscitée par ces binômes et constitue une base solide à partir de laquelle ont été posés les premiers jalons de la recherche.

Cette dernière s'inscrit dans un vaste questionnement que nous pourrions résumer ainsi : comment naît une musique de film ? Voilà une question simple à laquelle une réponse tout aussi simple peut être proposée : une fois le film réalisé, compositeur et cinéaste discutent des emplacements et fonctions de la musique ; le compositeur travaille ensuite selon les intentions du réalisateur, enregistre en studio, puis intègre sa musique au film. Bien souvent, le chercheur s'intéresse au résultat de ces étapes

34. Nous donnerons des exemples précis dans le chapitre IV.

pour comprendre le rôle et les fonctions de la musique filmique. Ainsi, chacun élabore sa théorie, son vocabulaire et contribue à la définition fonctionnelle de la musique filmique[35]. Bien souvent donc, les analystes étudient le rapport musique-image en termes de « fonctions », mais ignorent le processus créateur qui l'a façonné. Déplions alors notre question : comment passe-t-on de l'idée visuelle à l'idée musicale et qu'est-ce qui, dans l'image, provoque une musique ?

Le cas de la collaboration à long terme entre réalisateur et compositeur offre un terrain de choix pour tenter une réponse. Pour beaucoup de cinéastes, la musique est secondaire : « ouvrier de la onzième heure », déplorait Blackburn, le compositeur est convoqué pour « "sauver les meubles" ou boucher les trous »[36]. Dans le cas des collaborations privilégiées, la dynamique créatrice tend à s'inverser. Comme pour Cronenberg et Shore, McLaren et Blackburn avaient à cœur l'implication précoce du compositeur dans la réalisation filmique, l'image étant indissociable du sonore. Parfois, la musique précède l'image dans le processus de création (*La Poulette grise*, *Blinkity Blank*, *Le Merle*). Cette relation étroite entre les deux mondes écarte tout rapport de hiérarchie ; de l'un à l'autre, il s'agit plutôt de continuum sonore. Parfois, donc, répétons-le, le réalisateur peut également penser à l'image en fonction de la musique. Notre question peut dès lors s'inverser : qu'est-ce qui, dans une musique, peut provoquer une image ?

Comme nous l'avons mentionné, peu d'auteurs qui se sont intéressés à ce type de collaboration se sont attachés à décrire le processus créateur qui a mené à l'élaboration d'œuvres collectives, pourtant jugées exemplaires – notamment en raison de leur cohésion et des innovations qu'elles présentent, ainsi que du rôle plus actif qu'y occupe le compositeur[37]. Souvent, la fonction de la musique, même singulière – surtout en regard des pratiques hollywoodiennes –, reste au cœur du propos et la question du processus créateur, pourtant tout aussi singulier, demeure effleurée. Or, le cadre de la collaboration privilégiée entre réalisateur et compositeur – et sa durabilité – oblige à remettre en cause le complexe musico-filmique en replaçant la dimension créative au centre du propos : comment expliquer la reprise constante du travail en commun ? Qu'est-ce qui, dans la musique, relance le travail de création filmique et qu'est-ce qui, dans les projets d'images, relance la création musicale ? En outre, dans les deux cas, la relation continue entre réalisateur et compositeur permet de supposer une homogénéité musicale, la présence de constantes musicales et d'une pensée musico-filmique

35. Voir, entre autres, Zofia Lissa, *Ästhetik der Filmmusik*, Berlin, Henschelverlag, 1965 ; Claudia Gorbman, *Unheard Melodies : Narrative Film Music*, Londres, BFI Pub, 1987 ; Michel Chion, *Un art sonore, le cinéma : histoire, esthétique, poétique* [2003], Paris, Cahiers du cinéma, 2010. On distinguera cependant ici l'étude de Cristina Cano qui offre une nouvelle terminologie et une classification riche et détaillée des catégories fonctionnelles de la musique au cinéma en se fondant sur les relations psychologiques et perceptives suscitées par la rencontre de la musique et de l'image, et notamment sur l'étude des phénomènes de synesthésies (thermiques, visuelles, tactiles, tactilo-cénesthésiques, spatiales) impliqués dans une telle rencontre. Voir Cristina Cano, *La musique au cinéma : musique, image, récit* [2002], traduction française par Blanche Bauchau, Rome, Gremese, 2010.

36. Blackburn ; cité dans Léo Bonneville, « Entretien avec Maurice Blackburn », *Séquences*, n° 115, janvier 1984, p. 7.

37. Voir Lacombe et Rocle, *La musique du film* ; Brown, *Overtones and Undertones* ; Cooke, *A History of Film Music* ; Kalinak, *Film Music*.

consistante développée tout au long de la collaboration (comme Bruce l'a montré avec Herrmann), surtout si la cohérence esthético-thématique des cinéastes, l'unité de leur œuvre, a déjà été interrogée. C'est ce que semble avancer Paul Théberge dans le cas de Cronenberg :

> Sa longue relation créative avec le compositeur Howard Shore est donc de la plus haute importance dans la compréhension non seulement du rôle et de l'utilisation de la musique dans ses films, mais, peut-être aussi, de la progression de son œuvre dans son ensemble [38].

À la lumière de ces questions, l'hypothèse qui sous-tend notre étude est donc la suivante : au fil de cette rencontre continue sur plusieurs films, musique et cinéma en sont venus à un entrelacement tel qu'un style singulier de musicalisation des images se serait développé et pourrait relancer le rôle de la musique au cinéma. Quels seraient alors les traits qui définissent ce style et quel rôle donne-t-il à la musique filmique ?

Notes sur l'analyse : le complexe audiovisuel, l'idée

Cette étude considère deux collaborations, deux productions communes entre un réalisateur et un compositeur. Nous parlons de production commune, car ce qui nous intéresse est le résultat produit par le travail, commun et distinct, de deux artistes. Nous ne chercherons donc pas à mettre en valeur l'un ou l'autre : notre intérêt est autant porté à l'image qu'à la musique, mais surtout à la rencontre des deux éléments et au style de musicalisation des images qui en découle. Un film est un complexe audiovisuel : il est un composé de sons – dialogues, bruits, musique – et d'images en mouvement qui, par leur interaction, cherchent à constituer un tout cohérent et à déterminer un sujet donné. C'est ce complexe-là qui produit le sens. Il n'y a donc pas lieu de considérer chacun des constituants du complexe comme des composantes autonomes, car c'est dans leur interaction que le sens de l'œuvre est recherché et produit. Mais cette interdépendance n'interdit pas la décomposition du complexe en chacun de ses éléments constitutifs, en les considérant selon leurs propriétés afin de mieux en appréhender l'interaction [39]. Nous rejoignons ainsi ici la pensée de Nicholas Cook :

> La littérature existante sur le multimédia souffre, de mon point de vue, de deux problèmes associés : l'appauvrissement terminologique incarné par la catégorisation traditionnelle perpétrée par la critique cinématographique de toutes les relations musique-image comme étant parallèles ou contrapuntiques, et une supposition largement inconsciente

---

38. « *His [Cronenberg] long, creative relationship with composer Howard Shore is thus of the utmost importance in understanding not only the role and use of music in his films but, perhaps also, to the progress of his work as a whole* » (Paul Théberge, « “These Are My Nightmares” : Music and Sound in the Films of David Cronenberg », dans Philip Hayward [dir.], *Off the Planet : Music, Sound and Science-fiction Cinema*, Eastleigh, John Libbey, 2004, p. 141. Notre traduction).

39. Pour Vivien Villani, une connaissance préalable des deux matières d'expression est également nécessaire à l'analyse. Voir Vivien Villani, « Analyser les musiques de film : quelques études de cas », dans Frédéric Gimello-Mesplomb, *Analyser la musique de film : méthodes, pratiques, pédagogie*, Paris, Books on Demand GmbH, 2010, p. 73.

> (et certainement sans discernement) selon laquelle de telles relations devraient être comprises en termes d'hégémonie ou de hiérarchie plutôt qu'en termes d'interaction [40].

Cette conception du rapport multimédiatique comme une interaction est partagée par Serge Cardinal qui propose « d'adopter une posture adéquate au complexe audio-musico-visuel, une *surécoute cinématographique* » [41] selon laquelle l'analyste devrait

> s'intéresser *à ce que devient la musique au cinéma*, à ceci qu'elle est alors visible ou audio-visuelle, c'est-à-dire entendue, écoutée, comprise *à partir de ses multiples rencontres* avec le personnage, l'un de ses gestes, l'échelle du plan [...], etc. – entendue, écoutée et comprise à partir de ces rencontres surtout lorsqu'elle donne l'impression de transporter avec elle ou en elle une charge capable de modifier le sens d'une action ou d'une expression [42].

Pour Cardinal, c'est précisément cette rencontre « qui découvre et rend efficaces en chaque cas des qualités sensibles locales » [43]. Prenant l'exemple d'une séquence de *Mauvais Sang* (1986) de Leos Carax, l'auteur démontre comment le complexe musico-visuel « détermine les fonctions expressives, narratives ou esthétiques » de la musique dans la séquence, « et non pas l'inverse : des fonctions toutes données qui déterminent à l'avance le rôle de la musique » [44]. Les listes de fonctions maintes fois établies (et rejouées) par les théoriciens ne peuvent rendre compte de la totalité de l'expérience audiovisuelle. Selon Cardinal, c'est en partie parce que ces fonctions se fondent sur le présupposé que « la musique vient après le film » [45]. Mais la musique ne peut-elle influencer notre perception de l'image de même que l'image peut influer sur notre perception de la musique ? « Chaque musique possède sa structure propre », écrit l'auteur, mais le complexe audiovisuel dans lequel elle est intégrée, la rencontre des éléments visuels, sonores et musicaux, la restructure, en partie, et permet de la repenser. Cette thèse est également défendue par Nicholas Cook pour qui l'instance multimédiatique est définie par l'interaction de différents médias (musique, images, mots) et ce cadre oblige à contextualiser la signification de la musique. Celle-ci ne possède aucune signification immanente qu'elle prêterait aux images ; elle participe à la construction du sens [46]. Le modèle de la métaphore permet à Cook de comprendre

40. « *The existing literature of multimedia suffers, as I see it, from two associated problems : the terminological impoverishment epitomized by film criticism's traditional categorization of all music-picture relationships as either parallel or contrapuntal, and a largely unconscious (and certainly uncritical) assumption that such relationships are to be understood in terms of hegemony or hierarchy rather than interaction* » (Cook, *Analysing Musical Multimedia*, p. 107. Notre traduction). Et plus loin : « Le langage traditionnel pour analyser l'interaction de différents médias est complètement empêtré dans la prescription, le jugement de valeur implicite et la généralisation sans fondement » (« *The traditional language for analysing the interaction of different media is thoroughly entangled with prescription, implicit value-judgement, and unsupported generalization* » ; *ibid.*, p. 133. Notre traduction).

41. Serge Cardinal, « Où (en) est (l'étude de) la musique (au cinéma ?) du film ? », *Intersections*, vol. 33, n° 1, 2012, p. 35. Cette conception est à nouveau défendue par Cardinal et l'auteure de ces lignes dans « Introduction : musiques aux limites de l'image / Images at the Limits of Music », *Circuit, musiques contemporaines*, vol. 26, n° 3, 2016, p. 7-10.

42. Cardinal, « Où (en) est (l'étude de) la musique (au cinéma ?) du film ? », p. 41.

43. *Ibid.*

44. *Ibid.*, p. 45.

45. *Ibid.*, p. 46.

46. Voir Cook, *Analysing Musical Multimedia*, p. 23.

une telle interaction. La relation entre musique et images trouve sa première condition dans une similarité : deux éléments mis ensemble présentent des traits communs (ex. : « L'amour, c'est la guerre »)[47]. Mais la similarité ne constitue pas une fin, elle est un moyen ; le sens n'est pas inhérent à la similarité, mais à la différence que cette similarité articule en vertu d'un transfert d'attributs (la différence qui résulte de voir l'amour comme on perçoit la guerre)[48]. Il se produit un changement de perception (l'amour est une guerre) : l'interaction entre musique et images fait voir des traits visuels et fait entendre des traits musicaux ; il se produit une perception sélective (la métaphore, l'interaction médiatique, met en évidence certains traits au détriment d'autres ; certains attributs émergent alors que d'autres disparaissent). De ce fait, l'interaction de deux éléments produit une sorte de troisième sens qui n'appartient ni à l'un ni à l'autre des deux éléments rapprochés ; le sens est une construction et non une reproduction : l'interaction, écrit Cook, fait surgir des « qualités émergentes »[49].

Nos analyses se placent ainsi en premier lieu à la jonction de l'image et de la musique, car c'est précisément ce croisement des deux matières d'expression qui produit une signification résultante. L'analyse musicale, en tant que telle, s'effectue ainsi également à la jonction avec l'image et non en soi : bien que le compositeur puisse avoir recours à des moyens proprement musicaux, ceux-ci sont déterminés par d'autres lois qui ne sont plus forcément musicales, mais filmiques ou musico-filmiques – parler de la musique, c'est parler de l'image (et inversement). Le matériau musical ne possède pas nécessairement d'unité en lui-même ; la logique de la partition est tributaire de lois organisationnelles, proprement filmiques, qui lui sont extérieures. Ainsi le complexe audiovisuel propose-t-il une réécriture du musical ; de la même manière, ce complexe permet également une relecture du filmique. Devenues inséparables, musique et image s'unissent pour donner forme à une relation, à un projet commun sans cesse relancé, de film en film, ou, plus exactement, comme le disaient Lacombe et Rocle, pour contribuer à « l'édification de l'idée » de l'œuvre.

Dans une conférence donnée en 1987 à Paris, Gilles Deleuze cherche à définir l'acte de création en répondant à la question : « Qu'est-ce que c'est qu'avoir une idée ? » Pour lui, le philosophe, le savant et l'artiste sont des créateurs et leur création naît d'une idée. Ce qui les différencie, c'est la nature de cette idée, et donc de la création. Les idées ne peuvent être générales, car, écrit Deleuze, elles sont « des potentiels déjà engagés dans tel ou tel mode d'expression et inséparables du mode d'expression »[50] : c'est donc la connaissance de ce mode qui délimite le champ de création. Avoir une idée en cinéma, c'est avoir une idée déjà engagée dans un processus cinématographique[51]. Les idées en cinéma, en philosophie, en musique, en peinture ou en science ne sont dès lors pas de

47. Voir *ibid.*, p. 70-71.

48. *Ibid.*, p. 81.

49. *Ibid.*, p. 68-69.

50. Gilles Deleuze, « Qu'est-ce que l'acte de création ? », conférence donnée aux étudiants de l'École nationale supérieure des métiers de l'image et du son (Fémis) le 17 mars 1987, à l'invitation de Jean Narboni, dans le cadre des « Mardis de la Fondation », *Trafic*, n° 27, septembre 1998, p. 134.

51. *Ibid.*, p. 137.

même nature, elles sont inséparables de ce qu'elles visent. Et ce que vise le cinéma, c'est raconter « des histoires avec des blocs de mouvements/durée »[52].

En 1991, dans *Qu'est-ce que la philosophie?*, coécrit avec le philosophe et psychanalyste français Félix Guattari, Deleuze distingue les trois formes de pensée et création que sont la philosophie, la science et l'art. Chacune de ces formes pense et crée ce qui ne peut être pensé et créé par les autres[53] : la philosophie pense par concepts, la science par fonctions et l'art par sensations[54]. Cependant les sensations que vise l'art sont créées différemment dès lors qu'elles s'inscrivent dans un mode d'expression artistique donné : avec des blocs de mouvements/durée en cinéma, de lignes/couleurs en peinture et sonores en musique. Les idées en cinéma, en peinture et en musique sont de nature différente. Mais revenons à notre complexe audiovisuel : il y a là une rencontre de deux modes d'expression qui créent des sensations, mais cette création prend deux formes distinctes. Ainsi, les idées en cinéma se dédoubleraient en « idées en image-son » (avec voix et effets sonores) et « en musique », en deux groupes de blocs singuliers. Cependant, ce complexe d'images-sons et de musique est, comme nous l'avons dit, le produit d'une rencontre de deux modes d'expression. Car même si les idées en image-son et en musique sont de nature différente et conçues indépendamment, techniquement, il n'en demeure pas moins qu'elles déterminent un même sujet : elles partagent un même problème[55].

Pour Deleuze, c'est précisément ce qui permet qu'une idée soit partagée par deux modes d'expression. Prenant l'exemple de l'adaptation cinématographique d'un roman, il déclare ainsi que si un cinéaste a envie d'adapter un roman, c'est « qu'il a des idées en cinéma qui résonnent avec ce que le roman présente comme des idées en roman »; si un cinéaste peut adapter un romancier, c'est parce qu'il a « une affaire commune avec lui, un problème commun »[56]. Cette situation est transposable au cas de la collaboration réalisateur-compositeur : si un compositeur veut mettre un film en musique, c'est qu'il a des idées en musique qui résonnent avec ce que le film présente comme des idées en cinéma; si un compositeur peut créer pour un cinéaste, c'est qu'il a un problème qu'il partage avec lui – ce qui peut expliquer la reprise du travail en commun.

L'idée est ce qui assure la cohérence de l'œuvre et de la pensée du créateur; et cette cohérence est obtenue, précise Cardinal, « par la répétition et la variation d'une idée problématique »[57]. Ce n'est ni un thème, ni une structure donnée ou un plan

---

52. *Ibid.*, p. 135.

53. Voir Gilles Deleuze et Félix Guattari, *Qu'est-ce que la philosophie?*, Paris, Édition de Minuit, 1991, p. 13-14.

54. *Ibid.*, p. 187.

55. Pour Blackburn, les idées en image-son et en musique sont également reliées par le partage d'une qualité cinétique : « J'ai toujours vu un lien très étroit entre la musique et le cinéma, surtout celui des dessins animés, qui tend à l'abstrait, comme la musique. Le cinéma et la musique sont des arts qui se réalisent dans le temps et la principale difficulté consiste à maîtriser l'élément du temps, le rythme également, car le rythme joue un grand rôle dans les films, comme en musique. [...] J'aime le cinéma parce que je comprends le temps » (Maurice Blackburn, « Maurice Blackburn », *The Canadian Composer/Le compositeur canadien*, n° 38, mars 1969, p. 7).

56. Deleuze, « Qu'est-ce que l'acte de création ? », p. 137.

57. Serge Cardinal, *Deleuze au cinéma : une introduction à l'empirisme supérieur de l'image-temps*, Québec, Les Presses de l'Université Laval, 2010, p. 13.

d'organisation : l'idée, c'est un problème à résoudre, ce qui pousse à la création, ce qui fait penser; c'est une nécessité [58]. De film en film, mu par une idée problématique, l'artiste cherche à épuiser cette idée en la reconfigurant, en la problématisant différemment. Cependant :

> Aucune problématisation n'épuise l'idée ou ne nous met sur la voie d'une solution définitive : chaque problématisation ne fait que découvrir plus clairement un nouvel aspect de l'idée [...]; chaque nouveau problème concret [chaque film] est une nouvelle détermination de l'idée [59].

L'idée étant déterminée par ses problématisations, elle se situe à l'intérieur même de l'œuvre, dans ses matériaux (plastiques, thématiques, narratifs...) [60].

Du réalisateur au compositeur, les idées sont donc problématiques – c'est ce qui les unit. Il est par conséquent normal que les mêmes problèmes traversent leurs pratiques respectives : image et musique constituent deux façons d'aborder un même problème. Si l'idée problématique se trouve actualisée dans ces deux matières d'expression et dans leur rencontre, nous la retrouvons également dans le discours des artistes. Selon Deleuze, et tel qu'explicité par Cardinal, les entretiens font partie de l'œuvre. Dès lors, tenter de déterminer l'idée créatrice d'un cinéaste ou d'un compositeur revient donc à considérer leurs créations, mais aussi ce qu'ils en disent : l'idée est déterminée de film en film, mais également d'entretien en entretien. Et tout ce matériel-là constitue le matériau réflexif du créateur, quel qu'il soit, et participe à la détermination de son idée créatrice, à la cohérence de sa pensée et de son œuvre :

> Le système d'un auteur est constitué de ses bifurcations. Les bifurcations peuvent être comiques, elles peuvent prendre les allures d'une création filmique ou d'une réflexion théorique, parce que chacun de ces modes est la répétition, à un niveau de différence près, non pas d'un procédé ou d'une technique, mais d'une idée ou d'un problème [61].

Cependant, l'entretien constitue un discours tenu rétrospectivement sur son œuvre; c'est une reconstruction. En outre, élaboré et mené par une autre personne, un autre critique ou chercheur, l'entretien est orienté par sa compréhension, ses associations et ce qu'il souhaite montrer. C'est pourquoi il nous semble préférable de parler « d'idées en analyse », comme le font Anne Goliot-Lété et Francis Vanoye : entre l'objet analysé et le commentaire, quel qu'il soit, il s'opère une transformation [62]. Les idées en image-son, en musique, etc., sont les idées mises en œuvre dans l'objet. Les « idées en analyse », qui appartiennent au discours sur l'objet, « l'intention de l'auteur et celle du lecteur

58. *Ibid.*, p. 14.
59. *Ibid.*, p. 107.
60. *Ibid.*, p. 108-109.
61. *Ibid.*, p. 20-21.
62. Goliot-Lété et Vanoye distinguent deux types d'idées : les « idées en analyse de film » et les « idées en cinéma ». Les premières correspondent ainsi aux idées qui ressortent de l'analyse et sont une version transformée des idées créées par le cinéaste dans son œuvre, soit du second type d'idées, tel que défini par Deleuze. Les deux types ne correspondent donc pas nécessairement, et l'analyste doit garder une certaine distance par rapport à l'objet d'analyse qu'il a préalablement décrit et observé. Voir Anne Goliot-Lété et Francis Vanoye, *Précis d'analyse filmique* [1992], 2e édition, Cinéma-image, Paris, Armand Colin, 2009, p. 9-15.

constituent des conjectures, des propositions quant à ce que dit l'œuvre : reste à examiner dans quelle mesure cette dernière, dans et par sa cohérence propre, approuve, désapprouve ces conjectures ou en indique d'autres »[63]. Si notre étude travaille à partir d'une poïétique, de l'analyse du processus créateur, c'est cependant avec précaution que sont utilisées les données issues du discours des artistes : le sens de l'œuvre ne se situe pas nécessairement dans la méthode de travail qu'ils invoquent ; le discours ne constitue qu'un indice, un outil permettant de repérer les éléments sur lesquels l'analyste devrait davantage porter son attention. Le discours, ainsi que la méthode de travail des artistes, ne fait ainsi en rien office de vérification de l'analyse musico-filmique – et inversement : l'entretien, la réflexion et la pratique constituent trois articulations, trois expressions du problème, trois répétitions de l'idée.

Présentation du contenu

Chacun des deux binômes étudiés bénéficie d'un portrait artistique et de deux analyses. Les trois premiers chapitres sont ainsi consacrés à la pensée musico-filmique du compositeur onéfien[64] Maurice Blackburn. Ce dernier était avant tout un créateur, un musicien qui pensait en premier lieu ses idées à travers ses mains (composition, bricolage, inventions d'instruments, dessin du son synthétique). Ce n'est qu'après-coup, en entretien, que l'artiste donnera une première forme, une première conceptualisation de sa pensée musico-filmique. C'est pourquoi notre parcours à travers cette pensée commence par l'analyse d'une des partitions filmiques de Blackburn, afin donc de ne pas fausser le travail du créateur – de ne pas prétendre que l'idée précèderait la création. Le chapitre I présente ainsi une description minutieuse de la partition composée pour *A Phantasy* (1952) de McLaren, au cours de laquelle nous percevrons les premiers germes d'une pensée qui se développera tout au long de la carrière onéfienne de Blackburn (1942-1979), notamment au sein de sa collaboration avec McLaren, entre 1947 et 1983. *A Phantasy* correspond ainsi à leur deuxième réalisation commune. C'est pourquoi, ensuite, notre portrait artistique se concentre sur Blackburn : si sa pensée musico-filmique s'est élaborée au contact du cinéaste d'animation, elle a connu des développements inouïs à travers le concept de bande sonore totale et la fondation d'un Atelier de conception et de réalisations sonores à l'Office national du film (ONF) en 1971. La pensée musico-filmique de Blackburn sera ainsi examinée en détail dans le chapitre II : sa formation musicale, sa pratique, sa collaboration, fondatrice, avec McLaren, l'influence de Pierre Schaeffer, la création de l'Atelier, son rêve de bande sonore totale, la réticence des cinéastes. Ce parcours nous permettra, par la suite, d'aborder, dans le chapitre III, une pratique alors transformée dans le cas de *Jour après*

63. *Ibid.*, p. 43.

64. Les termes « onéfien » et « onéfienne » proviennent de l'acronyme ONF (Office national du film du Canada). L'ONF (ou NFB, National Film Board of Canada) est créé le 2 mai 1939 sous le nom de Commission nationale sur le cinématographe, à Ottawa. Sur la recommandation du documentariste John Grierson, la Commission est créée par loi parlementaire afin de « produire et distribuer des films destinés à faire connaître et comprendre le Canada aux Canadiens et aux autres nations, et promouvoir la production et la distribution de tels films » (http://onf-nfb.gc.ca/fr/a-propos-de-lonf/organisation/mandat, consulté le 8 septembre 2017).

jour (1962) de Clément Perron. En effet, ce film constitue un cas exemplaire pour comprendre le concept de bande sonore totale qui était au cœur de la pensée et de la pratique du compositeur.

Les trois chapitres suivants concernent Cronenberg et Shore. Le chapitre IV dresse ainsi un portrait de leur collaboration. Un premier parcours à l'intérieur du cinéma de Cronenberg nous permet d'identifier un certain nombre de caractéristiques qui traversent l'ensemble de l'œuvre : l'autodidactisme, le genre de l'horreur intérieure, l'exigence réaliste, la redéfinition des genres, le film comme expérience, l'inévitabilité de la mort, la problématique du point de vue et de l'identification, l'ambiguïté, la composante sexuelle, la notion d'auteur, le « projet cronenbergien ». Un second parcours est ensuite proposé, cette fois-ci à partir de la musique composée par Shore. Cette étape nous permet de détailler une méthode de composition qui place en son cœur le principe de l'improvisation. Ce portrait cherche à déterminer un modèle du processus créateur des deux artistes et de la collaboration, qui nous a menée à constater la présence de constantes, de figures artistiques communes entre les processus créateurs filmique et musical, reliant ainsi les deux créateurs en une seule vision artistique : l'autodidacte, l'expérimentateur, l'improvisateur, le peintre-sculpteur, l'artiste-artisan, l'artiste contemporain. Cette première exploration théorique de l'univers créé par Cronenberg et Shore nous donne ainsi plusieurs outils pour appréhender leur pratique. Étant donné le nombre de films sur lesquels ils ont collaboré, notre étude ne peut fournir une analyse approfondie de chaque œuvre du binôme. En outre, c'est également l'accès restreint aux partitions qui nous a amenée à limiter le corpus d'étude. Notre choix s'est donc porté sur deux films : *Crash* (1996) et *A Dangerous Method* (*Une méthode dangereuse*, 2011), respectivement analysés dans les chapitres V et VI. Ce choix ne résulte pas uniquement des restrictions techniques auxquelles nous avons été confrontée[65]. Si nous avons sélectionné ces deux films, c'est que nous les croyons particulièrement représentatifs de la collaboration Cronenberg-Shore, et ce, tant par leurs similitudes que leurs différences. Mais surtout, ces deux exemples sont intéressants dans la mesure où ils illustrent, questionnent et nuancent le modèle de la conception musico-filmique du binôme, tel que défini dans le chapitre IV, ainsi que le rapport des deux artistes avec les fonctions traditionnelles de la musique filmique.

Remerciements

Je tiens à remercier toutes les personnes sans qui ce livre n'aurait pu voir le jour.

Howard Shore, qui m'a généreusement permis de visiter son studio, de consulter ses partitions et qui m'a gentiment accordé une entrevue. J'espère ainsi que les pages qui lui sont ici consacrées sauront rendre justice à la richesse de son travail.

65. Les exemples musicaux ainsi fournis proviennent en premier lieu de nos propres transcriptions réalisées à partir des disques et des films. Pour les besoins de ce livre, les exemples issus de nos transcriptions ont été confrontés avec les originaux, au studio du compositeur, par l'équipe de ce dernier et l'auteure de ses lignes. Ainsi conformes aux partitions originales, ils sont reproduits avec l'aimable autorisation de Howard Shore, que nous tenons à remercier sincèrement.

Alan Frey, qui a coordonné toutes mes visites au studio.

Louise Cloutier, qui m'a permis de consulter et utiliser sa précieuse documentation sur Maurice Blackburn.

Esther Rochon, fille de Maurice Blackburn, pour m'avoir gentiment autorisée de reprendre des extraits de l'œuvre de son père dans cet ouvrage qui témoigne, je le crois, du plaisir que j'ai eu à découvrir une œuvre et un artisan aussi accomplis.

Serge Cardinal et Michel Duchesneau, qui ont dirigé patiemment les travaux de doctorat ayant mené à cette publication. Merci à vous deux d'avoir accepté de poursuivre l'aventure jusqu'ici !

Nicole Périat et Pierre Boucher des Archives de l'Office national du film du Canada, qui ont dû se replonger pour moi dans les dossiers de l'Atelier de conception et de réalisations sonores.

Frédéric Dallaire, Marie-Marcelle Dubuc et Ariel Harrod, qui ont beaucoup travaillé à l'analyse de *Jour après jour*, ici présentée. Plus généralement, un immense merci à la « famille » du laboratoire de recherche-création *La création sonore : cinéma, arts médiatiques, arts du son*, dirigé par Serge Cardinal (Université de Montréal, OICRM). Les pages qui suivent sont le reflet des merveilleuses et stimulantes années passées à vos côtés.

Sylvain Caron, pour ses nombreux encouragements et sa contribution inestimable à l'analyse de *A Dangerous Method*, qui avait fait l'objet d'une conférence dialoguée.

Merci aux professeurs, collègues et amis qui m'ont soutenue jusqu'à cette étape cruciale de la vie de chercheur.

Je tiens enfin à remercier mes parents qui, même de loin, ont largement contribué à la réussite de mes projets. Un merci tout spécial à Sylvain Houle pour son amour, son soutien et sa patience. Ce livre vous est dédié.

LISTE DES SIGLES

Acfas	Association francophone pour le savoir
CAPAC	Association des compositeurs, auteurs et éditeurs du Canada
Fémis	École nationale supérieure des métiers de l'image et du son
GPO	General Post Office / Bureau de poste principal
GRM	Groupe de recherches musicales
GRMC	Groupe de recherche de musique concrète
NFB	National Film Board of Canada
ONF	Office national du film du Canada
RTF	Radiodiffusion-télévision française
SDE	Société de droits d'exécution du Canada
SOCAN	Société canadienne des auteurs, compositeurs et éditeurs de musique

Première partie

MAURICE BLACKBURN : DE MCLAREN À LA BANDE SONORE TOTALE

Chapitre premier

A PHANTASY (1952), DE NORMAN MCLAREN

Dans un film d'animation, ce qui donne une autre dimension au film, c'est précisément la musique[1].

Parmi le corpus filmique blackburnien, le choix d'objets à analyser est vaste. C'est que Maurice Blackburn a œuvré en documentaire, en long-métrage de fiction et en animation. Dans ce dernier genre, sa production est particulièrement abondante, notamment aux côtés du cinéaste Norman McLaren (1914-1987) : leur longue collaboration débute en 1947 avec *La Poulette grise*[2]. Pour ce film en pastel qu'animent des métamorphoses en fondus enchaînés, une chanson folklorique interprétée par Anna Malenfant et enregistrée à l'avance, sert d'inspiration aux images, et Blackburn écrit une musique d'accompagnement[3]. En 1952 suivra *A Phantasy*[4], le premier film d'animation pour lequel Blackburn compose une musique originale. Ce film présente pour l'analyste un intérêt tout particulier : *A Phantasy* est le premier film dans lequel le son synthétique (ou « animé ») – une des marques de fabrique de McLaren – est utilisé en combinaison avec des instruments traditionnels (trois saxophones), et Blackburn prend lui-même en charge la totalité de la bande sonore, composant la musique à proprement parler et le son animé – il s'agit donc également de la première fois que le musicien crée ses propres sons synthétiques. Notre choix a encore à voir avec le genre auquel appartient *A Phantasy*. Comme nous le verrons dans le prochain chapitre, l'animation occupe une place toute particulière dans la production de Blackburn, en tant que terrain de choix pour l'expérimentation :

1. Maurice Blackburn ; cité dans Léo Bonneville, « Entretien avec Maurice Blackburn », *Séquences*, n° 115, janvier 1984, p. 9.

2. Le film est disponible au visionnement à l'adresse suivante : https://www.onf.ca/film/la_poulette_grise, consulté le 10 octobre 2016.

3. Le film appartient à la série « Chansons de chez nous » (Office national du film), qui compte deux autres films dont Blackburn a composé la musique : *Cadet Rousselle* (George Dunning, 1946) et *Sur le pont d'Avignon* (Jean-Paul Ladouceur et Wolf Koening, 1951).

4. *A Phantasy* peut être visionné sur Internet, soit sur YouTube ou Vimeo.

> Le cinéma d'animation se prête [...] à tous les instruments, à toutes les combinaisons instrumentales. [...] L'émotion se passe à un degré second, en nous, à l'intérieur de nous, dans des zones [...] qui appartiennent au rêve. Et alors tout est permis[5].

Suscitée, plus tard, par sa rencontre avec McLaren et par sa fréquentation du Groupe de recherche de musique concrète (GRMC) de Pierre Schaeffer, à Paris (1954-1955), cette curiosité expérimentale se traduit chez le compositeur par un intérêt pour la manipulation sonore, par la confection d'un instrumentarium artisanal et par l'idée de bande sonore totale – une bande sonore dans laquelle n'importe quel son peut être exploité. Une telle conception du sonore mènera Blackburn à fonder en 1971 l'Atelier de conception et de réalisations sonores, auquel il lèguera ses idées et ses convictions[6].

Blackburn et l'Atelier sont prolifiques dans le cinéma d'animation. C'est que le genre se prête particulièrement à la recherche expérimentale et à cette bande sonore totale que recherche le compositeur, et que, de manière générale, le sonore y joue un rôle capital. C'est d'ailleurs ce que souligne Blackburn :

> Dans un film d'animation, ce qui donne une autre dimension au film, c'est précisément la musique. C'est rarement le texte. En conséquence, la musique devient une voix qui exprime quelque chose comme un commentaire. Très souvent, on trouve de la musique du début à la fin du film. Et cela forme un tout. [...] Il faut que la musique serve de guide au spectateur. [...] La musique est une façon d'aborder un sujet en proposant une première suggestion. En somme, la musique déblaye le terrain. Elle rassure également les gens en proposant un semblant d'explication[7].

La musique devrait ainsi servir de guide (elle explique, articule, elle accompagne la perception du spectateur) ou de commentaire (elle donne du sens, connote, elle exprime une idée, une émotion, quelque chose à propos des images). Par quels moyens, par quels procédés remplit-elle ce rôle ? Est-ce par la mise en œuvre de leitmotive ou de thèmes musicaux ? La musique doit-elle être en contrepoint avec l'image, ou en synchronisme ? Bien évidemment, le cinéma d'animation est propice au pléonasme et à la synchronicité, comme en témoigne la tradition du *mickeymousing*[8]. Si la musique doit guider le spectateur, doit-elle pour autant céder à la description et à la redondance ? À cette dernière question, Blackburn, dont la pensée s'est précisée tout au long de sa carrière, répondait volontiers par la négative. Considérons toutefois que *A Phantasy*, premier film d'animation pour lequel il signe une musique originale, voit le jour alors que sa carrière onéfienne (1942-1979) n'est pas encore très avancée. Aussi ne sera-t-il

---

5. Blackburn ; cité dans Louise Cloutier, « Interview de Maurice Blackburn en présence de sa femme Marthe, par Louise Cloutier, à leur domicile (Ville Mont-Royal) », enregistrement sur cassette, puis dactylographié, 8 décembre 1980, Trois-Rivières, Collection (Archives Maurice Blackburn) de Louise Cloutier, feuillet 21.

6. Sur Blackburn, le GRMC, Pierre Schaeffer et l'Atelier de conception et de réalisations sonores, voir le chapitre II.

7. Blackburn ; cité dans Bonneville, « Entretien avec Maurice Blackburn », p. 9.

8. Le *mickeymousing* consiste à souligner musicalement et de manière synchrone les mouvements physiques présentés par le film, voire à recréer des sons naturels. Comme son nom l'indique, cette pratique trouve son origine dans les fameux dessins animés de Walt Disney. Le procédé est également utilisé dans le long-métrage de fiction : la partition de Max Steiner pour *King Kong* (Merian C. Cooper et Ernest B. Schoedsack, 1933) en est un exemple.

pas étonnant de n'y trouver qu'à l'état de germe les idées que le compositeur défendra plus tard.

De fait, *A Phantasy* n'échappe pas à la tradition du synchronisme son-image, comme le note le compositeur Michel Fano : « Je pourrais [...] reprocher, autant à McLaren qu'à Blackburn, de n'avoir été intéressés que par le synchronisme du son et de l'image. Pas un seul moment qui ne soit synchrone dans les films que j'ai pu voir »[9]. Il convient cependant de ne pas considérer un tel jugement comme définitif. Dans *A Phantasy*, le rapport entre le son et l'image est-il strictement synchrone ? Si oui, quelles en sont les véritables raisons ? Le sonore en rapport de synchronicité avec l'image n'a-t-il rien d'autre à nous apprendre que ce que nous voyons déjà à l'écran ? Telles sont les questions auxquelles nous proposerons une réponse grâce à l'analyse musico-filmique, ce qui nous permettra de dresser une première esquisse de la pensée du compositeur onéfien quant au rapport musique-image.

Genèse de l'œuvre

Si *A Phantasy* voit le jour en 1952, McLaren y travaille depuis 1948 en collaboration avec Blackburn. C'est donc après plusieurs années de travail que le duo donne naissance à ce petit film de 7 minutes et 15 secondes. D'un point de vue visuel, *A Phantasy* peut être décrit comme un film d'art abstrait dont le décor surréaliste n'est pas sans rappeler l'art d'un Salvador Dali, d'un Giorgio de Chirico, d'un René Magritte ou d'un Yves Tanguy. Ainsi, dans un paysage onirique aux teintes pastel, quelques éléments familiers (gouttes, papillons, oiseaux, sphères, horloge) prennent vie et interagissent pour donner naissance au décor, sans réelle logique sinon celle de la fantaisie. En effet, chaque contact d'un objet en mouvement avec un autre élément du décor, ou un autre objet animé, provoque l'apparition d'un nouveau constituant décoratif. La partie centrale, un ballet aérien de six sphères, revêt un caractère quelque peu différent – strictement abstrait ; elle provient d'un autre film de McLaren, *Spheres* (*Sphères*)[10], commencé en 1948 avec René Jodoin, mais qui ne verra le jour qu'en 1969.

9. Michel Fano en 1991 ; cité dans Réal La Rochelle, « Entretien avec Michel Fano », dans Réal La Rochelle (dir.), *Écouter le cinéma*, Montréal, Les 400 coups, 2002, p. 188. Par synchronisme, Fano semble désigner ce rapport dans lequel le son ne serait que l'illustration sonore de ce qui est déjà proposé visuellement – il y aurait donc redondance. Une telle conception, quelque peu réductrice, rejette alors le potentiel expressif – la possibilité d'une production de sens – de ce même rapport. De son côté, Michel Chion propose plutôt le concept de « redoublement sensoriel » qu'il définit comme l'« effet se produisant lorsqu'un événement visuel est accompagné en synchronisme par un phénomène sonore – ou l'inverse – aboutissant à une sensation mieux établie ». Il précise qu'un tel effet « peut n'avoir d'autre sens que de détacher, de souligner plus spécialement un moment, une action, un mot, etc., et de produire ainsi tout à la fois un effet de sens et un effet de synchronisation » (Michel Chion, *Un art sonore, le cinéma : histoire, esthétique, poétique* [2003], Paris, Cahiers du cinéma, 2010, p. 431). Le redoublement sensoriel, nous dit Chion, fait appel au phénomène de la synchrèse (voir le chapitre III).

10. Le film est disponible au visionnement à l'adresse suivante : https://www.onf.ca/film/spheres_fr, consulté le 10 octobre 2016.

Spheres est un film d'animation abstrait qui donne à voir des sphères en mouvement constant. Pour McLaren et Jodoin, le défi consistait à atteindre une régularité qui ne sombrerait pas dans la monotonie [11]. La prolifération des sphères et la diversification de leurs trajectoires, l'illusion de mouvement et de profondeur créée par la surimpression d'un arrière-plan, l'utilisation de sphères (disques plats) de tailles différentes, sont les moyens mis en œuvre. Insatisfaits du résultat, Jodoin et McLaren mirent le projet de côté.

> Plus tard, je me suis dit : *Spheres* se compose de trois parties. C'est alors que j'ai pensé utiliser la partie centrale en ajoutant deux autres parties hautement contrastées avant et après. Voilà la genèse d'*A Phantasy*. La partie centrale provient donc de *Spheres*. J'ai ajouté un début et une fin assez surréalistes [12].

La musique de *A Phantasy* a été composée une fois la partie visuelle terminée. Blackburn a élaboré une partition pour trois saxophones – soprano, alto et ténor – et son animé. Chaque partie de saxophone est interprétée par Bert Niosi [13] et enregistrée individuellement. Quant au son animé, il a été obtenu par la méthode des cartes de son, mise au point par McLaren et Evelyn Lambart dès le milieu des années 1940 : les notes sont dessinées sur une carte – une par demi-ton de la gamme chromatique sur plusieurs octaves. McLaren explique ce procédé :

> Chaque carte-note comporte des rayures ou des striations traversant toute la largeur de la bande son, semblables aux ondes de densité variable pleine à fort volume. Pour contrôler le volume nous réduisions la largeur de la bande son au moyen d'un cache ou d'un volet placé au-dessus de la carte [14].

Les cartes choisies sont positionnées sur la bande son à côté de l'image. Ainsi, chaque note synthétique a la même durée qu'une image de film (1/24 seconde) ; elle est filmée image par image et devient « animée ». Le résultat peut être ensuite repiqué sur bande magnétique. Dans *A Phantasy*, précise Blackburn, le son animé est « considéré au même titre qu'un instrument de l'ensemble » [15] : la bande sonore totale est dès lors possible. À la suite de l'enregistrement du son synthétique, les instruments ont été synchronisés à l'aide d'une piste-métronome [16] et mis ensemble au mixage final.

---

11. ONF, « Notes techniques par Norman McLaren (1933-1984) », 2006, http://www3.nfb.ca/archives_mclaren/notech/NT_FR.pdf, consulté le 27 septembre 2016, p. 58-59.

12. McLaren ; cité dans « Norman McLaren au fil de ses films », *Séquences*, n° 82, octobre 1975, p. 50.

13. Le Canadien Bert Bartolo Niosi (1909-1987) était clarinettiste, saxophoniste, chef d'orchestre et compositeur. Pour plus d'informations, voir Helen McNamara, « Niosi, Bert », *L'encyclopédie canadienne*, 1er juillet 2008, http://www.thecanadianencyclopedia.ca/fr/article/niosi-bert, consulté le 27 septembre 2016.

14. ONF, « Notes techniques par Norman McLaren », p. 72.

15. Blackburn ; cité dans *ibid.*, p. 45.

16. Sur la bande magnétique multipiste, la piste-métronome correspond à un métronome enregistré sur une piste individuelle. Elle comporte ainsi des signaux audio permettant de synchroniser des enregistrements sonores distincts entre eux ou avec l'image.

La musique naît de l'image : forme, langage et instrumentation

Voyons comment McLaren décrit les trois parties de *A Phantasy*[17] :

> La première et la troisième parties relèvent de la même technique, soit en dessin au pastel monochrome se métamorphosant lentement grâce à un enchaînement presque continu de 48 fondus, chacun des dessins faisant l'objet d'une légère modification entre chaque fondu[18].

Le procédé d'animation consiste ensuite à modifier le contenu de l'image par ajout ou retrait d'éléments en accentuant ou en estompant le pastel. D'autres éléments ont été animés « vue par vue au-dessus du dessin » et à l'aide de découpages plats[19]. La deuxième partie, qui relève d'une autre technique, ne comporte aucune métamorphose :

> Des découpages circulaires plats, peints de manière à leur donner l'aspect de sphères, ont été animés image par image sur un fond noir. Les arrière-plans défilants, dessinés au pastel, ont été surimprimés au moyen d'un deuxième passage sous la caméra[20].

La forme tripartite de *A Phantasy* résulte également du contenu même du film :

> Le film comporte trois sections – ou mouvements ; la première se déroule sur terre, la deuxième dans les airs et la troisième de nouveau sur terre. Dans le premier mouvement, divers motifs ou thèmes sont introduits, puis repris et développés dans le troisième. Six sphères issues du premier mouvement deviennent l'unique objet – ou les « danseurs » – du deuxième, qui consiste en un ballet simple s'inspirant de la disposition chorégraphique d'un ballet traditionnel[21].

Le corps du film adopte donc la forme simple ABA tant sur le plan narratif que technique. À ces trois parties s'ajoutent le carton initial de présentation (« L'Office national du film du Canada présente ») et le générique de fin, qui constituent, visuellement, deux parties distinctes. Le générique de début, qui suit le premier carton, peut être considéré comme appartenant à la première partie (A) : l'animation y repose sur le procédé des métamorphoses successives qui une à une conduisent à la constitution du décor dans lequel aura lieu l'action. Le générique de fin, qui suit le

---

17. À partir d'ici, on pourra se référer aux trois tableaux reproduits dans ce chapitre et représentant la structure musico-visuelle des trois parties constitutives du film (tableaux 1, 2 et 3). Étant donné la complexité et la densité du contenu visuel et musical, les tableaux n'indiquent que les principales entrées et sorties de chacun des instruments – son synthétique, saxophones soprano, alto et ténor – ainsi que les principaux événements visuels.

18. ONF, « Notes techniques par Norman McLaren », p. 44. La technique des fondus avait déjà été utilisée pour *La Poulette grise*. Pour une explication complète, voir *ibid.*, p. 44-47.

19. *Ibid.*, p. 44.

20. *Ibid.*, p. 45.

21. « *The film falls into three sections, or movements, the first taking place on the ground, the second in the air and the third again on the ground. In the first movement, various motifs or themes are introduced, which are again picked up and developed in the third movement. Six spheres, evolved in the first movement, become the sole subject matter – or "dancers" – of the second movement, which consists of a simply type of ballet using the floor-plan choreography of traditional ballet as a basis of interest* » (National Film Board of Canada, « Information Sheet : *A Phantasy* », fiche d'informations, [ca1952], Trois-Rivières, Collection [Archives Maurice Blackburn] de Louise Cloutier, p. 1. Notre traduction).

retour de A, à la manière d'une coda, apparaît, quant à lui, après un carton noir et non par métamorphose, ce qui visuellement, produit une séparation – cependant, le générique de fin en tant que tel procède lui aussi par fondus. *A Phantasy* comporte ainsi, au total, cinq sections.

La partition composée par Blackburn est elle-même divisée en cinq parties. Les trois premières, nommées A, B et C, correspondent aux trois parties qui constituent le corps du film. Deux autres parties, D et E, sont respectivement destinées au générique de fin et au carton initial. Comme on peut le voir ci-après, les deux premières mesures de D, qui compte quatre mesures au total, correspondent presque exactement à E, qui ne compte que deux mesures, ce qui s'explique par la durée et le caractère conclusif du générique de fin (exemples 1a et 1b).

Exemple 1a. Maurice Blackburn, *A Phantasy*, partie D (« *End Titles* »), mes. 1-4, saxophones soprano (S), alto (A) et ténor (T, a et b)[22].

Exemple 1b. Maurice Blackburn, *A Phantasy*, partie E (« *NFB Credits* »), mes. 1-2, saxophones soprano, alto et ténor.

En E, la cadence ouverte finale, sur un point d'orgue et accompagnée d'une brève occurrence de son synthétique, crée un sentiment d'attente (finale sur un degré VI de *mi* mineur), tandis qu'en D les deux dernières mesures terminent l'enchaînement amorcé aux deux premières mesures – depuis un accord de *mi* mineur et sur une pédale de *mi* du saxophone ténor b (avec emprunts au mode mixte) – pour conclure sur un accord de *mi* majeur (cadence modale vi-I). Ainsi, en D, chaque mesure ponctue l'apparition à l'écran des cartons qui se succèdent par fondus : 1) « Musique pour saxophones et son synthétique » ; 2) « de Maurice Blackburn » ; 3) « Saxophoniste Bert Niosi » ; 4) « produit

22. Pour tous les exemples musicaux, la transcription a été réalisée par l'auteure à partir de la partition de l'ONF extraite des Archives de Louise Cloutier. Une copie de la partition, en sons écrits et divisée selon les parties d'instruments (saxophone soprano, saxophone alto et saxophone ténor), nous a été ainsi remise. Tous les extraits présentés (avec l'aimable autorisation de Madame Cloutier, mais aussi d'Esther Rochon, fille du compositeur) sont ainsi issus de notre propre travail de reconstitution de la partition maître, par section (A, B, C, D et E), en sons réels, et de nos analyses.

par l'Office national du film du Canada Ottawa ». Un accord conclusif souligne l'apparition du dernier carton. Ici, comme dans la partie E qui accompagne le carton initial, la succession d'accords plaqués met en évidence le caractère présentatif du visuel. Unies par leur constitution et leur fonction similaires, ces deux parties musico-visuelles jumelles forment le cadre du film, l'ouverture et la clôture, à la manière d'un lever et d'une chute de rideau.

La présence des saxophones dès l'ouverture, mais aussi du son synthétique, annonce et installe la couleur sonore du film. Lors d'une entrevue avec Louise Cloutier, Blackburn dit apprécier le saxophone pour sa « sonorité ronde »[23]. Ainsi qualifié, le timbre de l'instrument s'harmonise avec la présence des sphères, le cadran circulaire de l'horloge dans la première partie ou encore les différentes courbes constitutives du décor ou dessinées par les objets en mouvement. Hector Berlioz, un des premiers compositeurs à s'être intéressé aux saxophones, en décrivait ainsi le timbre :

> Instrumens [*sic*] doux et non d'une sonorité violente, ainsi qu'on le croit communément, et qui se jouent avec un bec à anche simple, comme la clarinette. Ces nouvelles voix données à l'orchestre possèdent des qualités rares et précieuses. Douces et pénétrantes dans le haut, pleines et onctueuses dans le grave, leur médium a quelque chose de profondément expressif. C'est en somme un timbre *sui generis*, offrant de vagues analogies avec les sons du violoncelle, de la clarinette et du cor anglais, et revêtu d'une demi-teinte cuivrée qui lui donne un accent particulier. [...] Agiles, propres aux traits d'une certaine rapidité, presque autant qu'aux cantilènes gracieuses et aux effets d'harmonie religieux et rêveurs, les saxophones peuvent figurer avec un grand avantage dans tous les genres de musique, mais surtout dans les morceaux lents et doux[24].

Berlioz fournit plusieurs éléments qui peuvent être repris ici pour décrire l'apport des saxophones dans *A Phantasy* ainsi que leur relation avec le visuel. C'est tout d'abord leur couleur douce qui se fait le double sonore des teintes pastel. C'est aussi leur caractère expressif et lyrique qui souligne la poésie des dessins de McLaren. Leur timbre singulier (sonorités « douces et pénétrantes dans le haut, pleines et onctueuses dans le grave », expressives dans le médium, avec une « demi-teinte cuivrée » qui donne un accent particulier à l'instrument qui s'accorde autant aux « cantilènes gracieuses » qu'aux « effets d'harmonie religieux et rêveurs ») s'accorde avec la singularité surréaliste et la fantaisie du film d'animation. C'est enfin la virtuosité à laquelle ils invitent qui permet à Blackburn d'accompagner musicalement les mouvements des divers objets à l'écran. On connaît la place du saxophone en jazz; la musique de Blackburn, qui n'y est pas si étrangère, pourrait être décrite comme une improvisation écrite – car d'écriture assez libre –, les mouvements des trois saxophones soulignant les déplacements pareillement fantaisistes et spontanés des objets animés[25].

---

23. Blackburn; cité dans Cloutier, « Interview de Maurice Blackburn en présence de sa femme Marthe, par Louise Cloutier, à leur domicile (Ville Mont-Royal) », feuillet 23.

24. Hector Berlioz, « Exposition universelle : les instruments de musique à l'Exposition universelle [1855] », *Journal des débats*, 12 janvier 1856, www.hberlioz.com/feuilletons/debats560112.htm, consulté le 27 septembre 2016, p. 3.

25. Comme nous le verrons dans le chapitre II, Blackburn en arrivera même à proposer de la musique improvisée pour accompagner les films de McLaren *Blinkity Blank* (1955) et *Lignes verticales* (1960).

On notera que le langage tantôt tonal tantôt modal – du reste également assez libre et sans cesse modulant – employé par Blackburn, s'accorde avec la teneur onirique du visuel. Pour s'en rendre compte, il suffit de comparer la partie centrale de *Spheres* et celle de *A Phantasy*, identiques visuellement, mais différentes musicalement. Pour accompagner *Spheres*, McLaren a choisi l'enregistrement par Glenn Gould des préludes et fugues du *Clavier bien tempéré* de Bach, notamment les *Fugue n° 22 en si bémol mineur*, BWV 867, *Prélude n° 20 en la mineur*, BWV 865 et *Fugue n° 14 en fa dièse mineur*, BWV 859 du livre I, qui musicalisent respectivement les trois parties du film[26]. Résolument tonale et d'une écriture plus rigide que celle de Blackburn, la musique de Bach insuffle un caractère plus solennel (moins onirique) au visuel, notamment en raison de l'interprétation sobre et transparente de Gould qui souligne avec précision l'architecture de la composition. On notera aussi que la musique de Blackburn, composée spécialement pour *A Phantasy*, épouse plus efficacement les mouvements à l'écran[27]. Elle revêt ainsi un caractère plus actif et quelque peu ludique, tandis que celle de Bach apparaît plus passive et contemplative[28].

Forme et structure visuelles au gré de la fantaisie

Si Blackburn a distingué cinq parties dans sa partition, leur dénomination (A, B, C, D et E) ne représente pas la forme musicale réelle. Comme nous venons de le voir, D et E correspondent respectivement à la clôture et à l'ouverture du film, et présentent un contenu musical similaire; force est de conclure que la dénomination adoptée par Blackburn est purement distinctive. En ce qui concerne A, B et C, l'analyse formelle se corse. Pour Blackburn, comme nous le préciserons dans le prochain chapitre, c'est

26. À propos de *Spheres* et de sa musique, voir ONF, « Notes techniques par Norman McLaren », p. 58-59; et « Norman McLaren au fil de ses films », p. 85-86.

27. Une musique de film et une musique de concert ne sont pas composées dans un même dessein et ne possèdent pas la même logique. Sans support visuel, la musique de Blackburn s'interprète difficilement : sa structure, sa forme, son langage, son instrumentation dépendent de critères qui lui sont extérieurs. Elle trouve son sens dans son interaction, sa réunion avec l'image à laquelle elle se rattache. À l'opposé, la musique de Bach n'a pas besoin de l'image créée par McLaren pour exister et sa logique n'ayant pas été inspirée de l'image, c'est cette dernière ici qui a dû être adaptée à la partition – le cinéaste a été obligé de « couper un peu de pellicule » (*ibid.*, p. 85).

28. D'une musique à l'autre, il se produit un changement de perception. Chaque musique est porteuse d'une différence et d'une nouvelle signification dans son rapport avec l'image. De logiques, de langages, d'instrumentations et de formes distincts, les musiques de Blackburn et de Bach (interprétée par Gould) ne font pas voir les mêmes traits visuels : les traits communs à la musique et à l'image ne sont pas nécessairement les mêmes, le « transfert d'attributs » (tel que défini par Nicholas Cook; voir l'introduction) qui s'opère du sonore au visuel n'est pas le même et la signification résultante sera singulière. Ainsi, la rigueur mélodique de la musique de Bach – sa régularité, sa transparence structurelle, sa répétitivité, le classicisme du piano – souligne la géométrie, la structure régulière des configurations de sphères à l'écran et sa logique. La musique de Blackburn – son caractère « improvisé », sa souplesse, son rythme relâché et son absence, *a priori*, de structure, la présence des saxophones et du son synthétique – ne fait plus entendre la géométrie de l'image, mais peut-être davantage la fluidité des mouvements qui la composent; elle tend donc justement à adoucir leur rigidité.

« l'image qui sans cesse a imposé sa structure à [s]a musique de cinéma »[29]. Dès lors, si le visuel présente une forme ABA, cette même structure doit-elle mener à une analogie formelle ?

Il faudrait tout d'abord revenir sur la forme visuelle, car la forme ABA apparaît rapidement insuffisante pour représenter *A Phantasy*. Certes, les première et troisième parties sont reliées par une même technique de réalisation – celle des fondus – et une esthétique surréaliste qui contrastent avec la partie centrale, purement abstraite et sans métamorphoses. Le cadre de l'action constitue également un facteur à considérer dans l'analyse formelle, étant donné que l'action de la partie centrale se déroule dans les airs, contrairement à celle des deux autres parties qui se déroule au sol. C'est donc en ce qui a trait au contenu « narratif » que les choses se compliquent.

Nous l'avons dit, la première partie présente un certain nombre d'éléments repris et développés dans la troisième. Voyons cela dans le détail :

- Le thème de l'*oiseau* est introduit dès le générique de début : des plumes encadrent l'apparition du titre. On le retrouve en préambule à l'irruption de l'horloge dans la première partie, son envol provoquant l'apparition du cadran circulaire. Le même oiseau revient dans la troisième partie, motivé par le mouvement au sol d'un petit soleil rouge.
- Deux *gouttes* entrent dans la première partie, où elles se livrent à une première danse, qui donnera naissance aux pieds de l'horloge, avant de disparaître dans un bref feu d'artifice. Les gouttes reviennent également en pluie après la disparition de l'oiseau et en préambule à l'apparition du cadran de l'horloge. Le couple de gouttes danseuses revient dans la troisième partie pour générer d'autres éléments décoratifs.
- L'*aiguille d'horloge* est introduite à la suite de l'irruption de l'horloge dans le décor de la première partie. Après un premier tour de cadran, son mouvement donne naissance à huit sphères disposées autour du cadran horloger. Un troisième tour la fait entrer en contact avec les quatre rochers environnants, provoquant ainsi la coloration des trois premiers. Quant au dernier rocher, l'aiguille en transperce le sommet dans un bref jet de lumière, puis disparaît, suivie par l'horloge. Le motif de l'aiguille revient dans la dernière partie sous la forme de piquets noirs, qui formeront une grille, et d'une flèche qui séparera l'oiseau en deux avant de disparaître.
- Le *papillon* est l'un des rares éléments à unir les trois parties. Dans la première, il provoque le décollage des six sphères dans le ciel. Dans la deuxième, il engendre l'effet inverse en se posant sur chacune d'elles pour les ramener au sol. Dans la troisième, deux papillons émergent d'un feuillage et donnent naissance, par leur rencontre, au couple de gouttes.
- Les *sphères*, second élément à unir les trois parties, sont introduites dans la première partie, autour du cadran d'horloge. Dans la deuxième, elles tiennent le rôle principal : ce sont les protagonistes d'un ballet aérien. Dans la dernière, elles constituent des éléments du décor en venant se poser dans des réceptacles semblables à des troncs d'arbre. Le décor de la dernière partie diffère donc de celui de la première. On trouve également dans la troisième partie d'autres formes sphériques, comme une petite boule argentée

29. Maurice Blackburn, « Récitatif », document dactylographié, [1986], Trois-Rivières, Collection (Archives Maurice Blackburn) de Louise Cloutier, p. 1.

et un petit soleil rouge – ce dernier était déjà présent dans la première partie – qui donneront naissance, par leur mouvement, à d'autres éléments du décor.

Outre la reprise de ces divers éléments, ce qui relie les première et troisième parties est le procédé, tel que nous le nommons, de « naissance par contact ». Dans chacune des parties, le cadre de l'action s'installe par interaction des divers objets animés, par des contacts à la chaîne d'objets en mouvement qui donnent naissance à de nouveaux éléments ornementaux ou animés. Prenons un exemple. Dans la première partie, une fois le décor installé par métamorphose des cartons du générique initial, deux gouttes apparaissent de chaque côté de l'écran, se rapprochent en son centre, puis s'entre-choquent, provoquant ainsi l'apparition de deux autres gouttes plus petites qui se mettent à danser ensemble. Leurs contacts avec le sol creusent trois petits trous par lesquels des pieds d'horloge feront irruption. Les gouttes terminent leur danse et se heurtent dans un petit feu d'artifice blanc, laissant ainsi place à la suite de l'« action », soit l'apparition des pieds de l'horloge, de l'oiseau, du cadran de l'horloge, des sphères, et ainsi de suite.

La deuxième partie contraste avec les deux autres, puisqu'il n'y a aucune naissance par contact. Simplement, six sphères dansent ensemble dans les airs selon des combinatoires différentes – les sphères sont regroupées tantôt par paires, trios, quatuors, etc. – et en un jeu sur la profondeur et le mouvement. C'est d'ailleurs ce dernier qui caractérise et structure cette partie centrale, elle-même divisible en trois sous-parties qui correspondent aux changements de mouvement à l'arrière-plan. Ainsi, dans la première sous-partie, les sphères semblent s'élever dans le ciel ; dans la deuxième, elles évoluent vers la droite, puis redescendent vers le sol dans la troisième sous-partie (voir tableau 2). Il est possible d'aboutir au même découpage en considérant les sphères et l'illusion de profondeur : les trois sous-parties mettent respectivement en jeu des petites sphères, des sphères de tailles variées, puis de grosses sphères.

Les parties qui encadrent ce mouvement central peuvent elles aussi être scindées en trois sections (voir tableaux 1 et 3). Dans la première partie, les trois sous-parties peuvent se décrire ainsi : 1) mise en place du cadre général, incluant le générique de début ; 2) l'horloge ; puis 3) les sphères, comme objets centraux de l'action. Le découpage tripartite de la dernière partie se présente comme suit : 1) mise en place du décor environnant (les sphères redescendent du ciel) ; 2) ajout de détails et animation d'objets ; 3) tombée de la nuit (changement de lumière) et apparition d'une tombe. Cela nous amène à indiquer que, outre leur contenu narratif, les première et troisième parties de *A Phantasy* se distinguent par leur « lumière », la première donnant l'effet d'un clair-obscur, tandis que la troisième se déroule de jour, puis de nuit, sensation produite par modification du pastel. Pour cette raison, mais aussi, comme nous avons voulu le montrer, parce que les objets, les thèmes et les motifs introduits dans la première partie reviennent dans un contexte différent dans la dernière, donnant ainsi naissance à un nouveau décor, c'est la forme ABA' qui représente le mieux la partie visuelle. Ces nuances apportées, il convient à présent de voir comment la musique participe à cette structuration globale ou plutôt, quelle construction musicale est née d'une telle organisation visuelle.

Forme et structure musico-visuelles : une question d'analogie

Tout comme la partie visuelle peut être divisée en trois parties, la musique composée par Blackburn comprend trois mouvements principaux – en laissant de côté l'ouverture et la clôture (respectivement E et D). Le mouvement central, la partie B, qui correspond au ballet de sphères, se caractérise par un tempo moins rapide (120 à la noire) et une mesure à trois temps (3/4), qui n'est pas sans rappeler celle de nombreuses danses, par exemple la valse. Une mesure à quatre temps (4/4) et un tempo identique (144 à la noire) relient les deux autres parties, A et C. Celles-ci diffèrent cependant par la longueur : la partie A compte 95 mesures, ce qui correspond à 2 minutes et 36 secondes de musique ; la partie C, 64 mesures, pour une durée de 1 minute et 43 secondes. Quant à la partie centrale, ses 104 mesures équivalent à 2 minutes et 30 secondes de musique. Bien que le tempo indiqué soit moins rapide, son mouvement, en raison de la mesure à trois temps, paraît un peu plus vif ; la partie B s'accorde ainsi avec le caractère dansant du visuel.

Le découpage formel peut être ensuite déterminé par l'instrumentation, par les entrées et sorties des instruments et par l'agencement de ces derniers à l'intérieur des parties. La première partie se caractérise par une quasi-omniprésence du saxophone alto, rejoint à quelques moments par les deux autres saxophones et le son synthétique ; cette partie consiste donc en une alternance de solos, de duos et de trios – à l'exception du bref quatuor final qui mène à B (mesures 90-95). La deuxième partie se caractérise par les entrées successives des trois saxophones – soprano d'abord, alto ensuite, puis ténor – et la présence d'un solo pour son synthétique (mesures 54-61). Enfin, la troisième partie, plus complexe et resserrée, fait entendre une série de duos et de trios – si l'on fait exception des très brefs solos de l'alto et du son synthétique –, qui aboutira, comme en A, à un quatuor, cette fois-ci conclusif (mesures 55-61). On notera qu'en A les solos sont presque exclusivement destinés au saxophone alto, tandis que B comporte également des solos de soprano et de son synthétique. Quant au saxophone ténor, aucun passage en solo – c'est-à-dire sans accompagnement d'un autre instrument – ne lui est confié. Le relevé de tels regroupements résulte d'un découpage effectué à partir des indications données par le compositeur dans la partition, soit la numérotation des principales entrées des saxophones[30].

30. Le son synthétique ne fait l'objet d'aucune mention dans la partition écrite. Les entrées figurant dans les tableaux (1, 2 et 3) sont celles que fait entendre le film. Certaines occurrences de son synthétique ont été indiquées en pointillé pour signifier que le son synthétique est présent de manière discontinue, soulignant alors certains micro-événements visuels ; les occurrences marquées en trait plein indiquent un rôle plus actif et continu.

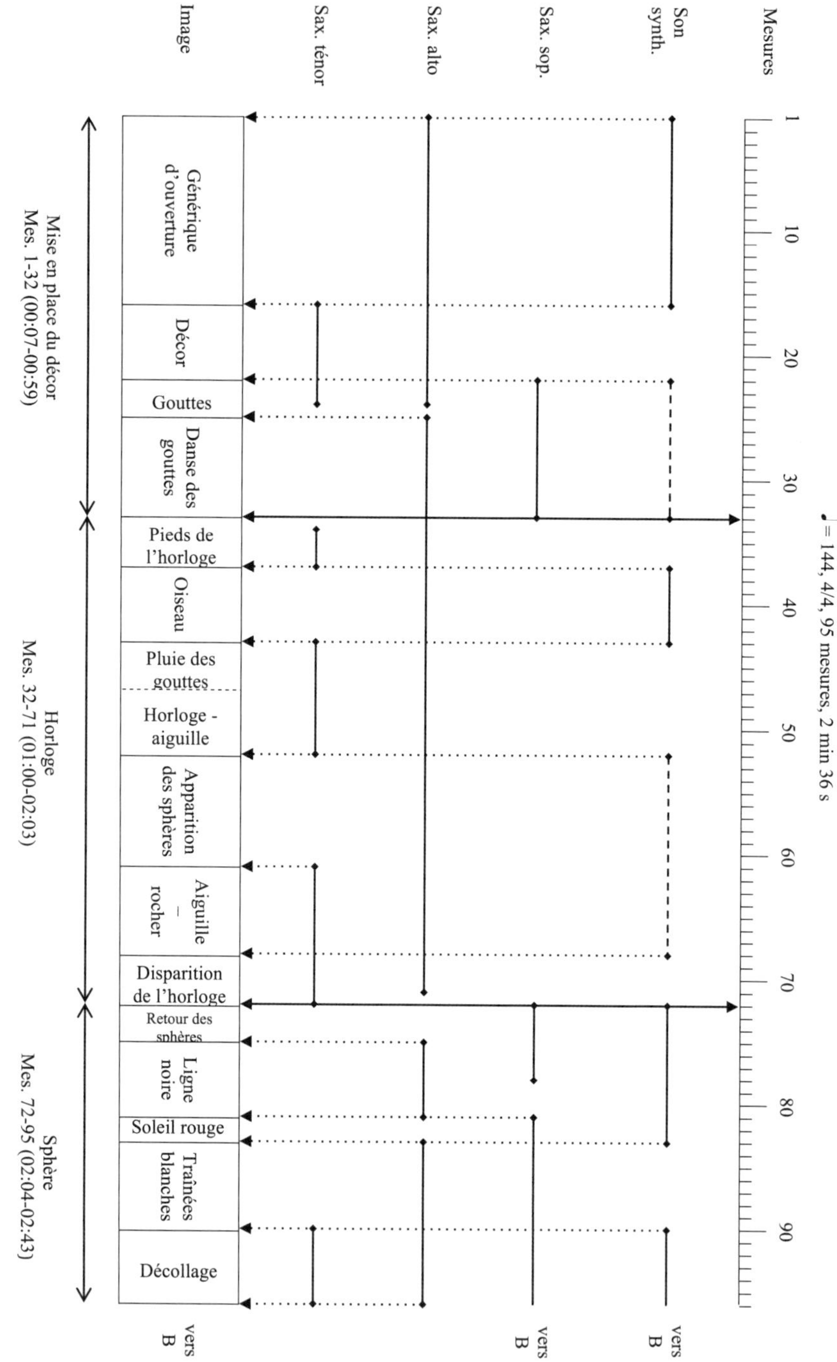

Tableau 1. Structure musico-visuelle de la partie A de *A Phantasy* de Norman McLaren.

De manière générale, chaque numéro ou entrée correspond à un élément visuel. Dans la première partie, l'entrée du saxophone soprano, accompagné du son synthétique, correspond à celle des gouttes (mesure 22) et à la réapparition des sphères (mesure 72), dont l'instrument souligne ensuite, dans les deux cas, le mouvement (mesures 22-32 ; et mesures 72-85, avec une pause de presque trois mesures). Quant à l'alto, il accompagne d'abord le générique de début, après le premier carton et la partie musicale E, secondé, en partie, par le son synthétique (mesures 1-15), puis la mise en place du décor, avec le ténor, puis le soprano (mesures 15-23). Il réapparaît après une courte pause pour accompagner le soprano et les gouttes à l'écran (mesures 25-32), puis toute la deuxième sous-partie qui met en vedette l'horloge, avec, en quasi-alternance, le son synthétique ou le saxophone ténor (mesures 32-70). Par la suite, ses deux dernières entrées correspondent visuellement à l'apparition de différentes courbes nées du contact des sphères avec les rochers du décor et à leur mouvement autour de ceux-ci (mesures 75-80 et 83-90). Enfin, les entrées du ténor ponctuent également divers événements :

- L'apparition du cadre de l'action, qui suit le générique de début, jusqu'à l'arrivée des premières gouttes (mesures 16-23).
- L'irruption des pieds de l'horloge (mesures 34-36).
- Le retour des gouttes qui précède celle du cadran de l'horloge, puis la mise en place de l'horloge et de son aiguille (mesures 43-51).
- La série de contacts de l'aiguille avec les rochers environnants jusqu'à la disparition de l'horloge (mesures 61-71).
- La préparation au décollage des six sphères (mesures 90-95).

Conjointement à l'image, on aboutit ici aussi à un découpage en trois sous-parties :

1) Mesures 1-32 : entrées successives des instruments qui correspondent à la mise en place du décor, amorcée par les métamorphoses du générique de début.

2) Mesures 32-71 : absence du soprano et présence continuelle de l'alto avec occurrences du ténor et de son synthétique durant le tableau central autour du thème de l'horloge (et des sphères).

3) Mesures 72-95 : réapparition du saxophone soprano – en trio avec l'alto et le son synthétique – et des sphères.

Si un tel découpage est possible dans la première partie, il est moins facile pour les deux autres. Par exemple, le solo de son synthétique, à peu près au milieu de la deuxième partie (mesures 54-61), vient scinder celle-ci en deux sous-parties :

1) Un duo saxophone soprano et son synthétique (mesures 1-38) qui devient trio avec l'entrée de l'alto (mesures 39-45) au beau milieu de la deuxième sous-partie visuelle – le changement de mouvement de l'arrière-plan, qui crée une illusion de déplacement vers la droite – puis duo soprano-alto (mesures 46-53).

2) Un duo alto et son synthétique (mesures 61-66 et 74-81), qui devient trio quand le ténor (mesures 82-98) ou le soprano (mesures 98-104) entrent – et qui est entrecoupé d'un bref duo alto-ténor (mesures 67-74).

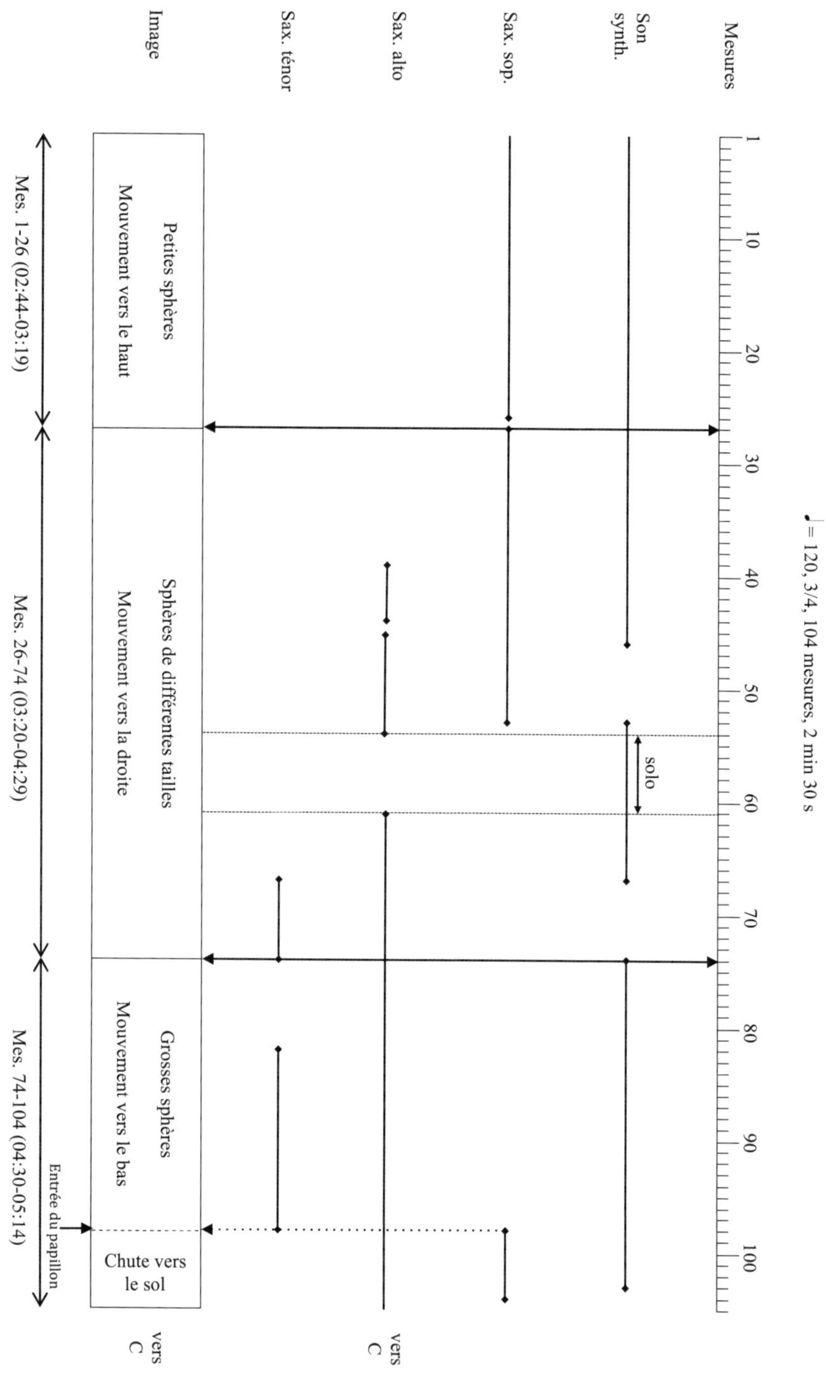

Tableau 2. Structure musico-visuelle de la partie B de *A Phantasy* de Norman McLaren.

Cependant, si l'on superpose la forme visuelle à la structure instrumentale édifiée par Blackburn, le découpage tripartite est possible : la première sous-partie (mesures 1-26) se caractérise par un duo saxophone soprano et son synthétique; la suivante (mesures 26-74), par la deuxième entrée du soprano, après un demi-soupir, toujours accompagné du son synthétique, puis par les entrées successives de l'alto (trio puis duo) et du ténor (en duo avec l'alto), que sépare le solo de son synthétique; la troisième (mesures 74-104), par un duo alto et son synthétique, rejoint par le ténor (premier trio), puis le soprano (deuxième trio).

Pour ce qui est de la dernière partie, les trois sous-parties du découpage visuel correspondent musicalement à ceci :

1) Mesures 1-18 : présence continue du saxophone ténor, en duo tantôt avec le soprano (mesures 1-11), tantôt avec l'alto (mesures 13-18), voire en trio lorsque le son synthétique entre (mesures 6-11).

2) Mesures 18-44 : présence presque continue du saxophone alto, en duo avec chacun des autres instruments, et en duo, voire trio, avec le son synthétique également.

3) Mesures 44-63 : retour du saxophone soprano, précédé de quelques mesures par le ténor, puis rejoint par l'alto et le son synthétique en un quatuor final (mesures 55-61).

On notera cependant la présence d'entrées à cheval sur deux parties – l'alto aux mesures 13-20 et le ténor aux mesures 41-63 –, qui perturbent légèrement le découpage : c'est en confrontant la forme visuelle et la structure musicale que nous en sommes arrivée à une telle division.

En effet, si l'on observe uniquement la structure instrumentale, l'organisation des entrées et sorties, rien n'indique à première vue une organisation formelle aussi simple que la forme tripartite. Cela résulte du fait que la musique de Blackburn épouse le discours visuel. Ainsi, la plupart du temps, les entrées ou les sorties des instruments correspondent aux différents événements ou mouvements visuels. Puisque ceux-ci découlent d'une logique purement fantaisiste, la structure musicale, née de l'image, adopte la même organisation : il y a structuration, mais la structure née de l'union de la musique et de l'image s'avère assez complexe, du fait de ses origines fantaisistes. La logique fantaisiste narrative et visuelle de chaque partie du film dicte ainsi la structure musicale. Étant donné les arguments invoqués pour caractériser chaque partie (métrique, tempo, mesures, durée, orchestration) et sous-partie (agencement des entrées instrumentales et regroupements des instruments), les trois mouvements musicaux se révèlent assez distincts – chacun épouse la logique de la partie visuelle qui lui correspond. L'analogie entre la musique et l'image est donc moins formelle que structurelle, moins globale que locale. Si les entrées des instruments et leur agencement à l'intérieur des parties permettent d'aboutir à un schéma formel, c'est cependant une superposition du découpage visuel qui nous a amenée à un tel résultat. Si Blackburn s'est inspiré de la structure visuelle pour en révéler la dimension sonore, il ne semble cependant pas s'être contraint à une stricte analogie : il l'a dépassée, complexifiée.

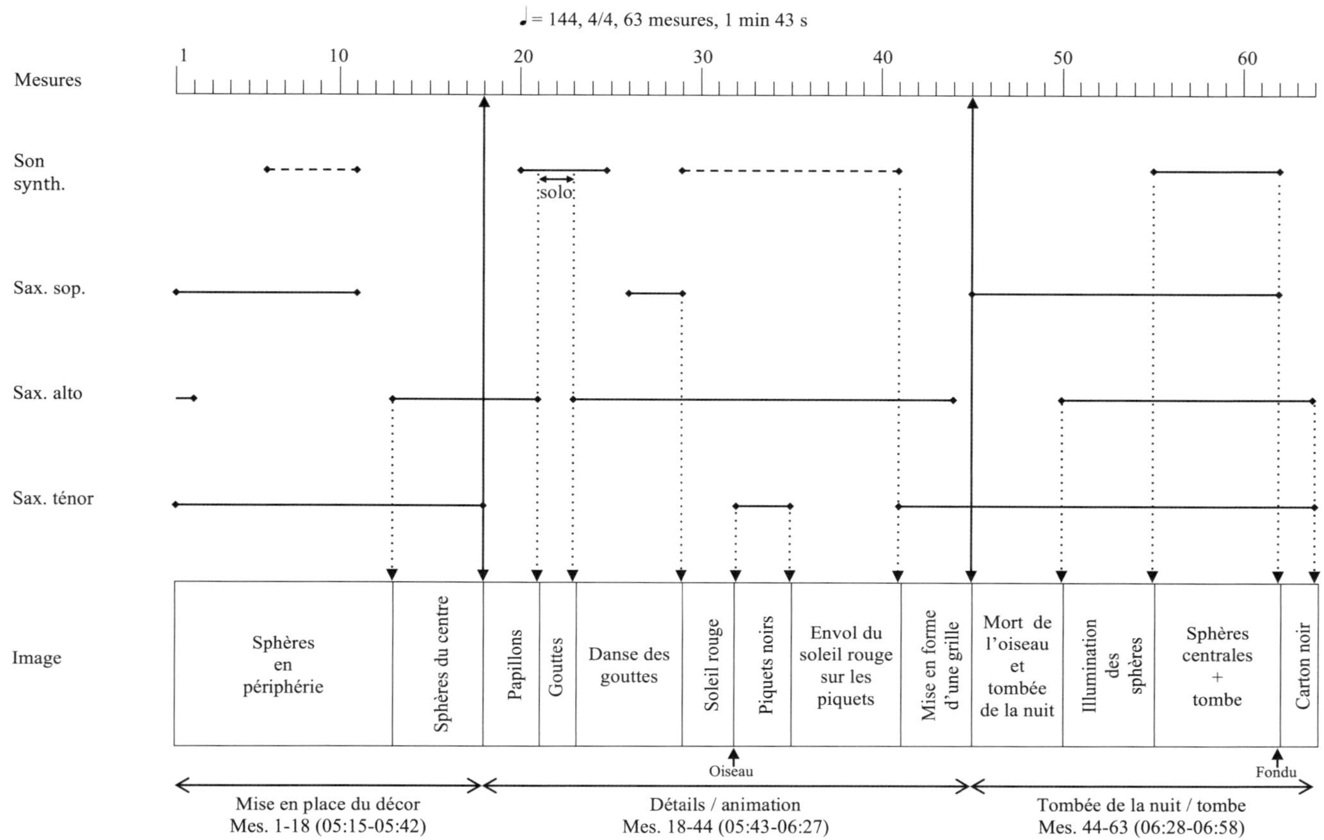

Tableau 3. Structure musico-visuelle de la partie C de *A Phantasy* de Norman McLaren.

La forme ABA' reste tout de même acceptable pour représenter la partition dans la mesure où la partie centrale contraste avec les deux autres par son caractère dansant – la mesure à trois temps –, son allure plus vive, la présence d'un solo conséquent pour son synthétique, ainsi que par la durée de ses occurrences instrumentales. En effet, la comparaison des tableaux reproduits dans ce chapitre permet de constater que les interventions des instruments dans les deux autres parties sont plus brèves. La structure qui en résulte est dès lors plus morcelée, complexe et verticale. En outre, comme nous l'avons mentionné précédemment, ces deux parties sont reliées par leur mesure à quatre temps et un tempo identique; elles se distinguent cependant par leur durée. L'analogie formelle entre le visuel et le musical est donc possible, mais non stricte. On notera également, comme le montrent les tableaux, que certaines occurrences instrumentales se trouvent à cheval sur deux sous-parties (l'alto dans la partie A, le son synthétique et l'alto en B, l'alto puis le ténor en C), perturbant ainsi le découpage tripartite en reliant les sections entre elles, créant ainsi une certaine continuité. Cette continuité, c'est un autre élément qui nous permet de nuancer l'idée d'une analogie formelle entre le sonore et le visuel dans *A Phantasy*.

Unité et continuité musico-visuelles : le continuum sonore

Si, plus tard, Blackburn fera l'éloge du silence[31], dans la trame sonore de *A Phantasy*, il n'y a pas une seule mesure qui ne soit pas remplie par un son, acoustique ou synthétique. Blackburn dote le film d'un véritable continuum sonore dans lequel saxophones et son synthétique se mêlent du début à la fin en une trame sonore globalisante. Outre l'absence de silence, un tel effet est obtenu par : 1) l'agencement des instruments, dont le son synthétique, qui se relayent sans cesse ou dialoguent ensemble; 2) la continuité des registres; 3) l'ininterruption du mouvement.

De même que McLaren procède par métamorphoses successives à l'aide d'un enchaînement continu de fondus ou encore par addition ou soustraction d'éléments en modifiant le pastel, créant ainsi une fluidité visuelle, la partition de Blackburn résulte d'une série d'ajouts et de suppressions d'instruments. Prenons l'exemple de la partie B. À la fin de la partie précédente, les saxophones évoluent en quasi-homorythmie dans une mesure qui sert d'élan à la partie suivante. En B, le soprano seul continue sur cet élan en reprenant un même motif de triade ascendante qui sera répété six fois un demi-ton plus haut (exemple 2).

31. Voir le chapitre II.

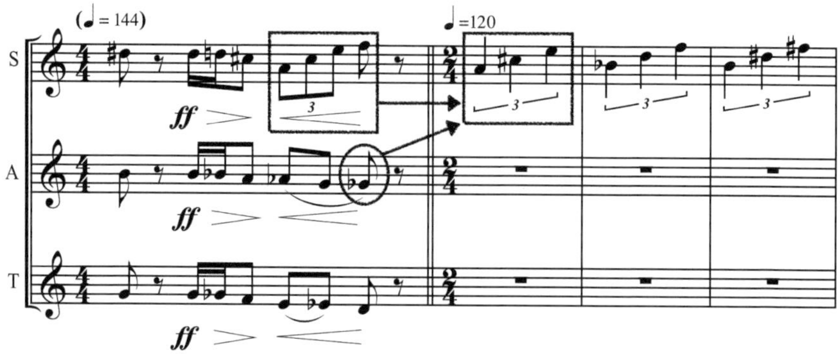

Exemple 2. Maurice Blackburn, *A Phantasy*, transition entre les parties A (mes. 95) et B (mes. 1-3), saxophones soprano, alto et ténor.

Alors que le soprano continue son solo, l'alto entre à la mesure 39 sur un même motif en sens contraire (exemple 3).

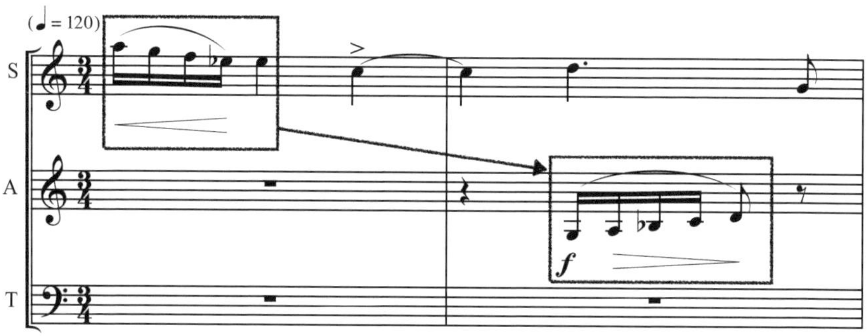

Exemple 3. Maurice Blackburn, *A Phantasy*, partie B, mes. 38-39, saxophones soprano et alto.

Dans les deux cas, les variations de l'instrumentation s'opèrent avec subtilité et continuité, l'instrument restant, ou qui s'ajoute, reprenant un matériau musical familier.

Les deux instruments – soprano et alto – poursuivent ensuite leur duo, en quasi-homorythmie jusqu'à ce que le son synthétique entonne son propre solo (mesures 54-61). Il y a donc ici rupture de couleur, mais continuité sonore. Visuellement, cette rupture correspond à un changement de combinaison des groupes de sphères qui dansent à l'écran : deux groupes de trois sphères se forment, l'un passant au premier plan, l'autre à l'arrière-plan (03:56-04:00). Alors que les sphères se rassemblent et que le son synthétique perdure, l'alto revient (mesure 61), suivi de près par le ténor (mesure 67). Ainsi, l'instrumentation change, de même que les combinaisons de sphères, mais la fluidité du mouvement est assurée par la continuité sonore et la discrétion des entrées d'instruments. Il en est de même de la suite de la partie où les instruments se relayent ou dialoguent de la même manière jusqu'à l'entrée du soprano (mesure 98) (exemple 4).

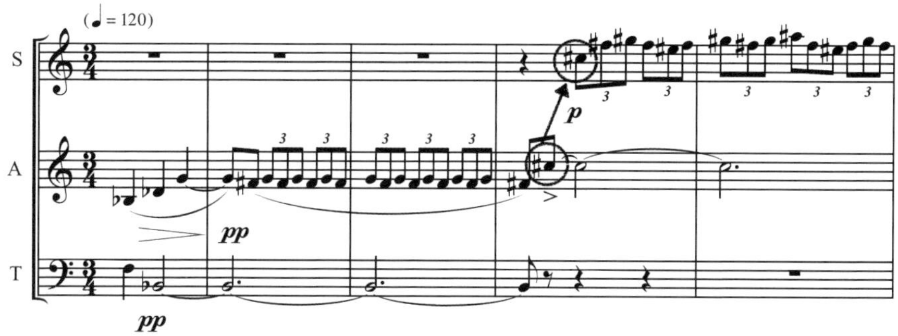

Exemple 4. Maurice Blackburn, *A Phantasy*, partie B, mes. 95-99, saxophones soprano, alto et ténor.

On remarquera ici un exemple de ce que nous avons appelé auparavant la continuité des registres. Pour créer une continuité sonore, il arrive que Blackburn fasse entrer un nouvel instrument sur la note même avec laquelle se terminait la ligne mélodique d'un autre instrument. Dans l'exemple 4, le soprano entre sur le *do* dièse énoncé par l'alto, et qui plus est sur le même rythme de triolet. On comprend également pourquoi le compositeur a choisi trois instruments de la même famille : l'homogénéité de couleur assure la continuité sonore et l'étendue de l'échelle sonore (le registre) est élargie.

Nous pourrions donner d'autres exemples de continuité des registres à l'intérieur des parties. Blackburn relie d'ailleurs les parties A, B et C de la même manière. Ainsi, dans l'exemple 2 qui montrait comment s'opère le passage de A à B du point de vue de l'instrumentation, une flèche indique également que le saxophone soprano, malgré le saut de sixte descendante qu'il effectue entre la fin de A et le début de B, commence par un *la*3, soit seulement un ton et demi plus haut que la dernière note de l'alto (*sol*3 bémol), évoluant ainsi dans le même registre.

Le passage de B à C se déroule à peu près de la même manière (exemple 5) : 1) le saxophone soprano reprend le processus amorcé par l'alto – une ligne chromatique descendante allant du *fa*4 au *si*3 (mesures 103-104 de B jusque dans la mesure 1 de C) – en le commençant cependant un ton plus haut – du *sol*4 au *do*4, mesure 1-2 de C) ; 2) la nouvelle ligne mélodique du soprano se situe dans le même registre, aigu, que la précédente ; 3) alors qu'en C débute la première ligne mélodique du soprano, l'alto termine la sienne – les deux lignes se chevauchent, le soprano amorçant sa propre descente chromatique pendant que l'alto tient son *si*3. Ainsi, ce petit complexe musical de quelques mesures assure une continuité à la fois sonore et visuelle : les lignes mélodiques descendantes illustrent la descente des sphères au sol, reliant de la sorte les deux parties distinctes.

Exemple 5. Maurice Blackburn, *A Phantasy*, transition entre les parties B (mes. 103-104) et C (mes. 1), saxophones soprano, alto et ténor.

Le même procédé est utilisé pour relier l'ouverture et la clôture aux trois mouvements principaux (E et D). Bien que distincts des autres parties par le caractère – ils consistent en une succession d'accords plaqués –, les deux courts mouvements qui encadrent le corps de l'œuvre sont reliés aux autres par les hauteurs. Considérons le passage de C à D (exemple 6).

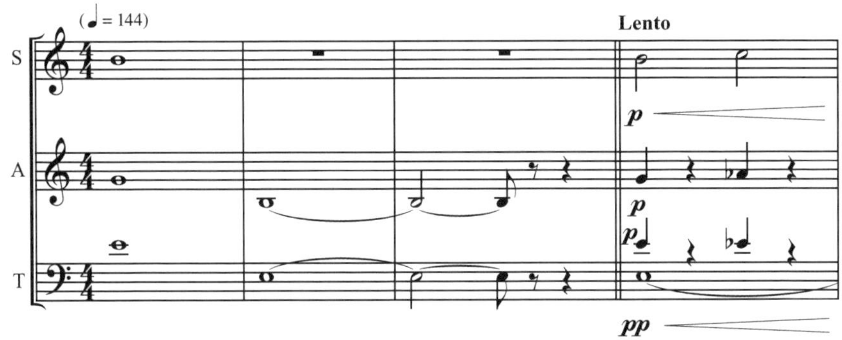

Exemple 6. Maurice Blackburn, *A Phantasy*, transition entre les parties C, mes. 61-63, et D, mes. 1, saxophones soprano, alto et ténor.

Après un bref silence qui marque la séparation entre les parties et qui correspond, visuellement, au carton noir qui précède le générique de fin, le soprano reprend la dernière note qui était la sienne dans la partie C (*si*3). L'alto, malgré un saut de sixte ascendante, reprend également la note qui était la sienne à la mesure 61 (*sol*3), tandis que le ténor, en deux parties, refait entendre les deux notes avec lesquelles il avait conclu la partie précédente (*mi*3 et *mi*2). Le trio (ou quatuor) reprend ainsi le matériel musical qui terminait la partie C et selon une même formule d'accords plaqués. Il y a donc à la fois rupture – changement de partie – et continuité sonore et visuelle – puisque le générique de fin reprend le processus de métamorphoses. Ainsi musicalement reliées entre elles, les cinq parties distinctes forment un tout, une unité marquée par la continuité.

Comme annoncé précédemment, l'ininterruption du mouvement assure également la continuité. C'est à ce point de l'analyse que nous touchons la question du synchronisme, qui doit faire l'objet d'un traitement à part.

Synchronisme, figuralisme et mouvement

La question du synchronisme est reliée à celle du figuralisme musical, *a fortiori* dans le cinéma d'animation. Le questionnement est d'autant plus pertinent que, visuellement, certains objets (oiseau, gouttes, aiguille, papillon, sphères) réapparaissent au fil de l'action. Il convient donc de se demander si Blackburn utilise certaines formules musicales, thèmes ou motifs pour représenter ces différents objets ainsi que leurs actions (« naissance par contact », danse, envols et mouvements divers).

Il y a bien un thème aisément reconnaissable qui émerge du flot sonore continu. De caractère lyrique, et dans ce qui semble être la tonalité de *mi* majeur, celui-ci apparaît dans la partie A au saxophone soprano lorsque les sphères resurgissent en cercle à l'écran après la disparition de l'horloge (02:05-02:10). Introduit au son synthétique par un arpège ascendant de *si* majeur, qui souligne l'apparition des sphères, le thème se fait entendre juste avant qu'une sphère bleue ne se détache du lot pour se poser sur un rocher avoisinant, contact mis en évidence par un bref trille du saxophone sur le *sol*3 dièse (mesure 74). Le saxophone alto entre alors sur cette même note (mesure 75) – c'est la continuité des registres – avec une série de croches dont la courbe mélodique suit le mouvement de la ligne noire née du contact entre la sphère et le rocher, et qui s'enroule autour de ce dernier (mesures 75-80)[32]. Pendant ce temps, le soprano tient sa note et la sphère bleue est maintenue dans sa position (mesures 74-77) (exemple 7).

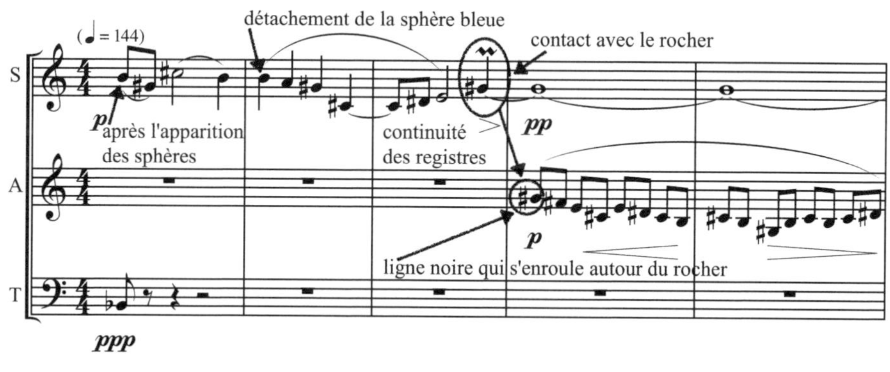

Exemple 7. Maurice Blackburn, *A Phantasy*, « thème des sphères », partie A, mes. 72-76, saxophones soprano, alto et ténor.

32. Plus loin (mesures 83-85), le saxophone alto énonce aussi une série de croches, plus courte, alors que des traînées blanches apparaissent autour d'une autre sphère à la suite du contact de cette dernière avec un rocher. Deux traînées blanches se sépareront des autres pour parcourir l'écran en un mouvement parallèle alors que l'alto reprendra sa ligne mélodique de croches, tantôt descendante, tantôt ascendante, accompagné en parallélisme du saxophone soprano (mesures 85-89).

Sans surprise, le thème revient dans la partie B, partie dédiée aux sphères auxquelles il est dès lors rattaché. Il revient une première fois au saxophone soprano (mesures 8-12), en *la* majeur et *cantabile*, « chantant », après l'enchaînement des triades répétées chaque fois un demi-ton plus haut (voir exemple 2), qui illustre la montée des sphères dans le ciel : il se fait entendre une fois les six sphères regroupées en cercle (02:52), comme dans la partie précédente. Quelques mesures plus loin, et après que les sphères ont esquissé quelques pas de danse, il réapparaît, cette fois-ci en *la* bémol majeur (mesures 22-26) et en préambule au regroupement des sphères en cercle ainsi qu'au changement de mouvement de l'arrière-plan (03:13-03:20). Il revient une troisième fois, en *la* majeur (mesures 43-46), cette fois-ci au saxophone soprano doublé, en partie, par le son synthétique et à peu près au milieu de la partition (03:45-03:49) ; puis une quatrième fois au son synthétique seul (mesures 83-92), en *mi* bémol majeur, à la fin de la partie (04:44-05:00). Ces diverses occurrences sont représentées dans les exemples 8a, 8b, 8c et 8d.

Exemple 8a. Maurice Blackburn, *A Phantasy*, occurrences du « thème des sphères » dans la partie B, mes. 8-12, saxophone soprano.

Exemple 8b. Maurice Blackburn, *A Phantasy*, occurrences du « thème des sphères » dans la partie B, mes. 22-26, saxophone soprano.

Exemple 8c. Maurice Blackburn, *A Phantasy*, occurrences du « thème des sphères » dans la partie B, mes. 43-46, saxophone soprano.

Exemple 8d. Maurice Blackburn, *A Phantasy*, occurrences du « thème des sphères » dans la partie B, mes. 83-92, son synthétique[33].

Ainsi, dans cette partie centrale, ce thème lyrique est repris, transposé, et fait l'objet de variations mélodico-rythmiques. Il reviendra une dernière fois, comme un écho des précédents événements, à la fin de la dernière partie (mesures 57-61). Énoncé au son synthétique et dans une version tronquée – les quatre premières notes seules (*mi*4-*do*4-*fa*♯4-*mi*4), dans un contexte de *mi* mineur –, le thème est ici superposé à l'enchaînement d'accords des trois saxophones menant à D (voir exemple 6). Ces dernières mesures accompagnent ainsi la descente des deux sphères centrales qui se posent sur leur réceptacle pour illuminer le décor nocturne, ainsi que l'apparition d'une pierre tombale au centre de l'écran (06:49-06:56), avant que le carton noir ne marque la fin du film sur les dernières notes des saxophones alto et ténor (mesures 62-63).

Les diverses occurrences du thème lyrique des sphères rappellent le fonctionnement d'une forme ABA (ou ABA') dans laquelle un thème initial fait l'objet d'un développement central avant d'être réexposé dans le ton principal. De la même manière, le thème lyrique de *A Phantasy*, exposé dans la partie A, en *mi* majeur, est développé, varié et modulé en B, puis repris à la toute fin de C, au son synthétique, mais dans un contexte de *mi* mineur, alors que deux sphères lumineuses apparaissent au centre de l'image. Ainsi la forme ABA', qui est celle de la partie visuelle, peut convenir également à la partie musicale.

Nous avons mentionné plus haut que le groupe de sphères était l'un des objets qui unifiait les trois parties visuelles. On comprend donc davantage pourquoi un thème lui est rattaché. Nous avons également considéré le papillon comme un élément unificateur. Dans la première partie, son irruption s'accompagne de trilles au son synthétique. Dans les deuxième et troisième parties, l'apparition puis les mouvements du(des) papillon(s) sont soulignés, respectivement, par des triolets du saxophone soprano (partie B, mesures 98-104) – tandis que la ligne chromatique descendante de l'alto suit la chute des sphères au sol – et de l'alto (partie C, mesures 17-20) : la courbe mélodique, tantôt ascendante, tantôt descendante, et ponctuée d'arrêts, suit de manière synchrone les mouvements du(des) papillon(s). Prenons l'exemple de la partie C (exemple 9).

33. La partie de son synthétique provient de notre propre transcription.

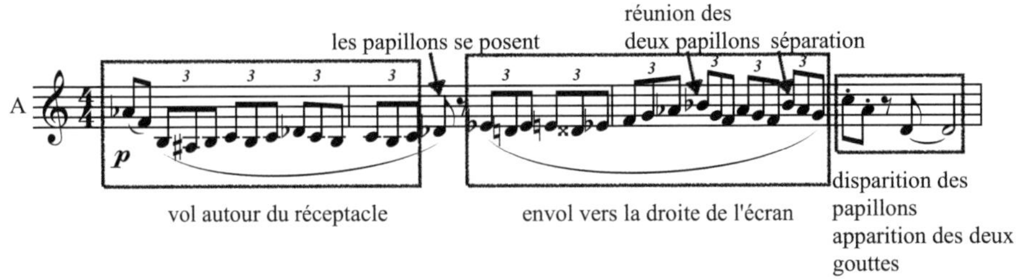

Exemple 9. Maurice Blackburn, *A Phantasy*, accompagnement musical des deux papillons de la partie C, mes. 17-20, saxophone alto.

Cet exemple présente le principal type de rapport musique-image que l'on trouve dans *A Phantasy*, à savoir la musicalisation synchrone du mouvement. Ici, la succession des brèves du triolet s'accorde parfaitement au vol des papillons ; l'enchaînement des notes, tantôt ascendant, tantôt descendant, en épouse les directions ; leur premier arrêt est marqué par une croche suivie d'un demi-soupir, tandis que les dernières notes, en croches piquées descendantes, soulignent la disparition des papillons en même temps que l'arrivée des deux gouttes qui atterrissent au sol, mouvement marqué conjointement par l'entrée du son synthétique.

La majeure partie de la partition fonctionne selon ce principe. Ainsi, l'apparition de nouveaux éléments suscite l'entrée conjointe d'un nouveau motif ensuite développé mélodiquement et rythmiquement, voire répété, en fonction des mouvements de l'objet et des directions qu'il suit. De la même manière que l'image laisse peu de répit à l'œil, l'action d'un objet engendrant toujours celle d'un autre, donnant ainsi naissance à une chaîne continue d'événements et de mouvements, les divers événements musicaux s'enchaînent les uns aux autres en un mouvement perpétuel.

Si de tels événements musicaux se suivent parfois selon le principe de continuité des registres, d'autres sont séparés par le procédé inverse – la discontinuité des registres, un saut d'intervalle plus grand, par exemple – ou par un caractère différencié ; ce qui peut avoir pour effet d'attirer l'oreille sur un événement visuel particulier, mais sans affecter le continuum sonore. Prenons un exemple dans la partie A (exemple 10).

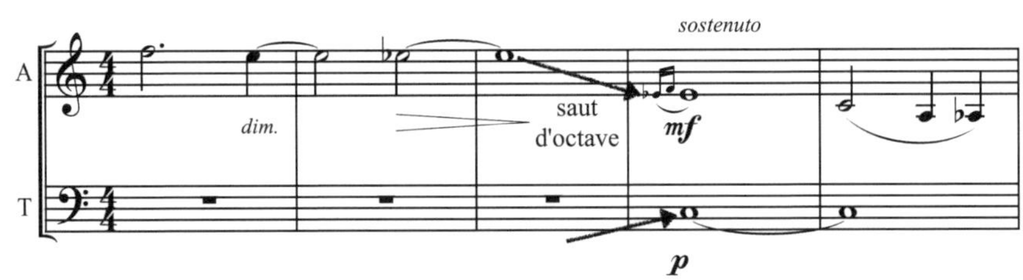

Exemple 10. Maurice Blackburn, *A Phantasy*, partie A, mes. 13-17, saxophones alto et ténor.

Après une courte descente chromatique de l'alto, *decrescendo*, celui-ci enchaîne, après un saut d'octave descendant, sur ce qui sera une ligne mélodique globalement ascendante, *mezzo forte* puis *crescendo* (à partir de la mesure 18) et en triolets de blanches, accompagnée de notes tenues du ténor dans le grave. Le saut d'octave, le changement d'intensité, l'inversion de la courbe mélodique ainsi que l'ajout du saxophone ténor dans le registre grave marquent le passage entre deux sections. Visuellement, ce que nous venons de décrire correspond au fondu qui relie le générique de début à la suite de la première partie (00:27-00:42). Ainsi, tant à l'image que dans la musique, la continuité est assurée par la technique du fondu et l'ininterruption sonore. Parallèlement, les yeux constatent le changement de section – nous quittons le générique –, secondés par les oreilles qui perçoivent, peut-être inconsciemment, cette même transition du fait du changement de registre sonore et de l'effet de fondu musical – le *crescendo-decrescendo* et le mouvement mélodique descendant puis ascendant.

Récapitulation sur le thème de l'interdépendance de la musique et de l'image

« La musique de film, privée de son support visuel, n'a plus de forme, de logique interne »[34], écrivait Blackburn. Telle est peut-être la raison de notre perplexité quand nous avons entrepris l'analyse de la partition de *A Phantasy*, qui n'a pris son sens, du point de vue de la structure et de la forme, qu'une fois replacée dans son contexte. C'est que la musique composée par Blackburn, véritable musique de mouvement, épouse en tout point les événements visuels qui lui ont donné naissance : le vol d'un papillon, la chute d'une sphère au sol, l'envol d'un oiseau ou encore les tours d'une aiguille sur un cadran d'horloge. Ce n'est qu'à la lumière de la logique fantaisiste de McLaren, de *la structure visuelle du sonore* – l'image –, que nous avons pu comprendre ce qui avait dicté la composition de cet univers sonore. Ainsi, si l'image peut être perçue, finalement, telle une partition visuelle en mouvement, alors la musique est l'actualisation, dans la composition de la matière sonore, de ce que le visuel contenait déjà en puissance – il y a passage d'une possibilité de musique à une musique réalisée.

Selon Blackburn, dans le cinéma d'animation, la musique doit *guider* le spectateur : *A Phantasy* ne contrevient pas à ce principe. Relevant de l'abstraction et évoluant selon les lois, comme son titre l'indique, de la pure fantaisie, ce petit film d'animation requérait une participation active de la musique qui se devait d'expliciter de telles lois. Pour répondre à cette nécessité, Blackburn a recouru à une musicalisation synchrone du mouvement et a créé un continuum sonore qui relie tous les événements visuels selon divers procédés musicaux : 1) utilisation de trois saxophones, ce qui assure l'homogénéité de la couleur sonore ; 2) ajout d'un quatrième instrument, le son synthétique qui, s'il ne dialogue pas avec les autres instruments, en comble les mesures de silence, ne laissant aucun répit à l'oreille – il y a donc *structuration intégrale de la bande sonore* (une bande sonore totale) ; 3) subtilité des changements d'instrumentation à l'aide, notamment, de ce que nous avons appelé 4) la continuité des registres. Nous avons également vu que le procédé inverse – la discontinuité des registres (un saut d'intervalle ou l'entrée d'un instrument dans un autre registre) – souligne musicalement et visuellement la mise en marche d'un nouvel événement sans rompre le continuum sonore. Ce dernier confère

34. Blackburn, « Récitatif », p. 1.

ainsi à la partie visuelle, fantaisiste, sa logique et son unité. Dès lors, la musique ne se contente pas de seconder l'image, elle l'enrichit et l'explique – *la musique est un commentaire au service de l'image* –, et les deux parties deviennent inséparables.

C'est ainsi que pour clarifier la structure musicale complexe conçue par Blackburn – née d'une structure visuelle pareillement complexe –, nous lui avons superposé la forme visuelle. Cela nous a amenée à isoler et caractériser les différentes parties et sous-parties musico-visuelles. C'est également l'identification d'un thème musical repris et développé à travers la partition qui nous a conduite à faire un parallèle entre les formes triparties (ABA') musicale et visuelle. Nous avons cependant nuancé une telle analogie, non seulement du fait du continuum sonore créé par Blackburn, qui conduit moins à une division qu'à une unification des parties, mais aussi en remarquant que si une telle analogie existe, elle opère sur une échelle locale plutôt que globale – Blackburn n'a d'ailleurs utilisé aucune indication formelle dans sa partition, nommant ses parties A, B, C, D et E de manière à les distinguer et non à les relier. C'est donc bien à la jonction de l'image et du sonore que le sens émerge : la superposition des parties visuelle et musicale nous a permis de mettre en évidence un certain nombre d'analogies entre les thématiques (sphères, papillon), les structures et les formes, les procédés créatifs (métamorphoses, « naissance par contact », continuum sonore, synchronisme), entre l'idée, la logique fantaisiste proposée par McLaren et la réaction musicale de Blackburn, entre le voir et l'entendre.

Le but de cette analyse n'était pas la description précise de chaque événement musico-visuel, ce qui aurait entraîné un exposé sans doute trop lourd et détaillé, chaque événement ayant souvent un caractère propre. De la même manière que le contenu visuel de *A Phantasy* est très dense – il se passe beaucoup de choses en 7 minutes et 15 secondes –, le contenu musical est riche et précis [35]. Nous aurons cependant eu l'occasion de décrire certains des événements musico-visuels que nous avons jugés représentatifs. Pour une analyse plus détaillée, il conviendrait, par exemple, de répertorier tous les motifs musicaux utilisés par Blackburn, qui ne sont pas nécessairement reconnaissables immédiatement tant à l'oreille que sur la partition. Peut-être découvririons-nous alors d'autres associations entre musique et image, plus détaillées, ainsi qu'un schéma structurel plus précis. Nous croyons toutefois que les quelques exemples fournis ici suffisent à dégager les idées qui ont donné naissance à la partition, et les procédés qui en dirigent ensuite l'organisation.

L'image présente une structure visuelle du sonore, une musique cachée que le compositeur se doit de révéler. Dans le cas de *A Phantasy*, cette musique est celle du mouvement suscité par la logique fantaisiste du visuel, une logique dont on pourrait dire qu'elle est synonyme d'illogisme – mais pourquoi donc des pieds d'horloge surgissent-elles tout d'un coup de trous dessinés au sol ? Pourquoi des sphères dansent-elles dans le ciel ? Le synchronisme du son et de l'image est dès lors opportun. Ainsi ne

35. Comme le disait Blackburn, le genre de l'animation est particulièrement contraignant : « Le temps est mesuré au vingt-quatrième de seconde. […] Il ne faut pas de notes inutiles. Parce que [pour] chaque note, il faut essayer d'être aussi rigoureux en musique que l'animateur l'a été dans son film » (Blackburn ; cité dans Cloutier, « Interview de Maurice Blackburn en présence de sa femme Marthe, par Louise Cloutier, à leur domicile [Ville Mont-Royal] », feuillet 18).

reprocherons-nous pas au duo McLaren-Blackburn, comme l'a fait Fano, le recours au synchronisme. Nous croyons avoir trouvé un certain nombre de raisons qui en ont motivé le choix. On précisera d'ailleurs que la musique ne se contente pas d'illustrer les diverses actions présentées à l'écran dans un rapport de pur synchronisme : elle les crédibilise par la continuité sonore, leur conférant ainsi une autre dimension, celle du temps, les personnalise en les dotant d'un caractère propre et les poétise. Nous disons bien « poétiser », car l'univers sonore créé par Blackburn ne souligne pas grotesquement tous ces petits événements fantaisistes et poétiques nés de la pensée de McLaren. Voilà qui appelle quelques remarques sur le rôle du son synthétique.

Postscriptum sur le son synthétique

On aurait pu s'attendre à ce que le son synthétique joue le rôle de « bruiteur », surtout dans le cas d'un film d'animation. Certes, la plupart du temps, et surtout dans les première et troisième parties, les occurrences du son animé accompagnent des micro-événements visuels bien précis. Dans la première partie, le son synthétique souligne, par exemple, le contact des deux gouttes entre elles et avec le sol au début de « l'action » et leur explosion au moment de leur second contact, ou encore l'apparition de chaque sphère sur le pourtour de l'horloge ainsi que le contact de l'aiguille de l'horloge avec chacun des rochers environnants. Dire que, pour tous ces exemples, le son synthétique bruite l'action, ce serait ignorer le fait que le compositeur a soigneusement choisi et combiné les sons et que ceux-ci s'harmonisent en tout point avec les saxophones.

En effet, de même que le timbre des saxophones s'accorde avec l'esthétique du film, la couleur artificielle du son animé répond au caractère tout aussi artificiel (irréel, fabriqué) du genre de l'animation et à la nature fantaisiste (chimérique, surréaliste) de l'univers ici créé par McLaren. En outre, les sons synthétiques, tels que Blackburn les a choisis, s'intègrent harmoniquement ou mélodiquement aux parties de saxophones avec lesquels ils dialoguent en en reprenant les motifs ou en en énonçant de nouveaux. On notera, en outre, comme nous l'avons montré (voir exemple 8d), que de tels sons peuvent être transcrits sur une portée musicale – n'oublions pas que dans la technique des cartes de son de McLaren, chaque son dessiné correspond à une hauteur bien précise, l'ensemble des cartes correspondant ainsi à une échelle musicale donnée. D'ailleurs, le son synthétique ne fait-il pas lui-même l'objet de solos (dans les deuxième et troisième parties[36]), au même titre que les autres instruments, et ne participe-t-il pas lui aussi aux différents duos et trios de saxophones ? La partition de *A Phantasy* n'a pas été composée pour trio de saxophones et son synthétique, mais pour un quatuor formé de trois saxophones et du son synthétique. Cette nuance décrit mieux ce que Blackburn – et plus tard l'Atelier de conception et de réalisations sonores – entendait par bande sonore totale : une bande sonore où tous les sons peuvent participer à l'élaboration d'une « musique ».

36. Le solo de son synthétique de la troisième partie, plus bref que celui de la deuxième partie, accompagne deux gouttes « marchant » sur le sol (partie C, mesures 21-22).

Chapitre II

LA PENSÉE DE MAURICE BLACKBURN, COMPOSITEUR DE L'ONF

La musique de cinéma
atteint le cerveau par les yeux[1].

La formule placée en exergue rend parfaitement la pensée du compositeur québécois Maurice Blackburn, employé de l'ONF de 1942 à 1979, relativement à la musique filmique. Nous pourrions également la résumer ainsi : l'image c'est la musique, et la musique c'est l'image. Pour leur part, Louise Cloutier et Réal La Rochelle ont décrit le travail du compositeur en parlant d'« opéra audiovisuel », de « filmusique », ou encore de « filmopéra ». Pour concises qu'elles soient, ces expressions ne sont pas sans évoquer l'idée de bande sonore totale, une bande sonore où bruit, parole et musique dialoguent sans prédominance de l'un ou de l'autre : n'importe quel son peut entrer dans la fabrication de l'accompagnement sonore d'un film. Ce sera l'une des idées véhiculées par l'Atelier de conception et de réalisations sonores, né, en 1971, des ambitions musico-filmiques de Blackburn ainsi que de sa fréquentation, dans les années 1950, à Paris, du GRMC de Pierre Schaeffer. À cette influence outre-Atlantique, il faut ajouter celle de l'animateur Norman McLaren, qui initia Blackburn au dessin du son sur pellicule et réveilla en lui l'instinct du bricoleur. La pensée esthétique et compositionnelle de Blackburn reste toutefois mal connue : quelle en est la logique? Par quel parcours (formation, travail, rencontres), par quelles réflexions – bref, comment le compositeur en est-il venu à cette forme d'opéra audiovisuel?

Plus de 20 ans après le décès de Blackburn, sa pensée mérite de faire l'objet d'une véritable synthèse. Après avoir posé quelques repères biographiques, nous partirons des premiers signes de cette pensée. Suivant de près l'étroite collaboration de Blackburn avec McLaren, nous la verrons se déployer; si bien qu'il faudra marquer une pause pour dégager les traits idéels-conceptuels de cette pensée qui s'approfondit au fil du temps. Nous tracerons ensuite une sorte de parallèle entre Schaeffer et Blackburn, qui débouchera sur la présentation de l'Atelier de conception et de réalisations sonores

1. Maurice Blackburn; cité dans Roland Simon, « Maurice Blackburn nous explique comment on synchronise la musique et l'image des films au cinéma », *Photo Journal*, 19 mai 1946, p. 12.

fondé par Blackburn. Enfin, nous chercherons à définir ces notions d'opéra audiovisuel, filmusique et bande sonore totale, dans lesquelles nous voulons voir la concrétisation des espérances de Blackburn en tant que compositeur de musique filmique. Cette synthèse nous permettra en outre de saisir l'importance de ce prix Albert-Tessier décerné en 1983 au compositeur, qui confiait : « C'était reconnaître, pour la première fois chez nous, un métier qui n'a jamais été bien reconnu »[2].

Repères biographiques

Blackburn naît à Québec le 22 mai 1914. À l'âge de 10 ans, il commence à étudier le piano avec mère Saint-Pierre. Il suit ensuite des cours avec une certaine Mlle Bolduc et l'organiste de Saint-Roch, Joseph Turgeon. De 1937 à 1939, Blackburn poursuit ses études à l'Université Laval avec Jean-Marie Beaudet, en composition; Joseph-Arthur Bernier, en orgue et piano; Henri Gagnon, en orgue, et Robert Talbot, pour la théorie. Sur les conseils de Beaudet, il prend également des cours particuliers à Montréal avec le pianiste et compositeur Léo-Pol Morin (également connu sous le nom de James Callihou)[3], et aussi avec Claude Champagne, en composition, et Georges-Émile Tanguay, en harmonie et contrepoint. En 1938, son œuvre pour orchestre *Les Petites Rues du vieux Québec* reçoit un deuxième prix au Concours de composition Jean-Lallemand[4].

En 1939, l'année où il obtient son diplôme en piano – c'est également l'année de la fondation de l'ONF[5] –, Blackburn reçoit une bourse du gouvernement du Québec. Ne pouvant se rendre en Europe en raison des conflits qui l'ébranlent, il poursuivra sa formation au New England Conservatory de Boston, y recevant l'enseignement de Quincy Porter, en composition et contrepoint, et de Francis Findlay, en orchestration et direction. Durant la période 1939-1940, il assiste aux conférences d'Igor Stravinsky à l'Université Harvard, compose sa *Sonatine* pour piano, pour laquelle il reçoit le prix de composition Philip R. Allen, ainsi que sa *Fantaisie en mocassins*, dont il dirigera lui-même l'exécution à la tête de l'Orchestre symphonique de Québec.

L'année 1941 marque la fin de ses études à Boston. De retour au Canada, Blackburn travaille à des émissions radiophoniques, notamment pour Radio-Canada; il arrange aussi quelques morceaux, en particulier de musique folklorique. Sa route croise bientôt

---

2. Blackburn; cité dans Léo Bonneville, « Entretien avec Maurice Blackburn », *Séquences*, n° 115, janvier 1984, p. 12.

3. « Léo-Pol Morin décrit Blackburn comme étant "imaginatif, impulsif, un poète vif et caustique dont le premier souci est d'exprimer les réactions de son esprit à travers la musique. Un créateur d'images, il est doué pour la couleur et le design, et les histoires qu'il nous raconte sont originales, vivantes et spontanées" » (Denis Allaire et Louise Cloutier, « Blackburn, Maurice », *L'encyclopédie canadienne*, 21 août 2006, http://www.thecanadianencyclopedia.ca/fr/article/maurice-blackburn, consulté le 20 octobre 2016).

4. Blackburn est ensuite sollicité par Wilfrid Pelletier qui souhaite inclure l'œuvre au programme des Matinées symphoniques pour la jeunesse, créées par Pelletier en 1935. Selon Blackburn, ces événements se sont déroulés en 1937 (Bonneville, « Entretien avec Maurice Blackburn », p. 6). Allaire et Cloutier les situent plutôt en 1938 (Allaire et Cloutier, « Blackburn, Maurice »).

5. Le 2 mai 1939, à Ottawa, le premier ministre Mackenzie King crée, sur la recommandation du documentariste John Grierson, la Commission nationale sur le cinématographe, dont Grierson devient, au mois d'octobre, le premier commissaire. Cette Commission allait devenir l'ONF.

celle de l'anthropologue, ethnologue et folkloriste Marius Barbeau[6], qu'il accompagne dans ses cueillettes de chansons à l'Île d'Orléans (Québec) et pour qui il transcrit plusieurs mélodies. Barbeau lui apprend qu'un réalisateur de l'ONF prépare un documentaire sur le sucre d'érable au Québec. Étant donné son intérêt pour le folklore, Blackburn se voit proposer de composer pour ce film une partition basée sur quelques thèmes folkloriques québécois, ce qu'il accepte tout de suite. Il se rend donc à Ottawa pour travailler sur *Le Temps des sucres* (1941) de Stanley Hawes, avec un scénario de Barbeau. Après ce film, Blackburn continuera de collaborer avec Barbeau pour la notation et l'arrangement de documents musicaux récoltés par celui-ci[7].

En 1942, Blackburn accepte une offre d'emploi de l'ONF. Un autre compositeur, Louis Applebaum, vient d'y entrer[8], et McLaren en dirige alors le service d'animation. Cette année-là, Blackburn compose sa *Symphonie en un mouvement* et réalise le montage sonore de *La Cité de Notre-Dame* (Vincent Paquette). En 1943, année de son mariage avec Marthe Morisset (le 22 mai, précisément), il compose la musique de plusieurs documentaires onéfiens dont *Terre de nos aïeux* (Jane Marsh), en collaboration avec Applebaum, et *L'Île-du-Prince-Édouard* (Dallas Jones). Il n'abandonne pas pour autant la musique de concert[9], et se joint, vers 1945, à l'Association des compositeurs canadiens. En entrant à l'ONF, Blackburn devient l'un des rares compositeurs spécialisés en musique de film : entre 1940 et 1970, c'est d'ailleurs à l'ONF que l'on retrouve pratiquement tous ces compositeurs – Applebaum et Blackburn d'abord, puis Eldon Rathburn[10] et Robert Fleming[11]. Selon Blackburn, dans les années 1950 environ, et avant la venue du

6. Sur Marius Barbeau, voir R. J. Preston, Renée Landry et Denise Ménard, « Barbeau, Marius », *L'encyclopédie canadienne*, 19 mai 2008, http://www.thecanadianencyclopedia.ca/fr/article/barbeau-charles-marius, consulté le 20 octobre 2016.

7. Notons, à titre d'exemple, *Dansons à la ronde : danses et jeux populaires* (1958), 21 danses rondes et chansons recueillies au Canada et aux États-Unis par Barbeau, avec accompagnement de piano de Blackburn (Ottawa, Ministère du Nord canadien et des Ressources nationales).

8. Le compositeur et chef d'orchestre Louis Applebaum (1918-2000) restera à l'ONF jusqu'en 1960. Après des études au Conservatoire de musique et à l'Université de Toronto, il part étudier la composition à New York jusqu'en 1941. Directeur musical à l'ONF de 1942 à 1948, consultant de 1949 à 1953, il travaille également pour Hollywood. Entre 1942 et 1960, il compose plus de 250 partitions filmiques pour l'ONF. Pour plus de détails, voir David Olds et Mabel H. Laine, « Applebaum, Louis », *L'encyclopédie canadienne*, 10 juin 2008, http://encyclopediecanadienne.ca/fr/article/applebaum-louis, consulté le 20 octobre 2016.

9. Par exemple, *Charpente* (1944), œuvre que dirigeait Beaudet au moment de sa création, à la Société Radio-Canada (dans le contexte d'une série intitulée « Musique canadienne en temps de guerre »), sera présentée au festival de Prague en 1946, dirigée Blackburn ; elle sera donnée aussi par l'Orchestre philharmonique de Londres (1946) et par l'Orchestre symphonique des jeunes de Montréal (1948).

10. Eldon Rathburn (1916-2008) fait ses études au Conservatoire de musique de Toronto (1938-1939). Pianiste pour des orchestres de danse, organiste et également arrangeur à la radio de Saint-Jean (Nouveau-Brunswick) entre 1939 et 1947, il travaille à l'ONF de 1947 à 1976 et compose ainsi 185 partitions filmiques. De 1972 à 1976, il enseigne à l'Université d'Ottawa. Pour plus de détails, voir Elaine Keillor, Clifford Ford et Evan Ware, « Rathburn, Eldon », *L'encyclopédie canadienne*, 15 juin 2009, http://encyclopediecanadienne.ca/fr/article/rathburn-eldon, consulté le 20 octobre 2016.

11. Robert Fleming (1921-1976) étudie au Royal College of Music de Kensington (1937-1939) et au Conservatoire de musique de Toronto (1941-1945). En 1946, il entre à l'ONF, y reste compositeur permanent jusqu'en 1958, puis occupe le poste de directeur musical jusqu'en 1970. À côté d'une production importante en musique de film, Fleming œuvre également abondamment dans la musique de concert. Pour plus de détails, voir Elaine Keillor, « Fleming, Robert », *L'encyclopédie canadienne*, 14 mai 2007, http://encyclopediecanadienne.ca/fr/article/fleming-robert, consulté le 20 octobre 2016.

long-métrage, les compositeurs attitrés de l'ONF, « par une sorte d'osmose, en étaient quasiment arrivés à faire la même musique, au point qu'on parlait du son ONF » [12].

En 1946, Blackburn obtient une nouvelle bourse du gouvernement : il parfait sa formation avec Nadia Boulanger (composition, contrepoint, harmonie, fugue), à Paris, où il reste jusqu'en 1948 tout en continuant de composer pour l'ONF ; entre autres titres, on peut citer *Histoire de pêche* (Jean Palardy, 1946) et *La Poulette grise* (1947). Ce dernier film marque le début de sa collaboration avec McLaren, qui travaille à partir d'une chanson folklorique pour ce film d'animation : comme avec Barbeau, c'est le folklore qui est à l'origine de cette collaboration. Entre 1942 et 1948, Blackburn participe à une trentaine de documentaires. Pour la période 1949-1964 – « époque de l'affirmation de son écriture pour le film documentaire » [13] –, c'est une centaine de documentaires qu'il faut compter, ainsi que quelques productions indépendantes : *Le Gros Bill* (Jean-Yves Bigras et René Delacroix, 1949), *Tit-Coq* (René Delacroix et Gratien Gélinas, 1953), ou encore *Pierrot des bois* (Claude Jutra, 1956) et *À tout prendre* (Jutra, 1963).

Dès les années 1950, Blackburn invente des instruments artisanaux. Ces années-là, il travaille de nouveau avec McLaren, celui-ci l'initiant à ses essais de son dessiné à même la pellicule, ce qui intéresse particulièrement le compositeur. C'est ainsi qu'il confectionne, à partir d'aiguilles, un peigne métallique destiné à la gravure du son sur la pellicule. Blackburn et McLaren : un duo était né, duo tenant à la fois du laboratoire de recherche et de la fabrique de films. Ce sera d'abord *A Phantasy* (1952), le premier film d'animation auquel travaille Blackburn à titre de compositeur, puis *Twirligig* (1952), *Blinkity Blank* (1955) et *Le Merle* (1958). Le duo poursuivra sa collaboration pour *Lignes verticales* (McLaren et Evelyn Lambart, 1960), *Caprice de Noël* (McLaren *et alii*, 1963), dont la musique est cosignée avec Rathburn, *Pas de deux* (1968) et *Narcisse* (1983) [14]. Son travail avec McLaren vaudra à Blackburn d'autres collaborations pour des films d'animation. Nous n'en citerons que quelques-uns : de René Jodoin, *Ronde carrée* (1961) et *Notes sur un triangle* (1966) ; de Bretislav Pojar, *Psychocratie* (1969), dont Blackburn a fait le montage musique et son en collaboration avec Pojar, la musique étant de Geneviève Martin, et *Balablok* (1972) ; de Lambart, *The Hoarder* (1969) et *Le Lion et la Souris* (1976) ; de Raymond Brousseau, *Points de suspension* (1970) ; de Suzanne Gervais, *Cycle* (1971) et *La Plage* (1978) ; de Francine Desbiens, *Les Bibites de Chromagnon* (1971) et *Dernier envol* (1977) ; de Pojar et Desbiens, « *E* » (1981) ; de Jacques Drouin, *Trois Exercices sur l'écran d'épingles d'Alexeïeff* (1974), dont Blackburn signe la musique avec Denis Larochelle.

En 1954, grâce à une bourse de la Société royale du Canada, Blackburn effectue un second séjour à Paris où il côtoie le GRMC de la Radiodiffusion-télévision française (RTF), que dirige Schaeffer [15]. Au cours de cette année passée en France, il est invité par

12. Blackburn ; cité dans Bonneville, « Entretien avec Maurice Blackburn, p. 8.

13. Allaire et Cloutier, « Blackburn, Maurice ».

14. La plupart de ces films peuvent être visionnés à l'adresse suivante : https://www.onf.ca, consulté le 28 octobre 2016.

15. Le Studio d'essai est inauguré le 12 novembre 1942, à la suite d'une annonce de recrutement d'artistes parue dans la presse en juillet. Alors ingénieur en chef chargé de la radio d'État, Schaeffer est animé d'une double ambition : « celle d'une mise en forme radiophonique qui exige à la fois compétence technique et sens

l'Unesco au septième Festival de Cannes, où il assiste à une rencontre internationale des auteurs et compositeurs de musique de film[16]. De retour au Canada, il poursuit son travail à l'ONF. En 1956, ce dernier déménage son département de technologie à Montréal ; Blackburn suit. Dans la foulée de son séjour à Paris, il s'intéresse à la musique concrète, intérêt dont les musiques de *Je* (Louis Portugais, 1961) et de *Jour après jour* (Clément Perron, 1962) portent la marque. En 1965, le compositeur est nommé conseiller musical de la production française de l'ONF. La même année, il compose la musique du premier long-métrage de fiction francophone de l'ONF, *Le Festin des morts* (Fernand Dansereau, 1965), et commence à travailler à son propre film, *Ciné-crime*, recourant à l'écran d'épingles d'Alexeïeff pour l'animation et concevant une partition de musique concrète. Le film est terminé en 1968 alors que Blackburn reçoit une bourse du Conseil des arts du Canada pour une année sabbatique.

Grâce à cette bourse, en 1969, Blackburn compose *Verbération* sur des textes d'Anne Hébert, usant pour cette œuvre d'une lutherie artisanale. La même année, l'ONF se dote d'un studio de recherches en musique appliquée sous l'égide du studio français d'animation. En 1971, huit ans avant sa retraite de l'institution, Blackburn fonde l'Atelier de conception et de réalisations sonores au studio français d'animation de l'ONF. Entre 1971 et 1979, il aura composé la musique d'environ onze films d'animation, de sept documentaires et de quatre longs-métrages de fiction : *Le Temps de l'avant* (1975) et *Mourir à tue-tête* (1979), d'Anne Claire Poirier ; *J.A. Martin photographe* (1976) et *Cordélia* (1979), de Jean Beaudin.

En 1983, Blackburn reçoit le prix Albert-Tessier du gouvernement du Québec pour l'ensemble de son œuvre : en 1985, l'Association des compositeurs, auteurs et éditeurs du Canada (CAPAC)[17] répertorie 414 films[18] de long et de court métrage dont la musique originale est signée Blackburn, qu'il l'ait écrite seul (c'est le cas d'environ 200 d'entre eux) ou en collaboration, auxquels s'ajoutent, selon Louise Cloutier, une cinquantaine

---

artistique ; celle du renouvellement de la dramaturgie, des genres, de l'écriture par ce mode d'expression à l'état naissant » (Sylvie Dallet, *Bibliographie commentée de l'œuvre éditée de Pierre Schaeffer : itinéraires d'un chercheur*, avec la collaboration de Sophie Brunet, Montreuil, Centre d'études et de recherche Pierre Schaeffer, 1997, p. 35). La charge du Studio lui est officiellement octroyée le 19 janvier 1943. En 1946, le Studio devient Club d'essai. La même année, *La Coquille à planètes*, opéra de Schaeffer sur une musique de Claude Arrieu, est diffusé sur les ondes en huit émissions radiophoniques. Si l'œuvre présente du matériau sonore concret, utilisé pour symboliser le monde imaginaire de cette « suite fantastique pour une voix et douze monstres », c'est surtout à partir de 1948 que Schaeffer s'engage véritablement dans la voie d'une musique concrète. Celle-ci naît officiellement le 5 octobre 1948 avec la diffusion radiophonique par le Club d'essai du *Concert de bruits* de Schaeffer. Il faut cependant attendre le 18 mars 1950 pour un premier concert de musique concrète. Au programme : de Schaeffer, trois des *Études de bruits* et deux mouvements de la *Suite pour 14 instruments* ; de Schaeffer et Pierre Henry, *Symphonie pour un homme seul* et *Bidule en ut*. C'est ainsi qu'en octobre 1951, le Club d'essai devient GRMC.

16. Schaeffer est également présent ; il donne une conférence sur les nouvelles techniques sonores et la notion d'objet (*ibid.*, p. 82 et 103).

17. La CAPAC est devenue la Société canadienne des auteurs, compositeurs et éditeurs de musique (SOCAN), en 1990, suite à sa fusion avec la Société de droits d'exécution du Canada (SDE).

18. Nous en avons répertorié 212 (sans les reprises), principalement à partir du répertoire filmique du site institutionnel de l'ONF (http://onf-nfb.gc.ca). La filmographie que nous avons réalisée est reproduite sur le site Internet du laboratoire de recherche-création *La création sonore : cinéma, arts médiatiques, arts du son* (http://www.creationsonore.ca ; référence complète dans la bibliographie).

de films expérimentaux où Blackburn occupa davantage la fonction de « bruiteur »[19]. À l'occasion du 50e anniversaire de sa fondation, en 1989, l'ONF rend un hommage posthume à Blackburn, décédé le 29 mars 1988, à Montréal.

À côté d'une production prolifique de musique pour l'image, Blackburn compose également de la musique de concert. Citons la *Valse ivre*, pour piano (1938), le *Concertino en do majeur*, pour piano et bois (1948), *Trois Poèmes d'Émile Nelligan*, pour baryton et piano (1949), la *Suite from Le Gros Bill*, pour orchestre (1949), son *Ouverture pour un spectacle de marionnettes* (1951; premier prix de composition à l'émission « Opportunity Knocks » de la Société Radio-Canada), les opéras en un acte *Une mesure de silence* (1956) et *Pirouette* (1960; commande des Jeunesses musicales), sur des livrets de Marthe Morisset Blackburn, et la *Suite pour cordes* (1960)[20]. On lui doit également la mise en musique ou l'arrangement de plusieurs chansons traditionnelles : *Notre Père* (*ca*1949), *Mon oncle a bien mal à sa tête* (1954) ou encore *La Rose blanche* (1954). Notons également sa participation, en 1967, à l'Exposition universelle de Montréal : il a composé la musique de films présentés au pavillon du Québec, *L'Eau +* et *Conquête*[21]; pour le pavillon des Jeunesses musicales du Canada, qui avait pour thème « L'Homme et la musique », il a écrit la musique des *Six Formes musicales audiovisuelles*.

La musique de Blackburn a été rarement préservée sur disque. Vers 1961, des extraits de *Pirouette* et d'*Une mesure de silence* sont publiés par les Jeunesses musicales, qui, à l'occasion de l'Exposition universelle de 1967, éditent aussi les *Six Formes musicales audiovisuelles* sous forme de livre-disque. À la fois ludique et didactique, l'œuvre décrit en mots (de Marthe Morisset Blackburn), en images (de McLaren) et en musique ce que sont le rondo, le thème et variations, le menuet, le canon, la fugue et la sonate. En 1977, le double disque *Musiques de l'ONF*, vol. I, produit par l'Atelier de conception et de réalisations sonores, fait entendre plusieurs compositions de Blackburn. En janvier 1984, la revue *Séquences* (no 115) offre à ses abonnés un disque d'extraits de *Narcisse*. Enfin, la compagnie Analekta propose en 1996 un double disque consacré à quelques œuvres marquantes du compositeur : *Twirligig*, *A Phantasy*, *Blinkity Blank*, *Je*, *Caprice de Noël*, *Jour après jour*, *L'Eau +*, *« E »*, *Ciné-crime*, *Verbération*, *Notes sur un triangle*, *Mourir à tue-tête* et *Les Filles du Roy*. À cette série s'ajoute le portrait-collage sonore d'Yves Daoust, *Maurice Blackburn, ou Portrait d'un méconnu*, commandé par le réseau FM de Radio-Canada dans le cadre de l'émission « Musique de Canadiens » (1982).

19. Louise Cloutier, « Maurice Blackburn (1914-1988) », conférence présentée à la Chapelle historique du Bon-Pasteur, Montréal, 25 mars 2009. Dans le rôle que veut désigner le terme, Blackburn a toujours été présenté comme monteur sonore.

20. Selon Allaire et Cloutier : « Beaucoup de ses œuvres [...] possèdent certains des caractéristiques de la musique française du début du XXe siècle, notamment le rythme propulsif, rappelant surtout Honegger et Poulenc » (Allaire et Cloutier, « Blackburn, Maurice »).

21. Selon Cloutier, c'est le compositeur Gilles Tremblay qui a effectué la collecte et l'enregistrement des sons de *L'Eau +* et *Conquête*. Blackburn a ensuite réalisé la trame sonore, l'organisation des sons (Solenn Hellégouarch, Entretien avec Louise Cloutier, 21-22 février 2011, Trois-Rivières).

Premiers pas, premiers indices : genèse d'une pensée

Une méthode générale au service du film

Au moment de ses premières expériences à l'ONF, Maurice Blackburn ne pense pas faire carrière dans ce milieu : « Je ne pensais pas que cela allait être mon métier. Je rêvais toujours de faire de la musique de concert. J'avais eu une formation de musicien classique, étudiant les formes et les lois, qui à cette époque étaient très rigides »[22]. Pourtant, sa musique de concert témoigne de ses affinités avec la musique filmique, comme l'explique le compositeur :

> J'étais attiré par le poème symphonique que je trouvais imagé. C'est pourquoi j'ai longtemps imaginé un scénario et un réalisateur – avec qui je me serais entendu auparavant pour écrire une musique préalable sur laquelle il aurait mis des images, scène après scène[23].

Nous retrouvons ici une idée chère à Blackburn, et qu'il développera plus tard : non pas tant l'idée que la musique devrait nécessairement précéder l'image – ce qui sera toutefois le cas avec *Blinkity Blank* –, mais celle d'une implication précoce du compositeur, d'une collaboration étroite avec le réalisateur dès le début du projet filmique. En attendant, le compositeur doit accepter d'être au service du réalisateur et de son film, ce qui ne l'enchante guère, du moins au début de sa carrière : « Au début, je ne voulais pas accepter cette situation. Je la refusais »[24]. Il doit prendre conscience que son rôle n'est pas de s'exprimer lui-même, mais d'« essayer d'imaginer ce que le réalisateur aurait fait s'il en avait eu les moyens »[25]. Il doit accepter ce rôle secondaire qui consiste souvent à combler les vides du film :

> On peut dire que le compositeur, c'est l'ouvrier de la onzième heure. On le convoque quand presque tout est terminé : montage, dialogues, effets sonores… Le réalisateur se rend compte qu'il faudrait mettre un peu de musique. Et que certains plans, certains raccords ne « marchent » pas très bien pour diverses raisons. Il pense que la musique peut arranger cela. […] Très souvent, on fait appel au compositeur pour « sauver les meubles » ou boucher les trous. […] Par exemple [dans un documentaire], quelqu'un est en train de consulter un catalogue. Comme il ne dit mot, on demande au compositeur de mettre de la musique. Le compositeur est désespéré. Il supplie le réalisateur de lui préciser quel genre de musique il désire. Comme le réalisateur est embêté par la question, il répond qu'il veut de la musique neutre. *Neutral music*. Ce qui ne veut absolument rien dire musicalement[26].

Ainsi, l'implication du compositeur peut se ramener à cinq étapes qui constituent, *grosso modo*, le schéma habituel de la démarche compositionnelle en musique de film. La première est celle du visionnement : le travail du réalisateur accompli, le compositeur voit le film, doit le comprendre et le digérer. Ce n'est qu'après que débute la composition, avec pour ligne directrice l'idée que la musique doit se soumettre à l'image. Ainsi, le compositeur « travaille en fonction de ce qu'il a vu, de ce que les spectateurs vont

22. Blackburn ; cité dans Bonneville, « Entretien avec Maurice Blackburn », p. 6.
23. *Ibid.*, p. 12.
24. *Ibid.*, p. 8.
25. *Ibid.*
26. *Ibid.*, p. 7.

voir »[27]. Une fois cette étape franchie, il faut enregistrer, avec ou sans projection du film. Dans le cas de Blackburn, c'est lui-même qui dirige sa musique. Si le film ne se déroule pas à l'écran en même temps, il doit tenir compte d'un minutage précis, chronomètre en main[28]. Le compositeur procède ensuite à la synchronisation, au montage, avec la moviola, et Blackburn accorde beaucoup de temps à cette étape, le montage relevant nécessairement, selon lui, du compositeur :

> Il y a une part de composition qui se fait à la table de montage [...]. Là, on voit très bien les liens entre l'image et la musique, les accords et les désaccords. Ayant composé la musique, je peux alors décider d'enlever trois images de son ou même huit mesures de musique. C'est pourquoi j'enregistre avec une certaine liberté, quitte ensuite à jouer avec la bande au montage[29].

Pour Blackburn, « le contrôle est plus humain que technique » ; il tient donc à assister au mixage, où le contrôle est possible : « Il faut savoir qu'à la table de montage, il s'agit simplement d'une vérification car le son est ordinairement mauvais. Le vrai son est donné au mixage »[30].

Trois genres de films, trois types de musique

À côté de ce schéma général, il faut distinguer les trois principaux genres filmiques du corpus de Blackburn : l'animation, le documentaire et le long-métrage de fiction. En entretien avec Louise Cloutier, le 8 décembre 1980, le compositeur distingue ces trois genres en termes de contraintes compositionnelles. Selon lui, le long-métrage de fiction est le genre le moins contraignant puisqu'il permet, de manière générale, « de plus grands moyens pour avoir une palette sonore plus riche qu'avec un documentaire ou un film d'animation ». Bien que ce soit principalement « une question d'argent », la palette sonore du long-métrage de fiction peut aussi s'enrichir du fait de la durée du film, qui permet d'exploiter différents styles dans une même production[31].

En fait de contraintes, le documentaire se situe entre le long-métrage de fiction et l'animation. De forme courte comme le film d'animation, il est cependant moins exigeant du point de vue musical : « En règle générale on demande peu de choses à la musique, je veux dire, la participation de la musique en tant que durée est moins grande que pour un film d'animation »[32]. À la différence du documentaire, l'animation impose davantage de contraintes :

---

27. Blackburn; cité dans Simon, « Maurice Blackburn », p. 12.

28. Cette étape ne réjouit guère Blackburn qui privilégie la souplesse à la synchronisation extrême et préfèrerait pouvoir écouter sa musique sans suivre un minutage (Bonneville, « Entretien avec Maurice Blackburn », p. 9).

29. *Ibid.*, p. 10.

30. *Ibid.*

31. Blackburn; cité dans Louise Cloutier, « Interview de Maurice Blackburn en présence de sa femme Marthe, par Louise Cloutier, à leur domicile (Ville Mont-Royal) », enregistrement sur audiocassette, puis dactylographié, 8 décembre 1980, Trois-Rivières, Collection (Archives Maurice Blackburn) de Louise Cloutier, feuillets 18 et 19.

32. *Ibid.*, feuillet 18.

> Parce que le temps est mesuré au vingt-quatrième de seconde. Alors le contenu d'un film d'animation est tellement dense en général. Il ne faut pas de notes inutiles. Parce que [pour] chaque note, il faut essayer d'être aussi rigoureux en musique que l'animateur l'a été dans son film[33].

Paradoxalement, et nous l'avons déjà énoncé dans notre analyse de *A Phantasy*[34], le genre se prête davantage à l'exploration sonore et, finalement, à l'enrichissement de la palette sonore :

> Le cinéma d'animation se prête [...] à tous les instruments, à toutes les combinaisons instrumentales. L'animation, c'est une chose [...] qui appartient tellement à un autre monde de rêve onirique. L'émotion se passe à un degré second, en nous, à l'intérieur de nous, dans des zones qu'on ne connaît pas beaucoup, qui appartiennent au rêve. Et alors tout est permis [...]. On peut combiner des instruments plus traditionnels avec de la musique électro-acoustique. Si ça va, si le choix est bon pour le film[35].

Comme nous le verrons, c'est en effet principalement du côté de l'animation que Blackburn sera le plus libre d'explorer les possibilités du monde sonore et son interaction avec l'image. En outre, le rôle de la musique y est différent. Dans le documentaire, la priorité est donnée à l'image et au texte : il se prête donc moins à l'utilisation du leitmotiv, qui convient mieux à la fiction dans laquelle la musique peut être exploitée pour son « pouvoir de réminiscence »[36]. L'approche musicale de la fiction est plus émotionnelle, car la psychologie des personnages y est davantage développée. À l'opposé, le film d'animation n'est pas nécessairement narratif ou émotionnel : la musique doit guider le spectateur sans pour autant se soumettre à la description ou sans verser dans la redondance. À l'ONF, l'animation relève surtout de l'abstrait :

> C'est souvent très abstrait ou s'il y a une narration, elle se situe à un deuxième degré, notre perception. Je pense à *La Plage*, de Suzanne Gervais. C'est une narration, dans un état second un peu. Alors, c'est pas descriptif tellement, et la musique, je parle dans l'ensemble, la musique n'a pas besoin d'être descriptive[37].

En 1984, cette fois-ci en entretien avec Léo Bonneville, Blackburn propose la distinction de trois types de musique : « La musique d'atmosphère, la musique commentaire, la musique aide-mémoire (leitmotiv) »[38]. Il ne les mentionne pas dans sa discussion avec Cloutier, en 1980, mais il est possible d'établir une correspondance entre ces trois types musicaux et la distinction que fait Blackburn des trois genres filmiques. Ainsi peut-on dire que la musique d'atmosphère se prêterait davantage au documentaire, la musique commentaire à l'animation, et la musique aide-mémoire au long-métrage de fiction.

---

33. *Ibid.*
34. Voir le chapitre I.
35. Blackburn ; cité dans Cloutier, « Interview de Maurice Blackburn en présence de sa femme Marthe, par Louise Cloutier, à leur domicile (Ville Mont-Royal) », feuillet 21.
36. *Ibid.*, feuillet 18.
37. *Ibid.*, feuillet 21.
38. Blackburn ; cité dans Bonneville, « Entretien avec Maurice Blackburn », p. 9.

En marche vers l'expérimentation

Comme nous l'avons déjà mentionné, lorsque Blackburn entre à l'ONF en 1942, il devient l'un des rares compositeurs spécialisés en musique de film. Ce fait est d'une importance non négligeable, qui présuppose l'inexpérience de l'Office en matière musicale, donc l'absence de modèles pour le compositeur. Blackburn en témoigne : « Personne ne savait trop ce que venait faire la musique dans un film. Alors j'étais libre de faire toutes sortes d'essais pourvu que cela convienne. Et ce qui m'a aidé, c'était qu'il n'y avait pas de tradition. Tout le monde créait »[39]. Le compositeur trouvera donc ses influences essentiellement chez les compositeurs de musique de concert : Stravinsky, « par ses phrases courtes et répétitives, par son rythme et son langage très serré qui convenaient au cinéma », ainsi que Maurice Ravel, Francis Poulenc et Darius Milhaud, « par leurs styles »[40]. À ces noms s'ajoutent Arthur Honegger, Claude Debussy et Gabriel Fauré, que lui fit connaître Jean-Marie Beaudet[41].

Parmi ces influences, le nom de Stravinsky revient souvent. Rappelons qu'en 1939-1940, Blackburn assiste aux conférences sur la poétique que donne le compositeur russe à l'Université Harvard. Plusieurs idées, outre la concision de l'écriture, sont communes aux deux musiciens. À partir de la lecture du texte des conférences en question, nous en avons retenu quatre :

1) Le compositeur est un artisan – il faut « mettre la main à la pâte »[42]. Cette caractéristique prendra sens avec l'intérêt de Blackburn pour la musique concrète, le travail à même le son, et le « bricolage ».

2) La musique ne doit pas être condamnée « au métier d'illustrateur »[43]. Si pour Stravinsky cela signifie que la musique ne peut exprimer autre chose qu'elle-même, nous retrouvons cette idée chez Blackburn dans la conception de la musique comme commentaire. C'est que celle-ci ne doit pas nécessairement être descriptive : « On a toujours essayé d'éviter ça à l'Office du film »[44].

3) De même que pour Stravinsky « la musique se voit » au moment de son exécution, telle une chorégraphie[45], pour Blackburn, « la musique au cinéma atteint le cerveau par les yeux »[46] : le film contient déjà sa musique et c'est au compositeur de la révéler.

4) Plus l'art est contraint, plus il est libre : « Plus on s'impose de contraintes et plus on se libère de ces chaînes qui entravent l'esprit »[47]. Dans le cas de l'animation, c'est en

39. *Ibid.*, p. 10.

40. *Ibid.*, p. 11.

41. Louise Cloutier, « Interview de Maurice Blackburn en présence de sa femme Marthe, par Louise Cloutier », enregistrement sur audiocassette, puis dactylographié, 22 février 1983, Trois-Rivières, Collection (Archives Maurice Blackburn) de Louise Cloutier, feuillet 21.

42. Igor Stravinsky, *Poetics of Music in the Form of Six Lessons* [1942], édition bilingue, Cambridge, Conn., Yale University Press, 1970, p. 66.

43. *Ibid.*, p. 100.

44. Blackburn; cité dans Cloutier, « Interview de Maurice Blackburn en présence de sa femme Marthe, par Louise Cloutier, à leur domicile (Ville Mont-Royal) », feuillet 22.

45. « J'ai dit quelque part qu'il ne suffisait pas d'entendre la musique, mais qu'il fallait encore la voir. [...] la musique se voit » (Stravinsky, *Poetics of Music*, p. 170).

46. Blackburn; cité dans Simon, « Maurice Blackburn », p. 12.

47. Stravinsky, *Poetics of Music*, p. 86.

effet sous la contrainte que l'art du compositeur québécois sera le plus libre, soit le plus expérimental.

Nous l'avons dit, la principale contrainte s'exerçant sur le compositeur est la position qu'il occupe dans le projet filmique : son rôle n'est pas de s'exprimer lui-même, comme en musique de concert. Il n'empêche, le cinéma permettrait une « grande liberté de recherche sonore », selon Blackburn :

> Parce qu'en concert, on ne peut pas se permettre certaines choses parce que les gens vont là pour écouter quelque chose. Alors s'il y a un côté recherche [...], ça passe pas. Mais grâce à l'image ou à l'histoire aussi, on peut [faire] passer des choses [...] d'une audace fantastique [...], essayer des choses qui passent [48].

Le médium cinématographique est donc prétexte à l'expérimentation : il recèle une transformation potentielle de la servitude. Ce potentiel, McLaren vient l'actualiser. Grâce à l'animateur s'éveillera en Blackburn « une curiosité de "bricoleur noble" » [49].

AVEC MCLAREN : VERS UNE NOUVELLE APPROCHE DU MONDE SONORE

Norman McLaren et le son synthétique

S'il y a quelqu'un qui va influencer la pensée créatrice de Blackburn, c'est bien McLaren, son contemporain (1914-1987), son binôme, avec qui il travaillera de 1947 à 1983. Ce cinéaste sans caméra est une sorte de « compositeur sans partition » [50]. Ayant une formation musicale limitée, il élaborera sa propre méthode de composition, qui consiste à graver et à dessiner le son directement sur la pellicule, pratique qui peut être associée à la musique concrète [51]. Les sons ainsi fixés sont donc immédiatement mis en rapport de synchronicité avec l'image. McLaren explique :

> Normalement dans la production de films sonores, on transforme les vibrations des instruments de musique et des autres sons en impulsions électriques ; celles-ci s'inscrivent en blanc et noir sur la bande sonore, au bord de la pellicule. Quand on projette le film, on inverse le procédé : les vibrations lumineuses causées par la bande sonore sont métamorphosées en ondes électriques, et celles-ci en sons. La plupart des procédés synthétiques suppriment quelques-uns des premiers stades. Ils produisent directement soit des impulsions électriques, soit une bande sonore en noir et blanc [52].

---

48. Blackburn ; cité dans Cloutier, « Interview de Maurice Blackburn en présence de sa femme Marthe, par Louise Cloutier », feuillet 29.

49. Blackburn ; cité dans Bonneville, « Entretien avec Maurice Blackburn », p. 8.

50. À propos du McLaren « musicien », on notera son intérêt pour les travaux de Paul Hindemith – ses ouvrages sur la structure et la composition (Réal La Rochelle, « McLaren et la musique : le "compositeur incomplet" », *24 images*, n° 120, décembre 2004-janvier 2005, p. 27).

51. Rien d'étonnant, dès lors, si John Cage et Pierre Boulez ont manifesté de l'intérêt pour le travail de McLaren (*ibid.*).

52. McLaren ; cité dans Louise Carrière, *Les films d'animation à l'ONF (1950-1984) et la protestation sociale*, thèse de doctorat, Montréal, Université McGill, 1988, p. 276. Ainsi, l'écart entre les traits détermine hauteur, épaisseur, volume, forme et timbre. Les notes techniques rédigées par McLaren entre 1933 et 1984 sont particulièrement éclairantes. Voir ONF, « Notes techniques par Norman McLaren (1933-1984) », 2006, http://www3.nfb.ca/archives_mclaren/notech/NT_FR.pdf, consulté le 27 septembre 2016, p. 69-79, 91-95 et 96-100.

Ses premiers résultats datent de 1939-1940, avec *Scherzo*, *Points* et *Boucles*. En cela, il est devancé dès 1932 par Rudolf Pfenninger et Oskar Fischinger, ainsi que par Arthur Hoérée qui avait composé, en 1933, avec Honegger, la partition semi-bruitiste du film *Rapt*, de Dimitri Kirsanoff. Pour dessiner le son, Hoérée pratiquait le zaponage, « une technique qui consiste à utiliser une peinture ou une teinture noire appelée Zapon pour retoucher la piste sonore optique »[53]. Blackburn connaissait ce film et aurait aimé connaître Hoérée pour en faire son modèle, nous dit Louise Cloutier[54].

Parmi les films de McLaren qui utilisent le son fixé synthétique, on peut citer *Caprice en couleurs* (1949), avec une partition jazz d'Oscar Peterson ; *À la pointe de la plume* (1951), avec une musique de Louis Applebaum ; *A Phantasy* (1952), dont la partition de Blackburn mêle saxophones et sons synthétiques ; *Voisins* (1952), qui utilise la méthode des cartes de sons ; *Two Bagatelles* (1952), *Rythmetic* (1956), *Mosaïque* (1965) ou encore *Synchromie* (1971). Pour ce dernier film, La Rochelle note que

> la musique concrète est visible à l'écran, effet obtenu par un procédé permettant de filmer la piste sonore à l'aide d'un dispositif optique alimenté par un jeu de 72 cartes servant à régler la hauteur tonale de chaque son et jouant sur des ondes carrées ou sinusoïdales[55].

Selon La Rochelle toujours, c'est avec ce film que McLaren « atteint le plus haut sommet d'un art cinétique global ou, comme le dit le titre du film de Gavin Millar, *The Eye Hears, the Ear Sees* [« L'œil entend, l'oreille voit »], ce que pour sa part Maurice Blackburn appelait "opéra audiovisuel" »[56].

Comme le montrent ses expériences, McLaren estime que l'image est indissociable de la musique, du monde sonore en général : en témoigne l'extrême synchronisme de la bande sonore et du visuel dans la majorité de ses œuvres. Tel que nous l'avons décrit dans l'analyse de *A Phantasy*[57], il ne faut d'ailleurs pas considérer les sons synthétiques comme de simples effets sonores, car ces sons sont organisés à la manière d'une échelle musicale : il en résulte une bande sonore mi-musicale, mi-bruitiste. Parfois, la musique précède l'image dans le processus de création. La relation étroite entre les deux matières d'expression écarte ainsi tout rapport de hiérarchie et favorise l'émergence du continuum sonore. La Rochelle propose donc le terme de « cinéphonographie » plutôt que celui de cinématographie, qui implique la supériorité du visuel sur le sonore :

53. « *[A] technique that involves using a dark paint or stain called Zapon to touch up the optical sound track* » (Thomas Y. Levin, « "Tones from Out of Nowhere" : Rudolph Pfenninger and the Archaeology of Synthetic Sound », *Grey Room*, n° 12, été 2003, http://www.centerforvisualmusic.org/LevinPfen.pdf, consulté le 20 octobre 2016, p. 63. Notre traduction). Le texte de Levin est une excellente source sur les techniques d'élaboration du son synthétique par McLaren, Pfenninger, Fischinger et Hoérée. Voir aussi les notes d'Honegger et d'Hoérée sur le film *Rapt* : « Particularités sonores du film *Rapt* » [1934], *1895 : mille huit cent quatre-vingt-quinze*, n° 38, 2002, http://1895.revues.org/359, consulté le 20 octobre 2016. Sur Hoérée et *Rapt*, on pourra consulter Louise Cloutier, *Arthur Hoérée, musicien d'écran, technicien du cinéma et critique cinématographique*, mémoire de maîtrise, Paris, Université de Paris-Sorbonne, 1977.

54. Hellégouarch, Entretien avec Louise Cloutier.

55. La Rochelle, « McLaren et la musique », p. 29.

56. *Ibid.*

57. Voir le chapitre I.

> *Cinéphonographie*, terme forgé à partir des noms des inventions d'Edison pour synchroniser l'image filmique et le son musical, le *Kineto-phonograph* en 1895 et le *Cinematograph* en 1911 [:] l'utilisation de ce néologisme archaïsant rêve de combler le vide relatif, dans le terme « cinéma », de la donnée sonore[58].

Ainsi La Rochelle enjoint-il à écouter le cinéma, et même à « écouter/voir », remettant dès lors image et son sur un pied d'égalité[59]. Cette approche semble la plus appropriée pour les productions de McLaren, seul ou avec Blackburn.

La méthode de composition sonore développée par McLaren relève de l'invention pure et s'inscrit dans l'acquisition d'un savoir autodidacte du cinéma d'animation – une caractéristique commune à Blackburn, qui ne possède lui-même aucune formation en musique de film à proprement parler, celle-ci n'étant alors pas enseignée. C'est d'ailleurs également en autodidacte que McLaren intègre le monde du cinéma, après avoir entrepris, vers 18 ans, et pendant cinq ans, des études à l'École des beaux-arts de Glasgow, en Écosse. Inscrit à la Glasgow Film Society (Société du film de Glasgow), il découvre Sergueï Eisenstein, Vsevolod Poudovkine, Alexandre Alexeïeff (*Une nuit sur le mont Chauve*) et Oscar Fischinger (*Hungarian Dance No. 5*). L'expérience est déterminante :

> Je trouvais ce moyen d'expression formidable, passionnant ! Et je me suis dit qu'il y avait peu de sens à dessiner et à peindre si on pouvait faire ça. La peinture et le dessin sont des pratiques vieilles d'au moins deux mille ans, mais voici un nouvel art, un art qui vient de voir le jour et qui est l'art de notre temps, alors que la peinture est l'art du passé[60].

Selon Donald McWilliams, « cette découverte lui révèle que les figures abstraites qu'il voit en esprit en écoutant de la musique peuvent être rendues visibles par le cinéma »[61]. McLaren décide alors de se consacrer au cinéma – il échoue à ses examens en dessin et peinture. Parmi ses premières réalisations, citons : *Seven Till Five* (avec William McLean, 1933), *Hand-Painted Abstraction* (avec Stewart McAllister, 1933), *Camera Makes Whoopee* (avec William McLean et Violet Anderson, 1935), *Polychrome Phantasy* (1935), *Colour Cocktail* (1935) et *Hell Unlimited* (avec Helene Biggar, 1936). D'après McLaren, la paternité du film sans caméra revient au Néo-Zélandais Len Lye qui, en 1935, réalisait *A Colour Box*[62]. Il n'empêche que la première expérience de McLaren remonte à 1933, avec *Hand-Painted Abstraction* :

---

58. Réal La Rochelle, *Opérascope : le film-opéra en Amérique, avec les voix de Alain Resnais et François Girard*, Montréal, Triptyque, 2003, p. 38.

59. *Ibid.*, p. 39. Michel Chion parle d'« audio-vision » dans le sens d'une influence mutuelle du voir et de l'entendre au moment du visionnement, ou plutôt de l'audio-visionnement, d'un film. L'audio-vision impliquant une « influence de la vision par l'écoute » dans une situation où « l'image est le foyer conscient de l'attention » (le film, par exemple), Chion élabore également le terme symétrique de « visu-audition » qui « s'applique à un type de perception qui est consciemment concentré sur l'auditif » (le concert, par exemple), et dans lequel l'écoute est influencée par un « contexte visuel » (Michel Chion, *Un art sonore, le cinéma : histoire, esthétique, poétique* [2003], Paris, Cahiers du cinéma, 2010, p. 413 et 437).

60. McLaren ; cité dans Donald McWilliams, « Biographie », dans *Norman McLaren : projection cinématographique « à l'ancienne »*, http://docplayer.fr/19982042-N-o-r-m-a-n-m-c-l-a-r-e-n.html, consulté le 24 octobre 2016, p. 3.

61. *Ibid.*

62. Réal La Rochelle, « Entretien avec Norman McLaren », *Séquences*, n° 42, octobre 1965, p. 53.

> Il s'agit d'un piétage muet, et non d'un film structuré, conçu pour être accompagné par des disques de toutes formes de jazz rapide ou de musique populaire. Les images ont été peintes sur une pellicule 35 mm récupérée avec une gamme très limitée de colorants semi-transparents, de cirage et d'encre de Chine, et une totale indifférence à l'égard de la barre de séparation et de la synchronisation avec la musique. Les variations très rapides des motifs et la musique très rythmée ont créé une synchronisation aléatoire acceptable qui paraît souvent des plus intentionnelles[63].

Les films de McLaren sont présentés au Scottish Amateur Festival (Festival du film amateur de Glasgow). En 1936, John Grierson, alors président du jury, assiste à une projection de *Hand-Painted Abstraction*, auquel il décerne un prix. Il offre également à McLaren un poste au service cinématographique du General Post Office (Bureau de poste principal ; GPO) de Londres, dont il est alors directeur. En 1939, Grierson devient le premier commissaire de la toute nouvelle Commission nationale sur le cinématographe, l'ancêtre de l'ONF, à Ottawa. En 1941, après trois années à Londres, puis un passage par New York, McLaren le rejoint et fonde le studio d'animation, un an plus tard.

Comme le rapporte McWilliams, c'est pendant ces années londoniennes et new-yorkaises que McLaren découvre et expérimente le son synthétique :

> À la fin de 1939, McLaren émigre aux États-Unis. Matériellement, sa vie à New York est difficile, mais, artistiquement, elle est enrichissante. [...] grâce à la baronne [Hilla] von Rebay, la sagace conservatrice du Museum of Non-Objective Art (devenu plus tard le Musée Guggenheim), qui le prend sous son aile et subventionne plusieurs de ses films, il réalise *Points* [1940], *Boucles* [1940], *Scherzo* [1939], *Étoiles et [B]andes* [1939] et *Boogie-Doodle* [1940]. Le son de ces trois premières œuvres est obtenu au moyen de dessins tracés directement sur la bande sonore et couvre un registre de trois octaves. Ayant découvert par hasard qu'il pouvait créer de la musique en traçant à la plume et à l'encre des motifs sur la bande sonore de la pellicule, McLaren expérimente déjà à l'époque du GPO avec le son synthétique. Dessiner directement sur la bande sonore est une des premières manières de créer de la « musique électronique », et McLaren est l'un des pionniers qui, dans divers pays, expérimentent ce procédé[64].

L'intérêt du cinéaste pour le son synthétique découle non seulement de ses habiletés en dessin et en peinture, mais aussi de son enthousiasme pour la musique. Ainsi, à cette époque, vers 1940, McLaren souhaite « faire des films abstraits pour interpréter l'esprit de la musique » et partager sa passion :

> Je suis tellement saisi, emporté, gagné par une pièce musicale que je désire transmettre mes sentiments visuellement dans l'espoir que d'autres personnes ressentiront la même chose que moi. [...] Quand j'aime une musique, je désire me lever et danser. Mais je suis bien trop timide. Cependant, je ne suis pas embarrassé, pas timide pour réaliser des films et ainsi danser sur la musique grâce au film[65].

---

63. ONF, « Notes techniques par Norman McLaren », p. 51.
64. McWilliams, « Biographie », p. 4.
65. McLaren ; cité dans « Norman McLaren au fil de ses films », *Séquences*, n° 82, octobre 1975, p. 11.

Une influence mutuelle

De même que le cinéaste s'intéresse particulièrement au son, Blackburn manifeste une vive curiosité pour le visuel : « Je me suis toujours intéressé aux choses visuelles autant qu'au son »[66]. Il n'est pas étonnant que la collaboration entre les deux hommes soit aussi fructueuse, puisqu'ils ont la même conception de la relation musique-images :

> J'ai toujours vu un lien très étroit entre la musique et le cinéma, surtout celui des dessins animés, qui tend à l'abstrait, comme la musique. Le cinéma et la musique sont des arts qui se réalisent dans le temps et la principale difficulté consiste à maîtriser l'élément du temps, le rythme également, car le rythme joue un grand rôle dans les films, comme en musique. La forme de bien des films pourrait être assise sur une base musicale, par exemple la forme d'une sonate avec son thème A et son thème B et ainsi de suite. On voit souvent des cinéastes utiliser la forme A-B-A[67]. [...] Mais, ça fait des siècles que des musiciens composent de cette manière. [...] J'aime le cinéma parce que je comprends le temps.
> J'aborde la production cinématographique comme un compositeur et peut-être que j'aborde la composition de façon cinématographique, parce que bien des choses que j'ai composées en dehors de la musique pour films sont de l'ordre de programmes, ou de la musique lyrique comme on en trouve à l'opéra. [...] Je ne sépare pas ma composition en travail cinématographique et en travail autre, car je fais très peu de musique autre que pour les films. Pour moi, les deux genres sont très proches l'un de l'autre; de fait, si je devais donner quelque conseil à quelqu'un qui voudrait s'orienter vers le cinéma, je lui conseillerais de rechercher avant tout une certaine formation musicale, ce qui lui éviterait bien des peines et en ferait un meilleur cinéaste[68].

C'est sans nul doute sa collaboration avec McLaren, ou peut-être même avec le monde de l'animation en général, mais aussi sa rencontre avec Schaeffer, qui va amener Blackburn à une nouvelle approche de la bande sonore. En outre, l'apport du compositeur est indispensable à McLaren : le procédé sonore du cinéaste – les sons grattés, dessinés ou photographiés – étant nécessairement limité du point de vue de l'harmonie et du timbre, la musique instrumentale enrichit la bande sonore, comme en témoignent *A Phantasy* et *Blinkity Blank.*

En 1969, Blackburn décrit la genèse de la bande sonore de *Blinkity Blank* :

> En 1953, j'ai fait ce que j'appelle de la musique mi-improvisée. [...] McLaren et moi avions discuté une façon d'enregistrer de la musique sans l'aide d'une partition, à partir d'une esquisse bien rudimentaire de partition, où les musiciens pouvaient choisir les notes qu'ils voulaient, – soit les hautes, soit les moyennes, soit les basses, – mais sur un rythme fixe. Nous avons enregistré bien des petits bouts, – un choral, des pièces rapides, – et de tout

66. Maurice Blackburn, « Maurice Blackburn », *The Canadian Composer / Le compositeur canadien*, n° 38, mars 1969, p. 5.

67. Blackburn remarque que la vieille forme ABA est la plus sûre : « Ça le [le film] commence et ça le ferme. Je trouve ça excellent. On peut faire exception des fois et commencer un film d'une certaine façon et finir absolument autrement si le film demande ça. C'est si l'évolution à l'intérieur du film fait que la fin n'a plus aucun rapport avec le début parce qu'il y a eu l'évolution à l'intérieur » (Blackburn; cité dans Cloutier, « Interview de Maurice Blackburn en présence de sa femme Marthe, par Louise Cloutier, à leur domicile [Ville Mont-Royal] », feuillet 19-20). N'est-ce pas là la forme adoptée par *A Phantasy*, tant au niveau visuel que musical (voir le chapitre I) ?

68. Blackburn, « Maurice Blackburn », p. 7.

> cela, après mon départ [pour Paris, en 1954], McLaren choisit ce qui l'intéressait le plus et fit un film intitulé *Blinkity Blank* qui eut beaucoup de succès[69].

Il en résulte une partition semi-aléatoire pour cinq instruments – flûte, hautbois, clarinette, basson et violoncelle –, écrite sur une portée de trois lignes, au lieu de cinq, sans clé ni armure. Trois registres de hauteurs sont donnés – aigu, moyen et grave[70] – et ont été délimités au préalable – le musicien peut choisir la note qu'il souhaite jouer, mais à l'intérieur des limites établies pour chaque registre. Quant aux paramètres fixés, ce sont la mesure (3/2), le tempo (54 à la noire, *lento e sostenuto*, « lent et soutenu »), le rythme, la durée et les nuances. Les motifs musicaux sont répétés et transformés par transposition, renversement, etc. En cas d'échec de l'enregistrement improvisé, Blackburn avait prévu une partition plus conventionnelle. En 1965, il explique :

> Les meilleurs résultats de cette « improvisation dirigée » ont été atteints en enregistrant la partition sans faire de répétition. En prenant ainsi les musiciens par surprise, nous obtenons une plus grande fraîcheur d'inspiration, une plus grande variété d'improvisation et une liberté complète à l'égard de la tonalité[71].

C'est ensuite que McLaren a réalisé l'image et choisi ce qui lui convenait parmi les résultats de l'enregistrement. Celui-ci a donc été découpé et les morceaux retenus ont été combinés aux sons gravés directement sur la piste sonore de la pellicule 35 mm. Selon Andrea Martigoni, le film est « une borne historique de référence absolue dans l'histoire du cinéma d'animation »[72]. Blackburn renouvellera l'expérience de l'improvisation avec *Lignes verticales*, en improvisant lui-même, au piano électrique, à partir de la gamme pentatonique et de quelques motifs. Le rythme suit l'évolution des lignes sur l'écran, et le mouvement musical progresse avec l'augmentation ou la diminution de leur nombre[73].

Comme *Blinkity Blank*, *La Poulette grise* et *Le Merle* ont la musique comme point de départ. Dans les deux cas, il s'agit d'une chanson traditionnelle : une berceuse française pour le premier, une chanson canadienne-française pour le second. Pour *Le Merle*, Blackburn arrange le chant traditionnel qui sera interprété par le Trio lyrique. Les deux films s'inscrivent dans une volonté de promotion du folklore. Il en va de même pour

---

69. *Ibid.*, p. 5. Ailleurs, Blackburn dit avoir réalisé l'enregistrement *pendant* son séjour à Paris (Yolande Rivard, Extrait d'un entretien avec Maurice Blackburn, document dactylographié, [*ca*1969-1970], Trois-Rivières, Collection [Archives Maurice Blackburn] de Louise Cloutier, p. 1).

70. Sur la partition, les registres sont notés H, M et L (*high*, *medium* et *low*). Les espaces entre les lignes ne sont pas utilisés. Il ne reste donc que trois choix possibles pour la hauteur des sons.

71. Blackburn; cité dans Carrière, *Les films d'animation à l'ONF*, p. 278.

72. Andrea Martignoni, « Musique en mouvement dans le cinéma d'animation de l'ONF », dans Réal La Rochelle (dir.), *Écouter le cinéma*, Montréal, Les 440 coups, 2002, p. 236. Pour Poulenc, présent à Cannes en 1955, quand *Blinkity Blank* reçoit une Palme d'or, ce film est, du point de vue musical, la « révélation du Festival » : « Cette musique dessinée en grande partie directement sur la pellicule prouve qu'il faut chercher une technique nouvelle dans ce domaine mécanique qu'est le cinéma. Autrement, nous sommes menacés de partitions aussi ridicules que, lorsque au temps du muet, l'orchestre jouait des polkas et des bostons tandis que Mme Poincaré visitait les aveugles de la guerre de 1914 ! » (Francis Poulenc, « La musique de film au festival », *La cinémathèque française*, 3e année, n° 17, 11 mai 1955, Trois-Rivières, Collection [Archives Maurice Blackburn] de Louise Cloutier, [s.p.]).

73. Le 29 janvier 1961, *Lignes verticales* reçoit le premier prix de la compétition internationale CIDALC pour la musique et la danse au cinéma (Valencia, Espagne).

Caprice de Noël, dont Blackburn a signé la musique en collaboration avec Rathburn. De même que trois histoires s'y succèdent, entrecoupées d'interludes accompagnés de sons synthétiques, la bande sonore fait entendre tour à tour des variations de *Jingle Bells* à la guitare, du jazz, et un collage de musiques ou de sons préenregistrés (orgue, fanfare, cloches, orchestre qui s'accorde, chant d'oiseau, miaulement, boîte à musique, piano, etc.).

Après *Pas de deux*, sur lequel nous reviendrons, Blackburn collabore une dernière fois avec McLaren pour *Narcisse*. Les deux créateurs s'étant entendus sur une partition de style romantique avec solos d'instruments, Blackburn compose une musique pour flûte traversière, harpe, piano, avec un ensemble de sept cordes utilisé comme base harmonique. Comme l'a expliqué le compositeur, la partition comprend également un solo vocal (qui apparaît aux deux tiers du film, à peu près), enregistré quelques mois avant l'enregistrement, puis incorporé, « avec une légère touche de harpe et de cordes pincées, aux pistes du mixage final », ainsi que du son synthétique, « hommage discret à l'esprit inventif de McLaren, qui l'avait lui-même photographié en suivant [l]a partition »[74], écrit Blackburn.

Le cinéma d'animation

Avant de poursuivre notre cheminement à travers la pensée musico-filmique de Blackburn, marquons une courte pause pour replacer les expériences du compositeur et de McLaren dans le contexte du cinéma d'animation de l'époque. Dans *La Revue de la cinémathèque* (1965), Blackburn notait :

> La musique est la parente pauvre du cinéma. Rarement la critique porte-t-elle un jugement sur elle, sinon pour constater que « remarquable, elle souligne bien l'action du film », les ouvrages consacrés à la musique de film se comptent sur les doigts d'une main et lorsqu'un film tombe dans un oubli total (souvent mérité), avec lui sombre aussi son accompagnement musical, quand bien même qu'il offrirait des qualités[75].

En outre, le domaine de l'animation est dominé par la pratique du *mickeymousing*. Comme le remarque Louise Carrière, les expérimentations qui auront lieu dans le domaine sonore témoignent d'une volonté de se dégager des « rappels sonores sécurisants, inventifs au début, mais transformés avec les années en d'interminables répétitions, univers figé des stéréotypes sonores et musicaux »[76].

La recherche sonore de McLaren suit deux voies : le folklore et le son synthétique. Dès 1941 se forme le département de musique de l'ONF, placé sous la direction d'Applebaum. Avec Rathburn, McLaren produira *Canon* (1964), un film dont la bande sonore mêle folklore, musique enregistrée et musique synthétique. Avec les autres compositeurs et les monteurs sonores, un noyau diversifié a pris forme. À partir de 1965, le milieu de l'animation s'intéresse à l'environnement :

---

74. Blackburn; cité dans ONF, « Notes techniques par Norman McLaren », p. 39. Les interprètes-solistes de la partition de *Narcisse* sont Margot Morris (harpe), John Newmark (piano), Robert Langevin (flûte) et Maureen Forrester (voix).

75. Blackburn; cité dans Carrière, *Les films d'animation à l'ONF*, p. 270.

76. *Ibid.*, p. 270-271.

> Le son devient à cette époque le sujet de scénarios sur la pollution sonore (*Campeur décampe*), l'aliénation urbaine (*Mr Baxter gagne son ciel*) et sur le tissu même de la vie de quartier (*Livraison spéciale, Cityscape, Les Naufragés du quartier, Street Musique, La Rue, Le Chandail*) [77].

Dans cet esprit, Blackburn construit son *Ciné-crime* [78] avec des bruits de poursuite, véritable partition de musique concrète. Cette partition a précédé l'élaboration de l'image, qui consiste en « des jeux d'ombres et de lumières animés par l'écran d'épingles » [79], ainsi que l'explique Louise Cloutier. Blackburn nous décrit la genèse de ce film :

> C'est l'« écran d'épingles » qui m'a donné l'idée du scénario. J'ai pensé à une histoire qu'on pourrait lire dans le journal – histoire d'un hold-up peut-être, ou de quelqu'un qui a commis un mauvais coup et que la police pourchasse, qui est pris, qui s'échappe et qui à la fin est battu au cours d'une nouvelle chasse. Voilà le scénario. Cependant, lorsqu'on lit une telle histoire, parfois l'imagination, laissée à elle-même, ajoute à la réalité de l'histoire. C'est ce que j'imite dans mon film ; je laisse le spectateur libre d'imaginer des choses qui auraient pu se produire. Ainsi, je construis la piste sonore à l'aide de bruits et de musique, traitée électroniquement, et je raconte l'histoire réelle mais, l'histoire n'étant pas racontée en paroles, ni même en images, le spectateur peut construire pour lui-même des événements réels. [...] Le film exigera plus de participation de la part de l'auditoire [80].

Si le son est devenu un élément important dans le scénario, c'est en bonne partie afin de rendre manifeste l'invasion sonore dans la société moderne et urbanisée : « La cacophonie et le manque de communication traduisent chez Serge Garand [*sic*], Pierre Mercure, le Ferland des débuts, une déception devant les priorités actuelles » [81], note Carrière. Cette invasion du son coïncide avec l'affirmation du cinéma direct au Québec. Ainsi, dans les années 1960 et 1970, l'écologie sonore – les sons familiers – se démarque, du moins dans le domaine de l'animation. En effet, une sorte d'école « réaliste » émerge en animation et se caractérise par l'introduction de sons réels dans la bande sonore. Cette tendance se remarque chez les compositeurs : Applebaum (*Richesse de la terre*), Rathburn (*A for Architecture*), Fleming (*Au pied de la lettre*) ou Blackburn (ses films avec Evelyn Lambart, *The Hoarder, Fine Feathers, Le Lion et la Souris, Le Rat de maison et le Rat des champs*) ; chez les monteurs sonores : Norman Bigras, Donald Douglas, Karl Duplessis ; chez les ingénieurs du son et les bruiteurs : Joseph (Joe) Champagne (qui a travaillé avec McLaren dans *Lignes horizontales*), Ken Page (*La Plante, Tendre Histoire de Cendrillon Pingouin, A Token Gesture*).

À partir de 1967, alors que René Jodoin dirige le studio français d'animation, les deux tendances – folklore et expérimentation sonore – continuent leur progression. Pour ce qui est de la première, Carrière note l'affirmation d'une véritable « québécitude sonore », tant dans le choix du répertoire que dans celui des sons et de la parole, porteuse d'un accent bien spécifique. Du côté de l'expérimentation, c'est la musique concrète et

77. *Ibid.*, p. 280-281.

78. Disponible au visionnement à l'adresse suivante : https://www.onf.ca/film/cine-crime, consulté le 28 octobre 2016.

79. Louise Cloutier, « Bandes sonores et œuvres », dans Maurice Blackburn, *Filmusique, filmopéra*, 2 disques compacts, Analekta AN-2-7005-5, 1996, p. 31 du livret.

80. Blackburn, « Maurice Blackburn », p. 7.

81. Carrière, *Les films d'animation à l'ONF*, p. 281.

la bande sonore conçue comme musique électroacoustique qui s'affirment, comme en témoigne la fondation de l'Atelier de conception et de réalisations sonores en 1971. Dès 1964, Blackburn soulignait l'intérêt d'une telle musique et du son en général :

> J'explore maintenant de nouveaux modes d'expression musicale, de nouvelles dimensions du son, bref l'inconnu musical. Je suis convaincu que la musique électronique et la musique concrète ont droit de cité, non pas simplement comme musique de scène ou d'ambiance, mais comme nouveau style musical indépendant. Je pense vraiment qu'un avenir brillant l'attend [82].

Une pensée qui se précise

Synchronisme et contrepoint

Les expériences de McLaren et Blackburn dans le cinéma d'animation sont, la plupart du temps, marquées du sceau du synchronisme. Le compositeur Michel Fano critiquait ce rapport de synchronicité [83] qui domine dans des films tels que *A Phantasy* et *Blinkity Blank*, ou même dans le « *E* » de Pojar et Desbiens qui, selon La Rochelle, représente l'une des créations sonores les plus achevées de Blackburn [84]. Or, ce dernier se montre plutôt réticent devant le synchronisme; du moins n'était-ce pas pour lui une norme. Il est certain que le cinéma d'animation se prête particulièrement à ce rapport du son et de l'image, qu'il faut cependant savoir éviter : « Si une séquence s'y prête, la musique peut devenir un contrepoint et cela peut apporter beaucoup au film, en éliminant le pléonasme » [85], explique Blackburn. Ainsi, dans le documentaire *Le Jeu de l'hiver* (Jean Dansereau et Bernard Gosselin, 1961), la musique jazz composée par Blackburn doit être enregistrée « sans synchronisation particulière avec l'image » [86]. Dans le long-métrage de fiction, le compositeur note également que la synchronisation de l'image et de la musique n'est pas une nécessité :

> Souvent, moi je préfère que ça soit désynchronisé [...]. Mais il ne faut pas que l'auditeur, le spectateur du film soit désarçonné [...], il faut que de temps en temps ça tombe pile et qu'on sente inconsciemment, en subissant la trame sonore [...] que c'est volontaire les choses qui ne tombent pas pile puisque de temps en temps Ah ! Ça tombe juste [87].

---

82. Blackburn; cité dans Société Radio-Canada, *Thirty-Four Biographies of Canadian Composers/ Trente-quatre biographies de compositeurs canadiens*, Montréal, La Société, 1964, p. 9.

83. Voir le chapitre I.

84. La Rochelle nous livre une description de la partition de « *E* » : « Le compositeur fait de l'opéra la parodie d'un art bourgeois, dictatorial, élitiste, qu'il confie à un chœur joyeux et débridé. Par ailleurs, pour ses bruitages, Blackburn fait appel, de manière originale, au duo Les mimes électriques, qui produisent avec la bouche des bruits ressemblant à des sons réalistes mais qui ont une petite allure dérangeante, presque fantasmatique » (Réal La Rochelle, « L'opéra audiovisuel dans le cinéma québécois : vecteur de l'expérimentation sonore », *Circuit, musiques contemporaines*, vol. 19, n° 3, p. 71).

85. Blackburn; cité dans Bonneville, « Entretien avec Maurice Blackburn », p. 10.

86. « Illustrations », document dactylographié, [s.d.], Trois-Rivières, Collection (Archives Maurice Blackburn) de Louise Cloutier, p. 1.

87. Blackburn; cité dans Cloutier, « Interview de Maurice Blackburn en présence de sa femme Marthe, par Louise Cloutier, à leur domicile (Ville Mont-Royal) », feuillet 18.

Comme nous le verrons, *Jour après jour* et *Je* offrent de bons exemples de contrepoint entre l'image et le son : c'est que la musique, bien qu'au service du film, est langage qu'il faut laisser s'exprimer.

La musique est un langage au service du film

Si le rôle du compositeur n'est pas de s'exprimer lui-même, mais d'imaginer ce que le réalisateur aurait pu faire s'il en avait eu les moyens, il n'en demeure pas moins que la musique possède une valeur expressive, qui ne sera cependant révélée qu'au contact de l'image : « C'est l'image, son sens et son rythme qui provoquent une musique, déclare Blackburn. Et c'est au compositeur de la trouver et de l'exprimer » [88]. Le film contient donc déjà sa musique : les formes de l'expression du film, ses formes de narration, confèrent sa forme à la musique – contrairement à la musique de concert où c'est au compositeur de trouver la forme. Cela ne signifie pas pour autant que la musique est totalement soumise à l'image. Même si, *a priori*, le visuel prime le sonore, la musique est « une forme de langage comme le langage parlé », il faut « la laisser parler jusqu'au bout » : « Tout de même, il ne faut pas que le texte de l'écran coupe la "parole" à la musique » [89], précise Blackburn. Selon lui, peu de réalisateurs, à l'exception d'Anne Claire Poirier [90], s'intéressent à cette caractéristique de la musique. Par ailleurs, si elle a le pouvoir de s'exprimer, la musique doit également savoir se taire. En effet, pour Blackburn, le silence est un élément crucial, voire même « la clé de la bande sonore » : « La mesure du silence dans un film est souvent plus éloquente, car elle rehausse la valeur expressive de l'image. Dans *Blinkity Blank*, il y a plus de silence que de musique et j'en suis fort heureux » [91].

En tant que langage, la musique est particulièrement sollicitée dans le film d'animation où « la bande sonore [...] compte beaucoup plus que dans un film ordinaire ». Réitérons les propos de Blackburn :

> Dans un film d'animation, ce qui donne une autre dimension au film, c'est précisément la musique. C'est rarement le texte. En conséquence, la musique devient une voix qui exprime quelque chose comme un commentaire. Très souvent, on trouve de la musique du début à la fin du film. Et cela forme un tout. Prenons *Narcisse*. Il faut que la musique serve de guide au spectateur. Si on regarde *Narcisse* sans musique, il y a mille façons d'interpréter les scènes. La musique donne une première signification. Mais le spectateur

88. Blackburn; cité dans Bonneville, « Entretien avec Maurice Blackburn », p. 8.

89. *Ibid.*, p. 8-9.

90. Monteuse, productrice et réalisatrice québécoise, Anne Claire Poirier (1932-) fait des études en droit. Parallèlement, elle se passionne pour le théâtre, puis pour le cinéma, et obtient un premier emploi à la Société Radio-Canada (radio et télévision) avant d'entrer à l'ONF en 1960. Scripteure, assistante au montage, puis à la réalisation – juste après le montage de *Jour après jour* (1962) de Clément Perron –, mais également actrice, elle réalise son premier long-métrage, *De mère en fille*, en 1968. S'inspirant de la vie des femmes, elle réalise également *Les Filles du Roy* (1974), *Le Temps de l'avant* (1975) et *Mourir à tue-tête* (1979), trois films musicalisés par Blackburn, qui compose aussi la musique de son film *20 minutes, Mister Plummer* (1963). Poirier collabore également avec Marthe Morisset Blackburn pour les scénarios et textes des *Filles du Roy*, du *Temps de l'avant*, de *La Quarantaine* (1982) et de *Salut Victor!* (1988). Pour plus de détails, voir Léo Bonneville, « Entretien avec Anne-Claire Poirier », *Séquences*, n° 81, juillet 1975, p. 4-12.

91. Maurice Blackburn, « Récitatif », document dactylographié, [1986], Trois-Rivières, Collection (Archives Maurice Blackburn) de Louise Cloutier, p. 1.

> peut en trouver une autre. La musique est une façon d'aborder un sujet en proposant une première suggestion. En somme, la musique déblaye le terrain. Elle rassure également les gens en proposant un semblant d'explication [92].

Dans le cas de *Narcisse*, la musique a été composée une fois la partie visuelle achevée. De ce fait, la structure était déjà établie et, si l'on suit la pensée de Blackburn, la forme musicale était donc déjà présente. Si le compositeur tente de révéler la musique qui est déjà là, il ne cherche cependant pas à l'imposer à l'auditeur : « Ma conception générale de la musique consistait à proposer une sorte d'interprétation inconsciente de l'histoire présentée à l'écran, tout en attirant aussi peu que possible l'attention auditive. J'estime que ce film admirable relève d'abord et avant tout du regard » [93]. Le discours musical agit donc sournoisement, comme un commentaire, un guide.

Seule, la musique de film ne dit pas tout, et elle est indissociable de l'image qui lui a donné forme : « La musique de film, privée de son support visuel, n'a plus de forme, de logique interne » [94]. Ainsi Blackburn prône-t-il la création d'une musique originale, qui s'intégrera à l'œuvre, et non le recours à une musique préexistante. Celle-ci ayant été composée « pour être écoutée seule », elle se suffit à elle-même et n'est acceptable « que si elle fait partie du film, comme lorsqu'on joue un trio de Schubert dans le film de Stanley Kubrick, *Barry Lyndon* (1975) » [95]. Pourtant, Blackburn se servira lui aussi de musique préexistante, mais en tant qu'objet sonore soumis à la décomposition, à la recomposition et au montage.

Le bricoleur noble

De sa rencontre avec McLaren et le cinéma d'animation va naître chez Blackburn une attitude de « bricoleur noble ». Le compositeur reconnaît cette même nature chez McLaren : « L'animateur [...] n'est pas forcément un peintre. C'est plutôt, si je puis dire, un bricoleur » [96]. Tel un artisan, le cinéaste « "construit" un film d'animation avec l'art, la connaissance et l'amour d'un maître luthier, d'un ébéniste, d'un verrier » [97]. Chez le compositeur, le bricolage comprend plusieurs facettes qui s'ajoutent à la pratique du dessin du son sur pellicule apprise avec McLaren et qui l'amènent à se confectionner (notamment ?) un peigne métallique.

Sa nature de bricoleur se manifeste dans son intérêt pour la musique concrète, la manipulation du son et le montage :

> C'est comme d'autres qui montent des montages de musique électroacoustique, explique-t-il. C'est du bricolage [...], coller bout à bout [...]. Puis quand on manie des boutons ou des fils comme Yves Daoust disait, c'est simple à comprendre, c'est une question d'aiguillage [98].

---

92. Blackburn ; cité dans Bonneville, « Entretien avec Maurice Blackburn », p. 9.
93. Blackburn ; cité dans ONF, « Notes techniques par Norman McLaren », p. 38-39.
94. Blackburn, « Récitatif », p. 1.
95. Blackburn ; cité dans Bonneville, « Entretien avec Maurice Blackburn », p. 12.
96. La Rochelle, « Entretien avec Norman McLaren », p. 53.
97. Maurice Blackburn, « Le don de l'imagination créatrice », *Séquences*, n° 82, octobre 1975, p. 133.
98. Blackburn ; cité dans Cloutier, « Interview de Maurice Blackburn en présence de sa femme Marthe, par Louise Cloutier », feuillet 21.

On l'a dit, pour Blackburn le montage fait partie intégrante de la composition, et il assiste également au mixage afin de contrôler les sons. Mais ce n'est pas seulement lorsque sa musique est enregistrée qu'il fait œuvre de monteur : le montage peut aussi remplacer la composition à proprement parler. Dès lors, le compositeur ne compose plus avec des notes, mais avec un autre objet sonore : le matériel préexistant, son ou musique. Ainsi, pour *Caprice de Noël* et *Jour après jour*, François Vallerand note que les bandes sonores « relèvent plus du collage musical, voire du travail de monteur sonore à partir d'éléments puisés dans la sonothèque de l'ONF, que du travail de compositeur traditionnel »[99].

Pour *Pas de deux*, Blackburn effectue un montage sonore à partir d'un enregistrement, donc de musique non originale, du morceau *Old River Song*, interprété par Constantin Dobre, à la flûte de Pan[100], et le United Folk Orchestra de Roumanie. La durée du morceau étant inférieure à la durée du film, le compositeur a procédé à une décomposition de l'enregistrement, puis à une recomposition :

> J'ai donc entrepris d'enregistrer plusieurs copies du morceau sur ruban magnétique, qui m'ont permis de séparer tous les éléments musicaux : les murmures de l'orchestre en ouverture, les motifs et les phrases de la flûte de Pan de même que toute la mélodie. Puis, j'ai conçu une nouvelle piste sonore s'ouvrant uniquement sur l'accompagnement très discret de l'orchestre, maintenu sans interruption jusqu'à la fin de la piste. Sur ce fond sonore, à certains moments cruciaux du film, j'ai ajouté de courts fragments de flûte de Pan, quelques notes, un motif, puis des phrases et enfin, dans les dernières minutes du film, la mélodie entière. J'avais déjà enregistré une importante variété d'arpèges de harpe aux colorations, tonalités et registres divers s'accordant au murmure de l'orchestre et pouvant s'intégrer au fond de la mélodie. Ces enregistrements ont fait l'objet de pistes distinctes[101].

Les extraits ont ensuite été traités de manière à ce qu'ils se répètent constamment, comme des boucles, et se doublent. La musique, quelque peu minimaliste et statique, procède par longues tenues des cordes et par *bisbigliandi* (répétition rapide de la même note) de la harpe ; elle évolue lentement et fait entendre de subtils changements d'accords. La lenteur de la musique s'accorde aux mouvements ralentis des danseurs et au quasi-statisme de l'image. Précisons que si cette approche de la bande sonore – réalisée à partir d'une musique préexistante – s'inscrit dans un dessein expérimental, elle s'impose aussi parfois comme la meilleure solution au manque de budget :

> Dans les films de long-métrage documentaire ou de fiction, Blackburn dans les années 1960-1970, écrivait le générique d'un film avec de la musique originale. À cause des restrictions budgétaires, il sélectionnait, seul ou avec le réalisateur, la musique à insérer dans le film. À partir de citations musicales déjà gravées sur disque ou bande

99. François Vallerand, « Ramage – Maurice Blackburn sur disque : *Narcisse* », *Séquences*, n° 115, janvier 1984, p. 71.

100. Blackburn appréciait particulièrement la flûte de Pan. Il aimait également le hautbois, le cor anglais, l'alto, le violoncelle, la clarinette, le saxophone, et les petites formations, particulièrement celles où dominent les bois (Cloutier, « Interview de Maurice Blackburn en présence de sa femme Marthe, par Louise Cloutier, à leur domicile [Ville Mont-Royal] », feuillet 22-23).

101. Blackburn ; cité dans ONF, « Notes techniques par Norman McLaren », p. 42-43.

> magnétique, il procédait par la suite au montage de la bande musicale. [...] Mentionnons entre autres *J.A. Martin photographe*, *Cordélia* et le film sur le viol *Mourir à tue-tête*[102].

Outre le montage sonore, Blackburn met à profit ses talents de bricoleur dans l'invention d'instruments, tel un artisan-luthier. Afin d'obtenir les sons qu'il désire, il se confectionne un instrumentarium personnel. Il s'agit d'objets créés par lui-même – des instruments à cordes inspirés de leurs homologues indiens – ou d'objets déjà existants – une toupie, par exemple – et détournés de leur fonction première. Ce qui importe, c'est la production d'un son particulier ; n'importe quel objet qui satisfait son oreille et ses désirs sonores peut faire l'affaire. Tous ces instruments sont rassemblés chez lui, dans sa « salle de jouets » – et « non de jeu ! », précise Louise Cloutier[103]. Nous ne savons malheureusement pas quels étaient précisément ces objets et à quelles œuvres ou à quels films ils étaient destinés.

De Schaeffer à l'Atelier de conception et de réalisations sonores

Blackburn, McLaren, Schaeffer

En tant que monteur sonore, compositeur sans partition – lorsqu'il travaille à même le son, concret ou synthétique –, artisan-luthier et utilisateur d'objets en tout genre, Blackburn témoigne d'un profond intérêt pour la musique concrète. Cet intérêt, il le découvre dès son premier séjour en France (1946-1948), en prenant connaissance, nous l'avons déjà dit, des travaux de Pierre Schaeffer et Pierre Henry, et lors du second (1954-1955), alors qu'il côtoie le GRMC. Ainsi, à partir de 1948, Blackburn essaie « à maintes reprises de convaincre l'ONF de la nécessité d'une recherche au niveau sonore »[104]. En 1953, à l'époque de *Blinkity Blank*, Blackburn songe à l'idée d'un atelier similaire au groupe de Schaeffer : « McLaren et moi avions tenté de créer une espèce de studio expérimental pour le son et la musique, mais je crois que c'était un peu prématuré, car nous n'avons réussi à faire accepter l'idée à personne »[105]. Bien que cela n'ait pas été déclaré par l'animateur lui-même, on peut considérer que tout le travail de McLaren, et depuis le début – notamment ses partitions de sons gravés –, s'inscrit dans la lignée des recherches de Schaeffer dans son studio de la RTF.

Blackburn ne s'exprime que très vaguement à propos de Schaeffer et ne nomme son homologue français que relativement à la création de l'Atelier. Ainsi s'exprime-t-il peu sur son second séjour en France, et ses liens avec le GRMC restent assez vagues : n'a-t-il fait que côtoyer le groupe ? A-t-il assisté au stage international dirigé par Hermann

102. Louise Cloutier, « Lieux communs, clichés, stéréotypes et autres formes sémiotiques collectives », conférence présentée au Congrès de l'Acfas, Sherbrooke, Université de Sherbrooke, 16 mai 2001.

103. Hellégouarch, Entretien avec Louise Cloutier.

104. Maurice Blackburn, « Mémorandum », sujet : Laboratoire de recherches sonores, point de vue personnel, adressé à Gilles Dignard, document dactylographié, 20 avril 1971, Montréal, Archives de l'Office national du film, 2105-1057_1971-04-20_laboratoire, p. 1.

105. Blackburn, « Maurice Blackburn », p. 7.

Scherchen en 1954[106] ? A-t-il composé des œuvres avec le matériel fourni par le GRMC ? Quelle était la nature de ses rapports avec Schaeffer ? Par ailleurs, il faut noter qu'au moment où Blackburn séjourne une seconde fois en France, Schaeffer est en charge du réseau radiophonique d'Outre-mer et a abandonné temporairement le GRMC à ses collègues Philippe Arthuys et Pierre Henry. Chose certaine, les deux hommes se connaissent, et Blackburn s'est ouvert à Schaeffer de son projet d'atelier :

> J'avais encore l'idée de mettre sur pied un studio de musique électronique. J'en avais parlé à Schaeffer. Alors j'ai dit : « Est-ce que vous pourriez m'aider ou faire quelque chose qui serait utile ? » Mais il dit : « Ce que je pourrais faire, je pourrais vous envoyer quelqu'un qui pourrait venir ici quelques mois peut-être, puis mettre sur pied un studio avec les outils qu'il faut ». Tout le monde trouvait ça très très sympathique, mais l'argent, où le prendre[107] ?

Si nous ne disposons que de peu de témoignages précis sur la relation existant entre Blackburn et Schaeffer, il n'en demeure pas moins que les deux hommes partagent certaines idées comme le travail à même le matériau, la confection d'un instrumentarium[108] et les possibilités sonores qu'offre le cinéma.

En effet, si à la fondation du GRMC Schaeffer s'intéresse principalement à l'art radiophonique, le cinéma retient également son attention et influence sa réflexion sur le décor sonore puis sur la musique concrète. C'est que le cinéma et la radio ont de nombreux points en commun, surtout leur nature d'« art-relais »[109], ainsi que leur lien avec le théâtre. « Dans les deux cas, souligne Évelyn Gayou, les œuvres sont réalisées collectivement, [...] l'objet est transformé en image – visuelle au cinéma, auditive à la radio –, les techniques de fabrication sont similaires : captation, montage, effets

106. Véritable laboratoire de recherches et lieu de formation professionnelle, le GRMC organise en 1951 un premier stage qui réunit Pierre Boulez, Michel Philippot, Jean Barraqué et André Hodeir. Un stage international est ensuite organisé en juin 1953, suivi d'un second en 1954, en présence de Darius Milhaud; les deux stages sont présidés par l'ancien assistant d'Arnold Schoenberg, Hermann Scherchen. Ces stages « ont pour mission de mettre les compositeurs en contact direct avec les nouveaux outils du studio [et veulent leur permettre de] travailler la matière sonore concrètement » (Évelyn Gayou, *Le GRM, Groupe de recherches musicales : cinquante ans d'histoire*, Paris, Fayard, 2007, p. 103).

107. Blackburn; cité dans Yves Daoust, *Maurice Blackburn, ou portrait d'un méconnu*, dans Maurice Blackburn, *Filmusique, filmopéra*, piste 2,7, 18:07-18:36.

108. Au Club d'essai, puis au GRMC, une part de la recherche portait sur la fabrication d'appareils destinés à transformer le matériel sonore. Jusqu'en 1951, le Club travaillait à partir de disques souples (Shellac) pour enregistrer et lire les sons. Le premier magnétophone à bande monophonique arriva en 1950, suivi l'année suivante d'un pupitre potentiométrique et d'un prototype de magnétophone à trois double-plateaux, tous deux confectionnés par l'ingénieur Jacques Poullin. Le magnétophone tripiste sera utilisé en 1952 dans *Timbres-durées* d'Olivier Messiaen. En 1951, Schaeffer et Poullin mettent au point deux phonogènes, l'un à clavier, l'autre à coulisse, que l'on retrouve tous deux dans *Orphée 51* ou *Toute la lyre* (1951) de Schaeffer et Henry. En 1954, Schaeffer et Poullin réalisent un morphophone à têtes multiples (voir Gayou, *Le GRM*, p. 100).

109. « Dès ses premiers travaux au Studio d'essai en 1942, Pierre Schaeffer avait émis l'idée que le cinéma et la radio (de création) étaient des "arts-relais", entre concret et abstrait, car ils permettent d'exprimer, par la forme, ce qui ne pouvait se dire, par le langage (parlé) » (*ibid.*, p. 370). Outre le cinéma et la radio, les arts-relais comprennent la photographie, le téléphone ou encore la télévision, soit l'ensemble des « arts mécaniques ». Les arts-relais sont des instruments qui déforment, transmettent et informent l'art. Contrairement aux « arts directs » ou classiques, ils « ne transmettent pas l'objet mais son *image*, ni les sons mais une *modulation* » – ils transmettent des signaux (Pierre Schaeffer, *Essai sur la radio et le cinéma : esthétique et technique des arts-relais 1941-1942*, édition établie par Sophie Brunet et Carlos Palombini, Paris, Allia, 2010, p. 360).

spéciaux, mixage, projection/diffusion »[110]. Par ailleurs, Schaeffer connaît les partitions d'Honegger et d'Hoérée pour *Rapt*, ainsi que les essais de son à l'envers de Maurice Jaubert dans *Zéro de conduite* (Jean Vigo, 1933). En 1943, il fait partie du premier jury de l'Institut des hautes études cinématographiques, créé la même année, à qui il demande de « recevoir les élèves ingénieurs du son du Studio d'essai pour "s'ouvrir aux métiers voisins" »[111]. Cet intérêt pour le cinéma donnera naissance à quelques productions du GRMC[112].

Schaeffer exprime également sa pensée sur le son au cinéma en 1946 dans trois articles parus dans *La Revue du cinéma*. Dans ces textes, il distingue trois éléments hétérogènes constitutifs de la bande sonore : le bruit, la parole et la musique. Selon lui, le bruit est le son le plus adéquat à l'image, car celle-ci « ne peut montrer que des choses et le bruit est le langage des choses ». La parole, en tant que « bruit des hommes », doit être d'abord considérée comme la « rumeur des personnages », et il faut prêter l'importance la plus haute « à l'intonation, au grain de la voix, plutôt qu'au texte ». Quant à la musique, « matière plastique idéale » qu'il suffit de « bien [...] choisir pour qu'elle se mette en relation avec l'image », Schaeffer regrette l'utilisation de la musique préexistante et souligne l'intérêt d'une utilisation plus réfléchie de la musique, surtout en ce qui a trait à son potentiel émotionnel[113]. On trouve la même distinction chez Blackburn, pour qui « la bande sonore doit être un tout, former un tout » : « Il n'y a pas seulement la musique, il y a le son et la voix »[114].

Fondation et programme de l'Atelier

Outre les influences de McLaren et de Schaeffer, ce sont des motivations bien précises qui conduisent à la création de l'Atelier : 1) donner la place qui lui revient à cette bande sonore qui, considérée comme secondaire dans le processus de création cinématographique, n'est jamais réalisée qu'avec peu de budget et à la dernière minute ; 2) créer des bandes sonores qui ne soient pas le simple double de l'image ; 3) sensibiliser le cinéaste à l'importance du son, de la bande sonore en général et de sa structuration ; 4) réaliser, pour des films précis, des trames sonores exigeant des moyens de manipulation sonore ; donc 5) offrir aux cinéastes qui le désirent, et sans dépasser leur budget, un service de manipulation sonore allant des simples effets ou climats sonores à

110. Gayou, *Le GRM*, p. 31.

111. *Ibid.*, p. 34.

112. En 1952, Schaeffer compose la première musique concrète pour le cinéma commercial, celle du court-métrage *Astrologie* de Jean Grémillon. En 1953, plusieurs musiques sont composées en coproduction avec la télévision : *L'Art précolombien* (Enrico Fulchignoni) et *Les Fils de l'eau* (Jean Rouch), dont la musique est de Pierre Henry, *Léonard de Vinci* (Fulchignoni), dont Henry et Schaeffer signent la bande sonore. Les 16, 23 et 26 juin 1959, au musée Guimet de Paris, Schaeffer propose des « projections sonores » : *Les Idées et l'Objet*, *Images et Mouvement*, et *L'Imagination et l'Instrument*. Sylvie Dallet rapporte que la deuxième séance présente « des courts-métrages projetés accompagnés de musique concrète, un spectacle de mime de Jacques Lecoq, le *Poème électronique* de Le Corbusier (images de Philippe Agostini et musique d'Edgar Varèse), ainsi que des films expérimentaux réalisés par de jeunes artistes attirés par la démarche du G.R.M. » (Dallet, *Bibliographie commentée de l'œuvre éditée de Pierre Schaeffer*, p. 56).

113. Gayou, *Le GRM*, p. 37.

114. Blackburn ; cité dans Rivard, Extrait d'un entretien avec Maurice Blackburn, p. 1.

une trame sonore élaborée, et ce, au sein même de l'ONF ; 6) permettre aux cinéastes de voir au-delà du cadre rigide de la musique conventionnelle et les familiariser avec une nouvelle conception sonore et le monde de l'électroacoustique ; 7) plus largement, doter le Québec d'un studio de recherches en musique électroacoustique.

Poussé par les expériences de McLaren, qui lui fait prendre conscience des possibilités de la manipulation sonore et de sa nature de bricoleur, par celles également de Schaeffer et du GRMC, qui mettent à contribution n'importe quel son, bruit ou musique, Blackburn a finalement trouvé, vers 1970, une oreille attentive. Dans les premiers échanges, en particulier ceux entre Gilles Dignard, directeur de la production française à l'ONF, et Blackburn, le futur Atelier porte le nom de « Laboratoire de recherches sonores » [115]. Blackburn codirige le projet avec le compositeur Alain Clavier, qui a été stagiaire chez Schaeffer au début des années 1960 [116]. Ainsi, Blackburn et Clavier demandent à utiliser les locaux et le matériel disponibles au département du son. Une liste de l'équipement nécessaire pour le Laboratoire est dressée : un magnétophone Ampex, un magnétophone à vitesse variable Ampex, un magnétophone à têtes rotatives, une console à six entrées et trois sorties, six égalisateurs, une chambre de réverbération, un appareil à écho, un amplificateur avec haut-parleur et, si possible, un magnétophone à huit pistes ainsi qu'un synthétiseur [117]. Blackburn et Clavier réclament également la collaboration d'un technicien attaché au département – ce sera Michel Descombes, en 1971. Dans un mémorandum du 19 avril 1971, les deux compositeurs tiendront cependant à noter que la manipulation sonore ne relève pas de l'ingénieur du son et de la technique :

> La manipulation et la transformation sonores sont un art et non un exercice technique et [...] en conséquence ce n'est pas tant le « gadget » qui importe que la manière de s'en servir. Même le fait que l'équipement du laboratoire soit placé sous le contrôle d'un technicien du son compétent ne résoudrait rien [118].

115. Maurice Blackburn et Alain Clavier, « Mémorandum », sujet : Compositeur vs. département du son, adressé à Gilles Dignard, document dactylographié, 1 er décembre 1970, Montréal, Archives de l'Office national du film, 2105-1057_1970-12-01_compositeur, p. 1.

116. Dès le 1 er décembre 1970, Clavier et Blackburn demandent à ce que Clavier soit engagé à temps plein pour se consacrer au Laboratoire de recherches sonores (Blackburn et Clavier, « Mémorandum », 1 er décembre 1970, p. 1). Le 20 avril 1971, une fois la période d'essai terminée, Blackburn insistera pour que ce soit Clavier qui le seconde dans la mise sur pied du Laboratoire (Blackburn, « Mémorandum », 20 avril 1971, p. 1). Compositeur français arrivé au Québec vers 1966, Alain Clavier (1929-1998) est par la suite principalement actif à l'ONF dans les années 1970 et 1980. Le site Web de l'ONF (http://onf-nfb.gc.ca) répertorie 70 productions où Clavier s'occupe surtout de la musique (parfois en collaboration), plus rarement du son (« *Heureux comme un poisson dans l'eau...* » de Gilles Blais, 1971 ; *Journal de voyage* de Donald Winkler, 1982) ou du montage sonore (*Shakti* de Monique Crouillère, 1976). En collaboration avec Blackburn, il compose la musique de *À qui appartient ce gage ?* de Susan Huycke *et alii* en 1973, et de *Metadata* de Peter Foldès, en 1971. Clavier quitte l'ONF en 1982.

117. Maurice Blackburn *et alii*, « Mémorandum », sujet : Liste de l'équipement suggéré pour le laboratoire de recherches sonores, adressé à Len Green, document dactylographié, 1 er décembre 1970, Montréal, Archives de l'Office national du film, 2105-1057_1070-12-01_liste, p. 1.

118. Maurice Blackburn et Alain Clavier, « Mémorandum », sujet : Atelier de conception et de réalisations sonores, réflexions sur l'expérience réalisée entre la production fr. et le Département du son d'une part et Maurice Blackburn et Alain Clavier d'autre part, du 1 er janvier 1971 au 31 mars 1971, adressé à Gilles Dignard, document dactylographié, 19 avril 1971, Montréal, Archives de l'Office national du film, 2105-1057_1971-04-19_atelier, p. 2.

Dignard donne son accord pour une période d'essai de trois mois, allant du 1er janvier au 31 mars 1971. Cette période voit naître les trames sonores de « *Heureux comme un poisson dans l'eau...* » (Gilles Blais), *Forest Fire* (Evelyn Lambart), *Les Primaires* (Francine Desbiens)[119], et de la séquence « Cathédrale » (8 minutes) du film *Région 80*[120]. Dans la foulée, quelques projets de films, surtout en animation, sont lancés : *Région 80* au complet, *La Genèse* (Laurent Coderre), *The Family that Dwelt Apart* (Yvon Mallette), *Le Non-temps* (Suzanne Gervais), *Ookpik* (Co Hoedeman) et *Historic Sights* (Albert Kish)[121]. Dignard et le Comité du programme de la production française jugeant l'expérience concluante, le projet de laboratoire se réalise : l'Atelier de conception et de réalisation sonores[122] voit le jour en avril 1971. Yves Daoust fera partie de l'équipe de 1976 à 1979[123].

Voici quelques précisions quant à l'équipement demandé :

> [Il] comprend assez peu d'éléments standards mais, par contre, se remplira, à mesure que se poseront les problèmes inhérents à chaque film (car il ne faut pas perdre de vue que notre seul but, en essayant d'ouvrir ce laboratoire, est de servir les films), d'un nombre

---

119. Nous n'avons pas trouvé trace du film *Les Primaires*. Il s'agit peut-être des *Bibites de Chromagnon*, film de Francine Desbiens qui date de la même année.

120. Maurice Blackburn et Alain Clavier, « Rapport d'activités du Laboratoire de recherches sonores », document dactylographié, [1971], Montréal, Archives de l'Office national du film, boîte F-0563, 81-120_1971_Rapport_activites_laboratoire_recherches_sonores, p. 2-3. Pour « *Heureux comme un poisson dans l'eau...* », *Forest Fire* et *Les Primaires*, Blackburn et Clavier notent qu'un « certain nombre de manipulations et de transformations n'ont été réalisables que parce que le principe d'un Laboratoire de recherches sonores était accepté ». Blackburn et Clavier devaient concevoir un projet sonore destiné à démontrer l'utilité de l'Atelier; les deux compositeurs ont plutôt décidé de présenter une séquence directement appliquée à un projet cinématographique : « Cathédrale ». Ils tiennent à souligner que « l'idée même de cette séquence n'était concevable que grâce à l'existence, même embryonnaire comme c'était le cas, de ce Laboratoire » (*ibid.*, p. 3).

121. Nous n'avons pas trouvé trace d'un film intitulé *Région 80*, pas plus que de *La Genèse*. Pour ce dernier, il s'agit peut-être en réalité du film de Coderre intitulé *Zikkaron* (1971). Si tel est le cas, alors le projet d'une collaboration avec l'Atelier a peut-être été abandonné, car la musique a été composée par un certain Donald Douglas. Il ne semble pas non plus exister de film intitulé *Le Non-temps*. Toutefois, Gervais réalise en 1971 le film d'animation *Cycle* avec une musique de Blackburn. Rathburn compose la musique de *The Family that Dwelt Apart* (1973). *Ookpik* deviendra *Le Hibou et le Lemming : une légende eskimo* (1971, musique d'Éric Tagoona) et *Le Hibou et le Corbeau : une légende eskimo* (1972). Quant à *Historic Sights*, il s'agit peut-être de *Time Piece* (1971), avec une musique de Clavier. Ce dernier réalisera les trames sonores d'autres films de Kish, tels que *This is a Photograph* (1971) et *Louisbourg* (1972).

122. Selon Blackburn et Clavier, le nom « Laboratoire de recherches sonores » revêtait une « dimension abstraite de recherche pure », inadaptée aux véritables objectifs du projet (Blackburn et Clavier, « Mémorandum », 19 avril 1971, p. 1).

123. Yves Daoust (1946-) fait ses études au Conservatoire de musique de Montréal, en piano et composition avec Gilles Tremblay et Irving Heller, puis à Paris et à Bourges. De retour au Canada, il travaille à l'ONF à titre de concepteur sonore, entre 1976 et 1979. Dès 1980, et jusqu'en 2011, il enseigne aux Conservatoires de musique de Québec et de Montréal et y développe un programme de composition électroacoustique. Le site Web de l'ONF répertorie huit productions entre 1971 et 1983, sur lesquelles Daoust réalise parfois la musique. Parmi ses collaborations, on citera *Samedi : « le ventre de la nuit »* de Jacques Leduc *et alii* (1977) et *Le Plan sentimental* de Leduc (1978). Outre sa production cinématographique, Daoust est l'auteur de plusieurs œuvres de concert. *Quatuor* (1979) a reçu le premier prix de la catégorie électroacoustique de studio au huitième Concours international de musique électroacoustique de Bourges (1980). Pour plus de détails, voir David Olds et Evan Ware, « Daoust, Yves », *L'encyclopédie canadienne*, 6 juin 2006, http://www.thecanadianencyclopedia.ca/fr/article/daoust-yves, consulté le 28 octobre 2016.

> sans cesse renouvelé de « gadgets » hétéroclites, bricolés la plupart du temps, improvisés presque toujours et souvent même inventés pour répondre à des besoins immédiats et précis de transformation sonore [124].

Ce qui compte, ce n'est donc pas tant le matériel que les « idées » : « Sons et formes rêvés, pensés par le compositeur et qu'il faut alors trouver le moyen de réaliser » [125].

L'une des principales préoccupations de l'Atelier est l'intégration du processus de création sonore dès le début de la conception du film. C'est que l'Atelier ne doit pas faire office de « dépanneur », de producteur de « "petits bidules électroniques bizarres" qui bouchent si bien les trous d'une bande sonore déficiente, mal planifiée, à laquelle on ne s'est intéressé qu'à la dernière minute » [126], comme le dénoncera Daoust en 1977, abondant ainsi dans le même sens que Blackburn et Clavier :

> [Il faut] sensibiliser les cinéastes aux problèmes de la conception sonore, c'est-à-dire d'une trame élaborée, tant au niveau des idées qu'au niveau de la ou des techniques utilisées dès la mise sur pied, dès la préparation du film, alors que trop souvent celle-ci est livrée à l'improvisation constante au fur et à mesure que se déroulent les différentes opérations du film (tournage, montage, enregistrement, etc.). D'où, trop souvent : qualité souvent discutable du son de location. Effets sonores « collés » à la dernière minute. Musique dont la fonction est uniquement de boucher les trous. Banalité des rapports dialogues/effets/images [127].

Ce que souhaite l'Atelier, c'est la structuration intégrale de la bande sonore comprenant bruits, paroles et musique – et non la séparation de trois matières d'expression qui ne seraient articulées ensemble qu'au moment du mixage final. La bande sonore n'a alors de sens qu'en rapport avec son support visuel : elle doit l'enrichir, établir un contrepoint, un dialogue avec l'image, introduire un autre discours, si bien que le sonore et l'image deviennent indissociables.

Ce que l'Atelier propose en réalité, c'est l'intervention d'un nouvel acteur dans la création filmique, une sorte de directeur de la bande sonore qui serait, d'après Daoust, le compositeur lui-même :

> Dans une approche électro-acoustique concrète de la bande sonore, tous les sons – aussi bien les paroles que les sons réalistes – sont considérés comme exploitables musicalement. Le compositeur doit donc prendre en charge la bande sonore globalement, dès le début d'un film, en collaboration avec le cinéaste, le monteur visuel, le monteur sonore. Le musicien n'a pas à faire nécessairement tout le travail de sonorisation, mais doit le diriger, le planifier, afin de *structurer toute la bande sonore comme une œuvre musicale électro-acoustique*. C'est l'ensemble de la bande qui devient la musique de film. Ce qui n'exclut pas du tout l'emploi de « musiques » au sens traditionnel. Mais celles-ci sont considérées dans cette optique comme des « objets sonores » parmi d'autres, comme des éléments de la structure musicale globale que devient alors la bande sonore. Celle-ci n'a plus uniquement une fonction de sonorisation, elle n'est plus *appliquée, comme un vernis, sur un visuel terminé*, qui a déjà tout son sens, mais acquiert un rôle actif. Elle enrichit le film

124. Blackburn et Clavier, « Mémorandum », 19 avril 1971, p. 2.

125. *Ibid.*

126. [Yves Daoust], « Atelier sonore : idéologie – orientation – politique », document dactylographié, [28 février 1977], Montréal, Archives de l'Office national du film, 2105-1057_1977-02-28, p. 6.

127. Blackburn et Clavier, « Mémorandum », 19 avril 1971, p. 3.

> par ses propres moyens expressifs. Un contrepoint à deux voix s'établit, entre le visuel et le sonore [128].

Dans cette perspective, l'Atelier a bien conscience de se situer en marge du schéma classique d'élaboration d'une trame sonore et souhaite sensibiliser, familiariser les cinéastes avec ce nouveau mode de conception musicale. Comme le souligne Clavier, il s'agit en fait de « vaincre la méfiance que beaucoup de cinéastes ont encore à l'égard des musiques ou des environnements électro-acoustiques » [129]. C'est peut-être ce qui poussera Daoust, en 1977, à inscrire l'Atelier dans la mouvance de la musique électroacoustique.

Le compositeur distingue ainsi deux tendances : la musique électronique et la musique concrète. La première a recours à des sons « "purs", c'est-à-dire abstraits », qui « n'ont pas d'épaisseur sémantique, de contenu culturel, ils ne renvoient à rien d'autre qu'à eux-mêmes ». En plus d'utiliser des sons « purs », la musique concrète, quant à elle, a également recours à des « des événements sonores puisés dans la réalité » et possédant « un contenu culturel, un sens ». Le compositeur se constitue ainsi un « répertoire "d'objets sonores" (équivalents des plans cinématographiques ?) » et un « vocabulaire de base » avec lequel il pourra composer [130]. Daoust distingue ensuite deux conceptions sonores. La « tendance plastique » privilégie davantage la forme que le contenu des sons, vidés de leur référence culturelle. La « tendance sémantique », au contraire, conserve une telle référence : les sons sont utilisés pour leur valeur référentielle, en tant qu'« unités culturelles » [131]. Les manipulations sonores ensuite appliquées à de tels sons en transforment le sens sans pour autant les rendre abstraits :

> Cette démarche ébranle sérieusement la notion conventionnelle de musique. On ne crée plus seulement des rapports de formes, de couleurs, de dynamiques, mais également (surtout ?) des rapports de sens, en confrontant des sources sonores hétérogènes (voix humaines, sons anecdotiques, sons électroniques, fragments de musique) [132].

Une telle pratique consiste ainsi à faire du « cinéma virtuel » : « On glisse des constructions strictement musicales, syntaxiques, vers des structures de récit » [133]. Telle est la démarche de l'Atelier.

Vie et mort de l'Atelier

L'Atelier sera le lieu de plusieurs réalisations. La première à noter est le double album *Musiques de l'ONF*, vol. I (1977), dont Blackburn est le conseiller musical, Clavier le responsable technique et Anne Claire Poirier la productrice. Alors que les membres de l'Atelier semblent soutenir l'interdépendance de la musique et de l'image [134],

---

128. [Daoust], « Atelier sonore », p. 5-6.

129. Alain Clavier, « Réflexions sur l'Atelier de conception sonore », document dactylographié, 1973, Montréal, Archives de l'Office national du film, 2105-1057_1973, p. 1.

130. [Daoust], « Atelier sonore », p. 2.

131. *Ibid.*, p. 3.

132. *Ibid.*, p. 4.

133. *Ibid.*

134. Blackburn n'a-t-il pas écrit : « Je ne crois pas que la musique de film peut avoir une existence en dehors du cadre audio-visuel pour lequel elle a été créée » (Réal La Rochelle, « Maurice Blackburn : partition filmique pour un "nouvel opéra" », dans La Rochelle [dir.], *Écouter le cinéma*, p. 27) ?

l'album proclame l'autonomie des bandes sonores : « Ce n'est pas là d'"air de film" ni de "chanson-thème" qu'il s'agit, fait remarquer Jean-Yves Bégin, auteur des textes de l'album. La trame sonore s'y trouve ici détachée de l'image et prise dans sa totalité, érigée en œuvre parallèle, autonome » [135]. On y retrouve ainsi *Voisins*, *Blinkity Blank*, *Rythmetic* et *Canon* de McLaren, *Caprice de Noël* de McLaren *et alii*, *Jour après jour* de Clément Perron, *La Courte Échelle* (1964, musique de Gabriel Charpentier) et *La Forme des choses* (1965, musique de Pierre Mercure) de Gérard Giraldeau, *Dimensions soleils* (1970, musique de Gilles Tremblay) de Raymond Brousseau, et *Metadata* (1971, musique de Clavier et Blackburn) de Peter Foldès. À part *Metadata*, note Bégin, toutes ces bandes sonores sont antérieures à la formation de l'Atelier et semblent ainsi être désignées en tant que modèles :

> Cet album rend hommage aux compositeurs de l'ONF, cinéastes authentiques, artisans essentiels à l'accomplissement de l'œuvre cinématographique. C'est à ce titre qu'on retrouve les « musiciens-cinéastes » de l'ONF – Maurice Blackburn, Eldon Rathburn et Alain Clavier, ainsi que d'autres compositeurs intéressés par les rapports son-image. [...] Ces disques couvrent la période qui s'étend de 1952 à 1971. Période antérieure à la fondation de l'Atelier (1972) où des moyens électro-acoustiques ont été mis à la disposition des compositeurs [136].

Sur les 10 titres, la moitié proviennent de films de McLaren, ce qui confirme son influence déterminante : « Cet album nous rappelle qu'un Norman McLaren n'est pas seulement un grand cinéaste d'animation, mais qu'il est aussi un musicien imaginatif » [137].

Parmi les autres réalisations de l'Atelier, citons un disque de Clavier pour un des numéros de *Médium-média* sur la « La Qualité de la vie » (publication de l'ONF) [138], et une bande sonore de Louis Portugais et Jocelyne Archambault sur *La Radio communautaire* avec la participation de Clavier (musique, montage et mixage), mais aussi *Épilogue* (1972), *Onde orange* (1973) [139] et *Le Volcan : une réflexion sur la vie et la mort de Malcolm Lowry* (Donald Brittain et John Kramer, 1976), dont la musique, composée par Clavier, reçut le prix Etrog (ancêtre du prix Génie, au Canada) de la meilleure musique originale en 1976 [140]. La production de Daoust, particulièrement prolifique, est fort éclairante

135. Jean-Yves Bégin, « Musique sans image », dans Maurice Blackburn *et alii*, *Musiques de l'ONF / Music of the NFB*, vol. I, 1 disque 33 tours, Atelier de conception sonore de l'Office national du film, 1977, pochette du disque.

136. *Ibid.*

137. *Ibid.*

138. Disponible pour écoute à l'adresse suivante : http://www.creationsonore.ca/entretiens, consulté le 19 octobre 2016.

139. Toutes ces œuvres sont citées par Réal La Rochelle. Nous n'avons cependant pas retrouvé trace de la plupart d'entre elles dont nous ne pouvons ainsi indiquer l'année de création et/ou l'auteur (Réal La Rochelle, « Maurice Blackburn : partition filmique pour un "nouvel opéra" », dans La Rochelle [dir.], *Écouter le cinéma*, p. 30-31).

140. « D'après Alain Clavier, Blackburn se révèle cependant un peu perplexe devant l'électroacoustique, il est malade pendant un certain temps et ne s'engage pas très profondément dans les réalisations de l'Atelier (sauf pour *Metadata* en 1971, *Épilogue* en 1972 et *Onde orange* en 1973) ; il laisse à toutes fins utiles l'Atelier aux soins de Clavier qui, jusqu'en 1979, y réalise plus d'une dizaine de trames sonores. Toutefois, selon Marthe [Morisset] Blackburn, ces propos de Clavier déforment la réalité » (*ibid.*). On notera, en outre, que

quant aux idées véhiculées par l'Atelier. Il compose les bandes sonores de *Samedi : « le ventre de la nuit »* (Jacques Leduc *et alii*, 1977), *Le Plan sentimental* (Leduc, 1978), *L'Âge de chaise* (Jean-Thomas Bédard, 1978) et des *Naufragés du quartier* (Bernard Longpré, 1980). Sur la collaboration de Daoust et Leduc, La Rochelle note que :

> Le compositeur refuse les trames formées des seuls sons produits par la machine, l'électroacoustique pur, pour traiter plutôt les sons cueillis par le réalisateur (bruitages, bribes de paroles et de chansons) et les inscrire dans une toile tissée par l'ordinateur. Et ce, toujours en contrepoint, rarement en synchronisme, sauf quand l'exigent quelques séquences de cinéma prises sur le vif. De la sorte, Daoust intègre à merveille les données sonores du direct avec la manipulation électronique, une symbiose qui magnifie musicalement les vertus brutes de la prise de vue synchrone. [...] Ces créations d'Yves Daoust sont des exemples dispersés, dans l'*underground* de l'ONF, presque confidentiels [141].

De son côté, Carrière souligne l'étroite collaboration de l'Atelier avec le studio français d'animation : *L'Œuf* (1971) de Clorinda Warny et *L'Œil* (1972) de Viviane Elnécavé, avec une musique de Blackburn ; *Tchou-tchou* (1972) de Co Hoedeman, avec une musique de Normand Roger ; *Le Vent* (1972) de Ron Tunis, *Un cheval à toute vapeur* (1973) de Kaj Pindal et *Du coq à l'âne* (1973) de Suzanne Gervais, Francine Desbiens et Pierre Hébert, avec la participation de Pierre F. Brault au son ou à la musique ; *Metadata* de Foldès avec une musique de Clavier et Blackburn ; et enfin, *Ceci est un message enregistré* (1973) de Jean-Thomas Bédard, avec une musique de Clavier [142]. Il n'est pas étonnant que la conception des rapports entre le sonore et le musical telle que défendue par l'Atelier trouve son territoire de prédilection dans le cinéma d'animation puisque, comme Blackburn le disait lui-même, l'animation relevant du monde du rêve, tout y est permis, et la bande sonore y joue un rôle plus important que dans les autres genres filmiques.

Ne recevant que peu d'appui de la part des cinéastes et des producteurs – notons qu'au moins trois ne sont pas indifférents : Pierre Moretti, Anne Claire Poirier et Jacques Leduc –, aux prises avec le préjugé coriace qui veut que le sonore se subordonne à l'image, manquant d'argent et de moyens techniques, l'Atelier ferme ses portes en 1980. En outre, en 1977, Daoust publiait son texte « Atelier sonore : idéologie – orientation – politique ». Selon Robert Forget, ancien responsable administratif à l'Atelier en 1978-1979, cet échec revient également à la spécialisation des instruments utilisés (un échantillonneur mi-mécanique mi-acoustique, fait maison, et quelques synthétiseurs) et dont il fallait faire l'apprentissage, mais aussi aux réalisations sonores elles-mêmes, plus adéquates dans le cadre du film d'animation que dans celui du documentaire [143]. Forget relève également le dépassement rapide des outils utilisés par l'Atelier :

Blackburn, le 11 mars 1974, quitte son poste de producteur-délégué de l'Atelier pour se consacrer à son rôle de conseiller musical et de compositeur (Maurice Blackburn, « Mémorandum », sujet : Démission du poste de producteur-délégué de l'Atelier sonore, adressé à Yves Leduc, document dactylographié, 11 mars 1974, Montréal, Archives de l'Office national du film, 2105-1057_1974-03-11_demission, p. 1). À titre de fondateur, il demeure cependant actif à l'Atelier jusqu'en 1977.

141. La Rochelle, « L'opéra audiovisuel », p. 70.

142. Carrière, *Les films d'animation à l'ONF*, p. 290.

143. Robert Forget, « L'Atelier de conception sonore ; un passage », dans Blackburn, *Filmusique, filmopéra*, p. 12-13 du livret.

> L'Atelier avait créé une démarche significative durant une phase expérimentale. Les outils en ce domaine s'étant vite améliorés sur le plan technologique, ceux de l'Atelier devinrent désuets, et ce furent des pigistes qui se servirent par après des nouveaux modèles et les utilisèrent dans certains films. L'évolution technologique petit à petit a effacé le besoin de maintenir un tel Atelier qui, à la fin des années 70, était au terme de son cycle. Le trait devait être tiré [144].

On notera cependant que l'Atelier s'est battu tout au long de son existence pour obtenir un espace et un équipement de travail adéquats, comme en témoignent les mémorandums et rapports dont nous avons pris connaissance [145]. Le sentiment général qui se dégage de ces textes est la stérilité des différents appels de l'Atelier. Le 26 avril 1977, Blackburn et Poirier, alors productrice de l'Atelier, constatent avec amertume que « l'Atelier n'intéresse pas » ; ils déplorent les remises en question de son existence, tant par la direction que par les cinéastes, et son échec :

> Si l'Atelier se maintient vaille que vaille depuis cinq ans, c'est surtout grâce à la conviction et à la ténacité de quelques rêveurs incorrigibles qui croient encore que la bande sonore est une dimension importante d'un film et que tous les moyens pour l'enrichir (expérimentaux et contemporains autant que traditionnels) doivent être mis à la disposition des cinéastes [146].

Selon eux, l'Atelier ne fut finalement qu'un « rêve non partagé » qui a (sur)vécu toutes ces années dans une « quasi-clandestinité » :

> Depuis cinq ans déjà, il a fallu parler de l'Atelier et le vivre avec retenue et réserve (ce qui nous fut toujours contraignant) afin de ne jamais faire peur en affirmant son existence. Encore maintenant, il nous faut attendre discrètement les restes – les restes du budget, les restes de l'espace, les restes des ressources humaines, les reste de temps, les restes de la maintenance, les restes de tout : on a raclé le fond [147].

Étant donné la situation, Blackburn et Poirier décident de se retirer, remettant le sort de l'Atelier entre les mains de la Direction de la production française :

> Devant ce bilan qui révèle plus d'espoirs déçus que de réalisations positives, plus d'indifférence générale que d'intérêt professionnel, plus de calcul personnel que de générosité « collégiale », nous en arrivons à la conclusion qu'il est inutile de poursuivre une idée rejetée par la majorité de la Production française [148].

Cette décision suit directement la publication du texte de Daoust, en 1977, qui veut faire de l'Atelier un « véritable studio de musique électro-acoustique » [149].

---

144. *Ibid.*, p. 13 du livret.

145. Nous avons reçu de l'ONF (dont les archives sont publiques) un dossier comprenant les copies de nombreux documents en lien avec l'Atelier : une vingtaine de mémorandums signés, pour la plupart, par Blackburn et Clavier, à laquelle s'ajoute une dizaine de rapports d'activités, plans de projet, diagrammes et comptes rendus de réunion divers. Notre bibliographie ne comprend que les documents cités dans cet ouvrage.

146. Maurice Blackburn et Anne Claire Poirier, « Mémorandum », sujet : Atelier sonore 1977, adressé à François Macerola, document dactylographié, 26 avril 1977, Montréal, Archives de l'Office national du film, 2105-1057_1977-04-26_atelier, p. 1.

147. *Ibid.*

148. *Ibid.*, p. 2.

149. Daoust, « Atelier sonore », p. 1.

Le compositeur propose donc d'ouvrir l'Atelier aux compositeurs extérieurs, même si leurs projets ne s'appliquent pas à une production cinématographique. Car « l'Atelier doit également encourager la production de musiques libres (non appliquées à l'image), mais qui tendent vers le "cinéma virtuel" », de « musiques-documentaires [...] destinées essentiellement à la radio »[150]. Les productions de l'Atelier comprendraient ainsi des musiques de films sous forme de bande sonore totale, des musiques-documentaires, ainsi que des travaux sur le rapport son-image. Il faudrait également constituer une phonothèque, accessible aux cinéastes, et une sonothèque, pour faciliter le travail des compositeurs. Il va sans dire que la proposition de Daoust a été assez mal accueillie par le Comité du programme, qui juge « non désirable le plan de développement proposé », plan qui s'écarte du mandat et des « besoins réels de la production » : « Le sentiment général est qu'il faut maintenant fuir comme la peste tout ce qui tend à nous sortir de notre spécificité cinématographique. À cet égard, des trucs comme "les musiques libres pour utilisation radiophonique" ont fait bondir »[151]. À partir du mois d'avril 1977, l'existence de l'Atelier est sérieusement remise en question. En avril 1978, le Comité du programme constate la situation « stagnante » et « confuse » de l'Atelier, et juge qu'une décision ferme s'impose : « Continuer ou fermer l'Atelier de conception sonore et éviter de "mourir à petit feu" d'année en année »[152]. L'année suivante, Forget, qui soutient qu'il n'est pas nécessaire de fermer l'Atelier pour faire des économies, tente désespérément de démontrer, diagrammes à l'appui, la nécessité de l'Atelier, un lieu qui a été hautement productif[153]. Clavier propose bien quelques réflexions en vue de l'année 1980-1981, mais l'Atelier est mort.

150. *Ibid.*, p. 7.

151. Comité du programme, Extrait du compte rendu de « Sessions d'étude tenues les 21-22-23 mars et les 19 et 20 avril 1977 », document dactylographié, 20 avril 1977, Montréal, Archives de l'Office national du film, 2105-1057_1977-04-20, p. 1. L'Atelier avait d'ailleurs déjà soumis un projet d'expansion extérieure, soutenu celui-là par le comité du programme dès 1973. Les modalités du projet ont été soumises par le compositeur Serge Dion en 1974-1975. Le projet visait à « établir des modalités d'accessibilité à l'A.S. [atelier sonore] pour des compositeurs et créateurs extérieurs à l'O.N.F. et à combler le manque de ce style de musique [électroacoustique] au sein de l'art contemporain au Québec » (Serge Dion, « Rapport sur la situation actuelle de l'Atelier sonore au niveau de l'expansion extérieure », document dactylographié, 12 novembre 1974, Archives de l'Office national du film, 436_1974-11-12, p. 1), ainsi qu'à « atteindre un maximum de productivité » (Serge Dion, « Projet d'organisation pour l'expansion extérieure de l'Atelier sonore », document dactylographié, [1975], Montréal, Archives de l'Office national du film, 2105-1057_1975, p. 2). Cependant, le programme d'accessibilité engendre de nouvelles limitations techniques, l'Atelier n'étant plus amené à produire des œuvres uniquement destinées au cinéma, et d'espace.

152. Comité du programme, Extrait du compte rendu de réunions tenues les « 11-12 avril 1978 et 20 avril 1978 », document dactylographié, 20 avril 1978, Montréal, Archives de l'Office national du film, 2105-1057_1978-04-20, p. 1.

153. Selon Forget, la productivité de l'Atelier serait passée de 60 à 130 minutes de musique originale entre 1971 et 1976. En outre, selon une liste qu'il a dressée, 43 réalisateurs ont fait un usage significatif de l'Atelier au moins une fois. Parmi eux, 12 l'ont utilisé au moins deux fois, dont deux au moins trois fois. Voir Robert Forget, « Films parlants et films sonores : atelier de conception sonore », document manuscrit accompagné de deux diagrammes (« Atelier sonore » et « Atelier de conception sonore, production annuelle ») et d'une annexe de 4 p. (« Liste des réalisateurs qui font ou ont fait un usage majeur de l'Atelier... »), janvier 1979, Montréal, Archives de l'Office national du film, 2105-1057_1979.

Malgré sa fermeture, l'Atelier laisse des descendants qui continueront la recherche sonore durant les années 1980. Ce sont les cinéastes Bretislav Pojar (« *E* »), Gilles Groulx (*Au pays de Zom*), Fernand Bélanger (*Passiflora*) et Pierre Hébert (*Étienne et Sara*), les compositeurs Jacques Hétu, René Lussier, Robert Marcel Lepage et Jean Derome, et les concepteurs sonores Claude Beaugrand et Catherine Van Der Donckt[154]. Quant à Blackburn, pendant la période de l'Atelier, il compose les trames sonores de *Cycle*, *Balablok*, et de *Dernier Envol*. À partir de 1980, il continue de composer pour quelques œuvres d'animation, dont « *E* »[155]. Cet exemple est intéressant dans la mesure où il présente un véritable continuum sonore : piano, chant, paroles, onomatopées et bruitages – produits par Les mimes électriques – se mélangent du début à la fin en une trame sonore globalisante. Malgré la diversité de sa production, une idée importante relie ses réalisations : celle de la bande sonore totale, vision par quoi s'explique la ténacité avec laquelle Blackburn a poursuivi ce rêve de créer un lieu de recherche et d'expérimentation exclusivement consacré au sonore.

La bande sonore totale

Opéra audiovisuel

Dans un texte intitulé « Récitatif », Blackburn exprime clairement sa pensée sur les rapports entre musique et image, et sur le commentaire filmique, qu'il conçoit à la manière d'un récitatif :

> C'est pourquoi j'assiste le plus possible aux enregistrements des textes, pour diriger le ton et le rythme du commentateur. Il en est ainsi des effets sonores : leur ton, leur rythme, leur valeur émotive s'imposent à moi, et non leur réalisme. Il faut craindre la musique imitative et le commentaire descriptif; et les bruits doivent évoquer le monde inconnu de notre subconscient[156].

Non seulement Blackburn s'éloigne des conventions en considérant la musique comme un des éléments de la bande sonore, mais il insiste sur le fait qu'elle ne doit pas être un calque de l'image : la musique doit enrichir l'image, sans nécessairement entrer avec elle dans un rapport de synchronicité. Pour Blackburn, c'est l'image qui impose la forme et la structure musicales. Rathburn précise la même pensée :

> Il est primordial qu'un compositeur de musique de film admette que son travail ne consiste pas à imposer sa volonté au film, mais plutôt à laisser le film lui « parler ». En « écoutant » ainsi le film, le compositeur se met dans un état de disponibilité qui lui permet de préciser, de mesurer les besoins musicaux du film[157].

---

154. La Rochelle, « L'opéra audiovisuel », p. 71.

155. Disponible au visionnement à l'adresse suivante : https://www.onf.ca/film/e, consulté le 28 octobre 2016.

156. Blackburn, « Récitatif », p. 1.

157. Rathburn; cité dans Jacques Lamoureux et Gilles Potvin, « Musique de film », *L'encyclopédie canadienne*, 7 février 2006, http://www.thecanadianencyclopedia.ca/fr/article/musique-de-film, consulté le 21 octobre 2016.

Le film doit être à la fois visuel et sonore : l'image s'impose au compositeur, l'inspire, et la bande sonore, dont fait partie la musique, vient ensuite la compléter.

En effet, la musique devient un objet sonore comme un autre. Inspirée par l'image, elle en est indissociable, tel que l'explique Blackburn :

> J'ai toujours eu un penchant pour l'opéra : on y retrouve plusieurs formes d'expression en étroite conjonction les unes avec les autres – le chant, la musique, le théâtre. C'est peut-être parce que je conçois le cinéma comme un opéra qu'il m'est difficile de penser aux images, aux bruits, au commentaire, à la musique, comme si ces éléments pouvaient être compartimentalisés, isolés les uns des autres [158].

Ainsi peut-on parler, comme le fait La Rochelle, d'« opéra audiovisuel » pour désigner cette nouvelle approche du binôme musique-image, afin d'abolir toute relation de hiérarchie entre musique et image, ainsi qu'entre parole, musique et bruit [159]. La Rochelle propose également le terme « filmopéra », inventé par Kurt Weill, et qui désigne « l'adaptation cinématographique d'un opéra, donc n'obéissant plus aux lois du théâtre mais à celles du langage filmique » [160]. Fusion de l'opéra et du film, toutes les sources sonores y sont prises en compte. Ainsi, la bande sonore de l'opéra audiovisuel, du filmopéra ou de l'œuvre audiovisuelle totale, devient une véritable œuvre électroacoustique.

« *Filmusique* »

Selon Daoust, l'esprit novateur de Blackburn ne s'exprime pas seulement dans ses trames sonores électroacoustiques, mais dans toute sa production. Il retient l'exemple de *Notes sur un triangle*, de René Jodoin :

> Dialectique entre le visuel donnant plutôt le sentiment d'une démonstration, d'un exposé didactique que d'une œuvre de création, auquel Blackburn oppose une vraie valse dans le style pompier qui fait danser les bouts de carton, les libère de leur carcan. Utiliser le systématisme de l'image pour mieux la dévoyer par cette valse caricaturale jouée sur un piano-bastringue. Ce ne sont pas les notes qui comptent, mais les valeurs référentielles véhiculées par l'objet-valse [161].

En 1988, Louise Cloutier souligne déjà cette omniprésence d'une pensée novatrice dans l'œuvre de Blackburn. Elle utilise le terme de « filmusique » pour désigner le résultat de la structuration de la bande sonore totale, mais aussi cette volonté d'abolir la hiérarchie entre bruits, paroles et musique [162]. Il faut faire intervenir ici un autre élément de la pensée de Blackburn : « La musique, c'est une organisation sonore. [...] Un bruit

158. Blackburn, « Récitatif », p. 1.

159. Réal La Rochelle, « Parcours québécois et canadiens en cinéphonographie », *CiNéMAS*, vol. 3, n° 1, automne 1992, p. 98-99.

160. La Rochelle, « L'opéra audiovisuel », p. 68.

161. Yves Daoust, « L'ambiguïté Blackburn », dans Blackburn, *Filmusique, filmopéra*, p. 14-15 du livret.

162. Louise Cloutier emprunte le terme de filmusique au mémoire de Jeanne Clément sur l'œuvre cinématographique de Michel Fano, ce dernier ayant une conception de la musique de film similaire à celle de Blackburn en termes de non-hiérarchie des éléments de la bande sonore et de continuum sonore (Louise Cloutier, « Maurice Blackburn et la "filmusique" », *Cahiers de l'ARMuQ*, n° 10, juin 1988, p. 25-26).

de source ou un bruit de harpe, c'est pareil : il faut l'organiser »[163]. Il convient dès lors de se demander ce que le compositeur entend par musique, et il semble bien qu'il la définisse comme une succession de sons, organisée selon certaines règles. D'après cette définition, n'importe quel son peut être intégré dans la musique. Si on parle ensuite de filmusique, c'est que les règles d'organisation des sons sont dictées par l'image : « C'est l'image qui sans cesse a imposé sa structure à ma musique de cinéma »[164], écrit Blackburn. La musique de cinéma, c'est l'organisation visuelle des sons.

Michel Fano reconnaît le caractère novateur de la pensée du compositeur canadien – alors qu'en Europe il n'y avait rien de tel – et l'importance de films tels que *Je*, *Jour après jour*, *Blinkity Blank* et *Ciné-crime*[165]. Comme nous l'avons vu avec ces deux derniers films, et telle était la visée de l'Atelier, Blackburn est à l'œuvre dès le début de la conception filmique, ce qui lui permet de réaliser des bandes sonores globalisantes. Le résultat le plus accompli est peut-être celui de *Ciné-crime*, puisque Blackburn en est le concepteur total, tant à l'image qu'au son, à la manière peut-être des expériences de McLaren. Le compositeur y fait appel à l'imagination de l'auditoire, par le son et l'image, et suscite ainsi l'intervention d'un nouvel acteur, que La Rochelle nomme l'« audio-spectateur »[166]. Pour Marcel Jean, cette œuvre offre, en outre, un bon exemple du renversement des rôles de l'image et du son, et d'une possible autonomie de la bande sonore :

> Ce film a la particularité de comporter une bande-image extrêmement allusive, pratiquement incompréhensible si on y enlève le son. Or, la bande sonore, privée de son complément visuel, demeure tout aussi efficace à décrire une action archétypale (un voleur est poursuivi, puis arrêté, etc.). Il s'agit, en fait, d'un véritable tour de force tant la description y est précise[167].

Exemples de bandes sonores totales

Parmi ses expériences électroacoustiques, une attention particulière peut être apportée à *Je*, *Jour après jour* et *Mourir à tue-tête*, dans lesquels la symbiose des diverses composantes du film est particulièrement prégnante. *Je* est la première bande électroacoustique de Blackburn. Dans ce film expérimental où Suzanne Rivest interprète une chorégraphie racontant l'histoire du mouvement chez l'Homme, la bande sonore décrit :

> Des mouvements mécaniques (métronome, engrenage, moteur, dactylo, perceuse), des mouvements de la nature (avalanches, vents, gouttes d'eau, pluie), des voix (rires, chants d'enfants, prières monacales, chants d'oiseaux), ou encore des mouvements d'animaux (troupeaux en débandade, singes en déroute)[168].

---

163. Blackburn; cité dans Daoust, *Maurice Blackburn, ou portrait d'un méconnu*, dans Blackburn, *Filmusique, filmopéra*, piste 2,7, 18:44-18:58. La partition de *Je* peut être également décrite en termes de « bruitages organisés » (Société Radio-Canada, *Thirty-Four Biographies*, p. 20).

164. Blackburn, « Récitatif », p. 1.

165. La Rochelle, « Entretien avec Michel Fano », dans La Rochelle (dir.), *Écouter le cinéma*, p. 187.

166. La Rochelle, « Introduction : "écouter/voir" », *ibid.*, p. 11.

167. Marcel Jean, « Maurice Blackburn : filmusique, filmopéra », *24 images*, n° 82, été 1996, p. 15.

168. Cloutier, « Bandes sonores et œuvres », dans Blackburn, *Filmusique, filmopéra*, p. 28 du livret.

Après *Je*, *Jour après jour* est le deuxième film pour lequel Blackburn compose une bande sonore entièrement électroacoustique ; Louise Cloutier en offre une description :

> Puis l'Homme dit : « Faisons la Machine à notre image et selon notre ressemblance... » Il en résulte un poème sonore *total*, ajoutant à la musique concrète – bruits industriels et effets divers enregistrés en studio ou pris en sonothèque, chantant la domination universelle de la machine devenue folle – la puissance de la parole et de l'intonation humaine. La parole fait contrepoint au son, totalement débridé – on est allé chercher de tout : galopade de chevaux, bruits de trains, sifflets, arbres s'écroulant, bruits de machines... Bande sonore élaborée sans partition directement à la Moviola, avec des paroles de Clément Perron, et la voix d'Anne Claire Poirier [169].

La bande sonore ainsi produite s'inscrit tout à fait dans la lignée du travail de Henry et de Schaeffer. Poirier explique qu'elle a d'abord réalisé le montage sans aucun son, puis qu'elle a pensé à un disque de Schaeffer. Elle a ainsi fait entendre le disque à Blackburn tout en projetant les images, ce qui a été le point de départ de la conception de la bande sonore [170].

Le « poème sonore total », que nous analyserons en détail dans le prochain chapitre, résulte de la fusion de diverses composantes sonores : des timbales, des cymbales et des *hi-hats* frottés, frappés ; des membranophones, tels que tambour et caisse claire ; un piano (clusters), peut-être quelques percussions inventées et un xylophone (plutôt atonal) ; des sons synthétiques, du chant (narratrice), quelques bruits divers (ceux décrits par Cloutier) et la narration – la voix de la narratrice fait également l'objet d'un traitement puisqu'elle est parfois superposée à elle-même [171]. Quant aux images, elles proviennent d'extraits inutilisés de films sur les usines à papier. Elles acquièrent un nouveau sens grâce à l'apport de la bande sonore ; le tout se révèle une réflexion sur l'être humain et son rapport à la machine. La Rochelle note même que le film

> revendique une complète autonomie de la bande image (scènes de type « réaliste » montrant des ouvriers au labeur) et de la trame sonore, leur unique rapport dialectique étant celui d'une réflexion poétique et musicale sur la machine moderne qui façonne l'homme à son image [172].

Bien que ce film ait été réalisé avant l'Atelier, il présente un travail audiovisuel qui en est tout à fait représentatif. Selon La Rochelle, toujours, *Je* et *Jour après jour* sont de « véritables filmopéras modernes, comme en rêvait déjà Kurt Weill en 1930, quand il envisageait le "film-opéra futur" appuyé sur "les possibilités musicales et les lois formelles fondamentales du cinéma sonore" » [173].

---

169. *Ibid.*, p. 29 du livret.

170. Anne Claire Poirier, « Compositeur et cinéaste », *ibid.*, p. 16 du livret.

171. « Chaque piste sonore [...] comprend de nombreux effets agencés, de façon souvent impressionniste, en synchronisation avec l'image. Les six pistes sont jouées simultanément et un mixeur, sous la direction du compositeur, contrôle l'intensité de chaque bande et la texture sonore du résultat » (« Illustrations », p. 1).

172. La Rochelle, « L'opéra audiovisuel », p. 69.

173. *Ibid.*

L'idée de « poème sonore total » domine également dans une œuvre non destinée à l'écran : *Verbération*[174]. Ici, Blackburn mélange les sons concrets, « la voix humaine » et la musique pour créer « une série d'images poétiques sonores » à partir des textes d'Anne Hébert (« Trop à l'étroit », « Nos mains au jardin », « La Ville tuée », « Nuit » et « Les Offensés »)[175]. Les voix de Monique Mercure et de Jean Perraud, des objets sonores au même titre que les sons concrets, sont traitées de la même manière. Certains mots sont répétés, déclamés tantôt par l'homme, tantôt par la femme, tantôt par les deux; les textes sont récités à la manière d'une dictée, les phrases parfois superposées, afin de « recréer le poème depuis le début dans l'esprit de l'auditeur »[176].

Poirier collabore avec Blackburn pour ses propres films. Pour *Mourir à tue-tête*, film de réflexion sur le viol – individuel, rituel ou collectif –, le compositeur utilise les ondes Martenot, l'orgue, des sons de cloches ou encore la cithare, auxquels se mêlent des cris de femmes, la voix de la narratrice, ainsi que celle d'une sorte de chœur de danse balinaise Kecak. Pour Poirier, Blackburn n'était pas un simple compositeur, il était également un cinéaste :

> Il avait une pensée profondément cinématographique, voyait le cinéma comme un tout. Sans ce sens aigu du filmique, il n'aurait jamais réalisé et réussi les bandes sonores et les musiques de film comme celles qu'il a inventées. [...] Il travaillait sur le son dès l'enclenchement de la conception du film, puis développait des sons/musiques de diverses manières en contrastes, en appuis, en contrepoints[177]...

Du point de vue du langage, toutes les bandes sonores composées par Blackburn ne sont pas aussi expérimentales. Il y en a beaucoup – la majorité, peut-être – qui présentent une musique davantage conventionnelle, et il ne faut pas oublier que seuls quelques cinéastes épousent les idées du compositeur, d'autres se contentant d'une musique plus illustrative ou atmosphérique, et non conceptuelle. Blackburn avoue d'ailleurs : « C'est seulement de temps en temps que je faisais quelque chose d'expérimental »[178]. Il souhaite aller plus loin dans ces expérimentations, mais le peu de moyens et d'enthousiasme du milieu l'en empêche. Selon Daoust, la mise sur pied de l'Atelier est arrivée trop tard :

> [Blackburn] eut le temps – et le goût – d'y réaliser très peu de musiques. Déchiré toute sa vie entre les contingences esthétiques de son travail de compositeur de musique

174. Dans un mémorandum du 22 avril 1968, Blackburn écrit à propos de *Verbération* : « L'essentiel de mon projet est la création d'une œuvre pour voix, musique électronique et musique concrète. L'élaboration de cette œuvre va me permettre de faire des recherches dans l'utilisation d'appareils et instruments électroniques ou concrets pouvant produire, enregistrer et transformer des sons. Ce projet est l'aboutissement de quelques essais dans ce domaine que j'ai réalisés à l'O.N.F. Par exemple : *Blinkity Blank* et *Jour après jour*. L'expérience que je veux tenter va me familiariser encore plus avec ce mode d'expression sonore et, en temps opportun, je pourrai la mettre au service de l'O.N.F. » (Maurice Blackburn, « Mémorandum », sujet : *Verbération*, adressé à Marcel Martin, document dactylographié, 22 avril 1968, Montréal, Archives de l'Office national du film, 2105-1057_1968-04-22_essentiel, p. 1).

175. Blackburn, « Maurice Blackburn », p. 7.

176. *Ibid.*

177. Anne Claire Poirier, « Compositeur et cinéaste », dans Blackburn, *Filmusique, filmopéra*, p. 17 du livret.

178. Blackburn; cité dans Daoust, *Maurice Blackburn, ou portrait d'un méconnu*, *ibid.*, piste 2,7, 06:20-06:24.

fonctionnelle qui l'a entraîné à composer un très grand nombre de *musiquettes* un peu fleur bleue – qu'il aimait bien écrire, par ailleurs – et le « besoin d'aller plus loin » qui ressurgissait régulièrement et provoquait chez lui des crises profondes, il se sentit seul toute sa vie et en souffrit énormément, parfois jusqu'au désespoir nourri par le sentiment d'être passé à côté de ce qu'il aurait vraiment voulu être, de la musique qu'il aurait vraiment voulu faire s'il en avait eu les moyens, s'il n'était pas né trop tôt[179].

Parmi ses partitions plus conventionnelles, on peut citer celle composée pour *Le Festin des morts* (1965) de Fernand Dansereau. Dans ce film, la musique accompagne presque toujours la narration et reste assez conventionnelle dans son utilisation en illustrant action et personnages : par exemple, la musique atonale souligne les tensions, le chant grégorien ou la musique qui s'en inspire sert à caractériser les jésuites, tandis que des sonorités amérindiennes (tambours, maracas, idiophones) sont associées au peuple autochtone. De même que pour ce premier film de fiction de l'ONF, *Les Filles du Roy* (1974) d'Anne Claire Poirier n'utilise pas de musique concrète, mais un langage et une orchestration plus traditionnels. Comme le souligne Louise Cloutier, Blackburn adopte ici une écriture proche de celle de sa musique de chambre, ses trios et quatuors[180]. Pour *J.A. Martin photographe* (1976) de Jean Beaudin, la musique, simple et peu présente, est caractérisée par une instrumentation minimale (piano, violoncelle, accordéon et une personne qui siffle). Ses interventions courtes et peu développées peuvent amener à se demander si la partition n'a pas été improvisée ou du moins composée en un court laps de temps[181].

Synthèse autour de la pensée musico-filmique de Maurice Blackburn

Maurice Blackburn était une sorte de cinéaste sans caméra, de la même façon que Norman McLaren était un compositeur sans partition. Cette nature qui était la sienne s'est révélée au fur et à mesure de son expérience à l'ONF, notamment avec McLaren, et au contact des expériences du GRMC de Schaeffer. Blackburn était un musicien qui possédait un sens aigu autant du langage musical que du langage filmique. C'est dire que sa pensée musicale était cinématographique – la musique à programme, l'opéra – et que sa pensée cinématographique était musicale – comme la musique, le cinéma, et en particulier l'animation, tend vers l'abstrait et requiert une maîtrise du rythme et du temps. Lorsque vient le moment de faire interagir les deux langages, tout est affaire de compromis.

Une fois le montage réalisé, le film contient en lui-même sa musique, que le compositeur se doit de révéler : le film impose à la musique sa structure et son rythme. *La musique doit seconder l'image.* Cependant, cette même structure rythmique ne doit pas mener à une analogie formelle ou expressive : il faut craindre l'imitation, le synchronisme. *La musique doit enrichir l'image.* Puisqu'elle est elle-même un langage

179. Daoust, « L'ambiguïté Blackburn », *ibid.*, p. 15 du livret.

180. Cloutier, « Bandes sonores et œuvres », *ibid.*, p. 28 du livret.

181. Les trois films cités dans ce paragraphe sont disponibles au visionnement à l'adresse suivante : https://www.onf.ca, consulté le 28 octobre 2016.

doté d'un pouvoir expressif, particulièrement sollicité dans le cinéma d'animation, il faut laisser à la musique le temps de s'exprimer. *La musique est un commentaire au service de l'image.* En outre, le médium cinématographique est propice à l'expérimentation et permet l'élaboration d'une *bande sonore totale* que devrait réaliser le compositeur, de A à Z : idéalement, il est aussi le monteur et le mixeur ou du moins le directeur de la bande sonore. Ainsi faut-il aboutir à une *structuration intégrale* de la bande sonore. Tels étaient les traits de la pensée de Blackburn, encore embryonnaire, qui émergeaient au terme de l'analyse de *A Phantasy* et que nous avons vus se préciser au cours de notre parcours à travers la carrière du compositeur. Ajoutons encore une dernière donnée. Comprenant ainsi tous les sons – bruits, paroles et musique – et devant, sa fonction étant celle d'un commentaire, établir un contrepoint, un dialogue avec le visuel, soit un discours secondaire, la bande sonore totale peut revendiquer son autonomie. Tel est le cas de *Jour après jour* alors que, finalement, la bande sonore de *Ciné-crime*, selon Marcel Jean, acquiert son autonomie par sa description extrême.

Alors, synchronisme ou contrepoint ? Musique préexistante ou originale ? Musique atmosphère, commentaire ou aide-mémoire ? Composition, montage ou bricolage ? Bruits, paroles ou musique ? Et le silence ? La musique doit-elle venir une fois la partie visuelle terminée ou avant ? Finalement, peut-être, peu importe. Car, comme le disait Blackburn à propos de la conception visuelle du film : « Ce qui compte, c'est le résultat » [182].

182. Blackburn ; cité dans Bonneville, « Entretien avec Maurice Blackburn », p. 8.

Chapitre III

JOUR APRÈS JOUR (1962), DE CLÉMENT PERRON

Attention ! Attention ! Ne quittez pas vos places !
Le numéro que vous venez de voir,
La Tentative d'évasion, *est rarement réussi.*
Nous persistons cependant à le présenter,
jour après jour parce que, Mesdames et Messieurs,
le spectacle doit continuer sans interruption.
Attention ! Attention ! Ne quittez pas vos places !
Le spectacle doit continuer sans interruption !
Attention ! Attention[1] *!*

Nous l'avons dit, pour Maurice Blackburn, la bande sonore doit former un tout[2]. Composer une bande sonore totale consiste à affirmer le rôle actif et les interactions possibles entre les matières d'expression que constituent les bruits, la voix et la musique. Ces trois éléments distincts forment pour Blackburn une « musique », qui doit être supervisée et structurée intégralement par le compositeur. Cette démarche a pour but d'établir un dialogue étroit entre les trois composantes de la bande sonore – ou de la musique, au sens où l'entend Blackburn –, mais également entre le visuel et le sonore. La mise en résonance des éléments constitutifs du sonore permet au compositeur de développer une méthode de création qui favorise le rôle actif du son dans la production de sens au cinéma[3].

1. Anne Claire Poirier (voix) ; citée dans Clément Perron, *Jour après jour*, 1962, https://www.onf.ca/film/jour_apres_jour, consulté le 21 novembre 2016. Tout au long de ce chapitre, le minutage fait référence à cette version numérisée disponible sur le site Internet de l'ONF.

2. À la suite de nos propres recherches sur Maurice Blackburn, une toute première version de ce texte a été rédigée à huit mains avec Frédéric Dallaire, Marie-Marcelle Dubuc et Ariel Harrod, qui ont participé à l'analyse de *Jour après jour*. Nous tenons à les remercier sincèrement de nous avoir confié ce travail pour en fournir la présente version.

3. Toutes ces questions et préoccupations, qui n'avaient pas un grand écho à l'époque, sont à nouveau posées par toute une lignée de compositeurs et de concepteurs sonores québécois : Jacques Hétu (*Au pays de Zom*, de Gilles Groulx), Robert Marcel Lepage (*La Plante humaine*, de Pierre Hébert), René Lussier (*Le Trésor archange*, de Fernand Bélanger), Jean Derome (*Le Chapeau*, de Michèle Cournoyer), Claude

Déjà en 1952, avec *A Phantasy*, Blackburn expérimentait la structuration intégrale de la bande sonore en faisant dialoguer le son synthétique et les trois saxophones à l'intérieur d'un continuum sonore organisé, s'appuyant sur la structure visuelle fantaisiste proposée par Norman McLaren, tout en l'unifiant. Image et son devenaient ainsi indissociables. Mais du trinôme sonore bruits-voix-musique, la voix (bruit des hommes) fait encore défaut. Elle se fait entendre dans les années 1960 avec les premières œuvres électroacoustiques totales du compositeur onéfien, destinées au médium cinématographique. Parmi ces réalisations, le film documentaire *Jour après jour* (1962), de Clément Perron[4], est un excellent exemple pour comprendre les implications du concept de bande sonore totale dans la pensée et la pratique cinématographique de Blackburn ainsi que dans l'élaboration d'un véritable dialogue entre son et image.

***

« Une ville : Windsor, Québec; population 6 500. Une industrie : la fabrique de papier; travailleurs 1 500. » *Jour après jour* s'annonce comme un documentaire sur la vie quotidienne des ouvriers de l'usine de pâtes et papiers de la ville québécoise de Windsor. Si cet unique bloc de discours textuel, purement informatif, ouvre le film en l'ancrant dans un lieu et un sujet donnés, le contenu audiovisuel – image, voix, bruit et musique – du court-métrage (27 minutes et 43 secondes) ainsi que sa construction s'éloignent quelque peu des formes documentaires traditionnelles. C'est ce que note René Prédal, en 1967 : « *Jour après jour*, en 1962, fait beaucoup parler de lui à sa sortie. Le film apporte en effet quelque chose de nouveau en rompant assez franchement avec les méthodes du "candid"[5] ». Il précise :

Beaugrand (*Trois Pommes à côté du sommeil*, de Jacques Leduc), Martin Allard (*La Bibliothèque entre deux feux*, de Serge Cardinal) et Olivier Calvert (*Ilôt*, de Nicolas Brault). Nous tenons à remercier Frédéric Dallaire de nous avoir fourni cette précision et cette liste de noms.

4. Clément Perron (1929-1999) intègre l'ONF en 1957 en tant que scénariste. Producteur délégué de la production française dès 1968, il est également directeur du Comité du programme français en 1975-1978 et 1980-1982. Il quitte l'ONF en 1986. Outre *Jour après jour*, nous lui devons la réalisation de *Marie-Victorin* (1963), *Caroline* (1964, avec Georges Dufaux), *Salut Toronto !* (1965), *Cinéma et Réalité* (1967, avec Dufaux), *Taureau* (1973) ou encore *Partis pour la gloire* (1975). En tant que scénariste, citons son travail pour *Wilfrid Pelletier, chef d'orchestre et éducateur* (1960, de Louis Portugais), *Tattoo 67* (1967, d'Yves Leduc et Michel Régnier), *Mon oncle Antoine* (1971, de Claude Jutra), ou encore *Le Vieillard et l'Enfant* (1985, de Claude Grenier). Pour d'autres informations sur Perron, voir « Rencontre avec Clément Perron », *Séquences*, n° 30, 1962, p. 49-52.

5. Le *candid eye* apparaît à la fin des années 1950 au Canada, alors que, à la suite de l'arrivée de la télévision, certains cinéastes ressentent le besoin de capter le quotidien, de saisir la vie, la rue, la vérité, sur le vif. Le mouvement tire son nom d'une série de courts-métrages créée par Tom Daly, à l'ONF, et diffusée par la CBC en 1958 et 1959. Le *candid eye* définit également une technique qui « consiste à jeter un regard non préconçu sur le réel au moyen de caméras mobiles, [...] et à prêter l'oreille aux manifestations de cette réalité en enregistrant les sons réels. En voulant capter la réalité "sur le vif", ou en jetant un regard "candide" (c'est-à-dire neuf et dégagé de toute intervention extérieure) sur le monde, le *candid eye* se propose d'aller plus loin que les actualités filmées à cette époque, car, à la spontanéité saisie visuellement s'ajoute une dimension sonore jusque-là inédite (prise de son synchrone, sur le terrain, "en direct") » (Esther Pelletier et Steven Morin, « Le scénario au Québec de 1913 à 2003 », dans Stéphane-Albert Boulais [dir.], *Le cinéma au Québec : tradition et modernité*, Saint-Laurent, Fides, 2006, p. 33, note 7).

> Le film fait en effet alterner rapidement des images montrant la terrible et lugubre routine du travail des ouvriers et l'impitoyable machine déversant des flots de papiers qui submergent les employés. Le commentaire – dont Perron est l'auteur – évoque la poésie de Prévert par l'utilisation systématique de mots et d'expressions très courants, de barèmes et tarifs énumérés sur un ton monocorde avec parfois une fulgurante trouvaille verbale venant dynamiter l'ensemble. De plus, les sons, admirablement mixés par Maurice Blackburn, rendent fantastiques des bruits pourtant naturels. On est loin du documentaire traditionnel, car l'auteur fait sentir sa présence d'une manière d'ailleurs assez littéraire, essayant de personnaliser cette matière sociale et humaine[6].

Dès l'ouverture du film, la voix d'Anne Claire Poirier en présente le thème central en déclamant un extrait adapté du récit de la Genèse : « Puis l'homme dit : "Faisons la machine à notre image et selon notre ressemblance, et qu'elle domine sur les poissons de la mer, sur les oiseaux du ciel, sur les animaux domestiques, et sur toute la terre" » (01:25-01:40). Ce thème des rapports entre l'homme et la machine n'a pas seulement une forme orale et textuelle : il acquiert une consistance et une complexité à travers la modulation des figures visuelles, sonores et audiovisuelles mises en œuvre par les artisans du film[7].

L'édification de la bande sonore totale permet de dépasser la seule dénonciation des conditions aliénantes du travail en usine pour rendre audibles et visibles les multiples interactions (consonantes ou dissonantes) entre les hommes et les machines. Dans *Jour après jour*, les engrenages et les gestes répétitifs se musicalisent, les sifflets crient, sonnent le réveil, les corps métalliques et organiques s'emboîtent, entrent en résonance, la voix féminine oriente notre perception des travailleurs muets et des appareils bruyants. Le travail de Blackburn sur les sons et leurs rapports avec l'image donne une force expressive à ce montage cinématographique composé de matériaux social, humain et mécanique. Ces éléments, sonores et visuels, acquièrent une puissance d'évocation, de signification et de sensorialité qui participe à la singularité du regard et de l'écoute portés sur la vie quotidienne des ouvriers. Ce travail sur la perception permet de complexifier les rapports entre l'homme et la machine en introduisant la figure du créateur. La dimension démiurgique, qu'elle soit incarnée (par une statue du Christ), évoquée (par la voix *off*), impliquée (par les manipulations de Blackburn), expliquée (par les gestes des travailleurs et les mécanismes des machines) ou complexifiée (par l'interaction de tous ces éléments), traverse l'ensemble des strates du tissu filmique; elle dynamise notre écoute et nous permet de circuler dans une réalité industrielle aux multiples ramifications.

Ce chapitre analyse les différentes modalités des rapports homme-machine qui prennent forme dans les agencements audiovisuels du film. Cette description permettra premièrement de mesurer les conséquences de l'idée de bande sonore totale dans l'édification d'une œuvre filmique au discours critique singulier, et, deuxièmement, de mieux comprendre la démarche créatrice originale de Blackburn. Nous décrirons les

6. René Prédal, *Jeune cinéma canadien*, Lyon, Serdoc, 1967, p. 134.

7. Réalisation : Clément Perron. Images : Guy Borremans. Montage : Anne Claire Poirier. Prise de son : Claude Pelletier. Mixage : Ron Alexander et Roger Lamoureux. Trame sonore conçue et réalisée par Maurice Blackburn. Production : Hubert Aquin, Fernand Dansereau et Victor Jobin.

principes de composition utilisés par celui-ci pour construire un système de relations complexe et subtil où les multiples interactions entre l'homme et la machine sont mises en lumière par des considérations créatives et cosmologiques (gestes, symboles, paroles, idées, matières). La démarche du compositeur, qui crée, enregistre, filtre, monte et mixe tous les sons du film, assure un rôle de premier plan à la dimension sonore dans le processus créateur de *Jour après jour*. Cette singularité dépend notamment de l'esprit artisanal qui dirige les gestes et les pensées du compositeur : Blackburn explore un univers industriel avec la méthode du bricoleur. Cette tension injecte une vitalité, une imprévisibilité au cœur même de la routine et des répétitions, rendant perceptible la dimension humaine des techniques, ainsi que le rôle des outils dans la formation des individus. Si, plus de 50 ans après sa création *Jour après jour* nous semble un film nécessaire et important, c'est qu'il produit une réflexion sur la réalité sociale du travail industriel à partir d'une démarche cinématographique artisanale. Nous tenterons de rendre compte de la richesse de cet amalgame qui nous permet de nous interroger à la fois sur une réalité importante du Québec au milieu du siècle dernier, et sur un rapport à la création qui place les instruments bricolés, les outils d'enregistrement et de manipulation sonore au centre de la composition pour l'image.

Nous verrons que l'élaboration de la bande sonore commence par une écoute de l'image qui guide la sélection des matériaux sonores – la musique naît de l'image. Ceux-ci sont ensuite organisés pour interagir ensemble et avec l'image, dans des relations de convergence ou de divergence. Pour mettre en relief cette particularité du processus créateur de Blackburn, ainsi que la singularité des matériaux sonores sélectionnés, plusieurs outils analytiques ont été invoqués : 1) les critères typo-morphologiques déterminés par Pierre Schaeffer[8] ont permis d'identifier et de définir les caractéristiques phénoménales des sons; 2) le tri-cercle des modes de relations du son à l'image proposé par Michel Chion et raffiné par Serge Cardinal[9] a aidé à caractériser les relations spatiales audiovisuelles; 3) plus ponctuellement, la terminologie développée par Stéphane Roy[10] dans le cadre de l'analyse fonctionnelle des musiques électroacoustiques nous a aiguillée dans l'observation des interactions entre les éléments des structures sonores et audiovisuelles. De ces trois approches, qui nous ont surtout servi de guides, seuls les résultats sont ici repris.

Le recoupement de ces résultats permet d'appréhender l'œuvre audiovisuelle totale selon trois axes analytiques. Le premier, « thématique », cherche à souligner les conditions d'existence des rapports de l'homme et de la machine, en décrivant les matériaux utilisés et leur organisation. Ayant identifié les blocs visuels et sonores qui façonnent le contenu discursif, nous verrons ensuite comment le film construit un discours critique sur le devenir-machine de l'homme et le devenir-organique de la machine. Par la suite, deux axes « esthétiques » visent à expliciter les moyens d'actualisation d'un tel discours

8. Pierre Schaeffer, *Traité des objets musicaux : essai interdisciplines*, Paris, Éditions du Seuil, 1966.

9. Serge Cardinal, « Relations audio-visuelles (Chion-Cardinal) », organigramme basé sur le tri-cercle des modes de relations à l'image de Michel Chion, [s.d.], http://www.creationsonore.ca/wp-content/uploads/2015/09/enseignements_tableaux_relations-audio-visuelles.pdf, consulté le 21 novembre 2016.

10. Stéphane Roy, *L'analyse des musiques électroacoustiques : modèles et propositions*, Paris, L'Harmattan, 2003.

par : 1) la modification de la perception temporelle, et 2) la construction des espaces audiovisuels. À travers une analyse des formes et des pratiques sonores, nous suivrons l'émergence et les modalités d'une réflexion critique sur la dimension technique de l'homme. Nous dégagerons progressivement les principes de composition utilisés par Blackburn pour donner aux sons cette expressivité singulière.

AXE THÉMATIQUE : L'HOMME ET LA MACHINE

Sélection des matériaux sonores et visuels

La première étape de la création d'une bande sonore totale est la sélection des matériaux. Le défi consiste alors à trouver des éléments sonores qui pourront s'allier aux sources visuelles. Chaque son choisi s'inscrit dans un système de résonance qui comprend tous les éléments du film. Pour Blackburn, rappelons-le, il est « difficile de penser aux images, aux bruits, au commentaire, à la musique, comme si ces éléments pouvaient être compartimentalisés, isolés les uns des autres »[11]. La détermination des matériaux en fonction des qualités plastiques et référentielles des images représente donc le premier geste de composition de la bande sonore. Nous décrirons tout d'abord les éléments visuels du film de Perron pour mieux comprendre ensuite les matériaux sonores qui structurent la conception sonore.

Le discours de *Jour après jour* s'élabore à partir de trois blocs visuels significatifs. Le premier rassemble les images qui présentent différents aspects du travail à l'usine et de la vie active : la caméra s'attarde sur les gestes du contremaître et des ouvriers qui interagissent avec des machines, en action ou en arrêt, et évoluent à l'intérieur de leur environnement de travail qu'est l'usine. Le deuxième bloc d'images présente des situations de loisirs et de vie sociale : les travailleurs prennent une pause, parlent, mangent, se réunissent ou dansent dans différents lieux de rassemblement (salle communautaire, cafétéria, club de jazz, café, patinoire). Enfin, le dernier bloc visuel regroupe les plans subjectifs qui renvoient à la propre création du film (caméra-épaule), générant de la sorte un effet de distanciation : l'être humain ne se trouve pas seulement à l'intérieur du plan, il se situe aussi derrière la caméra, déambule à l'intérieur et à l'extérieur de l'usine, traverse la ville de Windsor en voiture. Quand l'homme passe derrière la caméra, Perron pointe un nouvel agencement où la relation homme-machine conditionne la production des images, le regard, selon un registre artisanal (absence de caméra fixe) qui se rejoue à différents niveaux dans l'œuvre. En somme, les rapports entre les travailleurs et les machines, dans les deux premiers blocs, sont explorés dans des environnements de travail et de loisir. Même lorsque l'homme passe derrière la caméra ou que la machine disparaît, leur relation rythme la vie et organise les gestes des habitants ainsi que les paysages de cette petite ville mono-industrielle.

11. Maurice Blackburn, « Récitatif », document dactylographié, [1986], Trois-Rivières, Collection (Archives Maurice Blackburn) de Louise Cloutier, p. 1.

Instruments		Bruits		Voix
Nom	**Traitement**	**Nom**	**Type, traitement**	**Ton/qualité**
Timbale (ou membranophones)	Toujours frappée : régulière ou non, en roulement, longue ou courte, swing	Pas	Chaussures à talon : pas réguliers ou irréguliers Troupe : pas réguliers ou course	Objective, extériorisée : tons monotone, déclamatoire, récité ; tonalités fortes et rudes
Cymbales suspendues	Frappées ou frottées, improvisées, et/ou swing	Sonneries	Sifflet de train : court, tenu ou répété Alarme Sonnette de comptoir Sirène de bateau : grave ou aigüe, répétée ou non	Subjective, intériorisée : tons intime, velouté, chuchoté, doux ; tonalités fluctuante, hésitante, intérieure
Batterie (caisse claire, cymbales, charleston)	Swing	Machines	Train ou avion, soufflerie, jets d'air, mise en marche ou arrêt, engrenage, travail à la chaîne	
Xylophone	Frappé et atonal	Métal	Enclumes frappées, cliquetis de chaîne, vasque frappée, plaque frappée	
Piano	Percussif (clusters), atonal, rythme régulier ou non	Déchirure	Longue ou brève, répétée ou non	
Vibraphone	Frappé ou frotté, solo atonal	Divers (et ponctuels)	Dynamo, crépitement, « claps », riz coulant, vent ou souffle, foule, eau, hockey, chute d'arbres, galopade, tonnerre, verre frappé	
Cloche	Frottée			
Mains	Frappées (swing)			

Tableau 4. Classification des sons de *Jour après jour* de Clément Perron.

Le choix des sons se fait en portant un regard musical sur ces éléments visuels – l'image contient déjà une musique que le compositeur doit trouver et exprimer, nous disait Blackburn. Les matériaux sonores de *Jour après jour* permettent d'explorer et de complexifier les rencontres, les confrontations, les interactions entre l'homme et la machine. Le travail de Blackburn a pour but de présenter différentes dimensions et modalités des relations entre les sujets humains et les objets mécanisés. Pour ce faire, il divise la bande sonore selon une tripartition maintenant classique : bruits, voix, instruments. Or, ces trois groupes entretiennent des rapports singuliers en plus de modifier notre perception des matériaux visuels. Mais avant d'interroger la totalité sonore et son interaction avec la partie visuelle, il convient d'identifier et de caractériser chacun de ses constituants (voir tableau 4).

Bruits

En ce qui concerne les bruits, la bande sonore est dominée par une majorité d'éléments mécaniques (train, avion, soufflerie, engrenage, mise en marche/arrêt de machines, travail à la chaîne, jets d'air) et métalliques (enclumes, cliquetis de chaînes, vasque et plaque métalliques frappées, sonnette de comptoir), soit par un ensemble sonore qui évoque l'univers industriel. Les bruits sélectionnés par Blackburn se divisent en deux blocs : les sons produits par les actions des êtres vivants (bruits de pas, de foule, galopade, chute d'arbre abattu, etc.) et ceux qui renvoient à l'usine (sonneries, machines, métal, déchirures, etc.). Ce dernier groupe sonore est plus présent et récurrent que le premier : le vivant se subordonne au rythme des machines, qui ponctue la vie quotidienne des travailleurs. Et pourtant, diverses « sonneries » (sifflets de train, sonnette de comptoir, alarmes, sirènes de bateau) résonnent comme un appel, une incitation au réveil, une façon d'échapper à ce rythme constant, aliénant et répétitif, ou de le faire bifurquer[12]. Si la production de sens commence par une sélection des sources et des sons, elle est aussi tributaire de tous les éléments qui ne sont pas audibles : Blackburn ignore plusieurs mouvements dans l'image, réduit l'environnement sonore à quelques sons, laisse le corps des ouvriers silencieux.

Voix

La voix *off*, celle d'Anne Claire Poirier, généralement monocorde et impassible, rejoue à son niveau les tensions du monde des bruits. Elle oscille entre différentes fonctions : elle véhicule des informations neutres, court-circuite l'objectivité par des remarques poétiques ou subjectives, prend la parole pour tous ces travailleurs muets. Au fil de ses interventions se tisse un discours pluriel, un contrepoint poétique et littéraire pouvant se diviser en six utilisations distinctes de la voix :

1) Extraits de la Genèse : « Puis Dieu dit : “Faisons l'homme à notre image et selon notre ressemblance, et qu'il domine sur les poissons de la mer, sur les oiseaux du ciel, sur les animaux domestiques, et sur toute la terre” » (00:14-00:31).

2) Remarques objectives sur le travail en usine : « Feuilles sèches et minces, faites de toutes sortes de substances végétales réduites en pâte, pour écrire, payer et communiquer si possible » (04:38-04:49).

3) Énumérations mêlant des faits objectifs et subjectifs : « Là, on fait dans du papier. Du 2 par 4, du 4 par 8, du 30 par 40, du 100 par 100, du lundi au samedi, de 12 à 8, de 8 à 4, de 4 à minuit, de père en fille » (10:02-10:19).

4) Références à l'enfance : récitations, comptines, chants scouts (10:51-11:57, 15:12-15:57).

5) Fabulations sur les loisirs des travailleurs : spectacle, voyage, tarot et voyance (exemple : « À 11 heures cette nuit le bateau franchira la ligne de l'Équateur », 19:49-19:55).

12. « Ce film cherche [...] à réveiller les gens trop résignés. Il voudrait faire prendre conscience d'une vie intérieure qui ne semble pas se manifester. Il cherche à déranger des gens qui acceptent trop facilement une vie routinière. Il veut inquiéter ceux qui vivent indifférents, jour après jour, à l'usine » (Léo Bonneville [L.B.], « Jour après jour », *Séquences*, n° 31, décembre 1962, p. 52).

6) Remarques poétiques ou subjectives : « Ce matin, elle m'a dit : "Pierre, Pierre..." Mais elle n'achève jamais ses phrases... » (02:19-02:30) ; « Un œil » (07:16-07:17).

Le régime de la parole adopte ces différentes figures discursives que sont la récitation, la description, l'énumération, le chant, la fabulation et l'affirmation, en utilisant diverses tonalités qui oscillent entre deux pôles : la voix extériorisée, mécanique et cadencée, composée de tons monotone, déclamatoire et récité, et la voix intériorisée, composée de tons intime, velouté, chuchoté et doux. Les différentes configurations entre les figures du discours et la tonalité vocale rendent audibles les interactions entre les hommes et les machines. Les tonalités fortes, rudes ou monotones, ainsi que l'énumération et la description (la voix objective) adoptent le rythme et l'allure des bruits des machines, alors que les tonalités fluctuantes, hésitantes, intérieures et la fabulation (la voix subjective) teintent la réalité industrielle d'éléments imprévisibles et poétiques. En empruntant diverses intonations, la voix peut circuler entre les espaces intérieurs et extérieurs ; elle a cette capacité de métamorphose qui nous fait sentir différents états des relations homme-machine, parlant à la fois pour les travailleurs et l'usine elle-même. Cette voix à l'identité mouvante nous donne à voir un univers pluriel, un espace réel et idéel qui se crée et se transforme, se répète et varie, se multiplie et s'unifie.

Musique

L'instrumentation comprend tout un groupe de percussions qui entre en résonance avec les chocs et mouvements de l'univers visuel industriel. Blackburn utilise une timbale, des cymbales suspendues, une batterie (caisse claire, charleston, cymbales), un xylophone, un vibraphone, un piano traité de manière percussive (clusters), une cloche et des mains (claquées). Ces instruments se font entendre tout au long du film, mais ne reviennent quasiment jamais à l'identique, plaçant ainsi la structure musicale sous le régime de la répétition-variation. Le langage musical varie d'une occurrence instrumentale à l'autre, mais peut être partagé par divers instruments – comme dans l'exemple du style swing que nous analyserons plus loin. Il y a donc répétition du timbre, d'une certaine sonorité, mais variation du langage musical. Notons également l'absence de motifs ou thèmes récurrents clairement identifiables. Blackburn utilise ainsi des sonorités percussives qui s'apparentent aux bruits des machines et érige un système de rappel, de répétition des timbres dans lequel varient l'instrumentation et l'idiome musical. Pour distinguer certains groupes instrumentaux, nous nous baserons plutôt sur le système d'écriture et le traitement instrumental.

Atonal, tonal, swing ou purement rythmique, le langage musical de *Jour après jour* provoque à la fois des effets d'instabilité et d'imprévisibilité et, inversement, de régularité et de prévisibilité ; ces variations idiomatiques font sentir les forces rythmiques de l'organique et du mécanique. Les rares solos (piano, xylophone, vibraphone) utilisent généralement le langage atonal qui produit un sentiment de lourdeur (clusters, rythme lent), une suspension du temps, directionnel et prévisible[13]. La variété de traitement

13. « Une musique atonale tend à créer un temps à faible prévisibilité, un temps statique ou erratique, surtout lorsqu'elle est [...] associée à une écriture rythmique elle-même fluide et non pulsée. [...] Ce qui semble arrêter le grand public devant une certaine musique, ce sont moins aujourd'hui les stridences et les

des instruments manipulés par frappement ou par frottement renforce la sensation d'imprévisibilité. Les sons frappés ont un grain de résonance, une attaque abrupte, et se mélangent aux bruits des machines. Les sons frottés ont un grain de frottement, une attaque molle, et renvoient au contact entre l'artisan et son instrument[14]. C'est ainsi que Blackburn rejoue les formes et les forces de l'univers industriel, en utilisant des moyens artisanaux, créant un décalage entre le vu et l'entendu, injectant une vitalité (une imprévisibilité) dans la production mécanique et métrique.

C'est donc à travers ces blocs visuels et sonores que se rencontrent, s'opposent et se confrontent l'homme et la machine. Le choix des matériaux sonores influence fortement le propos du film en indiquant déjà les grandes articulations de son thème. Mais c'est dans l'enchaînement et la création de rapports audiovisuels novateurs que ces éléments dévoilent leur potentiel expressif. Nous analyserons maintenant les procédés de composition afin de comprendre comment le propos du film s'incarne dans ces matériaux sonores et visuels.

Devenir-machine de l'homme et devenir-organique de la machine

La bande sonore de *Jour après jour* se caractérise par une abondance de sons « durs » (percussifs, mécaniques, rythmiques), d'attaques raides ou abruptes, voire plates – générées à l'aide d'une coupure franche lors du montage – qui créent des ruptures. Les sons de l'usine, en particulier les sonneries, se caractérisent majoritairement par un poids lourd (*forte*), ce qui ajoute à la force, à la dureté de l'ensemble. Au moyen de cette rudesse sonore, l'univers organisé par Blackburn pose la question de la domination de la machine sur l'homme ; les sonorités mécaniques masquent la présence humaine en rendant ses actions inaudibles – l'homme adapte et modèle ses gestes sur le propre rythme de la machine. Ce geste fort de conception sonore – réduire au silence – permet à Blackburn de s'attarder non pas aux sons « naturels » des corps, mais à l'énergie qui circule entre les espaces, les corps, les mouvements et les objets. Cette question traverse particulièrement le film par l'utilisation répétée du style swing, qui apparaît à cinq reprises :

1) 03:49-03:53 : le jeu swing d'une timbale se synchronise avec le mouvement des mains du contremaître.

2) 05:20-05:36 : le jeu swing d'une cymbale suspendue accompagne, en léger synchronisme, les gestes du contremaître qui tape et frotte un rouleau de papier.

3) 11:49-13:40 : la partie sonore est investie par une batterie et des claquements de mains, toujours dans un style swing, pendant que le visuel alterne entre des images d'un club et de l'usine. Le lien s'établit donc rétrospectivement, alors que le swing est

---

dissonances qu'il y entend [...], que l'absence de directionnalité perceptible, donc de prévisibilité dans le cours de la musique » (Michel Chion, *La musique au cinéma*, Paris, Fayard, 1995, p. 213).

14. Nous utilisons ici les termes issus de la typologie des objets sonores, élaborée par Pierre Schaeffer au livre V du *Traité des objets musicaux*, et qui suggère une « opération d'*identification* et de *classement* des objets sonores, qui doit pouvoir embrasser toute la vérité des sons possibles » (Michel Chion, *Guide des objets sonores : Pierre Schaeffer et la recherche musicale* [1983], préface de Pierre Schaeffer, Paris, Buchet/ Chastel / Brys-sur-Marne, Institut national de la communication audiovisuelle, 1995, p. 98). Pour un résumé et une description complète de tous les critères morphologiques, voir *ibid.*, p. 140-165.

entendu dans son cadre réel, celui du club avec les danseurs, en synchronisme, et que l'image alterne entre les deux univers des ouvriers, créant ainsi une relation de sens : la machine modèle les gestes, le rythme humain, et l'homme adapte ses gestes sur le rythme de la machine, du travail; il amène le travail au loisir, le loisir au travail – c'est l'idée de la routine.

4) 18:03-19:00 : les femmes passent au pointage à la sortie de l'usine; la caméra suit l'une d'entre elles, qui sort. Au son, une batterie swing marque à la fois la cadence – celle de l'usine, et donc la même que celle du club – et évoque le temps des loisirs qui suit la sortie de l'usine.

5) 21:54-23:03 : c'est le retour au club, avant le dernier plan extérieur sur l'usine. Ici, le style swing couplé à une timbale relie le début du film (timbale cadencée sur l'arrivée à l'usine), le club, le loisir en général et le lieu du travail.

Attardons-nous à la troisième apparition de ce motif, puisqu'il rend audibles les préoccupations au cœur de la démarche sonore de Blackburn.

Alors que l'image alterne entre le club et l'usine, les sons émis par une caisse claire, un charleston et des claquements de mains relient les deux milieux en circulant dans l'espace audiovisuel du film. La batterie et les claquements recréent l'ambiance sonore du club. Seulement, cette ambiance est perçue à travers un décalage entre l'image et le son : Blackburn reproduit l'énergie du lieu tout en s'éloignant d'une représentation naturaliste de la réalité. Premièrement, personne ne tape dans ses mains à l'image, alors que nous entendons des claquements : s'agit-il d'un son hors-champ invisible prévisible, *off* strict ou différé [15] ? Deuxièmement, un saxophoniste est visible à l'écran, mais le bruit de son instrument n'est pas audible – le son est dit *in* muet. Et pourtant, les mouvements vifs du batteur et les pas des danseurs présents à l'image semblent parfois se synchroniser avec les occurrences sonores. Ces moments de synchronisme associent les dynamiques visuelle et sonore du jazz; ils donnent leur expressivité à un rapport audiovisuel fait de circulation et de flottement entre les éléments. Cette énergie se transporte ensuite à l'usine : des hommes frappent une large vasque métallique avec une longue tige, un bras de machine se meut avec souplesse sur le rythme du swing. Les sons de batterie et de claquements de mains occupent dès lors la zone sonore *off* différée. Ainsi, le matériau

15. Pour décrire les relations spatiales audiovisuelles, nous utilisons les termes suggérés par Serge Cardinal dans son adaptation du tri-cercle de Michel Chion. L'organigramme subdivise chacune des zones sonores (*in*, *off*, hors-champ) présentées par Chion, multipliant ainsi les possibilités de description. La zone *in* comprend cinq sous-zones : 1) *in*, au sens strict; 2) muette (source sonore visualisée, sans son); 3) *through* (source quasi visualisée – un personnage qui parle, mais vu de dos); 4) média (son transmis à travers une source visible – une radio); 5) *over* (source visualisée, mais inactive – un personnage ne parle pas, mais nous entendons une voix qui lui est associée). La zone hors-champ se divise en trois sous-zones : 1) sonore invisible imprévisible (source jamais entendue auparavant); 2) sonore invisible prévisible (source déjà entendue, son intervention ne provoque aucune surprise); 3) muette invisible prévisible (source connue et muette, sans surprise). La zone *off* est découpée en trois sous-zones : 1) *off*, au sens strict (source sonore invisible située dans un autre espace-temps – extradiégétique); 2) parallèle (source qui appartient en simultané à l'ordre de la diégèse – association d'une image et d'un son issu d'un événement concomitant); et 3) différée (source située dans un autre espace-temps, mais appartenant à la diégèse – association d'une image et d'un son issu d'un autre événement qui appartient au passé) (Michel Chion, *Un art sonore, le cinéma : histoire, esthétique, poétique* [2003], Paris, Cahiers du cinéma, 2010, p. 223-226; et Cardinal, « Relations audio-visuelles »).

sonore de cette séquence voyage entre les zones sonores *in*, hors-champ – quand la caméra filme les danseurs – et *off*.

Dans cette séquence, le son relie deux espaces-temps – celui du travail et celui des loisirs – et souligne ainsi la répétition des mêmes gestes d'un lieu à l'autre, mais aussi la nature « organique », vivante, de la machine, qui danse au même titre que les hommes sur la musique de Blackburn ; c'est le devenir-organique de la machine [16]. C'est donc ici le son, couplé au montage parallèle des images, et, plus exactement, sa continuité indifférente d'un bloc visuel à l'autre, qui pose les questions suivantes : le rythme humain se serait-il adapté à celui de la machine ? Et inversement, la machine peut-elle adopter un rythme humain (musical) ? De manière générale, nous retiendrons donc que le son, par son matériau (instruments percussifs, prépondérance de bruits de machines, impassibilité de la voix), son langage (bande sonore électroacoustique mêlant sons traditionnels et bruits concrets, absence de prévisibilité et de directionnalité) et ses déplacements (la circulation du son à travers les trois grandes zones de l'espace sonore), crée une relation de sens, critique, dans son rapport avec l'image : la machine, l'usine transforme la vie des travailleurs ; c'est le devenir-machine de l'homme. L'être humain est un engrenage dans un système qui le dépasse, et la machine participe à une danse des corps. L'homme interagit socialement en reprenant les gestes du travail, et la machine amplifie les rythmes des loisirs.

Nous le voyons, la relation homme-machine est fort complexe et va bien au-delà d'une simple opposition, d'une domination ou d'une imitation de l'un par l'autre. La composition sonore, avec ses mouvements de circulation, de résonance et d'interaction entre les éléments, complexifie le rapport entre l'homme et la machine. Les couples organique/mécanique, humain/machinal sont présentés non pas comme de simples antagonismes, mais plutôt comme des pôles sujets à de multiples relations. La démarche artisanale de Blackburn, qui adapte ces techniques de jeu en fonction des images, bricole des sons et des enchaînements, monte des éléments hétérogènes et manipule ses instruments (magnétophone, bande, microphone, cymbales, vibraphone, etc.), amplifie cette impression d'interaction entre le manuel et le mécanique.

L'action de la main, omniprésente, se fait particulièrement sentir alors que la caméra se concentre sur les visages et les mains des ouvriers et qu'un vibraphone frotté accompagne la séquence (08:41-09:38), avant d'être remplacé par une cymbale suspendue, également frottée (09:38-09:48). Visuellement, ce moment crée une relation entre la main et le rouleau de papier : caressé dans toute sa longueur par le contremaître, le mouvement du rouleau semble prolonger le geste manuel. À l'instar de la machine et de l'ouvrier, l'instrument se présente comme une extension du bras de l'interprète. Le jeu de l'instrument provoque ainsi la sensation du frottement de la peau sur le papier, ce que conforte le quasi-synchronisme du jeu instrumental avec le geste du contremaître à l'écran [17]. Le frottement est produit par une interaction de la main, d'un

16. « Borremans manie la caméra comme il l'a rarement fait, il sent son sujet, se crée des leitmotive : les engrenages et surtout ce mystérieux assemblage de tuyauterie qui danse à la musique de Blackburn » (Alain Poirier [1962] ; cité dans Yves Lever, « Jour après jour », 1991, http://pages.videotron.com/lever/Films/Jour.html, consulté le 21 novembre 2016).

17. Rappelons ici ce que nous disait Blackburn sur le synchronisme : « Souvent, moi je préfère que ça soit désynchronisé [...]. Mais il ne faut pas que l'auditeur, le spectateur du film soit désarçonné [...], il faut que

outil et d'un instrument (archet et vibraphone, balai et cymbale). De la même manière, les résonances sont souvent générées par une interaction entre l'homme, l'outil et la machine (le mécanisme), comme dans le cas d'une timbale. De ce fait, la relation entre l'homme et la machine – ou les différents traitements instrumentaux – est considérée dans leur mise en rapport, dans leur nécessaire conjonction ou interaction. *Jour après jour* montre la nature et les effets de ces relations néfastes, aliénantes ou productives.

Dans ce contexte, la voix d'Anne Claire Poirier joue le rôle de médiatrice : elle met en rapport les corps muets de l'écran – elle dit ce que ces ouvriers silencieux pourraient penser, mais qu'ils ne peuvent exprimer –, et les corps tout aussi muets des spectateurs – ce que l'on pourrait penser dans la salle. Ce « corps » sonore, spectral, aérien, à la prosodie souvent désincarnée, parfois très humaine, représente l'exemple le plus expressif des tensions, dans une même entité, du devenir-machine de l'homme et du devenir-organique de la machine – le film présente ainsi deux grands corps sonores : la voix spectrale de Poirier et le corps fantôme (et artisanal) de Blackburn.

Axes esthétiques : la composition des temps et des espaces

Modification de la perception temporelle

La bande sonore totale de Blackburn appelle différents modes de perception temporelle. Le rythme mécanisé des machines complexifie et scande les différents moments de la vie ouvrière. La pulsation régulière se mélange aux rythmes imprévisibles des manipulations de matières sonores concrètes. Cette mise en scène du temps de l'usine déplace notre perception du réalisme documentaire créé par les images ; la réalité des travailleurs d'une usine de pâtes et papiers à Windsor forme le matériau de base d'une réflexion audiovisuelle sur les rythmes, les intensités et les modalités des rapports entre l'homme et la machine. L'intégration des divers éléments de la bande sonore – bruits, voix, musique – dans un système de relations inspiré de la musique concrète, participe grandement à cette vision poétique et subjective du temps. La bande sonore convoque principalement quatre modes de perception temporelle : la contraction, la dilatation, la circularité et la succession. Il s'agira de dégager les motifs audiovisuels qui sous-tendent ces modes de perception et de voir en quoi ils participent au discours sur les rapports entre l'homme et la machine.

---

de temps en temps ça tombe pile et qu'on sente inconsciemment, en subissant la trame sonore [...] que c'est volontaire les choses qui ne tombent pas pile puisque de temps en temps Ah ! Ça tombe juste » (Blackburn ; cité dans Louise Cloutier, « Interview de Maurice Blackburn en présence de sa femme Marthe, par Louise Cloutier, à leur domicile [Ville Mont-Royal] », enregistrement sur audiocassette, puis dactylographié, 8 décembre 1980, Trois-Rivières, Collection [Archives Maurice Blackburn] de Louise Cloutier, feuillet 18). Le synchronisme apparaît davantage comme un point d'ancrage indiquant que tout effet de désynchronisation a été scrupuleusement réfléchi. *Jour après jour* constitue un bon exemple de cette donnée de la pensée de Blackburn, le compositeur jouant constamment sur les relations synchroniques entre image et son, afin de créer des convergences et divergences, et plus particulièrement des flottements, des écarts, des décalages, des associations libres, parfois surréalistes, comme cela sera décrit plus loin.

Contraction et dilatation

Un effet de contraction du temps est obtenu par la superposition d'éléments qui renvoient à l'enfance à des images du quotidien des travailleurs de l'usine. La voix *off* récite des comptines et des chants scouts[18] en adoptant un ton objectif, mécanique et cadencé (10:51-11:57), sur des images de travailleurs et de machines. Les chansons se superposent les unes aux autres jusqu'à ce que leur sens se brouille. Au son, des gouttes d'eau marquent le temps. L'effet est répété lorsque la fabrication du papier défile au même rythme que les heures de travail et le passage d'une génération d'ouvriers à une autre : « Là, on fait dans du papier, du 2 par 4, du 4 par 8, du 30 par 40, du 100 par 100, du lundi au samedi de 12 à 8, de 8 à 4, de 4 à minuit, de père en fille » (10:02-10:19). Par l'usage de ces motifs répétés, Blackburn contracte le temps, naturel, de la vie humaine et lui retire sa malléabilité, la soumettant au rythme du travail à la chaîne. Le travail du contenu et des intonations de la voix nous fait entendre des effets surprenants : la machine, inhumaine et immortelle, englobe, modifie et contracte la vitalité et l'imprévisibilité de l'expérience humaine. Ce cadre souligne les événements et les rythmes qui persistent au cours d'une vie ouvrière tout en montrant les parcelles du temps passé impliquées dans chaque moment présent. Le temps machinique, bien qu'immuable, se perçoit toujours à partir d'une histoire singulière, d'un contexte humain : la vitalité se scande suivant un rythme régulier, mais ce temps cyclique, routinier, est sans cesse investi de souvenirs, d'époques, de perceptions et de subjectivités.

La dilatation du temps est engendrée par des effets de fixité, de pause, de suspension et d'atemporalité. À deux moments, des ralentis visuels sont accompagnés de regards à la caméra. Une première fois, au club (11:51-13:39), une danseuse est arrêtée dans son mouvement au moment où son regard se pose dans l'objectif, sur un dernier coup de cymbale suspendue (13:38-13:39). Puis, c'est au tour du contremaître qui, aux prises avec une machine déréglée, affiche un air impuissant, alors que la timbale émet ses derniers sons (26:28-26:33). Dans les deux cas, la sensation de pause obtenue engendre un effet de distanciation et de suspension. La cadence du défilement de la pellicule s'est ralentie, puis arrêtée, la musique s'éteint, l'espace d'un instant, accordant enfin un bref répit à cette femme et à cet homme. Faisant écho à l'activité continue des machines, le film nous questionne sur le rythme effréné de la vie moderne, à l'usine, en dilatant le temps (arrêt). Un troisième regard à la caméra survient alors qu'une travailleuse scrute l'objectif et que la voix *off* le souligne : « Un œil », déclare-t-elle (07:16-07:17). Ce moment crée un contact direct entre le spectateur et cette femme, un effet de miroir, de face à face. L'instant du regard se dilate dans le jeu de relations qui s'établit entre personnage, narratrice et spectateur, entre regard et langage. La voix nomme et pointe un objet – cet œil. Le positionnement du spectateur est changé comme celui de la narratrice. Le spectateur regarde/observe (encore), mais cette fois-ci il est, lui aussi, regardé. La narratrice devient également observatrice ; elle voit et nomme. De quel œil s'agit-il : celui du personnage ou celui du spectateur ?

18. « Nous avons, vous en avez » (chant scout pour rythmer les marches), « Un, deux, trois, je m'en vais au bois » (chanson enfantine pour apprendre à compter), « Am, stram, gram », « Belle pomme d'or » et « Picoti, picota » (comptines).

L'usage d'une voix *off* poétique et d'une musique atonale participe aussi à la dilatation du temps. Lors d'un gros plan (02:18-02:42), nous voyons des bulles se former à la surface de l'eau qui, habitant tout l'espace, provoque une perte de repère. Rien ne nous indique que nous nous trouvons à l'usine. Le plan dure et nous observons le mouvement du liquide. La voix *off* nous extrait encore de l'univers filmique : « Ce matin, elle m'a dit : "Pierre, Pierre..." Mais elle n'achève jamais ses phrases » (02:19-02:30). La musique atonale engendre une absence de directionnalité, et le synchronisme des cymbales suspendues et du mouvement de roulis des bulles participe à créer un effet de stagnation. Le temps semble s'être arrêté ; ce moment de pause nous inscrit dans un temps subjectif humain en nous plongeant dans un état contemplatif.

Circularité et succession

La circularité s'inscrit déjà dans le titre du film : « Jour après jour ». L'extrait inaugural du récit de la Genèse donne à la circularité une dimension organique et l'associe à une temporalité cyclique perçue positivement. Cependant, plusieurs éléments viendront dynamiter cette idée en associant la circularité à une succession de jours identiques où la routine est dictée par le travail à l'usine. Circularité et succession sont donc liées ; bien qu'elles semblent renfermer en elles des logiques paradoxales, ces deux conceptions sont représentées comme les deux faces d'une même médaille et se relancent plutôt qu'elles ne s'opposent. Si l'idée de succession renvoie au mouvement vers l'avant, à la productivité, au rendement, au rythme du travail, à la croissance et à la transmission, la circularité, quant à elle, renvoie à l'ordre, à l'éternel retour et à l'immobilité.

L'idée de cadence (à maintenir) qui traverse tout le film est représentative de la dynamique temporelle qui s'articule autour du couple succession/circularité. Les bruits de pas, la marche des majorettes, les chants scouts, les pulsations de la timbale nous propulsent vers l'avant ; mais comme les humains du film, qui demeurent prisonniers de leur routine, nous ressortirons, en tant que spectateurs, étouffés par l'univers clos créé par Perron et Blackburn. À l'image, c'est la marche continue des machines et les gestes répétés des travailleurs. C'est aussi la construction du film, s'ouvrant et se refermant sur la route qui mène à l'usine. Par un retour des mêmes instruments, c'est une reprise de « sonorités » similaires qui crée un mode de perception du temps circulaire. Les multiples répétitions de la voix *off* et les énumérations suggèrent l'idée d'un éternel retour, mais aussi l'idée d'un à-venir (« Et la machine dit... », à la fin du film), d'une possible bifurcation qui fera une différence.

Si, spontanément, nous considérons que l'idée de succession s'oppose à celle de circularité et que la contraction va à l'encontre de la dilatation du temps, le film nous propose de repenser ce système de relations puisque les différents modes de perception temporelle sont interdépendants et coexistent dans l'univers du film. La séquence finale est, en cela, exemplaire, car elle vient renverser la logique installée précédemment (23:48-26:33). Elle met en scène une machine déréglée que les travailleurs tentent de maîtriser – il y a donc accident, la possibilité d'une différence. Ils actionnent des boutons et cherchent à maintenir le papier qui sort rapidement de la machine et qui s'accumule. Sur le plan sonore, quelques sons « naturels » (chute d'arbre, galop), mais aussi des sifflets, des déchirures, le grondement sourd de la machine, un piano atonal, une timbale, se superposent au mouvement du papier qui ne cesse de se répandre au sol. La séquence modifie l'idée de succession qui était associée au rythme mécanisé ; la machine ne renvoie plus alors à une idée de rendement, mais d'accumulation de sons et de papier – un dérèglement.

Construction des espaces audiovisuels

Ce travail de modulation du temps entre en résonance avec une écriture de l'espace sonore. Les rythmes, les textures sonores et les relations spatiales audiovisuelles tissent une zone d'échange entre les traits dynamique et cinétique de l'homme et de la machine. Cet espace de rencontre, de circulation, où l'organique et le mécanique se conjuguent, se relancent et se singularisent, s'articule par la construction d'une zone d'incertitude entre les espaces de l'image et ceux du son. Le balancement constant entre la conjonction et la disjonction de ces espaces participe à l'élaboration d'un espace audiovisuel pluriel, produit par une série d'écarts, de flottements.

Pluralité d'espaces synchroniques : « sons in *décalés »*

Le premier principe organisationnel concerne le rapport entre le son et sa source probable dans l'espace visuel. La conception sonore de Blackburn se caractérise par la production d'un flottement entre le son et sa source d'émission, entre ce qui est donné à entendre et ce qui est donné à voir. Le compositeur travaille ici sur les relations synchroniques entre l'image et le son ; il crée des liens entre des éléments coprésents, produisant des figures audiovisuelles composées de traits indiciel, énergétique et plastique de la réalité industrielle.

Un premier flottement s'opère lorsque nous voyons à l'image des tissus déjà déchirés, tandis que nous entendons justement un son qui évoque une déchirure de tissu (02:07-02:17). Cette séquence nous présente à la fois l'action (comme occurrence sonore) et son résultat (comme occurrence visuelle). Il est toutefois difficile de définir le rapport spatial du son et de l'image dans cette composition particulière : s'agit-il d'un son *off*, *in over*, *off* différé ? Le flottement est d'autant plus grand que la déchirure présente les caractéristiques sonores d'une machine (gros grain d'itération) tout en conservant l'irrégularité distinctive des manipulations artisanales (et non pas industrielles). Tous ces écarts, ces tensions, créent une incertitude quant au positionnement et à l'identification de la source.

Dans le plan suivant (02:18-02:44), nous glissons vers un second niveau d'abstraction. Nous voyons de l'eau dans une grande cuve dont la surface lisse est perturbée par le roulis des bulles qui remontent. Le son que l'eau produit est muet et remplacé par un jeu de cymbales suspendues improvisé qui se synchronise sur les mouvements visibles à l'écran [19]. En raison du phénomène de synchrèse [20], nous arrimons le son des cymbales à

19. Ce type d'effet se reproduit tout au long du film. Par exemple, de 11:21 à 11:26, la coupe de papier est accompagnée d'une longue résonance dissonante.

20. Combinaison de « synchronisme » et « synthèse », le terme « synchrèse » désigne « un phénomène psychophysiologique spontané et réflexe, […] qui consiste à percevoir comme un seul et même phénomène se manifestant à la fois visuellement et acoustiquement la concomitance d'un événement sonore ponctuel et d'un événement visuel ponctuel, dès l'instant où ceux-ci se produisent simultanément » (Chion, *Un art*

la source (le mouvement de l'eau) présentée dans l'image. Il s'agit donc d'un son *in*, mais dont les caractéristiques matérielles sont décalées par rapport à la source que nous lui imputons dans l'image. Nous dirons alors qu'il s'agit d'un « son *in* décalé » car, hors de la logique du film, le son entendu n'est de toute évidence pas celui de l'action qui le produit à l'image. Il y a donc décalage entre ce qui est vu et ce qui est entendu, la recombinaison des deux se faisant par l'action synthétique de l'association synchronique, dans le temps du visionnement.

Ce type de décalage résulte également – de manière plus subtile – du procédé inverse : les qualités acoustiques (les caractères morphologiques) du son entendu sont alors directement associées à une source visuelle. Mais la synchronisation lâche ou escamotée produit un décalage, un écart audiovisuel. Ce procédé se perçoit dans une des séquences à l'usine (23:03) : les différents sons mécaniques n'ont pas d'ancrage direct dans l'image, mais ils évoquent fortement les mouvements et l'énergie visuels des machines. De ce fait, nous avons à la fois un sentiment naturaliste et une sensation de flottement entre l'espace construit par l'image et celui façonné par le son.

Ces différents écarts participent à la création d'un espace souple, aux frontières poreuses et aux connexions multiples; ainsi, le roulis de l'eau dans une cuve produit une sonorité musicale, le bruit des cymbales s'arrime avec le grincement de l'engrenage métallique, le rythme et les qualités morphologiques des pas répondent aux percussions du club de jazz (« sons nodaux », non représentables en hauteur, au grain de résonance limpide). Ces rapprochements et glissements sont troublés par l'écart spatial des lieux dans lesquels ils sont réverbérés. L'usine, le café, la cafétéria, la patinoire, le club de jazz, la rue s'imprègnent d'une même énergie qui assure l'émergence de gestes, de mouvements, d'interactions propres à la dynamique des espaces de vie des travailleurs. Et c'est la circulation de cette énergie qui transforme un espace réel en espace cinématographique de réflexion critique.

Intercontamination d'espaces diachroniques : porosité des lieux

Le recours aux « sons *in* décalés » permet à Blackburn de créer un flottement entre les espaces visuel et sonore où tantôt ils se rapprochent pour se consolider, tantôt ils s'éloignent pour se répondre, et toujours se combinent pour enrichir les possibilités de lecture. Le compositeur construit des espaces synchroniques et opère des glissements entre les divers lieux du film. Ces derniers sont visuellement distincts, mais sur le plan sonore, les césures spatiales apparaissent beaucoup moins claires. Cette forme de construction des espaces est mise en œuvre par quatre procédés[21] différents.

---

sonore, le cinéma, p. 433). La synchrèse se produit également lorsqu'il y a « point de synchronisation », un moment singulier de la rencontre son-image qui ne doit pas être confondu avec l'effet de synchronisme : « Nous appelons point de synchronisation […] un moment plus saillant de rencontre synchrone entre un moment sonore et un moment visuel concomitants, autrement dit un moment où l'effet de synchrèse est plus marqué et plus accentué, créant un effet de soulignement et de scansion ». Et il précise : « Pour qu'il y ait point de synchronisation, il ne suffit donc pas qu'il y ait synchronisme » (*ibid.*, p. 430).

21. Nous nous servons ici de la terminologie développée par Stéphane Roy, qui propose « un ensemble de termes descriptifs – des *fonctions* – permettant de qualifier l'activité de certaines unités pertinentes dans les œuvres » électroacoustiques (Roy, *L'analyse des musiques électroacoustiques*, p. 340). La grille d'analyse fonctionnelle suggérée par Roy comporte 45 fonctions réparties en quatre grandes catégories : orientation,

Premier procédé : *le son d'un lieu se prolonge dans un autre.* Les processus d'accumulation et de dispersion des sons[22], de part et d'autre de la coupe, rendent poreuse la frontière entre les deux lieux. Le passage de l'usine au club (11:39-12:04) en constitue un bel exemple : un son de gouttes d'eau engendre celui des claquements de mains et de la batterie alors que l'image nous présente l'espace de l'usine. Lorsque l'image coupe pour laisser voir le club (un saxophone, un couple qui danse), les gouttes d'eau se poursuivent quelques instants avant d'être absorbées par le rythme des percussions.

Deuxième procédé : *les éléments sonores d'un lieu sont repris et variés dans un autre.* Cette figure caractérise le retour de sons spécifiques d'une scène à l'autre, sorte de répétition-variation où la variation a lieu tant dans l'organisation fonctionnelle des sons que dans leurs rapports avec un espace visuel altéré. Nous entendons une telle reprise sonore dans la séquence d'ouverture de l'entrée à l'usine (00:00-00:49) et lors de la « tentative d'évasion » (13:40-14:42). Durant cette deuxième séquence, les éléments de la première – voix, timbale et pas – sont réorchestrés.

Troisième procédé : *nous passons d'un lieu visuel à un autre alors que l'environnement sonore demeure inchangé.* Blackburn se sert d'un nombre limité d'éléments pour construire des environnements sonores forts et cohérents. Les sons qu'il emploie ont une valeur métonymique, portant sur eux une charge plus grande au sein de la composition sonore que celle de leur simple valeur référentielle. Par exemple, une seule ambiance sonore composée de bruits très réverbérés de bâtons qui cognent une surface dure et d'une foule qui assiste à un événement sportif (clameurs, sifflet) chevauche les plans de la patinoire et ceux de la redirection des billots de bois dans l'usine (08:07-08:48). Le passage d'un lieu à l'autre s'effectue sans césure du tissu sonore, comblant l'écart spatial et permettant un rapprochement formel entre ces deux modes d'action humaine[23].

Quatrième procédé : *un même lieu et une même action sont perçus avec deux environnements sonores différents.* Blackburn a recours à cette figure à plusieurs reprises. Deux fois (07:44-08:06 et 13:08-13:11), l'image montre des hommes qui frappent une vasque métallique avec une longue tige. Ce même lieu est d'abord montré avec un environnement sonore erratique et disjoncté, produit par une utilisation percussive du piano (clusters) accompagnée d'un souffle venteux, et par la densité irrégulière des occurrences sonores, puis avec un environnement sonore souple et fluide, produit par le rythme du swing (batterie et claquements de mains). Il en va de même pour les séquences d'ouverture et de fermeture du film. Les environnements sonores de ces deux

---

stratification, processus et rhétorique. Pour une description de ces catégories fonctionnelles, voir *ibid.*, p. 344-349.

22. « Les fonctions d'*accumulation* et de *dispersion* sont attribuées à des unités dont le profil orienté présente une accumulation ou une dispersion graduelle de composantes sonores » (*ibid.*, p. 357).

23. Une telle construction provoque également un dédoublement temporel : « Dans une séquence de cinéma sonore qui est supposée dérouler une action en continu, sans ellipse –, la superposition, très fréquente, d'un son sans ellipse ni interruption à une séquence d'images découpée en plans crée en fait un double fil temporel, et non une seule temporalité. Celle de l'image laisse le soupçon d'ellipses temporelles et d'autre part suggère un "en même temps" par le montage parallèle, tandis que le son assure la successivité d'un indiscontinu » (Chion, *Un art sonore, le cinéma*, p. 418). Par sa continuité, le son relie les temporalités suggérées par l'image, ici celles du loisir et du travail, et il en souligne la relation d'interdépendance.

séquences présentent la même structure fonctionnelle, mais sont composés avec des matériaux distincts. Dans les deux cas, les différents sons participent à un processus d'accélération-accumulation[24], mais l'ouverture se caractérise par l'utilisation de sons nodaux (les pas), tandis que la fin, après la rupture causée par le bruit blanc d'une explosion, fait entendre une accumulation de sons toniques (sifflets de train, sirènes de bateau). Cette figure permet de mettre en scène, par effet de contraste, la modulation de l'espace visuel par le son.

Ce jeu de décalage entre espace visuel et occurrence sonore se situe au cœur même de la mise en scène du son. Il s'agit d'une des stratégies d'écriture du sonore cinématographique qui participe activement au contenu discursif du film :

> Le son est le produit d'une rencontre entre un objet et un lieu. [...] Si on déplace les choses, si le son se retrouve à un endroit inusité, il apparaît différemment. [...] Il y a une mise en jeu de la relation son-espace ; dans ce sacrilège, trois éléments apparaissent : l'objet sonnant, le lieu et leur relation. [...] Ces éléments sont les paramètres de la production du sonore ; c'est eux qu'il faut considérer pour mettre en scène les sons[25].

En somme, les flottements, les écarts et les glissements permettent à Blackburn de bâtir un point d'écoute, de découvrir l'expressivité des sons de l'usine, de mettre en scène un espace pluriel qui rend audible la dynamique des interactions entre l'homme et la machine (répétition, résonance, consonance, dissonance...). L'espace doit s'écrire : il se définit par une mise en relation des éléments sonores et visuels. Les manipulations sonores de Blackburn traduisent un positionnement par rapport à la réalité filmée et transforment par le fait même notre expérience du quotidien des travailleurs ; les sons et les images de *Jour après jour* nous permettent d'éprouver les rythmes, les mouvements, les forces qui organisent l'existence des habitants d'une ville mono-industrielle.

Principes de composition

Au terme de cette analyse, il est possible de dégager cinq principes de composition préconisés par Blackburn dans l'élaboration de la bande sonore totale de *Jour après jour* :

- *La réduction* : dans l'univers foisonnant et bruyant de l'usine, Blackburn sélectionne quelques éléments et construit des paysages sonores raréfiés. Le compositeur réduit une réalité chaotique pour mieux en organiser le sens et la perception. Cette stratégie déplace la lecture de la réalité présentée ; les images documentaires sont marquées par cette écriture sonore qui rend audibles les tensions d'une vie quotidienne rythmée par le travail mécanisé. La réduction permet donc de transmettre une écoute, de faire percevoir un rapport singulier au monde.

---

24. Accélération et décélération : « Ce couple fonctionnel consiste en un processus de structuration temporelle. En effet, *accélération* et *décélération* qualifient des unités organisées selon un processus de contraction ou d'étirement progressif de la durée qui sépare l'attaque des composantes sonores qui les formes » (Roy, *L'analyse des musiques électroacoustiques*, p. 357).

25. Daniel Deshays, « Daniel Deshays, créateur sonore : théâtre, disque, cinéma, radio », atelier de maître tenu le 15 février 2010 à l'Université de Montréal, transcription d'Anne-Marie Leclerc, montage de Frédéric Dallaire, texte revu et complété par Daniel Deshays, http://www.creationsonore.ca/wp-content/uploads/2014/09/ateliers_daniel-deshays.pdf, consulté le 25 novembre 2016.

- *La mise en tension* : cet univers clos se construit à partir d'une mise en relation de forces opposées. Blackburn révèle l'expressivité de ses figures audiovisuelles en mettant en rapport (ou en confrontant) l'homme et la machine, les rythmes organiques et mécanisés, la communauté et l'individu, la dilatation et la contraction du temps, la succession et la circularité, la main et l'œil. Il crée ainsi des écarts et dépasse la simple opposition pour montrer les forces qui façonnent et relancent chacun des pôles. La mise en tension engendre une impression de multiplicité et de complexité du monde (construction de plusieurs angles de perception du réel), tout comme une sensation d'ordre, puisque tous les éléments s'organisent dans le temps et le lieu du film.

- *La répétition et la variation* : autant la réduction que la mise en tension sont rendues possibles par une répétition de quelques éléments (style swing, sons percussifs, voix féminine, bruits de machine, énumérations, etc.). Le traitement de ces sons ainsi que leur entrelacement avec les images varient tout au long du film, créant différents affects à l'aide d'un nombre restreint de matériaux. Cette stratégie assure une cohérence à l'ensemble tout en révélant le potentiel expressif de cette réalité industrielle. La répétition et la variation représentent les principes de composition privilégiés par Blackburn pour générer des effets de temporalité (contraction, dilatation, circularité, succession), mais aussi pour produire des effets de décalage lorsqu'un son s'associe à différentes images ou qu'une même image rencontre différents agencements sonores (« sons *in* décalés »).

- *Le flottement* : le décalage, l'écart entre l'audible et le visible, témoigne d'un positionnement singulier par rapport à la réalité industrielle de Windsor; Blackburn travaille des zones d'indiscernabilité qui favorisent un flottement sur la provenance et la signification des sons. Ce flottement est un signe de souplesse : le compositeur se libère des contraintes naturalistes pour bricoler, à chaque séquence, des figures audiovisuelles qui enrichissent la réflexion du film. Cette souplesse découle du concept de bande sonore totale. L'utilisation bruitiste des instruments (percussifs, sons nodaux) et musicale des bruits (sons toniques, rythmes mesurés) rend les frontières poreuses et malléables, provoquant un flottement perceptif, où l'oreille est tendue entre l'écoute musicale, sémantique, causale et plastique.

- *La résistance* : l'écoute de la réalité du milieu ouvrier, l'exploration des tensions inhérentes à cet univers et la création de flottements expressifs et sémantiques représentent un acte de résistance esthétique. Par son travail sonore, Blackburn façonne les conditions de possibilités audiovisuelles d'une nouvelle perception de cette réalité monotone et aliénante. L'espoir se décline tout d'abord dans les possibilités de réagencement, de réorchestration des sons et des images de l'usine; la sélection, la variation et la création de figures audiovisuelles nous font ressentir l'énergie et le potentiel créatifs qui subsistent malgré tout dans la condition de l'homme moderne. La résistance se perçoit ensuite dans la démarche artisanale de Blackburn. Les différentes manipulations d'instruments favorisent les aléas et les imperfections. L'artisanal résiste à l'industriel : cet univers est peuplé d'éléments fortuits qui s'opposent à quelques sons réguliers associés aux machines (grain d'itération, allure mécanique). La ligne de fuite se trace, en outre, dans un dérèglement du temps cyclique par l'utilisation de rythmes imprévisibles. La musique atonale, les écarts entre les attentes et le son entendu, le flottement entre le rythme visuel et sonore sont autant de moments qui saisissent le spectateur. Finalement, le film appelle à la prise de position du spectateur, qui doit prendre conscience de la complexité de cette réalité. Les différentes sonneries offrent une possibilité de réveil, et la voix d'Anne Claire Poirier, par sa prosodie et ses divers appels (« Ne quittez pas vos places ! »), crée un espace de rencontre pour les spectateurs, les sons et les images[26]. À la toute fin du film, cette voix répète plusieurs fois : « Mais la machine dit… ». Les cris de la machine, à la tonalité quasi humaine, retentissent quelques secondes plus tard (sifflets et sirènes), laissant au spectateur un moment pour imaginer la suite de la phrase, investir de sens ces sons stridents, sentir l'ampleur des tensions et s'imprégner de la force de la résistance. C'est, en définitive, la grande utilité de cette démarche : réussir à transmettre une perception du monde, à mettre en résonance tous les éléments sonores et visuels et à incarner dans des figures des idées, des émotions et des sensations.

Tous ces principes de composition, qui concernent à la fois le choix des matériaux, leur organisation sonore et audiovisuelle, constituent des éléments tangibles qui permettent de juger de la valeur pratique du concept de bande sonore totale. Blackburn érige pour ce film une méthode de composition qui favorise le rôle actif et l'expressivité du son dans la production de sens au cinéma. Le son acquiert dans cette démarche une importance expressive aussi grande que l'image, faisant de la composition sonore et musicale un élément qui résonne avec les autres dimensions de la création cinématographique. Cet entrelacement entre le son et l'image permet une intégration des matières de l'expression dont le sens et la valeur deviennent véritablement audiovisuels, interdépendants. En définissant un nouveau rôle pour le compositeur de musique de film, Blackburn ouvre un espace de création à tous les métiers du cinéma qui prennent conscience des affects et des significations générés par tous les sons, musicaux ou non.

Jour après jour est une œuvre singulière en ce que la démarche artisanale du compositeur dynamise et oriente une exploration du monde industriel. En plus de redéfinir notre sensibilité face au monde sonore, les principes de composition de Blackburn permettent d'approfondir notre perception des rapports entre l'homme et la machine : la *réduction* circonscrit les gestes mécaniques de l'ouvrier et les rythmes musicaux de la machine ; la *mise en tension* fait voir et entendre l'interdépendance de l'organique et du technique ; la *répétition* et la *variation* rendent coprésents le pouvoir d'aliénation de la vie ouvrière et le potentiel expressif de ce mode de production ; le *flottement* invite au questionnement, multiplie les mouvements matériels et idéels en présentant les associations possibles entre les bruits de l'usine, les engrenages, les corps, la pâte à papier, la métrique de la danse et celle du travail ; la *résistance* (artisanale) fait sentir la présence et la force de la dimension créative dans les rapports homme-machine.

26. Tel que le décrit Léo Bonneville, le texte en lui-même est porteur d'espoir : « Il est lancinant ce texte. Il a la puissance d'une litanie. Une litanie qui insiste et revient comme une méditation jamais achevée. Aussi, miracle, ce texte au lieu de nous décrire ces mornes journées, nous projette dans une nouvelle dimension. Il nous élève d'une façon prestigieuse à un degré supérieur. Il permet une sorte d'envolée non pas lyrique, mais métaphysique. Nous collions à la terre, à la matière, nous sentons que nous pouvons nous échapper. Le texte agit comme une piste de décollage. Il nous mène "ailleurs". Il sonne un réveil. Au fait, il appelle. Il appelle les gens à se regarder vivre et à se demander si c'est bien cela la vie, la vraie vie. Cette routine du jour après jour toujours recommencée » (Bonneville, « Jour après jour », p. 52).

Dans ce contexte, le cri final, un bricolage inventif qui contient à la fois la douleur humaine et la régularité mécanique, exprime cet alliage complexe, cette relation conflictuelle et nécessaire au cœur de la modernité. Par ce son viscéral qui semble provenir de la machine, Blackburn nous fait sentir le désir d'un événement, d'une bifurcation, et les conditions d'émergence d'un autre rapport à la technique.

***

Dix ans après avoir composé la musique de *A Phantasy*, Blackburn crée une nouvelle œuvre dans laquelle les premiers éléments de sa pensée musico-filmique sont confirmés, rejoués, mais amenés plus loin, transformés. C'est qu'il s'en est passé des choses entre 1952 et 1962. Si *A Phantasy* porte principalement la marque de l'influence de McLaren (indissociabilité de l'image et de la musique, synchronisme, dessin du son synthétique), *Jour après jour* témoigne de l'intérêt du compositeur pour la musique concrète à la suite de son second séjour en France (1954-1955), pendant lequel il fréquenta Schaeffer et le GRMC. Ces années semblent constituer une transition, un passage marqué par l'utilisation de la musique concrète : Blackburn ne compose plus à partir de matériaux proprement musicaux (saxophones, sons synthétiques organisés selon une échelle musicale donnée), mais à partir d'objets sonores divers, de sons enregistrés, fixés, qu'il va ensuite manipuler, transformer et ordonner pour créer une musique qu'il définit, à présent, comme le dialogue entre les trois matières d'expression que sont la voix, les bruits et la musique (instrumentale). La composition de la partition de *A Phantasy* procédait ainsi de l'abstrait au concret (partition visuelle [film] => notation => exécution), alors que dans *Jour après jour*, le matériau sonore, la matière concrète, précède la composition, l'expression abstraite.

Cela ne signifie pas pour autant que la musique du film d'animation n'est pas porteuse d'une expressivité : omniprésente et continue, c'est elle qui guide le spectateur à travers l'univers fantaisiste du visuel, lui conférant sa logique, son unité, sa temporalité. Véritable musique de mouvement, la partition de Blackburn procède ainsi principalement par une musicalisation synchrone des événements visuels, proche de la notion de figuralisme musical. Nous l'avons dit, le choix du synchronisme découle du régime fantaisiste du visuel afin d'en expliciter les lois. Nous savons que cette forme du rapport musique-image a toujours siégé au cœur de la pensée de Blackburn qui souhaitait éliminer tout effet de pléonasme. Dans *Jour après jour*, le synchronisme permet au compositeur d'abandonner la figuration pour la construction de rapprochements inusités – grâce au phénomène de synchrèse – et d'écarts (sons *in* décalés) qui participent à l'élaboration d'un véritable commentaire sonore. Cette démarche, nous l'avons dit, témoigne d'un positionnement singulier du compositeur qui oppose à la réalité industrielle et mécanique des images une reconfiguration de son univers sonore à travers la méthode de l'artisan, du bricoleur, injectant de la sorte dans l'usine une vitalité et une imprévisibilité. Le processus créateur même de Blackburn prend la forme d'un discours. L'artisanal résiste à l'industriel : ne serait-ce pas là une métaphore artistique des propres préoccupations du compositeur vis-à-vis de l'industrie cinématographique ? Ces préoccupations, nous les retrouverons moins de 10 ans plus tard au sein de l'Atelier (implication précoce du son dans le processus de création, rôle actif du son dans la production de sens, dialogue et rapport élaborés de la musique et de l'image, structuration intégrale de la bande sonore électroacoustique, travail à même le son, manipulation) et *Jour après jour* peut ainsi en être perçu comme le manifeste sonore, avant l'heure.

Le passage de *A Phantasy* à *Jour après jour* témoigne d'une transformation des méthodes d'analyse. La musique du premier étant disponible sous la forme d'une partition, notre approche a été plus musicologique, en étudiant la forme et les structures musicales, l'instrumentation, le langage, les procédés compositionnels et les thèmes. La nature de bande sonore totale du second (et l'absence de partition) requérait une approche plus insolite et foncièrement descriptive notamment dictée par la singularité de la pensée de Blackburn. Cette singularité, nous l'avons vue se profiler dans notre première analyse. Par la suite, l'analyse du discours du compositeur, la description de son savoir-faire, de ses outils et méthodes, de sa pensée musico-filmique nous a permis d'élaborer un portrait artistique qui a abouti au rêve de la bande sonore totale. Apparue au fil de sa pratique, mais aussi au contact de McLaren et Schaeffer, une telle vision s'est concrétisée avec *Jour après jour* qui porte la marque des expériences menées par le GRMC. Notre premier outil descriptif a donc été naturellement le *Traité des objets musicaux* de Schaeffer. En outre, la nature singulière des relations audiovisuelles développées par Blackburn nous a menée au tri-cercle élaboré par Chion et revisité par Cardinal. Enfin, le caractère composite et électroacoustique de la bande sonore nous a intimé le recours à la terminologie de Roy. D'un film à l'autre, nous avons dès lors utilisé très peu des outils proposés par la littérature musico-filmique. À chaque fois, c'est la nature des œuvres et du processus créateur du compositeur qui a dicté les approches et les outils analytiques nécessaires. Comme la musique de Blackburn s'éloigne de ce que l'on appellerait communément une « musique fonctionnelle » (redondante, descriptive, illustrative), les différentes listes de fonctions élaborées d'ouvrage en ouvrage n'auraient été d'aucune utilité.

Enfin, le parcours menant de *A Phantasy* à *Jour après jour*, en passant par le portrait de la pensée musico-filmique de Blackburn, témoigne également d'une transformation de l'idée problématique du compositeur. Aux côtés de McLaren, celle-ci concerne l'indissociabilité de l'image et de la musique : comment les images peuvent-elles susciter une musique ? Comment la musique peut-elle éveiller des images ? Ce rapport porte principalement le sceau du synchronisme et de l'analogie. Dans *A Phantasy*, Blackburn réagit au film de McLaren en s'inspirant des idées et procédés créatifs qui lui ont donné forme : les saxophones et le son synthétique renforcent le surréalisme du film, le continuum sonore (continuité des registres, ajout/retrait d'instruments, ininterruption) soutient la continuité du visuel (fondus, « naissance par contact »), les thèmes et motifs employés (sphères, papillon) ainsi que l'analogie structurelle (voire formelle) contribuent à la construction d'une unité audiovisuelle. Les stratégies de composition utilisées par Blackburn sont ainsi déterminées par l'image et ce qu'elle propose : son sens, son rythme et sa forme provoquent une musique, tandis que la logique de cette dernière devient tributaire de la logique visuelle (de la partition filmique originelle). Dans *A Phantasy*, l'univers fantaisiste créé par McLaren s'accorde parfaitement au timbre du son synthétique. Ici, le film exige donc un bricolage sonore.

Pour Blackburn, l'idée du bricolage poursuivra son chemin au-delà de la pratique du son synthétique : sa rencontre avec Schaeffer l'a emmené dans le territoire de la musique concrète, de la manipulation sonore (déjà perçue chez McLaren), de la confection d'un instrumentarium. Peu à peu, l'idée de l'indissociabilité musique-image se meut en celle de la bande sonore totale : de McLaren, Blackburn conserve la pratique du bricolage, du continuum sonore (structuration intégrale) et de l'intégration précoce du sonore dans le processus de création filmique. Mais avec la bande sonore totale, sa conception du rapport musique-image est sublimée. Dans *Jour après jour*, les stratégies de composition employées par Blackburn dépassent la réalité visuelle pour établir de puissantes figures audiovisuelles porteuses d'un discours singulier – quasi politique. L'analogie et le synchronisme ont disparu pour laisser place à un réseau d'interférences (images, musique, machines, êtres humains, thèmes, etc.) générateur de tensions, d'écarts, de décalages, de relectures, de questionnements. D'une musique conçue davantage comme un guide, dans *A Phantasy*, nous sommes passés à un véritable commentaire sonore qui ne fait pas simplement reprendre le commentaire propre à l'image : c'est précisément dans leur réunion que le discours se crée.

SECONDE PARTIE

DAVID CRONENBERG ET HOWARD SHORE : LE LABORATOIRE MUSICO-FILMIQUE

Chapitre IV

PORTRAIT D'UNE COLLABORATION (1979-2014)

Selon moi, pour un compositeur,
la musique se trouve dans ce que l'on voit[1].

Le son est plus subjectif que toute autre partie
d'un film et, lorsque on en arrive à la musique,
on est dans la plus totale subjectivité[2].

Le cinéaste David Cronenberg (1943-) et le compositeur Howard Shore (1946-) travaillent ensemble depuis 1979. En entrevue, Cronenberg insiste sur le fait que ses films doivent être considérés comme des œuvres collectives. Parmi ses collaborateurs, un des premiers à consulter le scénario est le compositeur. Depuis, le duo a été réuni sur 15 longs-métrages, de *The Brood* (*Chromosome 3*, 1979) à *Maps to the Stars* (*La Carte des étoiles*, 2014). Cette implication précoce dans la création collective est indicatrice de la place et du rôle centraux occupés par Shore et sa musique au sein de l'œuvre cronenbergienne. De la sorte, les partitions semblent ne pouvoir être considérées comme une simple illustration sonore du film. Elles en constituent plutôt une composante fondamentale.

Nous chercherons ainsi à définir la musique de Shore en tant qu'élément essentiel à l'œuvre du cinéaste et à déterminer les traits d'un style musico-filmique qui pourrait être qualifié de cronenbergien : quels sont les traits qui caractérisent ce style ? Quel rôle donne-t-il à la musique filmique ? Pour répondre à ces questions, nous avons cherché à établir un modèle du processus créateur des deux artistes et de la collaboration en nous appuyant sur les travaux et témoignages existants. La recherche a fait apparaître

1. Howard Shore ; cité dans Barbara Willis-Sweete, *A Composer's Dream / Le rêve d'un compositeur*, Office national du film, 2011, https://www.onf.ca/film/reve_d_un_compositeur, consulté le 16 janvier 2017.

2. David Cronenberg ; cité dans Serge Grünberg, *David Cronenberg : entretiens avec Serge Grünberg*, Paris, Cahiers du cinéma, 2000, p. 94. L'ouvrage reprend les entretiens filmés par André S. Labarthe, *David Cronenberg : I Have to Make the Word Be Flesh*, Paris, AMIP la Sept-ARTE / Bry-sur-Marne, Ina, 1999, extraits disponibles sur : https://www.youtube.com, consulté le 16 janvier 2017. Une édition en anglais augmentée existe également. Nous y ferons référence pour les pages qui ne figurent pas dans la version française : Serge Grünberg, *David Cronenberg : Interviews with Serge Grünberg*, Londres, Plexus, 2006.

des constantes, des figures communes entre les processus créateurs filmique et musical. Ceux-ci seront ainsi décrits en déterminant et présentant les grands axes qui recoupent les deux visions artistiques.

Plusieurs figures créatrices se manifesteront donc au cours de cette exploration. Celle, d'abord, de l'autodidacte, Cronenberg et Shore ayant appris par eux-mêmes les rouages, notamment techniques, du médium cinématographique. De cette même figure nous verrons émerger celle de l'expérimentateur, qui se dépasse de film en film. Chez les deux artistes, cette expérimentation est liée à l'improvisation, à un refus des limites et de l'impossibilité. Cette figure de l'improvisateur est ensuite rattachée à celles du peintre, pour Shore, et du sculpteur, pour Cronenberg : improviser, c'est aussi travailler directement au contact de la matière, ancrer son corps, sa main, dans la création ; le laboratoire expérimental de l'autodidacte se transforme en atelier. Autodidacte, expérimentateur, improvisateur, peintre et sculpteur fusionnent. Et voilà l'émergence d'une nouvelle figure, unificatrice : celle de l'artiste-artisan, ou même de l'artiste contemporain.

L'univers cronenbergien : thématiques et constantes

Un cinéaste autodidacte

Originaire de Toronto, David Cronenberg fait carrière depuis 1969. De *Stereo* (1969) à *Maps to the Stars* (2014), sa filmographie compte 21 longs-métrages, deux courts-métrages de jeunesse, *Transfer* (1966) et *From the Drain* (1967), ainsi que quelques réalisations pour la télévision. Tiraillé entre la littérature et les sciences à l'université (1963-1967), puis diplômé en lettres, il choisit finalement l'autodidactisme et le cinéma. La découverte du film *Winter Kept Us Warm* (1965) de David Secter constitue une révélation[3], qui s'inscrit, en outre, dans une effervescence du cinéma *underground* au Canada[4]. Poussé par ces événements, Cronenberg se lance dans la réalisation filmique dont il ignore, cependant, l'aspect technique. Il entreprend alors d'intégrer ce qu'il connaît déjà : la science et la littérature.

Il n'est pas surprenant que les principales influences de Cronenberg soient littéraires. Ce sont essentiellement William S. Burroughs et Vladimir Nabokov : « Je me sentais vraiment soutenu et entraîné par leurs influences dans mon travail d'écriture, confie le cinéaste. C'est pourquoi les films ont représenté pour moi une libération »[5]. L'écriture

3. Voir Chris Rodley, *Cronenberg on Cronenberg*, Toronto, Alfred A Knopf Canada, 1992, p. 10-11.

4. L'université n'offre alors pas de formation en cinéma : les étudiants produisent leurs propres créations et Cronenberg est un des premiers à réaliser des films à Toronto. Influencé par la vague *underground* new-yorkaise, il cofonde la Toronto Film Co-op (1966), inspirée de la Film-Makers Cooperative (New York) qui distribue des films expérimentaux dans les années 1960. La coopérative torontoise est installée à Cinecity, un cinéma d'art et essai qui diffuse des films *underground* dans les bureaux de Film Canada.

5. Cronenberg; cité dans William Beard, Piers Handling et Pierre Véronneau, « Entretien avec David Cronenberg », dans Piers Handling et Pierre Véronneau (dir.), *L'horreur intérieure : les films de David Cronenberg*, Paris, Éditions du Cerf / Montréal, Cinémathèque québécoise, 1990, p. 16. Version française actualisée de Piers Handling (dir.), *The Shape of Rage : The Films of David Cronenberg*, Toronto, Académie canadienne du cinéma et de la télévision, 1983.

lui permet de donner une première forme à ses idées. Mais une première difficulté surgit : « Comment faire une métaphore au cinéma ? J'ai compris que c'est la création [...] d'une imagerie monstrueuse ». En entretien avec Serge Grünberg, le réalisateur précise sa pensée :

> C'est ainsi que ce que vous appeliez les idées pures est invisible au cinéma. Il n'y a rien à filmer. C'est une chose qu'on peut faire en littérature, mais à l'écran, il faut emprunter un autre chemin. *Il faut que je transforme le mot en chair* et qu'ensuite, je filme la chair car je ne peux filmer le mot. C'est ainsi que je le ressens. Je ne cesse donc de chercher, d'inventer des métaphores, et ce sont le plus souvent les intrigues de mes films qui leur donnent naissance. [...] c'est la métaphore que je recherche. Ce qui me conduit sans doute à une certaine monstruosité. C'est pour cette raison, je crois, que j'imagine toutes ces choses[6].

Ainsi, si l'écriture donne une première forme, concrète, à l'idée, la science en influence la matérialisation visuelle. Ce peut donc être des images monstrueuses – le choix du genre –, l'invention d'objets, créatures, maladies et mutations, ainsi que l'utilisation même, au cœur du récit, d'organisations et de personnages scientifiques douteux[7]. Mais il reste un autre problème à surmonter : celui de la réalisation[8].

La connaissance technique demeure l'unique obstacle à la matérialisation de sa vision et Cronenberg apprendra seul. Les premiers courts-métrages portent la trace de cet autodidactisme : il écrit le scénario, fait la prise de vues, assure le montage et enregistre le son. *Transfer* et *From the Drain* sont tournés en 16 mm, *Stereo* et *Crimes of the Future* (1970) en 35 mm, une évolution technique qui permet au cinéaste de mettre un premier pied dans le milieu professionnel[9]. *Shivers* (*Frissons*, 1975) marque ensuite le passage du film avant-gardiste au cinéma commercial, mais s'inscrit dans la lignée thématique des précédentes réalisations. La différence réside principalement dans l'évolution technique – disposer d'une équipe – et le choix du genre – l'horreur. Avec *Rabid* (*Rage*, 1976), ce premier long-métrage commercial précise et assoit les champs d'intérêts thématiques et esthétiques du cinéaste – les dimensions scientifique et sexuelle, l'environnement aseptisé, révélateur d'un chaos à venir[10] – qui participent à la définition du genre qu'il développe : celui de l'horreur corporelle, puis intérieure. Provocateur et transgressif, Cronenberg choisit de « montrer l'immontrable et de dire l'indicible » en disséquant

6. Cronenberg ; cité dans Grünberg, *David Cronenberg : entretiens avec Serge Grünberg*, p. 97. Le genre de l'horreur – qui domine surtout dans les premiers films – se serait ainsi imposé à Cronenberg pour donner forme à ses préoccupations. Il permet, explique le cinéaste « d'aborder des sujets qui autrement me seraient difficiles à traiter ; donc il me renforce » (Cronenberg ; cité dans Beard, Handling et Véronneau, « Entretien avec David Cronenberg », dans Handling et Véronneau [dir.], *L'horreur intérieure*, p. 52).

7. En guise d'exemples, citons quelques « savants fous » : Luther Stringfellow (*Stereo*), Antoine Rouge (*Crimes*), Emil Hobbes (*Shivers*), Dan Keloid (*Rabid*), Hal Raglan (*The Brood*), Dr Ruth (*Scanners*), Brian O'Blivion (*Videodrome*), Sam Weizak (*The Dead Zone*), Seth Brundle (*The Fly*), les jumeaux Mantle (*Dead Ringers*), Dr Benway (*Naked Lunch*), Vaughan (*Crash*), Allegra Geller (*eXistenZ*), Sigmund Freud et Carl Jung (*A Dangerous Method*), le médecin d'Eric Parker (*Cosmopolis*) et le Dr Stafford Weiss (*Maps to the Stars*).

8. Voir Rodley, *Cronenberg on Cronenberg*, p. 13.

9. Le 35 mm est toutefois moins lié à un choix professionnel qu'expérimental : « Je voulais tâter du 35 mm parce qu'il représentait un terrible mystère pour les cinéastes d'avant-garde qui travaillaient soit en Super 8, soit en 16 mm » (Cronenberg ; cité dans Beard, Handling et Véronneau, « Entretien avec David Cronenberg », dans Handling et Véronneau [dir.], *L'horreur intérieure*, p. 17).

10. Voir *ibid.*, p. 19-20.

l'être humain à l'aide de sa caméra-bistouri. Poussé par ses obsessions – les relations du corps et de l'esprit, la mutation, l'organique, la maladie, la sexualité, la biotechnologie, la question identitaire, l'enchevêtrement du réel et du fantasmagorique, l'hallucination –, le réalisateur trouve un substrat de choix dans la fusion de quatre genres filmiques : l'horreur, la science-fiction, le fantastique et l'érotisme.

L'horreur intérieure

Cette fusion génère une image clinique et viscérale qui provoque le malaise du spectateur confronté à son imaginaire le plus refoulé [11]. De fait, Cronenberg puise son inspiration dans l'être humain et son inconscient, alors matérialisé dans sa version la plus « réelle », la plus crue. Si l'horreur graphique domine jusqu'à *Videodrome* (1982), les films suivants s'intéressent « aux contradictions de la psyché », muant ainsi l'horreur viscérale en « horreur intérieure » [12]. Polymorphe, l'horreur traverse le corpus cronenbergien, directement liée à l'intérêt du cinéaste pour la biochimie et le corps humain, qu'il conçoit comme le « fait fondamental de l'existence » :

> Tout vient du corps et de la mortalité de l'homme. [...] Même dans mes premiers écrits, lorsque j'étais enfant, la mort et la conscience de la mort était [*sic*] très présente [*sic*]. Il m'a donc paru tout à fait normal de traiter du corps et de ce qui lui arrive. Pour moi, inventer une fantasmagorie, créer des métaphores du corps et des choses qui se passent dans le corps, et faire que des parties internes du corps sortent du corps afin qu'on puisse les regarder et assumer tout cela... Ça me mène au genre de l'horreur [corporelle] [13].

Dans sa représentation visuelle, l'horreur cronenbergienne évolue, mais provient toujours de l'intérieur, de l'homme lui-même. Dans *The Dead Zone* (*La Zone neutre*, 1983), l'image n'est plus viscérale, mais le personnage principal reste victime d'une mutation cérébrale qui lui permet de voir l'avenir. Dans *The Fly* (*La Mouche*, 1986), Cronenberg retourne à une imagerie horrifique, mais tournée davantage vers l'intérieur, le drame se déroulant en huis clos, avec trois personnages. Ce film marque une étape importante dans l'évolution du cinéaste qui épure et précise son style, ce qui lui permet de « creuser davantage la psychologie de ses héros, de rendre leur jeu plus intérieur, de mieux asseoir leurs motivations, de tourner l'horreur vers le dedans » [14].

Ce resserrement de l'espace, source d'angoisse et de claustrophobie, réapparaît dans *Dead Ringers* (*Faux-Semblants*, 1988) et l'univers « aquatique » des jumeaux Mantle. Selon bon nombre d'auteurs, ce film démontre une nouvelle maturité du réalisateur :

11. L'esthétique singulière du réalisateur n'a pas fait l'unanimité, notamment dans l'univers cinématographique canadien où ses films sont considérés comme des « aberrations », particulièrement en raison de son choix de genres cinématographiques. Voir Handling, « Un Cronenberg canadien », dans *ibid.*, p. 179-196; Robin Wood, « Un point de vue dissident sur Cronenberg », dans *ibid.*, p. 197-214.

12. Véronneau, « Introduction : l'effet Cronenberg », dans *ibid.*, p. 8

13. Cronenberg; cité dans Grünberg, *David Cronenberg : entretiens avec Serge Grünberg*, p. 38. Dans la version anglophone (langue originale des entretiens), Cronenberg parle du « *genre of body horror* » (Grünberg, *David Cronenberg : Interviews with Serge Grünberg*, p. 39). Nous préférons ainsi remplacer le terme « organique » de la version française par « corporelle ».

14. Véronneau, « Monstration et démonstration », dans Handling et Véronneau (dir.), *L'horreur intérieure*, p. 143.

« La rage des premiers temps se retourne vers l'intérieur, pour muer sous une peau plus douce qui fascinera ceux que la chair saignante des films antérieurs repoussait » [15]. Ici, l'horreur se situe non pas tant sur le plan de l'image que dans la terreur existentielle et identitaire. C'est, pour les jumeaux Mantle, l'impossibilité d'une âme unique de vivre dans deux corps.

Dans *Naked Lunch* (*Le Festin nu*, 1991), quelques images repoussantes refont surface, mais l'horreur se situe à un niveau psychologique puisque nous assistons aux tortures mentales subies par le héros (l'Artiste) au cours du processus de création (l'écriture de *The Naked Lunch*). Dans *M. Butterfly* (1993), l'horreur graphique est absente, mais la monstruosité persiste derrière les masques et parures exotiques de la Chine et de l'opéra de Pékin, derrière l'illusion de la femme parfaite – un homme. Dans le très controversé *Crash* (1996), analysé en détail dans le chapitre suivant, l'horreur se situe dans la réception du film et dans le décalage entre la recherche du désir, la jouissance des protagonistes et le tragique de l'accident de voiture.

Après une longue période d'adaptations (1983-1996), Cronenberg renoue avec le scénario original. *eXistenZ* (1999) partage dès lors plusieurs éléments en commun avec *Videodrome* : objets organiques, nature « programmée » de l'existence, perméabilité de la frontière entre le réel et la virtualité, qui conduit à de nouvelles transformations du corps. Dans *Spider* (2002), une nouvelle adaptation, ce corps ne nous est plus donné à voir (comme dans *M. Butterfly*) : le spectateur plonge dans le récit d'un cerveau altéré, schizophrénique, en quête de sa mémoire, dans l'horreur permanente et incurable de la folie. Cronenberg réexploite ce dernier thème dans *A Dangerous Method* (*Une méthode dangereuse*, 2011) à travers l'histoire de Sabina Spielrein, Carl Jung et Sigmund Freud. *A History of Violence* (*Une histoire de violence*, 2005) et *Eastern Promises* (*Les Promesses de l'ombre*, 2007) dépeignent, quant à eux, l'horreur des organisations criminelles et mafieuses, la violence extrêmement brutale qui surgit, ou resurgit, dans la vie tranquille de gens « normaux ». Cette violence réapparaît dans *Cosmopolis* (2012) et *Maps to the Stars*, suscitée par l'horreur du capitalisme ou de la société hollywoodienne.

Ces différentes manifestations de l'horreur, qui s'impose comme une constante, posent la question de ce qui fait l'unité de l'œuvre, mais aussi la singularité de chaque film. Si George Melnyk distingue cinq phases dans le parcours du réalisateur – de l'apprentissage aux premiers longs-métrages (1966-1970), les films d'exploitation (« *Baron of blood phase* », 1975-1982), la période hollywoodienne (adaptations, 1983-1993), la transition (1994-2000) et la recherche du renouveau (2002-) [16] –, Cronenberg, à la manière d'un auteur, conçoit son corpus comme « une œuvre unique, divisée en chapitres » [17]. Dès ses premiers films, il pose les jalons de son esthétique et

15. Géraldine Pompon et Pierre Véronneau, *David Cronenberg : la beauté du chaos*, Paris, Éditions du Cerf / Condé-sur-Noireau, Corlet, 2003, p. 124.

16. George Melnyk, « English-Canadian Auteurs : David Cronenberg and Atom Egoyan », *One Hundred Years of Canadian Cinema*, Toronto, University of Toronto Press, 2004, p. 146-157 ; George Melnyk, « David Cronenberg : Mapping the Monstruous Male », dans George Melnyk (dir.), *Great Canadian Film Directors*, Edmonton, The University of Alberta Press, 2007, p. 92-93.

17. Cronenberg ; cité dans Olivier Joyard et Charles Tesson, « L'aventure intérieure : entretien avec David Cronenberg », traduction française par Olivier Joyard, *Cahiers du cinéma*, n° 534, avril 1999, p. 73.

affiche ses champs d'intérêts thématiques – nous en avons nommés quelques-uns – qui ne changeront guère durant sa carrière : seule la manière d'exploiter les thèmes varie. Si chaque film peut être vu comme une nouvelle expérience, une entité indépendante, l'œuvre cronenbergienne doit être aussi considérée dans son ensemble. William Beard soutient ainsi la cohérence esthético-thématique de la production du cinéaste et le statut d'auteur de ce dernier [18] :

> Le cinéma de Cronenberg est un exemple remarquable d'un ensemble de créations, signé par une seule personne, qui présente un groupe de sujets, de thèmes et d'attitudes incroyablement concis et cohérent, ainsi qu'un style identifiable – en d'autres mots, toutes les exigences essentielles au statut de cinéma d'auteur [19].

La bibliographie cronenbergienne comporte à ce jour nombre d'ouvrages biographiques, analytiques et académiques [20]. Comme Beard, tous cherchent à définir l'esthétique du cinéaste en reliant ses films dans une étude thématique, en les confrontant deux à deux ou en les analysant successivement tout en les comparant les uns aux autres [21]. Parmi tous ces écrits, ceux de Serge Grünberg méritent une attention particulière. Spécialiste du cinéma cronenbergien, on lui doit deux ouvrages [22], ainsi que plusieurs articles parus dans les *Cahiers du cinéma* dans lesquels il identifie un certain nombre d'éléments qui vont nous permettre d'appréhender ici la vision du cinéaste et ce qui en fait la spécificité.

Un cinéaste d'idées, un philosophe réaliste

Grünberg définit le réalisateur comme un cinéaste d'idées « très proche, dans ses techniques narratives comme dans sa thématique, de sa principale influence artistique, William S. Burroughs », et qui, poussé par son intérêt pour la science-fiction et la biologie – la science, en général –, « conçoit les *idées* en question comme un "corps" énigmatique dont la dissection serait la méthode d'approche » [23]. Avec le cinéma,

---

18. En 1983, Beard soulignait déjà le statut d'auteur de Cronenberg, justifiant de la sorte l'intérêt devant être porté à son œuvre malgré son imagerie repoussante. Voir Beard, « L'esprit viscéral : les films majeurs de David Cronenberg », dans Handling et Véronneau [dir.], *L'horreur intérieure*, p. 57. L'ensemble de l'ouvrage confirme d'ailleurs ce point de vue.

19. « *The cinema of David Cronenberg is an outstanding example of a body of work, signed by a single person, that manifests an incredibly tight and consistent group of subjects, themes, and attitudes as well as an identifiable style – in other words, all the essential requirements for status as authorial cinema* » (William Beard, *The Artist as Monster : The Cinema of David Cronenberg*, édition revue et augmentée, Toronto, University of Toronto Press, 2006, p. ix. Notre traduction).

20. Par exemple : Rodley, *Cronenberg on Cronenberg*; Sébastien Rossignol, *Le cinéma de David Cronenberg et la peinture de Francis Bacon : regards croisés*, mémoire de maîtrise, Toulouse, Université de Toulouse II, 2003, http://baconcronenberg.free.fr, consulté le 17 janvier 2017.

21. Par exemple : Michael Grant, *The Modern Fantastic : The Films of David Cronenberg*, Westport, Conn., Praeger, 2000; Ernest Mathijs, *The Cinema of David Cronenberg : From Baron of Blood to Cultural Hero*, Londres, Wallflower Press, 2008; Mark Browning, *David Cronenberg : Author of Film-maker?*, Bristol, Intellect, 2007.

22. Serge Grünberg, *David Cronenberg* [1992], nouvelle édition augmentée, Paris, Cahiers du cinéma, 2002; Grünberg, *David Cronenberg : entretiens avec Serge Grünberg*.

23. Grünberg, *David Cronenberg*, p. 29.

Cronenberg trouve un moyen de traduire visuellement ses idées et ses obsessions. L'une d'entre elles concerne le rapport entre le corps et l'esprit – on pense, par exemple, aux jumeaux de *Dead Ringers* et leur impossibilité de vivre dans deux corps séparés. Si l'univers cronenbergien est un « univers mental » [24], d'idées, sa traduction visuelle passe par le corps, la chair, substance palpable et réelle :

> Pour moi, la réalité, c'est le corps : c'est ce qu'un cinéaste photographie. Quelles que soient les pensées abstraites qui peuvent y être rattachées par la suite, je dois photographier les visages, les corps des gens. [...] La vraie violence, c'est la destruction du corps humain [25].

Le réalisateur peut être également décrit comme philosophe : « Il n'est probablement pas trop fort d'affirmer que Cronenberg est essentiellement un cinéaste *philosophique*, un artiste qui à travers ses propres préoccupations mène une enquête sur la nature humaine » [26]. Cette enquête s'inscrit dans une large étude des rapports entre le corps et l'esprit, l'inconscient et le conscient, l'instinct et la raison – souvent incarnée par la figure du scientifique –, ou encore le désordre et l'ordre. Ce thème de la dichotomie humaine est sans doute celui qui unifie le plus le corpus cronenbergien, où les films sont autant d'exemples et d'observations de ce moment où l'inconscient se révolte contre la répression et le contrôle, où le fragile équilibre entre l'esprit et le corps est subverti : « L'arrogance du rationalisme n'est pas une bonne chose, mais les explosions du corps sont pires encore [et le refoulement des pulsions n'est pas bon non plus] », note Beard. Il poursuit :

> Cronenberg observe la perte de contrôle avec un détachement clinique empreint d'une ironie désabusée [...]. Il observe simplement les horreurs qui bourgeonnent du point de vue de celui qui sait ce qui se produit lorsque l'équilibre complexe de la nature humaine est rompu [27].

Au-delà de l'horreur, Cronenberg pose un discours réfléchi sur le rapport entre le normal, incarné par la raison et la répression, et le monstrueux, représenté par l'instinct et la libération, et qui se manifeste par l'intermédiaire du corps.

Il y a chez Cronenberg ce qu'on peut appeler une exigence réaliste [28]. Selon Grünberg, son approche de l'horreur, intérieure, se distingue des autres films du genre « dans la mesure où sa forme narrative est moins celle d'une fable que d'un constat médical qui

---

24. « L'univers de Cronenberg [...] est un univers mental. Les rapports entre les personnages n'y ont aucune réalité, on y voit plutôt des allégories, des idées, des concepts, des obsessions, des pulsions, des désirs et des frayeurs étalés avec une complaisance qui, je crois, est à la source du "dégoût" qu'éprouvent certains, et en tout cas, du sentiment de confusion qui contamine le spectateur » (*ibid.*, p. 104).

25. Cronenberg; cité dans Michel Ciment et Hubert Niogret, « Entretien avec David Cronenberg : la réalité, c'est le corps », *Positif*, n° 561, novembre 2007, p. 18.

26. Beard, « L'esprit viscéral », dans Handling et Véronneau (dir.), *L'horreur intérieure*, p. 61.

27. *Ibid.*

28. Cette exigence réaliste ne doit pas être confondue avec le genre du réalisme, qui appartient cependant à la tradition cinématographique canadienne, définie par John Grierson dès la fondation de l'ONF en 1939. Sur le rapport de Cronenberg au réalisme, notamment canadien, voir Handling, « Un Cronenberg canadien », dans *ibid.*, p. 181; Johanne Larue, « Le Canada selon David Cronenberg », *Séquences*, n° 167, novembre-décembre 1993, p. 54). Pour un autre aperçu de la canadienneté du cinéma cronenbergien, voir André Loiselle, « Au-delà de Cronenberg et Egoyan : faire connaître le cinéma canadien-anglais aux Québécois », *Québec français*, n° 117, printemps 2000, p. 77-80.

enregistre, parfois sur un mode documentaire-réaliste, les progrès d'une maladie »[29]. L'horreur, chez Cronenberg, peut être qualifiée de réaliste étant donné qu'elle n'est pas le fait d'un « monstre », dont on ne connaît l'origine, mais d'une expérience scientifique – donc justifiée – ou d'un traumatisme qui provoque chez ses personnages une altération du corps[30]. L'« esthétique des corps cruentés » (à vif) adoptée par le réalisateur, et commune à celle du peintre Francis Bacon[31], se double d'un univers singulier, froid, claustral, angoissant, relativement neutre (décors anonymes, costumes conventionnels; personnages assez banals, souvent marginaux; couleurs neutres, voire froides ou mornes)[32]. L'horreur ou la violence s'y immiscent ainsi de façon brutale ou progressive. Dans ce dernier cas, chaque étape de la déchéance du héros est soigneusement, médicalement décortiquée jusqu'au point de non-retour. La majorité des films se finit dès lors par la mort de l'homme, prisonnier d'un corps altéré.

Outre son ancrage dans le corps humain, le réalisme cronenbergien passe par une redéfinition des genres cinématographiques exploités par le cinéaste. Pour lui, il s'agit de « montrer aux gens ce qu'ils ne veulent pas voir », ce qu'ils refoulent, « et de le faire par le biais d'une forme qui semble familière »[33]. Il s'agit donc, à l'aide du genre, de montrer l'immontrable, mais de manière réaliste, en exploitant un terrain cinématographique et les codes du genre connus du spectateur. Selon Raphaël Bassan, « le concept de genre est trop étroit » pour le réalisateur :

> Est-ce que ses films relèvent du fantastique ou de la science-fiction ? Si l'on tient compte du fait que leurs intrigues se nourrissent des extrapolations d'un ou plusieurs savants, ils se rattachent à la SF [science-fiction]. En y regardant de plus près, on s'aperçoit que ce n'est jamais la finalité de l'expérience qui est le but de l'œuvre, mais ses retombées sur la nature humaine, son intégrité et ses métamorphoses : on est alors proche de l'apparition de l'irrationnel dans le film fantastique traditionnel. Avec, toutefois, une dimension philosophique que l'on retrouve seulement dans les films les plus aboutis des deux genres. [...] On peut y noter, toutefois, des éléments propres au mode de traitement de l'horreur contemporaine (cinéma moderne et urbain où l'*extraordinaire* surgit au sein du quotidien le plus banal : les officiants les plus notoires de ce sous-genre sont George A. Romero, Tobe Hooper et Wes Craven) : sujet central actif qui est en même temps prédateur et victime des systèmes étranges qu'il déclenche, mutations diverses autorisées

29. Grünberg, *David Cronenberg*, p. 28.

30. Notons ici l'intérêt du réalisateur pour l'évolutionnisme émergent qui « postule non pas une continuité linéaire dans l'évolution, mais une progression où continuité et sauts imprévisibles se combinent pour donner naissance à de nouvelles formes de vies » (Pompon et Véronneau, *David Cronenberg*, p. 12). En tant que telles, les mutations cronenbergiennes peuvent être considérées comme des alternatives de vie, voire des renaissances, qui ne sont pas nécessairement négatives, du moins au début de la mutation. À propos de l'évolutionnisme émergent, on notera que pour produire *Stereo*, Cronenberg fondera sa propre maison de production : « Emergent Film ».

31. Voir Rossignol, *Le cinéma de David Cronenberg et la peinture de Francis Bacon*.

32. Selon Grünberg, l'environnement claustral est « une donnée presque invariable de l'œuvre » (Grünberg, *David Cronenberg*, p. 86).

33. Cronenberg; cité dans Yann Tobin, « Qu'est-ce qu'ils entendent par pornographie? », *Positif*, n° 425-426, juillet-août 1996, p. 89.

> par le développement du *gore* [...]... Tous ces éléments sont broyés et reprogrammés par les dispositifs sophistiqués de la machine cronenbergienne[34].

De son côté, Grünberg observe que, contrairement aux films d'horreur classiques, « Cronenberg, dont la morale n'est absolument pas celle de l'idéologie dominante-consensuelle, ne prend jamais le point de vue de la communauté »[35]; au contraire, il prend celui du « monstre »[36] – du héros, qui présente une altérité. Il rompt également avec les règles du fantastique et se rapproche ainsi de la science-fiction, en ce que les événements qu'il expose sont rationnellement explicables : « Pas de magie ou d'atmosphères gothiques; la présence et les commentaires de médecins ou de savants dans les films renforcent davantage encore notre "crédulité" »[37], observe Grünberg. Selon René Prédal, cette dimension scientifique participe du sentiment de « proximité » (de réalisme) suscité par les films de Cronenberg. Cette même proximité est accentuée par le fait que les événements horrifiques qui prennent place dans ces films sont « affrontés directement dans la société d'aujourd'hui (à part *The Dead Zone*, tous les films sont urbains) et non avec la distanciation du passé (fantastique gothique), du futur (la science-fiction) ou de l'éloignement géographique (aventures exotiques) »[38]. Comme l'observe Beard, Cronenberg conserve cependant la distanciation, le regard détaché de celui « qui sait ce qui se produit lorsque l'équilibre complexe de la nature humaine est rompu »[39]. L'exigence réaliste cronenbergienne se traduit ainsi par un regard clinique sur les événements qui nous sont donnés à voir, parfois tirés de faits réels (*Dead Ringers*, *M. Butterfly*, *A Dangerous Method*), et par une image crue, voire hyperréaliste, par la mise en scène de personnages triviaux, mais non stéréotypés, et la mort du héros.

Nous l'avons dit, dans le cinéma cronenbergien, la mort est inévitable. Tel un scientifique, le cinéaste inocule un virus à ses héros dans son laboratoire filmique et observe leur réaction à l'aide d'une caméra-microscope. Ne pouvant vivre dans cette nouvelle condition, le héros est sacrifié :

> Cronenberg nous offre toujours la mort finale du héros comme une délivrance, comme si, d'une certaine façon, le virus ayant proliféré et contaminé jusqu'à la narration, il fallait, dans un ultime effort *résolutoire* (qui n'est pas une dénégation), sacrifier l'organisme porteur pour détruire l'envahisseur menaçant[40].

---

34. Raphaël Bassan, « Le Festin nu : de la "nouvelle chair" au verbe incarné », *La revue du cinéma*, n° 480, mars 1992, p. 22.

35. Grünberg, *David Cronenberg*, p. 31. Voir aussi Beard, « L'esprit viscéral », dans Handling et Véronneau (dir.), *L'horreur intérieure*, p. 62.

36. Nous n'utiliserons jamais le terme de monstre pour désigner une créature fantastique ou mythologique. Plus généralement, notre définition comprend la nature différente du personnage cronenbergien en regard de ce que nous considérons habituellement comme la normalité. Comme évoqué dans la suite de notre texte, la monstruosité des protagonistes est ambiguë et ne devrait pas être tenue pour acquise : elle doit être constamment questionnée.

37. Grünberg, *David Cronenberg*, p. 52.

38. René Prédal, compte rendu de *L'horreur intérieure : les films de David Cronenberg* par Piers Handling et Pierre Véronneau (dir.), *CiNéMAS*, vol. 2, n° 2-3, printemps 1992, p. 239.

39. Beard, « L'esprit viscéral », dans Handling et Véronneau (dir.), *L'horreur intérieure*, p. 61.

40. Grünberg, *David Cronenberg*, p. 37.

Aucune fin heureuse n'est possible. Il en résulte un sentiment d'impuissance du héros, qui, ne pouvant recouvrer la santé, décide d'aller jusqu'au bout de sa monstruosité, et du spectateur, témoin de sa déchéance.

Ce qui est tout aussi déstabilisant pour le spectateur est le rôle qui lui est attribué dans le cinéma de Cronenberg. Ce dernier lui pose des questions métaphysiques – sur la vie, la naissance, la mort, les relations entre êtres humains, la nature monstrueuse de ses personnages – et ne se dévoile jamais totalement : le spectateur doit être actif. Ce qu'on nous donne à voir n'est pas nécessairement accessible. Le réalisateur *propose* des expériences, des alternatives de vie, mais sans instructions : « Il nous raconte des histoires en toute subjectivité, sur le mode objectif de la leçon d'anatomie, en nous laissant une part *active* dans son déchiffrement »[41], écrit Grünberg. Ce mode objectif et médical laisse, en outre, peu de place à l'identification (principe hollywoodien), ce que refuse d'ailleurs le cinéaste[42]. Ce dernier observe ses héros, en adopte le point de vue. Ceux-ci étant en même temps les « monstres », le spectateur occupe davantage la place du témoin, de l'observateur (ou du voyeur), voire du complice. Il en résulte une sensation de malaise, ou d'horreur, du spectateur habitué à s'identifier au personnage principal ou à la victime. En tant que monstre, comment croire ce qu'il nous dit et ce qu'il nous montre ? Cette problématique du point de vue et de l'identification est, en outre, complexifiée par l'exigence réaliste du réalisateur : ce que nous voyons semble plausible, mais le doute est constant.

L'ambiguïté cronenbergienne : véracité, identité, sexualité

La notion d'ambiguïté est omniprésente dans le corpus cronenbergien : « L'ambiguïté est présente *à l'intérieur* de chaque film, tout comme elle l'est également *de* film en film »[43]. Cronenberg est un cinéaste de dilemmes : « Le couple est un élément central de *The Brood* et *Scanners* », mais dans le premier « il doit être détruit », tandis que dans le second « il doit être réinventé »[44]. L'ambiguïté est également transmise par ces héros dont la nature monstrueuse met en doute la véracité de leur point de vue, *a fortiori* s'ils sont en proie à l'hallucination. Dans ce cas, Cronenberg brise le contrat spectatoriel « par lequel spectateur et metteur en scène s'accordent sur certaines règles : le héros dit la vérité, par exemple ; ou ce qu'il voit ou raconte est "vrai" »[45]. Mais parce

41. *Ibid.*, p. 51.

42. Voir Michel Ciment et Laurent Vachaud, « Entretien avec David Cronenberg : l'homme n'a pas encore vraiment accepté son corps », *Positif*, n° 458, avril 1999, p. 19.

43. Handling, « Un Cronenberg canadien », dans Handling et Véronneau (dir.), *L'horreur intérieure*, p. 188.

44. *Ibid.*, p. 190.

45. Grünberg, *David Cronenberg*, p. 76, note 2. Prenons, par exemple, le cas de *Spider*. Aux côtés de Dennis « Spider » Cleg, un schizophrène en quête de sa mémoire, nous découvrons le traumatisme à l'origine de sa maladie : enfant, il a été témoin du meurtre de sa mère, perpétré par son père. Cependant, bien que nous l'ayons cru jusqu'ici, nous recouvrons également la mémoire avec Spider, le véritable monstre, le meurtrier de sa propre mère. Nous avons fait confiance au récit d'un fou. Nous l'avons suivi sans remettre en question ce qu'il nous montrait, tout en connaissant la nature troublée de son esprit. Nous nous sommes laissés entraîner par la schizophrénie de Spider et devons reconstruire la réalité des faits à partir des seules images subjectives livrées par un esprit dérangé. Que (qui) devons-nous croire ?

qu'ambigus, les personnages cronenbergiens sont réalistes. Pour le cinéaste, il n'existe aucun absolu moral, apanage du cinéma hollywoodien ; c'est ce qui le différencie aussi des réalisateurs de films d'horreur classique : « Je ne pense pas que l'on puisse trouver dans la vie une personne aussi simplement esquissée [bonne ou mauvaise]. Je pense que j'essaie de contrarier le désir de mon public de voir un personnage qui serait au départ mauvais, parce que je n'y crois pas »[46]. Réalisme et ambiguïté sont ainsi combinés dans une représentation juste de l'être humain dans toute sa complexité (conséquence de sa dichotomie) : « C'est pour ça que je ne crois pas à la simplicité des choses et que mon œuvre est ambiguë. La certitude est impossible »[47].

Pour Grünberg, le doute naît de l'injection continue, dans l'univers réaliste, d'une image virale (vision, hallucination, rêve, etc.), si bien que

> le spectateur ne dispose pas de repères ou d'indices suffisants pour sérier l'image « réaliste-naturaliste » (celle qui est censée enregistrer l'action telle qu'elle a lieu) de l'image onirique, hallucinatoire ou fantasmatique. [...] Avec une joie iconoclaste, Cronenberg mêle dans ses films, images saines et images infestées, comme pour instiller en nous un vertige, un doute systématique, comme pour nous montrer que le rayon lumineux qui passe, dans la salle, au-dessus de nos têtes, était le vecteur non seulement d'une illusion (dont nous désirons profondément oublier la nature), mais bien d'une maladie virale et hautement contagieuse qui s'appellerait le cinéma[48].

Cronenberg joue également avec l'illusion du cinéma à travers la notion d'acteur, du double, et la question de l'identité : les jumeaux Mantle de *Dead Ringers* jouent constamment leur vie, se font passer l'un pour l'autre, se prennent pour des frères siamois, et ce, à travers un seul et même acteur (Jeremy Irons) ; le Dr Benway (Roy Scheider), de *Naked Lunch*, se révèle, tel un transformiste, sous la peau de Fadela (Monique Mercure) ; c'est Song Liling (John Lone), dans *M. Butterfly*, qui, sans transformation, est une femme, puis un homme ; quant aux protagonistes de *Crash*, ils ne cessent de mettre en scène leur sexualité et James Ballard (James Spader) se prend pour un autre, Vaughan (Elias Koteas), lorsque vient le temps d'initier son épouse au *crash* automobile. Dans l'univers de Cronenberg, écrit Stéphanie Dast, l'on peut « être à la fois soi-même et un autre » :

> « Sensation schizophrénique » jouissive au dire d'Allegra Geller [*eXistenZ*], mais plus souvent vécue comme un traumatisme par les personnages maintenus dans un état transitoire, entre deux incarnations, deux identités, deux images de leur corps. Comme dans le jeu de rôles ou dans le jeu d'acteur [...], on peut faire semblant d'être un autre au point d'y croire et d'y faire croire autrui. [...] À la question « Qui suis-je ? », maints personnages tentent donc de répondre avec angoisse. Il règne, dans l'univers du réalisateur, une confusion quasi perpétuelle entre réalité et virtualité, qui amène à douter de soi-même et de sa propre incarnation[49].

46. Cronenberg ; cité par Beard, Handling et Véronneau, « Entretien avec David Cronenberg », dans Handling et Véronneau (dir.), *L'horreur intérieure*, p. 32.
47. *Ibid.*, p. 49.
48. Grünberg, *David Cronenberg*, p. 33.
49. Stéphanie Dast, « Je est un autre, les transmutations dans l'œuvre de David Cronenberg », *Cadrage*, septembre 2005, www.cadrage.net/dossier/cronenberg.htm, consulté le 23 janvier 2017.

Ainsi ne peut-on jamais faire totalement confiance aux films cronenbergiens. Dans *Scanners*, l'élimination du « mauvais scanner » (Darryl Revok) passe par la fusion de son corps et de l'esprit du « bon scanner » (son frère, Cameron Vale), complexifiant de la sorte une trop simple victoire du Bien sur le Mal. Dans *Videodrome*, rien ne nous assure que Max Renn est davantage victime d'hallucinations que d'un véritable complot. Dans *Dead Ringers*, la distinction des jumeaux, plus aisée vers le milieu du film, devient plus ardue à mesure que nous approchons du final. Dans *Naked Lunch*, bien que la majeure partie de l'histoire soit censée se dérouler à Tanger, rien ne nous indique, sauf le décor, que nous y sommes réellement. Au fur et à mesure du film, il apparaît d'ailleurs que ce Tanger n'est peut-être qu'une construction de l'esprit du personnage principal, Bill Lee. Dans *M. Butterfly*, nous ne sommes pas sûrs que René Gallimard ait véritablement ignoré la masculinité de sa Butterfly : n'avoue-t-il pas à la fin qu'il aimait le mensonge ?

Chez Cronenberg, l'ambiguïté concerne également la sexualité, notamment la différence entre les genres et la nature des rapports sexuels. Si la sexualité est aussi présente dans le corpus cronenbergien, c'est qu'elle « constitue une chose réelle » pour le cinéaste : « Une partie énorme de la sexualité, et tout ce qui s'ensuit, constitue en fait le fondement de notre société »[50]. La composante sexuelle apparaît dès *Stereo*, où l'action se déroule dans la Canadian Academy of Erotic Inquiry. La présence constante de la question de la sexualité chez Cronenberg ne surprend pas dans la mesure où son cinéma manifeste un intérêt particulier pour le corps humain. Tout comme l'horreur, la sexualité cronenbergienne est polymorphe[51], de même que peu conventionnelle, voire perverse[52]. Selon Grünberg, le comportement sexuel des personnages cronenbergiens participe à l'impossibilité d'identification, ainsi qu'au malaise que peuvent susciter les films :

> Ce qui dégoûte, inconsciemment, les tenants de la *moral majority* comme ceux du *politically correct*, c'est bien que les personnages de Cronenberg n'ont pas de psychologie, c'est-à-dire qu'on peut difficilement, comme le veut la vieille recette des businessmen du cinéma, « s'identifier à eux ». La sexualité, comme chez Burroughs, est décrite comme un virus ou une contagion ; une maladie incurable, comme la vie[53].

Cronenberg pose ainsi ce même regard clinique sur la sexualité de ses personnages qui se donne à voir, ici aussi, comme une expérience : la sexualité virtuelle d'*eXistenZ* et de *Videodrome*, de laboratoire dans *Stereo*, frénétique ou animale, née d'une expérience

---

50. Cronenberg; cité par Beard, Handling et Véronneau, « Entretien avec David Cronenberg », dans Handling et Véronneau (dir.), *L'horreur intérieure*, p. 37.

51. La sexualité cronenbergienne peut être animale (*Shivers*, *Rabid*, *The Fly*), absente ou latente (*The Brood*, *Scanners*), masochiste (*The Dead Zone*) ou sadomasochiste (*Videodrome*, *A Dangerous Method*), en tout cas torturée (*Dead Ringers*), indélicate (*A History of Violence*, *Eastern Promises*), ritualisée et dissimulée (*M. Butterfly*), « pornographique » et mécanique (*Crash*), hétérosexuelle (*Videodrome*, *The Dead Zone*, *The Fly*, *A History of Violence*, *Eastern Promises*, *A Dangerous Method*, *Cosmopolis*, *Maps to the Stars*), homosexuelle (*Naked Lunch*, *M. Butterfly*), inacceptable et incestueuse (l'homosexualité latente des jumeaux dans *Dead Ringers*), bisexuelle ou omnisexuelle (*Shivers*, *Crash*) et peut impliquer d'autres objets (*Naked Lunch*, *eXistenZ*, *Crash*).

52. « Cronenberg appartient à cette génération d'intellectuels de l'ère de la "libération sexuelle" pour qui la sexualité est "par définition perverse polymorphe" » (Grünberg, *David Cronenberg*, p. 130).

53. *Ibid.*, p. 127.

ratée dans *Shivers*, *Rabid* et *The Fly*, « sans sexe » dans *The Brood* et *Scanners*, maladive dans *Dead Ringers*, froide dans *Crash*, par exemple.

Un cinéma d'auteur(s)

La dernière constante du cinéma cronenbergien que nous souhaitons évoquer est la fidélité du cinéaste à son équipe qui participe à l'élaboration de son univers. C'est en 1978, sur le tournage de *Fast Company*[54], que Cronenberg rencontre plusieurs des techniciens qui deviendront ses complices : Bryan Day, à la prise de son ou au mixage jusqu'à *M. Butterfly* (excepté *Scanners*) ; Mark Irwin, chef opérateur jusqu'à *The Fly*, puis remplacé par Peter Suschitzky ; Carol Spier, directrice artistique jusqu'à *Maps to the Stars* (excepté *Spider* et *Cosmopolis* ; consultante visuelle sur *A Dangerous Method*) ; Ronald Sanders, au montage (sauf *The Brood*). S'ajouteront le compositeur Howard Shore (sauf *The Dead Zone*[55]) dès *The Brood*, Deirdre Bowen, chargée de la distribution des rôles depuis *The Dead Zone* (sauf *Spider*), et Denise Cronenberg, costumière depuis *The Fly* – mais déjà présente sur les tournages de *Videodrome* et *The Dead Zone*. En regard de la définition esthético-thématique du corpus, le travail de ces collaborateurs a déjà été plus ou moins directement évoqué dans les études cronenbergiennes. Il en reste qu'un coup d'œil aux index des noms révèle déjà le peu d'attention qui leur est accordée, l'objectif de ces ouvrages étant plutôt de définir l'œuvre du cinéaste comme celle d'un auteur. Reprenant les propos de Beard – cité ici même –, Paul Théberge souligne le problème que peut poser une telle conception dans le cadre d'une œuvre créée par une collectivité et non par un unique individu :

> C'est cette notion d'« un ensemble de créations, signé par une seule personne » [...] qui fait que cette supposition sous-jacente à la théorie de l'auteur est si difficile à appliquer dans cet exemple. La simple reconnaissance des multiples contributions à la réalisation d'un film ne devrait pas mener à une remise en question de la validité de la notion d'auteur : par le passé, une telle reconnaissance n'a jamais été suffisante pour remettre en cause la primauté du rôle du metteur en scène [...]. Mais dans le cas de Cronenberg, on ne peut s'empêcher de remarquer la valeur qu'il accorde au travail effectué avec un petit groupe constant de collaborateurs [...]. [...] le travail de ce groupe très soudé d'individus créateurs – de la conception à la production et à la postproduction – doit être considéré comme ayant un impact significatif sur l'apparence, l'atmosphère, le son et le rythme de chaque film de Cronenberg et, en effet, sur l'évolution de ce qu'on a souvent appelé « son » style[56].

54. Si nous n'avons pas mentionné *Fast Company* (1979) jusqu'ici, c'est que le film, une commande, serait le moins cronenbergien du corpus : « C'est un bon petit film de série B. Je ne pense pas qu'il ait beaucoup de rapports avec les autres. Il reflète mon intérêt pour les voitures de course » (Cronenberg ; cité dans Michel Ciment, « Autour de *Faux-Semblants* » [janvier 1989, Paris], dans Michel Ciment, *Petite planète cinématographique : 50 réalisateurs, 40 ans de cinéma, 30 pays*, Paris, Stock, 2003, p. 375-376). La musique du film a été composée par Fred Mollin.

55. Lors d'un entretien avec Royal S. Brown, Shore rapporte qu'il aurait dû composer la musique de *The Dead Zone*. En raison de problèmes causés par l'équipe de Dino de Laurentiis, producteur exécutif du film, la musique sera finalement réalisée par le New-Yorkais Michael Kamen (Royal S. Brown, *Overtones and Understones : Reading Film Music*, Berkeley, University of California Press, 1994, p. 341).

56. « *While Cronenberg is likely not averse to the idea of considering himself as an auteur [...], it is that notion of "a body of work, signed by a single person" [...] that makes this underlying assumption of auteur theory*

Il ne s'agit donc pas de nier le caractère individuel – personnel – de l'univers cronenbergien, mais de le nuancer en en rappelant la dimension collective.

Cronenberg travaille étroitement avec son équipe tout au long de la conception filmique et sollicite très tôt l'avis de ses collaborateurs, avec qui il construit une relation intuitive et confiante. Parlant de sa collaboration avec Shore, il qualifie sa méthode de travail d'« européenne » :

> Tout le monde ne travaille pas de cette façon car les gens ont tendance à étiqueter les compositeurs [...]. Si donc vous faites partie de ces gens-là, vous dites : je veux le directeur de la photo qui a fait tel film, parce qu'il est le meilleur pour *ça* [...]... Mais il y a une autre façon de travailler, qui ressemble plus à ce qui se fait en Europe, ou au moins ce que devraient faire ceux qui considèrent le cinéma comme un art, c'est de tisser des liens très forts avec des artistes et des directeurs de la photographie avec qui on collabore sur chaque projet. On leur fait confiance et on fait les choses ensemble. Une fois écrit, j'envoie mon scénario à quatre ou cinq personnes ; Carol Spier directrice artistique, Peter Suschitzky chef-opérateur, Ron Sanders mon monteur et à Howard Shore. Ce sont mes premiers lecteurs [57].

Le dialogue perdure ensuite pendant le reste de la production. C'est que Cronenberg travaille la plupart du temps sans *storyboard* [58], préférant ainsi « laisser ses films évoluer pendant le tournage et le montage, maximisant de la sorte le potentiel de créativité de ses contributeurs ». Selon ces derniers, ce mode de fonctionnement – et, en conséquence, le niveau de respect et de confiance placé en eux par le réalisateur – constitue « l'un des facteurs qui les a amenés à continuer à travailler avec lui d'un projet à l'autre » [59].

Cronenberg propose ainsi à ses collaborateurs un projet filmique *personnel* qui devient un projet *commun* dans lequel chacun a sa part de créativité et de responsabilité. C'est ce que souligne Gilles Mouëllic dans le cas du compositeur : « Shore a trouvé chez David Cronenberg [...] un univers dans lequel la musique joue un rôle déterminant, comme Herrmann dans sa longue collaboration avec Hitchcock » [60].

---

so difficult to apply in this instance. It is not simply a recognition of the multiple contributions to the film-making process that should lead one to question the validity of the notion of the auteur : such a recognition has never been sufficient to challenge the primacy of the role of the director in the past [...]. But in the case of Cronenberg, one cannot help but notice the value he places on working with a small and consistent group of collaborators [...]. [...] the work of this tightly knit group of creative individuals – from conception through production and post-production – must be regarded as having a significant impact on the look, feel, sound and pacing of every Cronenberg film and, indeed, on the evolution of what has often been referred to as "his" style » (Paul Théberge, « "These Are My Nightmares" : Music and Sound in the Films of David Cronenberg », dans Philip Hayward [dir.], *Off the Planet : Music, Sound and Science-fiction Cinema*, Eastleigh, John Libbey, 2004, p. 130-131. Notre traduction).

57. Cronenberg ; cité dans Grünberg, *David Cronenberg : entretiens avec Serge Grünberg*, p. 109.

58. Le *storyboard* (ou scénarimage, au Québec) est un aperçu visuel d'un film avant que celui-ci ne soit réalisé, littéralement un scénario en images, à la manière d'une bande dessinée.

59. « *Cronenberg often does not make use of a storyboard, preferring to let his films evolve during shooting and editing, thus maximising the potential for his contributors to have creative input [...]. The level of respect and trust Cronenberg places in his creative relationships is attested to in comments made by various members of the creative group [...] when they have been interviewed about their relationship with him. Indeed, it is one of the factors that have led them to continue working with him on project after project* » (Théberge, « "These Are My Nightmares" », p. 132. Notre traduction).

60. Gilles Mouëllic, *La musique de film : pour écouter le cinéma*, Paris, Cahiers du cinéma, 2003, p. 43, note 26.

De l'image à la musique : la transformation de l'esthétique humaine

Avant de tenter de cerner ce « rôle déterminant » de la musique dans le cinéma cronenbergien, le « projet Cronenberg », qui relierait tous les films de l'œuvre, reste à définir. Revenons, à ce stade, sur le fait que le cinéma cronenbergien peut être décrit comme un laboratoire où chaque film est une expérience : expérience d'une vie, d'une mort, que l'on « répète » – « la réalisation d'un film vous permet de répéter votre propre mort » –, expérience d'une croyance, d'une philosophie que le cinéaste ne « partage pas nécessairement », mais qu'il teste à travers ses personnages « pour connaître ses résultats »[61]. Cette expérimentation philosophique, nous l'avons dit, prend bien souvent la forme d'une exploration organique. L'expérience de la vie et de la mort mène Cronenberg à de nouvelles représentations du corps humain dont il expose la beauté intérieure. Il s'explique :

> Il reste toujours étonnant, à mes yeux, que tout le monde puisse se mettre d'accord sur la beauté d'une femme, mais que beaucoup seraient dégoûtés par le même corps en rayons X ou [...] durant une opération chirurgicale. L'intérieur de son corps n'est pas beau. Nous n'avons pas une vision esthétique totale dans la mesure où nous n'assumons pas l'intérieur de nos corps et la compréhension des organes et de leur fonctionnement. C'est donc de l'humour noir, mais c'est aussi très sérieux : pourquoi ne pas faire un concours de beauté pour le plus beau rein, l'estomac le plus joliment formé, le foie le plus exquis ? Pourquoi pas ? C'est peut-être évident pour beaucoup, mais pas pour moi. Je trouve même ça étrange. Incompréhensible. Cela indique en tout cas à quel point nous n'assumons pas encore ce que nous sommes, même au plan physique. Le corps est encore un mystère et, d'une certaine façon, il le sera toujours[62].

Ainsi de l'horreur intérieure peut émerger une certaine beauté. Nous sommes au cœur de l'ambiguïté (ou de la réalité ?) cronenbergienne ou, plus exactement, du grand projet créateur du cinéaste. Ce dernier le décrit en ces mots :

> Au niveau esthétique, l'une des choses que je fais dans mes films, et qui marche pour moi mais pas nécessairement pour les autres, c'est d'essayer de modifier la perception esthétique du public. Au cours des quatre-vingt-dix minutes ou plus que dure le film, je veux qu'il commence par éprouver une révulsion normale et innée, mais qu'à la fin, il parvienne à voir une espèce de beauté ou une possibilité de beauté dans ce qu'il avait trouvé répugnant au départ. Cette démarche fait aussi partie de mon projet. C'est un projet esthétique, une tentative de transformation de l'esthétique humaine[63].

La transformation de l'esthétique humaine traverse toutes les couches du cinéma cronenbergien. L'influence de l'écriture (donner corps au verbe) et de la science (créer une métaphore du corps) l'amène à développer un genre singulier, celui de l'horreur intérieure, corporelle et psychologique, qui relève à la fois de l'horreur classique, de la science-fiction, du fantastique et de l'érotisme. Cinéaste d'idées et philosophe réaliste s'intéressant à la dichotomie humaine (corps-esprit, inconscient-conscient, instinct-raison, désordre-ordre), Cronenberg mue ses idées en un corps altéré qu'il convient de

---

61. Cronenberg ; cité par Beard, Handling et Véronneau, « Entretien avec David Cronenberg », dans Handling et Véronneau (dir.), *L'horreur intérieure*, p. 33-34.

62. Cronenberg ; cité dans Grünberg, *David Cronenberg : entretiens avec Serge Grünberg*, p. 106.

63. *Ibid.*, p. 106-107.

disséquer (une « esthétique des corps cruentés »), puis de sacrifier. La subversion générée par une telle dichotomie engendre une imagerie viscérale (d'une beauté inquiétante), des « monstres », qui résultent de la perte de contrôle de la science. Le cinéaste procède ainsi à une redéfinition des genres cinématographiques (le héros est un monstre, le corps humain possède une beauté intérieure) en adoptant, en outre, un point de vue réaliste (sentiment de proximité, personnages triviaux, regard clinique) qui ébranle les codes connus du spectateur (doute constant, impossibilité de l'identification). Confronté au réalisme dérangeant du réalisateur, le spectateur baigne dans une ambiguïté continuelle qui le force au questionnement sur sa propre nature humaine (absence d'absolus moraux, dilemmes, personnages schizophréniques, doubles, sexualité perverse et polymorphe). L'ambiguïté réside enfin dans le statut d'auteur du cinéaste dont l'œuvre, bien qu'elle représente la vision d'*un* auteur, est également le fruit du travail de ses multiples « doubles ».

Avant d'aller plus loin, nous pouvons déjà dire que le projet de transformation de l'esthétique humaine touche également la musique, car Cronenberg et Shore cherchent à rompre avec la réalité musicale du spectateur – ce qu'il a l'habitude d'entendre. Il serait ainsi possible de parler d'un projet esthétique musico-visuel caractérisé, entre autres, et comme nous le verrons plus loin, par le refus de la redondance – en faveur de la créativité et de l'ambiguïté –, des conventions hollywoodiennes et de la musique préexistante et d'écran. C'est aussi l'utilisation de textures, de sonorités et d'une instrumentation singulières – le mélange électroacoustique de *Scanners* et *Crash*, le Synclavier de *Videodrome*, la juxtaposition orchestre-trio jazz de *Naked Lunch*, le thérémine dans *eXistenZ*, par exemple –, l'absence, bien souvent, de mélodie clairement identifiable, mémorisable et répétée. Il s'agit donc d'éviter les repères musicaux trop familiers afin d'en créer de nouveaux et de doter l'univers cronenbergien d'une musique qui n'a de lien qu'avec la réalité alternative créée par le réalisateur et cette esthétique nouvelle.

Avant de pouvoir bénéficier de l'expertise musicale de Shore, Cronenberg se charge lui-même de la bande sonore de ses films. Avec *Stereo*, le choix coûteux du 35 mm le force à renoncer au son synchrone ; il ajoute alors une voix *off* en postproduction. La bande-son est donc silencieuse : « Ce sont des choses que vous n'osez plus faire dans le cinéma commercial. Mais à cette époque, je ne craignais pas de le faire »[64], note Cronenberg qui, autodidacte et issu de la veine *underground*, ne se sent donc pas contraint par la convention. *Crimes of the Future* est conçu de la même manière, mais bénéficie d'une trame sonore électronique dominée par des sons aquatiques[65].

64. Cronenberg ; cité par Beard, Handling et Véronneau, « Entretien avec David Cronenberg », dans Handling et Véronneau (dir.), *L'horreur intérieure*, p. 19.

65. Cronenberg a pensé sa bande-son à la manière d'un « ballet sous-marin » (« *an underwater ballet* »). L'univers ainsi créé, avec des sons aquatiques, doit donner l'impression d'observer des créatures d'une autre planète (Rodley, *Cronenberg on Cronenberg*, p. 26.) On retrouve cette même idée dans le choix des couleurs et de l'éclairage de *Dead Ringers*, où une lumière bleue doit générer « une ambiance d'aquarium ». La couleur est ainsi reliée à l'idée du film comme « expérience de laboratoire » : « J'ai deux créatures, deux poissons tropicaux, et je les mets dans un aquarium. Tout est gris et bleu et c'est comme si on les regardait nager » (Cronenberg ; cité dans Charles Tesson, Iannis Katsahnias et Vincent Ostria, « Entretien avec David Cronenberg », traduction française par Vincent Ostria, *Cahiers du cinéma*, n° 416, février 1989, p. 64). La couleur et la lumière bleutées resurgissent dans *Crash*, où l'on peut observer les « poissons cronenbergiens » dans le flux et reflux de la circulation routière.

Pour *Shivers* et *Rabid*, Cronenberg utilise de la musique en stock – probablement issue de la compagnie Cinépix, qui produit les deux films – et est aidé par Ivan Reitman pour les choix musicaux[66]. Majoritairement avant-gardiste et dissonante, elle complète et renforce le caractère étrange et horrifique des événements qui se déroulent à l'écran. Théberge note cependant que, bien qu'en adéquation avec le contexte de ces films, la musique ne peut générer le même degré de subtilité produit par une musique originale : la musique étant préformée, et non destinée spécifiquement au film, son emplacement en regard du montage est parfois maladroit ; son caractère tend, en outre, à l'exagération[67]. Avec *The Brood*, Cronenberg obtient un budget (1,4 M) qui lui permet d'engager un compositeur.

Howard Shore : leçon de composition

Repères

Au moment de cette première collaboration, Shore n'a pas de formation particulière en musique filmique. Il a étudié la composition (avec John Bavicchi), l'improvisation et le jazz (avec Charlie Mariano, Herb Pomeroy et Joe Viola) au Berklee College of Music, suivi le groupe rock Lighthouse[68] en tournée à partir de 1969 et travaillé pour le théâtre, la radio et la télévision, dès son retour à Toronto en 1972, en particulier pour l'émission *Saturday Night Live* dont il est le directeur musical de 1975 à 1980. Sa première partition filmique date de 1978 avec *I Miss You, Hugs and Kisses* (*Le Suspect*) du Canadien Murray Markowitz. La deuxième est donc *The Brood*, qui marque le début de sa collaboration avec Cronenberg : celle-ci ne sera interrompue qu'une seule fois (*The Dead Zone*) jusqu'à aujourd'hui.

Reconnu, semble-t-il, comme l'un des plus expérimentés dans la musique de film de genre du fait de sa collaboration avec Cronenberg, Shore acquiert d'autres contrats pour des films tels que *The Silence of the Lambs* (*Le Silence des agneaux*, Jonathan Demme, 1991), *Ed Wood* (Tim Burton, 1994) ou encore *Se7en* (*Seven*, David Fincher, 1995). Aujourd'hui, sa filmographie comporte un grand nombre de musiques de films qui vont de la comédie (*Big*, *She-Devil* [*La Diable*], *Mrs Doubtfire*, *The Truth About Cats & Dogs* [*Entre chiens et chats*]) au fantastique (*The Cell*, *The Twilight Saga : Eclipse* [*Hésitation*]), en passant par les films pour enfants (*The Last Mimzy* [*Mimzy, le messager du futur*]), dramatiques (*Esther Kahn*, *Doubt* [*Doute*], *Philadelphia*), criminels (*Edge of Darkness* [*Hors de contrôle*], *The Yards*, *The Score*, *Cop Land*, *Striptease*, *A Kiss Before Dying* [*Un baiser avant de mourir*]) et des thrillers (*The Client*, *The Game*, *Panic Room*). Il collabore régulièrement avec le réalisateur Martin Scorsese (*After Hours*, *Gangs of New York*, *The*

66. Cinépix est la compagnie qui a produit le premier film érotique québécois, *Valérie* (1969) de Denis Héroux. Il n'est donc pas étonnant qu'elle ait été attirée par le contenu sexuel explicite de *Shivers*. Coproducteur de *Shivers* et *Rabid*, Ivan Reitman est aussi superviseur musical. Cronenberg le connaît depuis ses années universitaires et en tant que cofondateur de la Toronto Film Co-op. Producteur de nombreux films, Reitman est le réalisateur de comédies comme *Ghostbusters* (*S.O.S. fantômes*, 1984) et *Evolution* (2001).

67. Théberge, « "These Are My Nightmares" », p. 142.

68. Le groupe est formé en 1968. Shore participe à l'enregistrement de huit albums ainsi qu'au ballet rock *Ballet High*, donné par le Ballet royal de Winnipeg au Centre national des arts d'Ottawa (1970).

Aviator, *The Departed* [*Les Infiltrés*], *Hugo*). La consécration arrive avec la trilogie *The Lord of the Rings* (*Le Seigneur des anneaux*, 2001-2003), de Peter Jackson, pour laquelle Shore remporte de nombreux prix, dont ses premiers oscars[69]. De 2012 à 2014, les deux hommes travaillent à nouveau ensemble pour *The Hobbit*, seconde trilogie tolkienienne. En 2005, le National Board of Review of Motion Pictures (États-Unis) lui remet un prix de carrière pour l'excellence en composition de musique de film. En 2007, l'Université York (Toronto) lui décerne un doctorat honorifique, suivie, en 2008, par le Berklee College of Music. Décoré Officier de l'Ordre des Arts et des Lettres de la France, il reçoit le prix du Gouverneur général de la réalisation artistique 2011 (Canada) et est nommé Officier de l'Ordre du Canada, le 18 novembre 2016, « pour son engagement à l'égard de l'industrie de la musique de film en tant que compositeur et chef d'orchestre de renommée internationale ».

Si aucun des chercheurs qui ont étudié le cinéma cronenbergien ne s'est intéressé de près à la musique, tous reconnaissent son importance et le lien étroit qui unit Cronenberg et le compositeur. Le cinéaste lui-même confie à propos de la musique de Shore que « son rythme est parfaitement en phase avec [son] cinéma, essentiel à sa réussite »[70]. Cette affirmation confirme l'apport crucial du compositeur et présuppose une collaboration efficace et prolifique. À ce jour, cependant, peu d'ouvrages consacrés à la musique de film ont examiné avec précision l'originalité de cette production commune ou la carrière de Shore. Or, plusieurs soulignent l'intérêt des collaborations privilégiées réalisateur-compositeur qui illustreraient les principes, voire l'apogée de la rencontre musique-image.

La documentation relative à Shore et sa musique demeure aujourd'hui assez parcimonieuse et éparse : outre les informations disponibles sur Internet, il est possible de rassembler quelques entretiens publiés dans des monographies[71] ou des périodiques[72]. D'autres écrits généraux s'intéressent parfois au travail du compositeur en tant qu'exemple dans l'histoire générale de la musique filmique[73], plus rarement d'un point de vue analytique et plus approfondi[74], ou au sujet de la musique d'un film

69. Pour connaître la liste des prix reçus par Shore pour ses musiques de film, voir la filmographie que nous avons réalisée, reproduite sur le site Internet du laboratoire de recherche-création *La création sonore : cinéma, arts médiatiques, arts du son* (http://www.creationsonore.ca ; référence complète dans la bibliographie).

70. Cronenberg ; cité dans Joyard et Tesson, « L'aventure intérieure », p. 73.

71. Voir Brown, *Overtones and Undertones* ; Philip Brophy, « Howard Shore in Conversation : Composing with a Very Wide Palette », *Cinesonic : The World of Sound in Film*, North Ryde, NSW, Australia, Autralian Film, Television, and Radio School, 1999, p. 1-14 ; Michael Schelle, « Howard Shore », dans Michael Schelle, *The Score : Interviews with Film Composers*, Los Angeles, Silman-James Press, 1999, p. 319-358 ; Mark Small, « Howard Shore : Subliminal Scores », dans Mark Small et Andrew Taylor, *Masters of Music : Conversations with Berklee Greats*, Boston, Berklee Press, 1999, p. 258-267 ; Jan Temmerman, « Howard Shore », dans Ray Bennet *et alii*, *Moving Music : Conversations with Renowned Film Composers*, Tielt, Lannoo, 2003, p. 92-99.

72. Olivier Joyard et Jérôme Larcher, « Shore-Cronenberg : l'état de grâce », *Cahiers du cinéma*, n° 551, novembre 2000, p. 34-35 ; Christian Lauliac, « Howard Shore : la lumière passe de l'œil au cerveau », entretien réalisé le 16 novembre 2002, *Positif*, n° 502, décembre 2002, p. 93-96.

73. Roger Hickman, *Reel Music : Exploring 100 Years of Film Music*, New York, W. W. Norton, 2006 ; Mervyn Cooke, *A History of Film Music* [2008], 3ᵉ impression avec corrections, Cambridge / New York, Cambridge University Press, 2010.

74. Fred Karlin et Rayburn Wright, *On the Track : A Guide to Contemporary Film Scoring* [1990], avant-propos de John Williams, 2ᵉ édition révisée par Fred Karlin, New York / London, Routledge, 2004.

précis[75]. Seule la partition composée pour *The Lord of the Rings* a été l'objet d'une large étude menée par Doug Adams[76]. Ainsi, comme le remarque Mervyn Cooke :

> Au tournant du siècle, la mentalité du *blockbuster* persistait, et les compositeurs étaient beaucoup plus susceptibles d'obtenir une reconnaissance internationale de leur musique pour des films épiques extrêmement coûteux que pour leur travail moins prévisible dans d'autres genres[77].

L'auteur cite Shore à titre d'exemple.

L'information compilée au sujet de Cronenberg permet de rassembler quelques indices concernant la musique de ses films. Le réalisateur semble ainsi plus enclin à se prononcer sur le rôle des bandes sonores, tandis que le compositeur aborde plus volontiers sa méthode de composition. Il n'en demeure pas moins que les entrevues données par Shore, dont celle qu'il nous a accordée le 1er juin 2011, au même titre que celles de Cronenberg, constituent une source première d'informations sur la conception de la musique filmique du compositeur, en général, et au sein du corpus cronenbergien, en particulier, et ce, tant en ce qui concerne les « fonctions » occupées par la musique que la composition.

Expérimenter, se renouveler

Issu d'un milieu musical diversifié, Shore cherche un moyen d'exprimer librement ses idées, de faire jouer et enregistrer sa musique, d'accéder à de bons musiciens et d'exploiter son potentiel créatif et expressif. C'est dans cette perspective qu'il se tourne vers le cinéma – de la même manière que Cronenberg trouve dans le médium cinématographique le moyen d'exprimer et représenter ses propres idées. Comme l'observe Théberge, à la différence de certains compositeurs de formation classique qui considèrent la musique de film comme un « à côté » et le cinéma comme un médium qui compromet la créativité (par exemple, Erich W. Korngold, Bernard Herrmann), Shore choisit la musique filmique comme champ d'expression et de création de ses idées[78]. Ce dernier confie ainsi en entrevue :

> J'avais étudié la musique pendant des années et je n'utilisais vraiment qu'un très faible pourcentage de mes capacités à la télévision et à la radio. J'avais de grands rêves sur ce qui pouvait être fait musicalement. [...] la composition filmique semblait être un moyen d'écrire de la musique expérimentale. Je pensais : « Qui jouera ma musique ? Je n'ai pas d'argent pour embaucher quelqu'un. Aucune société de disques ne va le faire. Aucune

---

75. Marie-Baptiste Roches, « Érotique asymptote : la musique de "Crash" », *Positif*, n° 501, novembre 2002, p. 90-93 ; Paul-Marie Battestini, *Pensée d'un corps, pensée d'une peau... Crash de David Cronenberg*, Paris, Dreamland, 2002 ; Durrell Bowman, « Dark Mirrors and Dead Ringers : Music for Suspense Films about Twins », *Intersections*, vol. 27, n° 1, 2006, p. 54-74 ; Anahid Kassabian, « Rethinking Point of Audition in *The Cell* », dans Jay Beck et Tony Grajeda (dir.), *Lowering the Boom : Critical Studies in Film Sound*, Urbana, University of Illinois Press, 2008, p. 299-305.

76. Doug Adams, *The Music of The Lord of the Rings Films : A Comprehensive Account of Howard Shore's Scores*, disque audio inclus, Van Nuys, Carpentier / Alfred Music Publishing, 2010.

77. « *At the turn of the century, the blockbuster mentality persisted, and composers were far more likely to achieve international recognition from their music for extravagantly expensive epics than for their less predictable work in other genres* » (Cooke, *A History of Film Music*, p. 497. Notre traduction).

78. Théberge, « "These Are My Nightmares" », p. 142.

> organisation ne s'intéresse à moi parce que je ne viens pas du milieu universitaire ». C'est pourquoi Cronenberg était si parfait pour commencer – il n'avait jamais travaillé avec un compositeur et je n'avais jamais travaillé avec un réalisateur. Nous n'avions aucune idée préconçue. Il n'y avait pas de studio. Il n'y avait personne pour nous dire ce que nous pouvions faire ou non. C'était complètement expérimental [79].

Sa formation éclectique, qui commence dès Berklee où l'on enseigne aussi bien la musique classique que le jazz, lui est d'une aide précieuse pour aborder un domaine pour lequel il ne possède aucune formation réelle. Ses années avec Lighthouse lui ont permis de fréquenter des musiciens au bagage classique solide, qui lui ont fait découvrir des compositeurs tels que Arnold Schoenberg, Alban Berg et Anton Webern – et Shore appliquera le langage dodécaphonique dès *The Brood*. Son expérience à la télévision, à la radio et au théâtre lui a appris à travailler vite, seul ou en équipe, à respecter des délais et à composer dans divers styles. Lorsqu'il commence à œuvrer pour le cinéma, Shore est donc conscient des exigences du milieu. Mais pour la composition musico-filmique, il doit apprendre et apprendra seul, ce qui explique le caractère expérimental de ses premières œuvres filmiques :

> Vous savez, je n'ai jamais eu de mentor pour m'expliquer la synchronisation et toutes sortes d'autres choses comme celle-là. Ces premiers films avaient une approche expérimentale dans la manière dont j'en utilisais la musique. Je ne pense pas avoir travaillé de manière conventionnelle. Pour *I Miss You, Hugs and Kisses*, j'ai composé avec mes propres méthodes et mes propres techniques [80].

Comme pour Cronenberg, c'est donc l'inexpérience du compositeur dans le domaine cinématographique qui l'amène à essayer de nouvelles pratiques musicales – pour lui, le cinéma constitue également un laboratoire. Pour *The Brood*, il s'inspire du genre du film et de son impact viscéral. Synonyme d'avant-garde, le genre de l'horreur le pousse à utiliser des techniques compositionnelles qu'il ne pouvait employer ailleurs [81]. Dans cette suite pour 21 cordes, nous retrouvons ainsi l'influence de Béla Bartók, Bernard Herrmann [82] et Igor Stravinsky, l'exploitation de la technique de jeu des cordes – pincées, frappées, trillées, en *glissando*, etc. – et l'écriture dodécaphonique, sinon

---

79. « *I had studied music for years, and I was really only using a very small percentage of my ability on television and radio shows. I had grand dreams of what could be done musically. [...] film scoring seemed like a way to get to write experimental music. I was thinking, "Who will play my music? I have no money to hire anybody. No record company is going to do it. No organization is interested in me because I'm not coming from academia." That's why Cronenberg was so perfect to start with – he'd never worked with a composer, and I'd never worked with a director. We had no preconceptions. There was no studio. There was nobody telling us what we could or couldn't do. It was completely experimental* » (Shore ; cité dans Cory Reynolds, « Howard Shore », entretien, 2001, www.indexmagazine.com/interviews/howard_shore.shtml, consulté le 27 janvier 2017. Notre traduction).

80. Voir Thomas Aufort et Jacky Dupont, « Entretien avec Howard Shore part. 1 », entretien réalisé le 5 décembre 2000, *Colonne sonore*, n° 3, printemps-été 2001, publié en ligne le 11 juillet 2011, http://lecranmusical.blogspot.com/2011/07/entretien-avec-howard-shore-part-1.html, consulté le 27 janvier 2017.

81. Voir Brown, *Overtones and Understones*, p. 337.

82. Dans *The Brood*, nous entendons la même utilisation des cordes, dérangeantes et stridentes, qui était la signature de la partition de Herrmann pour *Psycho* (*Psychose*, 1960) de Hitchcock. Shore reconnaît d'ailleurs cette influence. Voir Emmanuel Gea et Arnaud Damian, « Entretien avec Howard Shore », www.traxzone.com/textes/index.asp?id=1795, consulté en mars 2008.

atonale. La partition se présente comme un long morceau, une suite alternant divers épisodes musicaux – agités et atonals, calmes et tonals. Contrairement aux films qui suivront, la musique de *The Brood* ne comporte que 10 % de traitement électronique (un seul *cue*[83]). Dans *Scanners*, l'expérimentation concerne davantage le matériau sonore. De nombreuses improvisations au synthétiseur sont enregistrées sur cassette, manipulées à l'aide d'un enregistreur multipiste, en faisant du montage sonore, puis complétées par des parties orchestrales[84], générant de la sorte une partition mi-acoustique, mi-électronique – une technique qu'il réutilisera pour *After Hours* de Scorsese. Avec *Videodrome*, l'expérimentation atteint un nouveau degré avec une partition entièrement électronique réalisée au Synclavier[85]. Le genre de ces films – l'horreur pour *The Brood*, la science-fiction pour *Scanners*, le caractère étrange, radical et inclassable de *Videodrome* – a pu décider en partie de la nature de leur partition, mais c'est surtout leur caractère expérimental, couplé à un budget restreint, et l'absence de restrictions du réalisateur qui ont permis à Shore d'essayer diverses techniques.

À la suite de cette première phase éminemment expérimentale, Shore s'essaie à d'autres univers sonores. Avec *The Fly*, il passe de l'électronique à la composition pour orchestre et conçoit le film à la manière d'un opéra, en raison de son potentiel émotionnel et épique[86]. Pour le compositeur, l'opéra *est* la musique de film[87], qui peut dès lors être décrite comme une sorte d'opéra sans paroles[88]. Nous retrouvons l'influence opératique dans *M. Butterfly*, dont la partition combine les opéras italien et chinois avec la propre musique de Shore, ainsi que dans *A Dangerous Method*, où la présence de Richard Wagner, justifiée narrativement, est apportée par le compositeur par la citation, la transcription ou le mimétisme stylistique. Dans ce dernier film, il s'agit donc d'une des rares fois où la musique évoque directement celle d'un autre compositeur. Ce n'est cependant pas la première et dernière fois que Shore fait appel à d'autres musiciens, puisqu'il avait déjà collaboré avec Ornette Coleman pour *Naked Lunch* et travaillera avec le groupe Metric pour *Cosmopolis*.

---

83. Au cinéma, le *cue* (ou « top ») correspond à un « signal » indiquant le début d'un enregistrement, l'entrée de la musique, voire la pièce musicale démarrant à partir d'un tel signal. Nous l'utiliserons majoritairement dans ce dernier sens (un *cue* égale une occurrence musicale dans le film).

84. Très jeune, Shore s'exerçait déjà au montage sonore à partir de cassettes audio. Voir Reynolds, « Howard Shore ».

85. Premier synthétiseur numérique, le Synclavier a été inventé conjointement par Jon Appleton, professeur de musique au Dartmouth College, par Sydney A. Alonso, expert en électronique numérique, et par Cameron Jones, programmeur en génie logiciel. Il permet de programmer, échantillonner, séquencer et synthétiser des sons. L'instrument est commercialisé en 1975.

86. Shore considère que le film peut être vu comme un « opéra italien typique du XIXe siècle », ce qui correspond à ses goûts musicaux de l'époque, notamment Verdi (Shore; cité dans Lauliac, « Howard Shore », p. 94). En entretien, il relie l'opéra au mythe et à l'aspect science-fiction du film (la suspension de l'incrédulité) – la musique se teinte ainsi d'une « qualité plus mythique », grandiose (Solenn Hellégouarch, Entretien avec Howard Shore, 1er juin 2011, Tuxedo Park, NY). Shore travaillera sur une version opératique de *The Fly*, commandée par le Théâtre du Châtelet (Paris), où elle est créée le 2 juillet 2008, et le Los Angeles Opera, composée sur un livret de David Henry Hwang – également scénariste de *M. Butterfly*, adapté de sa propre pièce de théâtre – et mise en scène par Cronenberg.

87. « Je pense que l'opéra est la musique de film » (« *I think opera is film music* ». Shore; cité dans Schelle, « Howard Shore », p. 341. Notre traduction).

88. Voir Brown, *Overtones and Undertones*, p. 336.

Ce dernier film marque un retour à l'électronique, délaissé depuis *Crash*. *Cosmopolis* exploite ainsi le son des synthétiseurs et des guitares électriques distorsionnées, de même que le traitement électronique dans une bande sonore *new wave* rythmée, aux sonorités industrielles et urbaines. La musique de *Maps to the Stars* porte la trace de cette dérive électronique à laquelle s'ajoutent quelques rythmes ethniques (tabla), parfois remplacés par des sections de cordes plus romantiques, pour créer une partition éclectique aux tendances *new age*, à la fois sombre, réflexive et envoûtante. Dans *Crash*, Shore utilise une instrumentation singulière qui mêle harpes et guitares électriques, auxquelles s'ajoutent le traitement électronique et le montage sonore. L'expérimentation sonore est ici aussi celle du langage, Shore exploitant des échelles modales qui renforcent la modernité et l'étrangeté du film. De la même manière, *The Fly* et *Dead Ringers* lui permettent d'explorer d'autres facettes du langage musical : la polytonalité, pour le premier, et la création d'une « tonalité de l'effroi » (« *dread tonality* »), pour le second[89]. La partition de *Dead Ringers* – « une musique très basse, presque aphone, dispersée entre chaque recoin du film »[90] et dominée par les cordes – contraste avec les musiques opératiques de *The Fly* et *M. Butterfly* par son austérité, réitérée dans *Spider*, où elle est cependant obtenue par d'autres procédés – l'ensemble instrumental restreint (quintette avec piano[91]) et le langage atonal, à l'exception de la chanson élisabéthaine « Love Will Find Out The Way » (XVIe siècle) qui ouvre le film.

Selon le compositeur, c'est avec *Dead Ringers* que Cronenberg et lui sont arrivés à un « point de compatibilité peu commun » : « Harmonieusement, nos approches se complétaient, nos idées allaient dans un seul sens, comme en état de grâce… ». Il ajoute :

> À partir de là, de ce point où l'alliance entre David et moi est parfaite, *M. Butterfly*, *Naked Lunch*, *Crash* et *eXistenZ* nous permettent d'essayer chacun différents points de vue à partir d'un thème. Il n'est donc jamais question de revenir en arrière[92].

L'univers musical cronenbergien change ainsi à nouveau avec la partition de *Naked Lunch*, qui donne à Shore l'occasion d'expérimenter une nouvelle approche sonore. Alors que le réalisateur adapte à l'écran la vie et l'œuvre de sa principale influence,

89. La partition de *The Fly* exploite une sorte de la polytonalité en renversant et superposant des triades. La « tonalité de l'effroi » de *Dead Ringers* est obtenue par le monochromatisme des cordes et l'emploi de structures harmoniques générant une instabilité tonale – en faisant se chevaucher ou en opposant des quartes, quintes, neuvièmes, septièmes, etc. (voir Schelle, « Howard Shore », p. 328 et 348). Le compositeur utilisera à nouveau ce type de tonalité dans *The Silence of the Lambs*. Un autre procédé qu'il emploie, et qui participe de la sensation d'effroi et à l'instabilité tonale, est celui de la « quasi-résolution » – par exemple, une cadence résolue par une partie de l'orchestre seulement ou cachée à l'intérieur d'un cluster (voir *ibid.*, p. 356-357).

90. Joyard et Larcher, « Shore-Cronenberg », p. 35.

91. Shore compose rarement pour le piano. Dans *The Game* (1997), l'instrument est utilisé dans la mesure où il est lié « à l'enfance et à ce qui définit le personnage tout au long de sa vie, avec le suicide de son père, la personnalité de son frère… ». Le film portant sur « l'intérieur d'une famille », le piano représente la jeunesse du protagoniste principal (Lauliac, « Howard Shore », p. 96). Cette idée permet de proposer une piste interprétative pour la musique de *Spider*. Le piano peut évoquer les réminiscences du passé, de la jeunesse du personnage principal en quête de sa mémoire. Dans un langage atonal, il semble cependant indiquer le caractère horrifique de cette quête qui révélera à Spider la vérité sur son passé. La chanson d'ouverture, interprétée par une femme, est également accompagnée du piano seul. Chanson d'amour, elle soutient le lien qui unit Spider à sa mère.

92. Joyard et Larcher, « Shore-Cronenberg », p. 35

Burroughs, Shore collabore avec l'une de ses propres influences, Ornette Coleman[93]. Il y a donc fusion de deux univers. De cette collaboration musicale à quatre mains émerge une partition éclectique et chargée, une accumulation, un patchwork de diverses couches sonores qui reflètent l'ambiance hallucinatoire et la réalisation filmique inspirée du *cut-up* de Burroughs. À l'intérieur de la masse sonore, la musique composée par Shore consiste en un « tango très lent, très exotique, avec une ambiance luxuriante presque érotique » qui contraste avec le be-bop rapide de Coleman :

> Cela donne cette étrange sensation d'un orchestre qui vous entraîne vers un monde de chaleur et de quiétude tandis qu'Ornette vous accroche l'esprit avec son air be-bop. Un côté un peu fou tout à fait en phase avec l'esprit du film. Certaines scènes du film ont été réalisées par montage et surimposition [la technique *cut-up* de Burroughs] et la musique en est le reflet[94].

Il y a eu cependant assez peu de montage : « Environ 90 % de ce que vous entendez dans le film sont de la création pure »[95], indique Shore.

Pour *eXistenZ*, le compositeur s'inspire de l'idée de perception visuelle inhérente au film, voulant dès lors doter l'univers sonore de cette même « notion de réalité décuplée ». Ainsi va-t-il travailler sur la « perception de l'orchestre par l'auditeur » et enregistrer l'orchestre par sections, remixées par la suite pour jouer sur la perception auditive : « Pour que les parties les plus calmes de l'orchestre aient l'air de sonner très fort, et pour que ce que l'on s'attend à entendre très fort semble venir de très loin »[96]. Nous retrouvons d'ailleurs quelque peu ce jeu de perception dans *Crash* où, à la suite du mixage, l'auditeur entend tantôt davantage les harpes, tantôt les guitares. On notera également que Shore utilise dans *eXistenZ* un thérémine, fondu dans l'orchestre et auquel il avait déjà eu recours dans *Ed Wood* de Burton[97].

Les univers sonores de *A History of Violence* et *Eastern Promises* sont encore différents. Même si ces films traitent de la violence, la musique composée par Shore ne la souligne pas directement. Au contraire, le compositeur joue sur l'ambiguïté et la violence musicale y est plus subtile et perverse. Tantôt sombre, tantôt lyrique, parfois

---

93. Dans le cas de *Naked Lunch*, Shore est parti du livre original de Burroughs à la recherche de références musicales, ce qui l'a amené à Coleman. L'histoire se déroulant entre New York et Tanger, le compositeur va chercher un moyen de relier les deux lieux, ce qui lui inspire « une musique entre be-bop jazz et rythme nord-africain » (Mark Russell et James Young, « Howard Shore », *Les compositeurs de musique*, traduction française par Corinne Laven, Paris, La Compagnie du livre, 2000, p. 140). Il pense alors à « Midnight Sunrise » d'Ornette Coleman, enregistré avec les Master Musicians of Jajouka, au Maroc, et paru sur l'album *Dancing in Your Head* en 1973. La référence plaît aussitôt à Cronenberg et le morceau réapparaît dans le film. Shore utilise également la musique des Master Musicians of Jajouka – qu'on retrouvera ensuite dans *The Cell* (Tarsem Singh, 2000) – et enregistre quelques instruments ethniques pour soutenir musicalement le décor marocain du film. Pensant encore au be-bop, il travaille aussi à partir d'enregistrements de Dan Benedetti interprétant Charlie Parker et dont il fera entendre des extraits à Coleman en lui demandant s'il serait possible de les rejouer pour le film. À la place, Coleman se proposera d'improviser avec le Philharmonique de Londres et son propre trio – Coleman au saxophone, Denardo Coleman à la batterie et Barre Phillips à la contrebasse. Shore utilise également le « Misterioso » de Thelonious Monk arrangé par Coleman, sur lequel il ajoute un vibraphone traité électroniquement.

94. Shore ; cité dans *ibid.*, p. 140.

95. *Ibid.*, p. 135.

96. Shore ; cité dans Lauliac, « Howard Shore », p. 95-96.

97. Dans *Ed Wood* et *eXistenZ*, Howard Shore fait appel à Lydia Kavina, virtuose du thérémine.

faussement héroïque et plutôt tonale, la partition de *A History of Violence* joue avec l'ambiguïté du personnage principal, partagé entre sa nouvelle vie et son passé criminel. La partition de *Eastern Promises* est, quant à elle, largement dominée par un violon soliste (Nicola Benedetti) et ses mélodies aux accents russes, parfois accompagnées d'une balalaïka, sans pour autant tomber dans le pastiche. Toujours sombre, la musique semble porter en elle les émotions des personnages principaux qui évoluent à l'intérieur ou en périphérie de la mafia russe.

De film en film, Shore s'est adapté au cinéma de Cronenberg en offrant à chaque œuvre un univers sonore différent, en expérimentant de nouvelles techniques, tant sur le plan du langage musical que de l'instrumentation ou encore du matériau sonore. Cette expérimentation, ce renouvellement, qui relie chaque film, est dû au caractère polymorphe de l'horreur cronenbergienne, mais également à la volonté de dépassement qui unit les collaborateurs et encourage la reprise du travail en commun : « De continuer à travailler tous ensemble nous a poussés à donner le meilleur de nous-mêmes. [...] Avec David, dans chaque film, vous *devez* aller plus loin »[98]. Il n'y a donc pas de retour en arrière possible, il faut toujours essayer autre chose. Pour Shore, ceci découle aussi de la liberté créatrice accordée par Cronenberg à ses collaborateurs : « J'expérimente davantage dans les films de David parce qu'il me permet cette liberté et que ses films sont faits pour ces genres de sons »[99].

Chez le cinéaste, ce dépassement est également synonyme d'expérimentation et de renouvellement. Ses films traitent des mêmes obsessions, des mêmes thèmes à chaque fois soumis à un nouveau traitement, incorporés dans d'autres histoires et lieux, soumis à divers corps et personnages. Pour Cronenberg, la musique de Shore, bien qu'à chaque fois renouvelée et différente, connecte également les grandes parties de l'œuvre globale : « Les gens perçoivent des liens à travers mes films et je vois tous ces liens connectés avec la musique de Howard. Je peux entendre les connexions »[100]. Cette réflexion pose donc la question de ce qui peut à la fois différencier et relier, musicalement, les différents films. De son côté, Shore souligne l'évolution parallèle de sa musique et du travail du cinéaste :

> J'ai l'impression que nos deux parcours sont parallèles, et que chacun a eu besoin de l'autre pour arriver à ses fins. Nous avons grandi ensemble en faisant des films, tout appris en commun. Vous verrez la même évolution dans son cinéma que dans ma musique[101].

Il ne sera donc pas étonnant de trouver, de l'un à l'autre, des thématiques analogues, ainsi qu'un processus créateur présentant des traits similaires : nous en avons déjà explorés deux, l'autodidactisme et l'expérimentation. Ce dernier trait nous amène directement au suivant, l'improvisation, un procédé expressif au cœur du processus créateur de Cronenberg et Shore.

---

98. « *Because we've all continued to work together, it drives everybody harder. [...] With David, in each movie you* must *go further* » (Shore ; cité dans Brown, *Overtones and Undertones*, p. 338. Notre traduction).

99. « *I experiment more on David's movies because he allows me that freedom and his movies are suited to those kinds of sounds* » (Shore ; cité dans Schelle, « Howard Shore », p. 328. Notre traduction).

100. « *People see threads throughout my movies, and I see all those threads connected with Howard's score. I can hear the connections* » (Cronenberg ; cité dans Grünberg, *David Cronenberg : Interviews with Serge Grünberg*, p. 182. Notre traduction).

101. Shore ; cité dans Joyard et Larcher, « Shore-Cronenberg », p. 35.

Improviser

Lorsque Cronenberg met en route un nouveau projet, il commence par soumettre son scénario à un petit nombre privilégié de ses collaborateurs, dont Shore. Le compositeur est donc impliqué dès le début du projet filmique et peut, de ce fait, penser très tôt à la musique – un ou deux ans à l'avance, selon Cronenberg [102]. À ce stade de la collaboration, les discussions portent principalement sur l'histoire et les personnages, les thèmes et les problèmes du film, plutôt que sur la musique – les idées sont donc discutées à travers le dialogue. Par la suite, le compositeur visite le plateau de tournage, une étape « essentielle » renforçant le sentiment d'appartenance à une équipe qui travaille à un objectif créatif commun [103]. À ce moment, Cronenberg peut être en mesure de proposer une première version de son film à Shore pour que ce dernier puisse penser plus concrètement à la musique, éventuellement à quelques thèmes [104]. Cependant, l'élaboration d'un thème n'est généralement pas prioritaire :

> Je ne pense pas spécifiquement à un thème que je devrais composer pour me rapprocher des images, au contraire, mes premiers essais sont toujours une réflexion émotive et conceptuelle, déclare Shore. Je lance des idées, quelques pistes. Je compose librement *à propos* du film [105].

Les discussions sérieuses ne commencent qu'avec le montage final. Pendant la session de repérage, qui réunit Cronenberg, Shore et Ronald Sanders, le réalisateur peut enfin présenter son film avec une structure finale, un moment décisif puisque la structure filmique affectera son homologue musicale [106]. Ce point est en effet capital si l'on considère, en outre, que la structure des films de Cronenberg ne suit pas les conventions narratives traditionnelles. C'est ce que remarque Théberge, qui note la responsabilité de Shore dans cette conception :

> Sur le plan structurel, les films de Cronenberg adhèrent rarement aux conventions bien ordonnées des récits hollywoodiens, ce qui veut dire qu'il existe peu de ressemblance avec un déroulement conventionnel de l'intrigue et de l'action vers un climax et un dénouement. À la fin de ses films, les conflits narratifs éclatent généralement plutôt qu'ils ne se résolvent et cette tendance est sans doute l'un des éléments qui ont contribué à ce que ses films soient qualifiés de désespérés et « abjects ». Cela impose un lourd fardeau à Shore [...] dans la mesure où il doit contrôler le rythme et structurer la partition de façon à ce qu'elle contribue au maximum à ces séquences finales à l'intérieur des films [107].

102. Voir Grünberg, *David Cronenberg : entretiens avec Serge Grünberg*, p. 110.

103. Voir Temmerman, « Howard Shore », p. 98.

104. Voir Grünberg, *David Cronenberg : Interviews with Serge Grünberg*, p. 180.

105. Shore ; cité dans Joyard et Larcher, « Shore-Cronenberg », p. 34. Il arrive que ces quelques idées et pistes soient déjà les thèmes du film, comme ce fut le cas, par exemple, avec *A History of Violence*. Ainsi, quelques fragments de la musique de Shore, synthétisés, ont pu être inclus dans le mixage temporaire de la projection test. Voir Grünberg, *David Cronenberg : Interviews with Serge Grünberg*, p. 181.

106. Voir *ibid.*, p. 180.

107. « *At the structural level, Cronenberg's films seldom adhere to the tidy conventions of Hollywood narratives : that is to say, there is often little resembling a conventional unfolding of the plot and action towards a climax and denouement. At the end of his films, narrative conflicts typically explode rather than resolve themselves and this tendency is no doubt one of the elements that have contributed to his films being labelled as hopeless and "abject". This places a significant burden on Shore [...] insofar as he must control the pacing and*

Lors de la session de repérage, les discussions ne portent pas sur la musique en tant que telle, mais sur ses emplacements – où la musique peut-elle ajouter quelque chose ? – et les idées du film – il faut donc s'entendre sur le « problème » que pose celui-ci [108]; les références à d'autres compositeurs sont également rares. Shore relate ce moment : « C'est plus intellectuel. Ce n'est pas vraiment sur la musique, mais juste sur les idées du film et le drame du film, le jeu intérieur des acteurs. Je regarde la cinématographie, l'éclairage, les costumes et les décors » [109]. Si les discussions portent principalement sur l'emploi et l'emplacement de la musique, c'est que Cronenberg considère que le reste – langage, instrumentation, orchestration, etc. – concerne le compositeur : « Il me laisse, témoigne Shore, la liberté de choisir ce que je veux exprimer dans chaque film » [110] – chacun est donc libre d'exprimer le problème posé par le film avec son art [111].

De même que Maurice Blackburn perçut dans l'inexpérience musico-filmique de l'ONF la possibilité d'une liberté créatrice et expérimentale, Shore tire profit de sa propre inexpérience filmique et de celle de Cronenberg en termes de collaboration avec un compositeur et accède ainsi à la liberté créatrice tant recherchée :

> S'impliquer au côté de David sur des films comme *Chromosome 3*, *Scanners* ou *Vidéodrome* relevait du challenge. Vous pouviez faire exactement ce que vous vouliez. Il n'y avait pas d'argent et donc pas de pression. Tout le monde y trouvait son compte [112].

À l'instar du cinéaste qui incorpore les connaissances acquises ailleurs pour donner forme à son univers, Shore utilise ce qu'il connaît déjà pour s'arrimer à l'univers cinématographique – l'improvisation. Après avoir visionné le film, il s'en imprègne pendant une semaine. Il se place alors dans un état d'esprit qu'il compare à un rêve, un moment déconnecté pendant lequel il réagit avec ses émotions et improvise une première ébauche de sa musique en se fondant sur ce qu'il a ressenti face à l'image. Ce n'est qu'après qu'il analyse le résultat de ses improvisations pour créer, concrètement, une partition [113]. Son processus créateur comprend ainsi deux grandes étapes : l'intuition et l'intellectualisation.

Shore compare l'étape intuitive au processus créateur des jazzmen :

> Lorsque les jazzmen improvisent [...] c'est une association libre de chaque musicien à l'autre, et la musique en devient très expressive. Donc, appliquez ça au cinéma et vous pouvez dire que la lumière passe de l'œil au cerveau, et j'exprime une idée intuitive, mon cerveau improvise ensuite sur ce que je vois à un moment particulier. Et puis je l'écris sur le papier et ça devient la composition [114].

---

structure the score so that it will contribute its greatest force to these final sequences within the films » (Théberge, « "These Are My Nightmares" », p. 144-145. Notre traduction).

108. Dans le cas de Shore, nous en reparlerons, il faut *voir* le problème dans les images pour le faire entendre dans la musique qu'il composera – il s'opère un transfert, une transformation et une traduction.

109. « *It is more intellectual. It is not really about music, it is just about the ideas of the film and the drama of the film, the inner play of the actors. I am looking at the cinematography, the lighting, the costumes and the production design* » (Shore ; cité dans Hellégouarch, Entretien avec Howard Shore. Notre traduction).

110. Shore ; cité dans Lauliac, « Howard Shore », p. 94.

111. Voir aussi Brophy, « Howard Shore in Conversation », p. 5.

112. Shore ; cité dans Russell et Young, « Howard Shore », p. 135.

113. Sur la description par Shore de ce processus, voir *ibid.*

114. Shore ; cité dans Lauliac, « Howard Shore », p. 94.

Lorsque Shore évoque ses influences, l'on retrouve ainsi à côté de Toru Takemitsu et John Cage, les jazzmen Ornette Coleman, Gil Evans et Charles Mingus. C'est qu'il perçoit aussi un lien entre l'avant-garde, l'expérimentation, le jazz et l'idée du dépassement : « Venir du jazz et de l'improvisation signifie que vous essayez d'atteindre le prochain niveau. [...] Le jazz veut aller plus loin » [115].

Cette méthode de travail en deux étapes est en partie ce qui relie les films de Cronenberg. Parfois appliquée aux films d'autres réalisateurs, elle semble toutefois trouver racine dans les premières collaborations des deux artistes que Shore considère, dès les années 1990, comme le cœur de son œuvre [116].

Une telle conception découle également de ce qu'exigent musicalement les films de Cronenberg. Les comédies, par exemple, où « le *timing* est très important », « n'ont pas une palette d'émotions aussi étendue que des films tels que *Se7en* et *Faux-Semblants* » [117]; la dramaturgie et le commentaire musical sous-jacent y ont donc moins leur place. En revanche, des films plus sombres, ou plus intellectuels, permettent d'exprimer des idées plus denses et profondes, *a fortiori* dans le cinéma cronenbergien qui explore notamment la mince frontière qui sépare le conscient de l'inconscient. Pour Shore « ce genre de nuance psychologique » est un élément de travail fascinant [118], qui lui permet d'exprimer musicalement « d'autres sentiments que ce qui est proposé visuellement par le metteur en scène » :

> Je pense, qu'en faisant cela, vous élargissez la portée et les éléments émotionnels de l'histoire. Certaines partitions, et plus spécifiquement celles de *Crash* et d'*eXistenZ*, expriment musicalement des idées du film à un niveau émotionnel. Et en utilisant cette approche pour ces sujets, il apparaît que cela crée plus de profondeur à la vision qu'en a le spectateur [119].

Shore établit un lien entre cette approche et l'opéra. Il précise sa pensée au cours d'une discussion avec Michael Schelle à propos de *The Silence of the Lambs* :

> H. S. : Peut-être que la forme la plus pure de la musique de film est la musique qui soutient le film, mais qui travaille également sur tous les sujets – qui ne fait pas seulement commenter ce que vous voyez à l'écran, mais qui fonctionne à un autre niveau que vous ou eux ressentent émotionnellement. C'est, encore, l'opéra. [...]
> M. S. : Comme Wagner l'a dit, « Ma musique exprime l'inexprimable ».
> H. S. : *Exactement.*
> M. S. : Créez-vous des intrigues secondaires privées, personnelles pendant que vous composez – des intrigues qui n'existent pas dans le scénario ou dans la vision du réalisateur ?

115. « *Coming from a jazz background and to come through from improvisation means that you're trying to go to another level. [...] As opposed to rock or even classical music, jazz wants to go further* » (Shore ; cité dans Brown, *Overtones and Undertones*, p. 341-342. Notre traduction).

116. Voir Matthias Büdinger, « Howard Shore on *The Silence of the Lambs* », *Soundtrack Magazine*, vol. 10, n° 37, 1991, publié en ligne en 2013, www.runmovies.eu/?p=3567, consulté le 27 janvier 2017 ; et Brown, *Overtones and Undertones*, p. 337.

117. Shore ; cité dans Lauliac, « Howard Shore », p. 96.

118. Voir Schelle, « Howard Shore », p. 325.

119. Shore ; cité dans Aufort et Dupont, « Entretien avec Howard Shore part. 1 ».

> H. S. : Absolument. Pour moi, c'est le but. C'est pourquoi j'aime particulièrement les films psychologiques, comme *Silence* et *Seven*, sur le côté sombre, les démons inconscients. [...] Il y a beaucoup de sous-texte dans une histoire comme ça [*The Silence of the Lambs*]. C'est fantastique d'écrire de la musique sur ces problèmes psychologiques [120].

Lorsque nous l'avons questionné sur sa façon de penser la musique de film, Shore a insisté sur cette idée du sous-texte exprimé par la musique, *a fortiori* dans le cas de *Crash* :

> Il ne s'agit pas de commenter l'histoire, mais d'ajouter un niveau de sous-texte à l'histoire. [...] Commenter, c'est exprimer une idée sur quelque chose. Cette musique approfondit le sous-texte, le fonctionnement intérieur de l'histoire, et rend l'histoire plus profonde. Ce sont donc deux choses différentes. [...] ce que vous faites, c'est regarder et ressentir quelque chose, et vous voulez capturer cette sensation. Ça peut être simplement un certain regard que quelqu'un fait ou un acteur qui se déplace d'une certaine manière. Un sous-texte intérieur à l'histoire, quelque chose qui n'est pas dit ou montré. C'est ce que vous exprimez dans une pièce comme ça, pour un film. C'est l'opposé exact d'une chose comme *Lord of the Rings*, où vous prenez les idées. Et c'est presque comme si vous entriez dans un rêve [...]. Vous rêvez de cela et créez quelque chose qui exprime certains détails intérieurs de la scène. Pas quelque chose d'évident, juste une expression d'un fonctionnement intérieur. Et il y a beaucoup de cela dans *Crash*, vous voyez cela tout au long du film. Et donc la manière dont la musique est utilisée est spécifique, mais c'est un sous-texte souligné de l'histoire [121].

De la même manière, pour créer la musique discrète et austère de *Dead Ringers*, Shore s'est notamment inspiré du jeu de Jeremy Irons, dans le rôle des deux jumeaux Mantle, de la photographie de Peter Suschitzky, des costumes de Denise Cronenberg, des décors de Carol Spier et de la direction de David Cronenberg [122]. Cela a à voir aussi avec une méthode de travail qu'il faut à présent définir et commenter.

---

120. « *Maybe the purest form of film music is music that supports the film, but also works on all the subjects - not just commenting on what you're seeing on the screen, but operating on another level that you or they are feeling emotionally. That, again, is opera. [...] — As Wagner said, "My music speaks the unspeakable." —* Exactly. *— Do you create private, personal subplots as you score - subplots that don't exist in the screenplay or the director's vision? — Absolutely. For me, that's the goal. That's why I especially like psychological movies, like* Silence *and* Seven, *movies of the psychological dark side, the unconscious demons. [...] There's a lot of subtext in a story like that [*The Silence of the Lambs*]. It's fantastic to write music to these psychological problems* » (Schelle, « Howard Shore », p. 348-349. Notre traduction).

121. « *It is not commenting on the story, it is adding a level of subtext to the story. [...] Commenting is expressing an idea about something. This music is deepening the subtext, the inner workings of the story, and making the story deeper. So this is two different things. [...] what you are doing is [that] you are watching it and you are feeling something and you want to capture a feeling. It could just be a certain glance that somebody does or an actor moves in a certain way. Some inner subtext of the story, something that is not being said or shown. It is what you are expressing in a piece like that for a film. It is the complete opposite of a say* Lord of the Rings *thing where you are taking the ideas. And it is almost like you are entering into a dream [...]. You are just dreaming about that and creating something that expresses some inner details of the scene. Not anything obvious, just an expression of an inner working of it. And there is a lot of that in* Crash, *you see that all through the film. And so the way the music is used is specific but it is an underlined subtext of the story* » (Shore ; cité dans Hellégouarch, Entretien avec Howard Shore. Notre traduction).

122. Voir Temmerman, « Howard Shore », p. 94-95.

Premier lecteur des scénarios de Cronenberg, Shore n'a besoin de visionner les images qu'une seule fois. Comme pour Bernard Herrmann, lire le scénario pour composer la musique ne suffit pas. Shore composera plutôt après avoir visionné les premiers rushs et à partir d'une sensation immédiate provoquée par l'image – c'est l'étape de l'improvisation et de l'intuition :

> Dès le premier montage, je pense que la musique de film est un art très visuel et très intuitif. En tant que compositeur, je veux voir les images, ressentir quelque chose puis exprimer mes sensations musicalement. C'est difficile de le faire à partir du scénario car ce n'est qu'une ébauche de ce que sera le long-métrage. Et je trouve que la première vision d'un film commence vraiment à vous faire réagir musicalement. La manière dont celui-ci fonctionne, son éclairage, sa mise en scène, sa direction d'acteurs, son décor, ses prises de vues, son montage : tous ces éléments contribuent à la façon dont vous allez en créer la musique [123].

Pour improviser, Shore s'inspire de tous les éléments du film, qui lui dictent également ses choix musicaux :

> Quand je regarde les séquences préliminaires d'un film, j'entends la musique. [...] La cinématographie, la façon dont les acteurs se déplacent, la façon dont ils disent leurs lignes, l'écriture, le montage – tout cela me dit immédiatement ce que doit être la musique [124].

Si Cronenberg est particulièrement attentif aux corps – une donnée que nous retrouverons plus loin dans son rapport à la sculpture et au *body art* –, Shore est quant à lui sensible à la peau du film, à sa plastique – il est très graphique dans sa composition, ce qui apparaît clairement lorsqu'il compare l'art compositionnel à la peinture; nous y reviendrons. Pour Shore, comme pour Blackburn, la musique est un art visuel : ce sont les images qui provoquent une musique. Lors du visionnement, celle-ci est donc déjà présente, en puissance : le compositeur doit transformer la sensation visuelle, la lumière de l'image, en sensation musicale.

La première approche du film est émotive et instinctive et Shore perçoit le rapport musique-image comme un « processus de collecte » (« *a gathering process* ») :

> Vous voyez l'image, les idées commencent à affluer, et vous ne devriez pas les restreindre, dans un sens. Je laisse tout affluer et ensuite, à un niveau plus analytique, j'essaie de comprendre quelles sont les idées. David écrit de la même manière, avec une palette très large où tout est possible [125].

Après avoir visionné les images de Cronenberg, la première phase de composition est celle du rêve. Pendant cette période, Shore n'implique aucun élément technique;

123. Shore; cité dans Aufort et Dupont, « Entretien avec Howard Shore part. 1 ».

124. « *When I watch the preliminary footage of a film, I hear the music. [...] The cinematography, the way the actors move, the way they say their lines, the writing, the editing – all of that tells me immediately what the music needs to be* » (Shore; cité dans Reynolds, « Howard Shore ». Notre traduction).

125. « *You see the image, ideas start to flow, and you should not restrict them in a way. I just let it all flow and then, on a more analytical level, I try to figure out what the ideas are. David writes in the same way, with a very wide palette where everything is possible* » (Shore; cité dans Brophy, « Howard Shore in Conversation », p. 4. Notre traduction).

il improvise sur un souvenir de l'image, se basant uniquement sur des sensations. Le compositeur décrit cette phase purement intuitive :

> Je m'assoirais pour jouer et me rappeler une scène dans mon esprit et penser intuitivement à quelque chose pour cette scène au piano. Je l'inscrirais ensuite dans un cahier et noterais que cela ressemble à la scène d'évacuation ou à autre chose. Pendant deux semaines, j'aurais consigné des heures d'improvisations et idées sur cassette, séquenceur ou papier qui se rapportent au film de manière subliminale, onirique. Donc je ne regarde pas le film, je ne fais qu'y penser. Ayant une expérience en jazz, j'écris du point de vue de l'improvisation. Plus tard, j'analyserais le film en détail, en passant par tous les calculs impliqués. Puis je retournerais à mes idées créatives et composerais avec elles pour le film. J'ai écrit peut-être 20 ou 25 partitions comme ça, quand j'ai le luxe de le faire [126].

Ce rapport distancé (sans image) et intuitif (l'improvisation) avec le film relève également d'un choix du compositeur : « Si vous écrivez trop près de la scène, vous enlevez une partie de son pouvoir. Vous devez écrire sans être trop attentif. […] Vous avez besoin d'une connexion avec le public qui regarde cette scène à un niveau beaucoup plus subliminal » [127]. Si l'improvisation permet de conserver cet effet, elle favorise, de plus, un certain degré d'ambiguïté du rapport musique-image.

Nous avons déjà discuté de cette caractéristique du cinéma cronenbergien, reliée à une problématique du point de vue et de l'identification. Musicalement parlant, celle-ci se traduit entre autres par une réticence du réalisateur face à l'utilisation de musique préexistante. Cronenberg explique ainsi préférer « créer une musique qui soit unique au film » et au monde dans lequel il évolue : « Ce que je crée, c'est une autre réalité, et je préfère ne pas leur rappeler leur vieille réalité » [128]. Cette façon de voir les choses est donc également liée à l'exigence réaliste du réalisateur. De la même manière, Cronenberg n'aura recours à de la musique préexistante, ou diégétique, que si celle-ci est rattachée au sujet de film, à sa réalité [129]. Enfin, la méfiance du cinéaste s'explique aussi par un besoin de contrôler la réponse spectatorielle :

> Il y a déjà une sorte de réflexe conditionné : on presse un bouton, on a la réaction correspondante et tout le monde est heureux. Je trouve cela trop simple. Ça ne m'affecte pas autant que la musique qu'on contrôle vraiment pour un moment spécifique dans un film [130].

126. « *I would sit down to play and recall a scene in my mind and intuitively think of something for that scene at the piano. I would then log it in a notebook and note that it felt like the scene on the fire escape or whatever. Over a period of two weeks, I would have logged in hours of improvisations and ideas on tape, sequencer, or paper that related to the movie in a subliminal, dreamy way. So I wasn't looking at the movie, I was just thinking about it. Having a jazz background, I write from an improvisational point of view. Later, I would analyze the movie in detail, going through all the math involved. Then I would go back to my creative ideas and score the movie with them. I wrote maybe 20 or 25 scores like that when I had the luxury to do it* » (Shore ; cité dans Small, « Howard Shore », p. 264. Notre traduction).

127. « *If you write too closely to the scene, you take away some of its power. You have to write to it without being too observant of it. […] you need a connection to the audience who is watching it on a much more subliminal level* » (Shore ; cité dans Small, « Howard Shore », p. 264. Notre traduction).

128. Cronenberg ; cité dans Grünberg, *David Cronenberg : entretiens avec Serge Grünberg*, p. 109.

129. Par exemple, au début de *The Fly*, Seth Brundle chante en s'accompagnant au piano. La performance souligne ainsi l'« encore humain » du personnage avant qu'il ne fusionne avec une mouche.

130. Cronenberg ; cité dans *ibid.*, p. 112.

Avec une musique originale, Cronenberg peut davantage contrôler son public. Mais ce contrôle n'est en aucun cas synonyme de transparence et s'inscrit dans un souci de dépassement des conventions :

> Le standard de la musique, à Hollywood, c'est de dire au public ce qu'il doit ressentir, au cas où ce qui se passe sur l'écran ne serait pas suffisant à lui faire éprouver les sensations promises. Je m'efforce, bien sûr, de [ne pas] dire au public comment il doit réagir[131]. Ce qui signifie que la musique doit avoir une fonction différente. [...] La musique doit apporter à la scène, et au film, quelque chose en plus qui fait que, si elle n'était pas là, la scène serait différente. Si nous n'obtenons pas ce résultat, il vaut mieux se passer de musique. Nous atteignons ainsi un niveau d'abstraction. C'est notre objectif[132].

Nous retrouvons donc dans les mots du cinéaste ce que proclamait Shore précédemment : la musique ne doit pas commenter l'image, être le miroir de l'action, mais ajouter un autre niveau de signification – ce sera, par exemple, ajouter une section de cordes romantiques (ou évoquer un souvenir romantique) dans *Crash* pour proposer au spectateur une relecture du film[133]. Cette approche, comme nous l'a précisé le compositeur, est très différente de celle adoptée pour *The Lord of the Rings* où la musique doit être un « miroir de l'histoire » et clarifier la narration, notamment par l'utilisation de leitmotive : « C'est en fait le contraire parce que Cronenberg voulait que les choses soient ambiguës. Il ne voulait pas exprimer les idées si parfaitement pour le public. Il voulait que le public prenne ses propres décisions quant à ce que le film disait et ne disait pas »[134]. Si cette ambiguïté résulte d'un choix esthétique, elle provient également de la démarche de Shore qui improvise et compose sur un souvenir de l'image, soit dans un rapport plutôt distancé – cette approche est aussi chirurgicale, clinique, dans le sens où compositeur prend le temps de réfléchir patiemment à sa musique, surtout dans le cas de la partition de *A Dangerous Method* où il a fallu sonder, digérer, dénerver/exciser, puis examiner et re-nerver, suturer la musique de Wagner (celle de *Siegfried*), avant de l'injecter dans le film[135].

L'improvisation traduit les idées, les sensations du film en sensations musicales et n'exclut aucune possibilité – Shore compose beaucoup de musique en avance dans un processus automatique et inconscient. Cette traduction musicale de la sensation visuelle, de l'image-souvenir, se fait l'expression des idées du film, mais n'illustre pas une idée préexistante dans un rapport de redondance : la traduction musicale participe à l'édification de l'idée visuelle par un travail instinctif, puis concret de la matière musicale.

---

131. Dans la version en anglais, ce passage se lit comme ceci : « *Of course, I try to avoid telling the audience how to feel* », soit « Bien sûr, j'essaie d'éviter de dire au public comment il doit réagir ». Quoiqu'éditée plus tard (2006), la version en anglais (langue originale des entretiens) nous semble plus appropriée et fidèle à la pensée du cinéaste, d'où notre ajout d'une négation dans la version française.

132. Cronenberg ; cité dans *ibid.*, p. 111.

133. Voir le chapitre V.

134. « *It is actually the opposite because [Cronenberg] wanted things to be ambiguous. He didn't want to express the ideas so perfectly to the audience. He wanted the audience to make their own decisions about what the film was saying and not telling* » (Shore ; cité dans Hellégouarch, Entretien avec Howard Shore. Notre traduction).

135. Voir le chapitre VI.

Il ne s'agit donc pas d'une traduction directe et littérale, mais de la transposition d'une idée d'un art à l'autre. L'idée en image devient idée en musique.

Lorsque Shore improvise, il ne pense pas en termes de conventions ni de structure – il n'a pas de « plan », comme Cronenberg qui élabore son film sans *storyboard* –, mais en termes de sensations. C'est après cette étape qu'il entre dans une phase technique, d'intellectualisation. Il analyse alors le résultat du premier jet créateur et choisit parmi l'ensemble des possibilités. Nous retrouvons ici encore une approche chirurgicale, le compositeur analysant ses premiers essais pour sélectionner le matériau adéquat qui donnera forme à sa partition. À ce stade, ce qui compte en premier lieu n'est pas tant la sonorité que la visualisation musicale, les notes et les liens qu'elles établissent entre elles sur le papier, le matériau. Pour Shore, la musique est visuelle non seulement parce qu'elle est inspirée de l'image – de la musique créée par le montage, le mouvement des acteurs et de la caméra… –, mais aussi du fait qu'elle existe sous la forme de la partition : « Je ne pense pas au son. J'y pense d'un point de vue compositionnel, comment les notes s'assemblent. Les gens pensent que la musique est ce que vous entendez […]. Mais la musique est en fait une relation de valeurs sur une page » [136]. Lorsqu'il compose, Shore pense sa musique sous sa forme la plus épurée :

> Je ne pense pas immédiatement à un instrument particulier, mais davantage à ce qui implique le contrepoint, l'harmonie, le tempo, la pulsation et le silence. Je ne pense pas non plus en termes de son et de timbre. À ce moment-là, c'est encore une question de musique pure [137].

Il s'agit donc d'un travail à même la matière musicale et ce n'est qu'après cette étape que le compositeur s'intéresse à l'instrumentation, également dictée par l'image : « Accorder […] un son à une couleur, le bleu des images de *Crash* et le son des guitares » [138], ou encore les couleurs aquatiques de *Dead Ringers* au monochromatisme des cordes. De la même manière, et nous y reviendrons, Cronenberg pense d'abord son film sous sa forme la plus épurée, celle de l'écriture. Mais ce n'est qu'après, au contact de la matière filmique, concrète (décors, acteurs, éclairage, costumes, etc.), qu'il pourra par la suite donner forme à son œuvre.

Orchestrer, enregistrer, manipuler

Le compositeur organise ses idées sur un petit groupe de portées où le matériel musical est réparti par groupes d'instruments. Viennent ensuite l'orchestration, puis l'enregistrement, la première étape étant tributaire de la seconde. À partir de ce nouveau

---

136. « *I don't think of the sound. I just think of it compositionally, how the notes fit together. People think music is what you hear […]. But music is actually a relationship of values on a page* » (Shore ; cité dans Reynolds, « Howard Shore ». Notre traduction).

137. « *I do not immediately think of a particular instrument, but more thoughts involving counterpoint, harmony, tempo, meter and silence. Nor do I think so much in terms of sound and timbre. At that moment it is still a matter of pure music* » (Shore ; cité dans Temmerman, « Howard Shore », p. 94. Notre traduction).

138. Shore ; cité dans Joyard et Larcher, « Shore-Cronenberg », p. 35.

matériau, orchestré et enregistré, Shore pourra entamer un autre travail[139]. Pour lui, le studio fait partie du dispositif compositionnel :

> L'environnement du studio d'enregistrement fait partie de ce que vous créez sur le plan de la composition, surtout au cinéma, parce que la musique de film n'existe qu'en tant que musique d'enregistrement. Ce n'est pas quelque chose pour la salle de concert. C'est quelque chose pour le studio d'enregistrement. Elle n'existe que dans le moment où elle est créée, puis elle est intégrée au film et existe à titre de partie du film. Vous pouvez l'en sortir et la jouer dans une salle de concert, mais elle est vraiment créée pour cet autre média[140].

Ainsi le studio décide-t-il aussi de ce que sera la musique, notamment de la manipulation sonore.

En postproduction, quelques changements, parfois majeurs, surviennent, car il ne s'agit pas seulement de retravailler la musique en vue de son intégration dans le film, mais également d'en modifier certaines composantes par le montage et le traitement sonore. Pour *Crash*, par exemple, 25 % de la partition ont été créés après l'enregistrement[141]. Pour ce qui est du mixage, Shore n'est pas nécessairement présent. C'est alors Suzana Peric, qui connaît les intentions du compositeur, qui le représente – elle a été aussi chargée de l'édition musicale de *Dead Ringers* à *eXistenZ*. Shore fournit également à Cronenberg un prémixage avec tous les éléments séparés pour lui laisser la possibilité d'effectuer quelques changements – enlever des instruments, réaliser de nouvelles combinaisons, etc. Nous retrouvons ici l'idée d'un corps (sonore) dissécable, malléable, et de l'approche chirurgicale, clinique.

De son côté, Cronenberg est présent à l'enregistrement et au mixage. Pour lui, l'étape de la postproduction est tout à fait fondamentale : « Ce qu'on appelle, à tort, la "post"production fait partie intégrante du processus créatif. Le son, en particulier, donne au film sa troisième dimension. [...] C'est comme travailler une deuxième fois avec les acteurs »[142]. Il entend ainsi généralement la musique pour la première fois pendant la session d'enregistrement. On aura compris jusqu'ici la sensibilité musicale

139. La plupart du temps, Shore orchestre et dirige sa musique. Ce n'est cependant pas le cas pour *The Fly*, *Dead Ringers* et *Naked Lunch* dont les partitions ont été orchestrées par Homer Denison (voir Russell et Young, « Howard Shore », p. 136-137). Denison a également travaillé comme orchestrateur de la musique de Shore sur les films : *Moving*, *Big*, *An Innocent Man* (*Délit d'innoncence*), *She-Devil*, *The Silence of the Lambs*, *Prelude to a Kiss* (*Le Baiser empoisonné*), *Single White Female* (*J.F. partagerait appartement*) et *Analyze This* (*Mafia blues*). Les deux hommes ont ainsi travaillé ensemble de 1986 à 1999.

140. « *The environment of the recording studio is part of what you are creating compositionally, especially in film, because film music only exists as recording music. It is not something for the concert hall. It is something for the recording studio. It only exists in the moment as it is created, then it is put into the film and exists as part of the film. You can take it out and play it in a concert hall, but it is really created for this other medium* » (Shore ; cité dans Hellégouarch, Entretien avec Howard Shore. Notre traduction).

141. Les partitions de *Copland* et *The Game*, toutes deux de 1997, soit l'année suivant *Crash*, ont été produites de la même manière, en échantillonnant une partie de la partition enregistrée et certains sons, pour créer de nouvelles compositions en studio. Voir Brophy, « Howard Shore in Conversation », p. 9.

142. Cronenberg ; cité dans Alain Lorfèvre, « Les métamorphoses de Cronenberg », 24 octobre 2008, http://www.lalibre.be/culture/cinema/les-metamorphoses-de-cronenberg-51b8a0d2e4b0de6db9b4060a2008, consulté le 3 février 2017.

du réalisateur et sa conscience éclairée du pouvoir de la musique[143] – « le son est plus subjectif que toute autre partie d'un film et, lorsque on en arrive à la musique, on est dans la plus totale subjectivité »[144], elle demande donc une attention toute particulière. Mais sa réelle implication dans l'élaboration de la partition commence à l'enregistrement, pendant lequel il émet certaines suggestions. Jusqu'à cette étape, Cronenberg et Shore travaillent chacun de leur côté, mais le travail indépendant du compositeur est fondé sur un accord tacite avec le réalisateur à propos du rôle et des fonctions de la musique. On retrouve donc ici une collaboration du même type que celle de Peter Greenaway et Michael Nyman.

À l'étape de l'enregistrement et du mixage, certains changements, voire d'autres « compositions », peuvent survenir. Ainsi, pour *Crash*, la pièce entendue aujourd'hui au générique avait été composée pour une autre scène. Elle figure cependant toujours à son emplacement d'origine, mais sous une forme différente, avec une partie électronique ajoutée – il s'agit de la scène de la reconstitution de l'accident de Jayne Mansfield. Shore avait également composé de la musique pour la scène de la station de lavage automobile, qui a été finalement remplacée par une sorte de musique concrète réalisée à partir des bruits de machine et des occupants de la voiture. Pour *Naked Lunch*, certains *cues* ont été créés au mixage, en superposant plusieurs couches sonores. Pour *A History of Violence*, une musique avait été composée pour l'ouverture, mais Shore a proposé de la retirer, car elle était trop suggestive et la séquence paraissait plus terrifiante et réaliste dans le silence.

Généralement, les partitions de Shore ne font l'objet que de peu de changements et sont intégrées telles quelles dans les films[145]. Tel que Shore nous l'a rapporté, le cinéaste est avant tout intéressé par ce que le compositeur a créé ; il souhaite donc avant tout inclure la musique telle quelle et voir l'ensemble de l'œuvre pour comprendre les idées du compositeur et leur rapport avec l'image. Il y aurait ainsi eu assez peu de désaccords entre les deux hommes. Le cas échéant, la discussion porte sur un passage particulier et non sur la partition entière. Nous venons de mentionner quelques exemples qui ne sont pas tant des divergences d'opinion que les résultats d'un dialogue entre les deux hommes : changer un morceau de place, quelques mesures, expérimenter au mixage en combinant deux pièces différentes, choisir finalement le silence, etc. Il ne s'agit donc pas, généralement, de modifications majeures.

La musique est intégrée au film. À partir de là, elle n'existe qu'en tant que partie de l'œuvre filmique. Cependant, elle perdure également, figée dans le moment de sa création, sous la forme de l'enregistrement et sur le support du disque audio. Shore ayant écrit beaucoup de musique, les disques de ses compositions filmiques comprennent régulièrement des morceaux qui ne figurent pas dans le film. De la même manière, certaines pièces qui appartiennent au film peuvent être absentes du disque et correspondent ainsi, peut-être, à des passages musicaux qui ont dû faire

143. Cronenberg possède d'ailleurs une formation musicale, ayant appris le piano, avec sa mère, et la guitare classique. Si la carrière musicale était une option, elle ne convenait cependant pas aux ambitions créatives de Cronenberg. Voir Grünberg, *David Cronenberg : entretiens avec Serge Grünberg*, p. 14.

144. Cronenberg ; cité dans *ibid.*, p. 94.

145. Voir Brophy, « Howard Shore in Conversation », p. 5.

l'objet de changements pour être intégrés à la partie visuelle. Il est possible aussi que le compositeur ait pensé que certaines pièces n'étaient pas faites pour figurer sur un disque. Quoi qu'il en soit, Shore ne porte pas une attention particulière à la production de ces enregistrements : le film demeure ce qui lui importe le plus.

Deux créateurs, une vision artistique

Une musique à la fois proche et distante de l'image

Du scénario à l'élaboration du disque audio, il ne fait aucun doute que la paternité musicale des films de Cronenberg revient à peu près entièrement à Shore. À la différence de Federico Fellini et Alfred Hitchcock, le cinéaste canadien laisse au compositeur la liberté d'exprimer totalement ses idées musicales. Il n'en demeure pas moins que Cronenberg possède également une certaine sensibilité musicale, ainsi qu'une idée arrêtée sur ce qu'il ne veut pas dans ses films ou, du moins, sur ce qu'il souhaite éviter : la musique préexistante et les stratégies hollywoodiennes. Cinéaste d'idées, Cronenberg élabore, avec l'aide de ses collaborateurs, un univers où l'approche musicale traditionnelle n'a pas sa place.

Le compositeur répond à la liberté qui lui est accordée en se donnant pour but de servir l'image et d'en enrichir le sens. Pour Cronenberg : « Howard n'est pas le genre de compositeur qui veut absolument inscrire sa marque sur le film. Il souhaite que la musique ait une raison d'être là »[146]. Aucun des artistes n'empiète sur le terrain de l'autre ; ce qui compte, c'est de créer :

> Disons-le tout de suite, nous faisons de l'art. Nous voulons que les films soient commerciaux, et nous voulons que les gens les aiment. Mais David vous dira qu'il ne fait pas des films pour divertir. Il fait de l'art. Et c'est de cette manière que nous les ressentons également[147].

C'est notamment dans cette perspective que Cronenberg et Shore, comme les binômes cités en introduction, tendent à se situer en marge des conventions. Il s'agit pour eux de construire quelque chose de nouveau où le spectateur aura lui-même sa part de création : il n'est plus vraiment passif, mais actif ; on lui demande de réfléchir, de se questionner et d'interpréter, sans lui assurer la véracité de ce qu'il trouvera.

Le cadre de la relation privilégiée entre un réalisateur et un compositeur a ceci de captivant qu'elle remet en question les idées préconçues. Il y a, comme nous l'avons vu avec Hitchcock, Greenaway, Fellini, Norman McLaren, puis Cronenberg, des réalisateurs qui impliquent leur compositeur très tôt dans leur processus créatif. La musique de leurs films a dès lors eu le temps de se déployer et d'arriver à maturité. Et cela n'est

---

146. « *Howard is not the kind of composer who wants to put his mark on the film, no matter what. He wants the music to have a purpose for being there* » (Cronenberg ; cité dans Grünberg, *David Cronenberg : Interviews with Serge Grünberg*, p. 180. Notre traduction).

147. « *We make art, and there's no bones about it. We want the movies to be commercial, and we want people to like them. But David will tell you that he doesn't make movies to entertain. He makes art. And that's how we all feel about them* » (Shore ; cité dans Brown, *Overtones and Undertones*, p. 338. Notre traduction).

pas valable pour un seul film, mais pour un ensemble dans lequel le compositeur peut développer un projet musical à long terme – ce qui permet de supposer l'existence d'un style particulier et de constantes. C'est ce même projet qui semble forcer le compositeur à se dépasser et à élaborer différentes stratégies pour servir au mieux le film. Aller toujours plus loin, c'est aussi questionner et explorer de nouveaux rapports entre la musique et l'image : composer la musique à partir du scénario seul (Nino Rota, Nyman) ou après avoir visionné l'image (Herrmann, Blackburn, sauf exception, et Shore), créer une partition indépendante, parallèle au discours filmique (Nyman), en position de relecture ou d'idée secondaire (Michel Fano, Blackburn, Shore), ou créer une partition en relation d'interdépendance avec l'image, à tel point que le film ne peut être pleinement compris sans une écoute attentive de sa musique (Herrmann, Blackburn). Mais même dans le cas où la musique semble suivre un cheminement qui lui est propre, elle participe à l'élaboration de l'univers du cinéaste dont elle peut difficilement être séparée. Le compositeur s'adapte, le réalisateur lui laisse carte blanche : telle semble être la recette des collaborations privilégiées.

Parmi les binômes que nous avons nommés, celui de Cronenberg et Shore peut se définir comme un « juste milieu » – de même que Cronenberg refuse tout absolu moral, au profit d'une vision plus « pondérée », réelle de ses personnages. Le cinéaste n'a pas le contrôle extrême de Fellini et Hitchcock, mais son approche musicale n'est pas aussi radicale que celle de Greenaway, car il demeure tout de même impliqué dans la partie musicale de ses films et ne semble pas aller jusqu'à modifier son film en regard de la musique. Shore, comme Herrmann, ne peut composer à partir du scénario seul, comme Rota et Nyman : il a besoin de voir le film pour s'imprégner de tous les éléments qui le constituent – et de la même manière, Cronenberg aura besoin d'avoir sous les yeux tous les éléments constitutifs de son film pour lui donner forme. À la différence de Herrmann cependant, et à la manière davantage de Rota et Nyman, Shore compose sa musique dans un rapport distancé avec l'image, en cherchant l'évocation du non-dit et de l'invisible, en proposant sa propre lecture du film toutefois basée sur les idées et les émotions qu'il suscite. Cette conception de la musique filmique n'est pas sans rappeler ce que Theodor W. Adorno et Hanns Eisler proposaient, dès les années 1940, en s'indignant eux aussi des conventions musicales « fonctionnelles » hollywoodiennes[148].

Il semblerait que la définition fonctionnaliste de la musique de film, avec ses connotations péjoratives, soit en effet apparue pour désigner le symphonisme hollywoodien des années 1930 et les traits qui le caractérisent : la musique extradiégétique ne doit être ni visible ni perçue consciemment, elle doit traduire des émotions, ponctuer la narration, créer la continuité et l'unité, notamment par le recours au leitmotiv[149].

148. Voir Theodor W. Adorno et Hanns Eisler, *Musique de cinéma : essai* [1947], texte français de Jean-Pierre Hammer, Paris, L'Arche, 1972.

149. Les conventions musicales hollywoodiennes ont été commentées par Claudia Gorbman, qui en distingue sept : 1) invisibilité; 2) « inaudibilité »; 3) vecteur d'émotions; 4) ponctuation de la narration; 5) continuité; 6) unité; 7) transgression (voir Claudia Gorbman, *Unheard Melodies : Narrative Film Music*, Londres, BFI Pub, 1987, p. 73). De son côté, Philip Tagg retient les dix fonctions définies par Zofia Lissa : 1) emphase du mouvement; 2) accentuation des sons réels; 3) indication de lieu (physique, ethnique, social, historique); 4) musique de source (diégétique); 5) commentaire/contrepoint; 6-7) expression des émotions

On se souvient combien Adorno et Eisler ont dénoncé ce « fonctionnalisme » musical. À Hollywood, rapportent-ils (Adorno arrive aux États-Unis en 1938 et Eisler est à Hollywood dès 1942) : « La musique doit suivre et illustrer les événements visuels, ou par imitation directe, ou par la recherche de clichés susceptibles d'être associés avec l'atmosphère et le contenu des images qui apparaissent sur l'écran »[150]. Les auteurs condamnent ainsi l'illustration, l'« inaudibilité » de la musique, l'exigence de sa justification visuelle (musique d'écran), de la mélodie, l'utilisation de la musique de stock, des clichés et du leitmotiv. Ils prônent alors une pratique musicale plus « objective », définie comme suit :

> Faire revenir la musique à la nécessité de « construire », supprimer les clichés et les fioritures, voilà ce qui peut se définir comme l'objectivité. [...] Composer une musique de cinéma objective ne veut pas dire prendre à tout prix une attitude détachée, mais choisir l'attitude musicale exigée en l'occurrence, au lieu de se laisser mener par des clichés musicaux ou des émotions. Le matériau musical doit être subordonné exactement à chaque objectif dramaturgique donné. Et c'est précisément dans cette direction que se développe la musique moderne[151].

Les auteurs proposent ainsi une musique à mi-chemin entre musique fonctionnelle (au service du médium cinématographique) et musique « pure » (qui se suffit à elle-même) : au service du discours filmique, la musique de film peut acquérir une qualité certaine en s'affranchissant des clichés et conventions, en maintenant une distance avec le cinéma. Pour ce faire, « la musique doit être à la fois rapprochée et éloignée du cinéma » :

> Rapprochée : en n'étant plus fournie comme un appât supplémentaire des plus simples, [...] mais en se rapportant elle-même au sujet à la définition duquel elle participe à tout moment. Éloignée : en ne doublant pas automatiquement, et surtout en ne diminuant pas, par un effet d'ambiance, la distance entre l'image et le spectateur, mais au contraire en faisant ressortir [...] la médiation et le détachement de l'action filmée et de la parole filmée, et en empêchant la confusion entre la copie et la réalité[152].

La musique de Shore pourrait être définie dans ce même sens : proche de l'image cronenbergienne, à laquelle elle se rapporte et qu'elle définit en partie – il faut soutenir et approfondir le drame –, elle en est également éloignée dans la mesure où elle est composée sur un souvenir de l'image, dans un rapport distancé. Elle maintient aussi une certaine distance entre le film et le spectateur en cherchant à conserver « l'effet subliminal », disait Shore, du visionnement du film. Non redondante, elle doit participer à l'ambiguïté de l'image en ne « poussant aucun bouton » émotionnel. Ambiguë et fondée sur de pures sensations, elle ne semble pas demander à être écoutée, mais à être vécue, ressentie par le spectateur-auditeur.

---

de l'acteur et de l'audience; 8) symbole; 9) anticipation; 10) renforcement ou délimitation de la structure formelle du film (leitmotive, ouverture/fermeture, liaisons et ponts, etc.; voir Philip Tagg, « Functions of Film Music and Miscellaneous Terminology », [s.d.], http://tagg.org/udem/musimgmot/filmfunx.html, consulté le 3 février 2017; et aussi Zofia Lissa, *Ästhetik der Filmmusik*, Berlin, Henschelverlag, 1965).

150. Adorno et Eisler, *Musique de cinéma*, 1972, p. 22.

151. *Ibid.*, p. 43.

152. *Ibid.*, p. 155-156.

Telle a été la première approche de Shore – l'improvisation – et si sa musique semble également éloignée du film, c'est qu'elle a été d'abord pensée sous sa forme la plus pure, soit en termes de matériau sonore, de notes. Rappelons que, pour le compositeur, la musique est un art visuel en ce qu'elle existe sous la forme d'une partition, mais également parce qu'elle tire son origine de l'image cinématographique, plus exactement de son souvenir qui constitue déjà une musique en puissance. C'est en ce sens que, pour décrire son processus créateur, Shore compare son travail à celui du peintre, un rapprochement que l'on pouvait déjà pressentir à propos de la musique définie en termes de « relations de valeurs sur une page » ou de la sensibilité du compositeur à la plastique de l'image. Là encore, la vision de Shore rejoint celle du cinéaste qui compare lui-même sa pratique à celle du sculpteur. Dans les dernières lignes de ce double portrait, nous procéderons ainsi à un ultime rapprochement nous permettant de réunir ces deux créateurs dans une même vision artistique.

Peindre la musique, sculpter l'image

D'un film à l'autre, d'une musique à l'autre, Shore est un continuel apprenti : « Tout ce que je compose constitue un apprentissage. Je veux expérimenter, exprimer des idées. Ce n'est pas un état confortable. Il faut toujours qu'il y ait une lutte pour qu'une œuvre de valeur soit créée. C'est une incessante quête intérieure » [153]. Si la musique de Shore est le produit d'un tel conflit ou d'une telle introspection, elle est également le fruit d'une vision à la fois extérieure et intérieure. Pour le compositeur, nous l'avons déjà dit, la musique est un art visuel : elle « se trouve dans ce que l'on voit ». Parlant d'un concerto pour violoncelle, il précise sa pensée : « [Il] s'inspire de jardins que j'ai vus et que j'ai aimés. Ce n'est pas tant une visualisation qu'une émotion, […] une concrétisation intérieure de la raison d'être du morceau. C'est une vision très intérieure. Un souvenir en fait » [154]. Le processus est donc similaire à celui de la composition pour le cinéma : Shore compose à partir d'une image-souvenir, intériorisant le film et son imagerie dans une période de rêverie créatrice pendant laquelle il visualise intérieurement, ressent les images, s'imprègne de leur résonance.

Dans l'instant du visionnement, Shore voit et retient les images, fixe des figures, des couleurs, des mouvements, des sensations. La visualisation externe, la sensation instantanée, se transforme ainsi en visualisation interne, en souvenir, et rejaillit dans un autre temps de l'instant, en un geste spontané, celui de l'improvisation musicale – comme pour Cronenberg, l'univers mental prend la forme d'un corps. Le compositeur visualise alors son propre imaginaire, stimulé par l'image, et crée sa propre nécessité créatrice intérieure – il y a donc incitation à la création et non à l'imitation. Dans cet imaginaire intérieur ne subsistent que les sensations de l'expérience filmique – formes, couleurs, mouvements : expérimenter, c'est dès lors également faire l'expérience du film, puis la transmettre. Transposant ainsi l'univers cronenbergien dans son propre imaginaire, Shore se libère des limites imposées par le modèle filmique et se crée un autre modèle, sensuel. Nous ne sommes plus dans le champ de la figuration, mais dans

153. Shore ; cité dans Willis-Sweete, *A Composer's Dream*.
154. *Ibid.*

celui de l'abstraction, où l'image est libérée de la matière : elle ne fait plus que résonner, une résonance que Shore ressent telle une vibration sonore [155].

Poursuivant sur le thème de la visualisation, le compositeur compare son travail à celui du peintre. C'est dans ce contexte qu'il établit un rapprochement entre ses œuvres de concert et celles composées pour l'image : « Dans un concerto, on entre littéralement avec une infime précision dans tous les contrepoints. La musique de film naît d'un mouvement plus large. C'est comme une autre façon de peindre, avec un pinceau différent, en exprimant les idées d'une autre manière » [156]. Dans son atelier de peintre-compositeur, Shore dispose de différents pinceaux qui lui permettent d'extérioriser ses images intérieures. Les pinceaux les plus fins sont utilisés pour la musique de concert : destinée à la salle, à l'écoute pure, et non contrainte par l'image, elle permet le déploiement de menus détails plus aisément percevables par l'auditeur. À l'opposé, les plus larges pinceaux – voire les rouleaux – et les grands gestes qui leur sont associés sont les outils adéquats pour la composition filmique – on pense notamment aux partitions de *The Brood* et *Crash* [157] composées comme de longs morceaux continus. C'est que Shore doit tenir compte de la forme, de la structure et de la couleur, déjà caractéristiques, du film [158]. En outre, le type d'écoute demandé par le médium cinématographique diffère de la salle de concert : une partition trop détaillée, trop complexe, nuirait sans doute à l'écoute unitaire de l'image.

L'analogie avec la peinture concerne ici le processus créateur. Nous pourrions d'ailleurs la poursuivre non plus en termes d'outils, mais de matériau : point-ligne et mélodie, plan-profondeur et harmonie, valeur plastique (degré d'intensité d'un ton, sa nuance) et intensité du son, couleur et timbre [159], rythme et durée, espace, densité, texture [160]. Ne sont-ce pas là autant d'éléments que Shore perçoit dans le film ? Du mouvement, des plans, des couleurs, des lumières, le rythme du montage, l'espace du décor, le timbre des voix, la texture des costumes, qui provoquent une musique [161] ? L'analogie touche enfin le geste, pictural et compositionnel (l'implication du corps) :

155. Il s'agit donc de ressentir la musique : « Même si je compose à l'aide d'un papier et d'un crayon, car je ressens le besoin de visualiser les notes noir sur blanc, je suis capable de ressentir la musique et de l'entendre sans la jouer. Ce n'est pas véritablement un processus intellectuel. [...] Il ne s'agit pas tant d'entendre la musique diffusée en même temps que les images que de la ressentir, c'est-à-dire de la vivre » (Shore ; cité dans Russell et Young, « Howard Shore », p. 145).

156. Shore ; cité dans Willis-Sweete, *A Composer's Dream.*

157. Voir le chapitre V.

158. Devant tenir compte de la forme et de la structure filmiques, Shore peut être également comparé à un architecte. Cette comparaison est tout aussi valable pour Cronenberg pour qui, comme nous l'avons déjà mentionné, la structure filmique est primordiale en regard de la musique.

159. On pense ici aux expériences synesthésiques de Kandinsky qui explorait cette relation entre couleur et timbre. Voir Wassily Kandinsky, *Du spirituel dans l'art et dans la peinture en particulier* [1912], traduction française par Pierre Volbout, Paris, Denoël / Gonthier, 1969.

160. Nous nous référons ici aux relations formelles entre peinture et musique telles qu'établies par Jacques Parrat, *Des relations entre la peinture et la musique dans l'art contemporain*, Nice, Z'éditions, 1993, p. 79, tableau 3.

161. La partition de *Crash* constitue un bon exemple pour illustrer le rapport entre musique et mouvement. Le générique du film oppose ainsi trois types de mouvements sonores : l'ondulation des arpèges, le mouvement monolithique des accords parallèles, la ligne mélodique conjointe et sinueuse tournant autour d'elle-même. La partition illustre également le lien entre timbre et couleur : « Accorder [...] un son à une

> Le peintre sent dans ses muscles les mouvements qu'il ferait en suivant avec ses mains ou avec ses yeux la forme de l'objet… Il en est de même des images mentales qui ne sont rien d'autres, selon Sartre, que des impressions de mouvement appréhendées sous forme imagée [162].

Le geste artistique est un geste musculaire : il est pensé à l'avance (face à l'objet), intériorisé (visualisation interne), puis inscrit « avec sa force, sa vitesse, son intensité » (Jacques Mandelbrojt) sur la toile, l'instrument ou le papier. Ce geste musculaire, chez Shore, traverse son processus créateur, du visionnement à la composition en tant que telle, en passant par l'improvisation : c'est la présence du corps (tout-puissant) lors du visionnement du film, qui saisit du regard les caractéristiques, surtout plastiques, de l'objet visualisé, puis la présence de la main sur le clavier et l'enregistreur lorsqu'il improvise, sur le papier quand il compose, sur l'enregistreur multipiste ou l'ordinateur pendant qu'il manipule la matière musicale ainsi obtenue [163].

La composition est une action du corps : « L'énergie psychique de l'artiste se transforme directement en énergie musculaire et l'œuvre d'art (arts d'expression) est la trace matérielle esthètisée [*sic*] du mouvement corporel » [164]. Peindre, disait le peintre Hans Hartung, c'est « agir sur la toile » [165]. C'est poser un geste, travailler la matière. Le peintre agit sur la toile, il y imprime son geste, le mouvement, son image mentale, il laisse une trace. De la même manière, Shore extériorise une image mentale, sa visualisation intérieure suscitée par le film, sur l'instrument (premier geste musculaire), le papier (toujours au crayon), l'enregistreur ou l'ordinateur pour modifier la matière sonore – l'image devient son de même que le verbe devient chair. Il agit également directement sur la toile que représente le film en y apposant son geste musical, altérant ainsi la matière filmique – il fait sonner la couleur, vibrer le mouvement, ajoutant de la sorte une autre dimension au film – et sa signification – ajouter un autre niveau signifiant. C'est donc bien, comme le disait Cronenberg, que : « La musique doit apporter à la scène, et au film, quelque chose en plus qui fait que, si elle n'était pas là, la scène serait différente » [166]. Cette notion de l'art comme « concrétisation d'un mouvement corporel » et « joie du geste, de la matière travaillée » [167], nous la retrouvons chez le cinéaste, et il n'est pas surprenant qu'il fasse lui-même appel à un autre art pour décrire son processus créateur. Outre l'écriture, il s'agit de la sculpture [168].

---

couleur, le bleu des images de *Crash* et le son des guitares », disait Shore. L'exemple illustre le rapport entre musique et matière : la froideur métallique des instruments et du traitement électroniques mêlée à la sonorité chaude des instruments acoustiques fait entendre le rapport entre accident et sexualité, métal et chair. Les effets de distorsion se font enfin le double sonore de la tôle froissée et de la chair martyrisée, alors que les effets de délai (*delay*) et de rétroaction (*feedback*) participent à une spatialisation.

162. Jacques Mandelbrojt ; cité dans *ibid.*, p. 70.

163. Cette implication du corps chez Shore, c'est également sa présence sur le plateau de tournage.

164. *Ibid.*, p. 72.

165. *Ibid.*

166. Cronenberg ; cité dans Grünberg, *David Cronenberg : entretiens avec Serge Grünberg*, p. 111.

167. Parrat, *Des relations entre la peinture et la musique dans l'art contemporain*, p. 72.

168. Le parallèle entre le cinéma de Cronenberg et la peinture est aussi possible. C'est ce qu'a réalisé Sébastien Rossignol en comparant l'esthétique cronenbergienne à celle du peintre Francis Bacon. Voir Rossignol, *Le cinéma de David Cronenberg et la peinture de Francis Bacon*.

Cronenberg est un inventeur, un sculpteur d'objets en tous genres, souvent érotisés : la télévision mouvante de *Videodrome*, les télépodes de *The Fly*, les machines-scarabées de *Naked Lunch*, les multiples prothèses de *Crash*, qui, véritablement, sculptent les corps, ou encore le gamepod d'*eXistenZ*. Dans *Dead Ringers*, le cinéaste utilise un arsenal d'instruments chirurgicaux inspiré de sculptures en aluminium qu'il avait lui-même réalisées à Tourrettes-sur-Loup au début des années 1970 – dont des instruments pour opérer les mutants. Dans le film, Beverly Mantle dessine des instruments destinés à opérer les femmes mutantes et demande à un artiste de les confectionner. Véritables œuvres d'art, ces instruments sont exposés dans la vitrine d'une galerie. De manière générale, l'art est incarné par différents artistes, à l'intérieur des films : le sculpteur Benjamin Pierce dans *Scanners*, l'écrivain Bill Lee dans *Naked Lunch*, la chanteuse d'opéra Song Liling dans *M. Butterfly*, le photographe et créateur d'accidents de voiture Vaughan dans *Crash* ou encore la créatrice de jeux vidéo d'*eXistenZ*, Allegra Geller.

Outre ces personnages, les savants cronenbergiens sont perçus comme des artistes. Pour Cronenberg, le scientifique et l'artiste se rejoignent sur le plan de la créativité : « Mes scientifiques sont mes artistes. Ce sont mes héros. Car je pense que le processus est le même. Un scientifique brillant est aussi créatif qu'un artiste brillant » [169]. Le savant invente ainsi de nouvelles maladies ou de nouveaux monstres qui modifient, sculptent les corps des personnages cronenbergiens : une opération ratée fait de Rose une femme vampirique (*Rabid*); les techniques thérapeutiques du Dr Raglan génèrent la poche extra-utérine de Nola (*The Brood*); le médicament développé par le Dr Ruth pour les femmes enceintes confère aux nouveau-nés des pouvoirs télépathiques qui peuvent agir sur le corps et l'esprit (*Scanners*); le programme *Videodrome* déclenche la formation d'une tumeur génératrice d'hallucinations; la fusion de la mouche et de l'homme, résultat d'une expérience ratée, occasionne une sorte de cancer créatif qui transforme peu à peu le corps de Seth Brundle (*The Fly*), etc. À travers ses personnages, le cinéaste-chirurgien construit et déconstruit les corps, observe le devenir d'une chair martyrisée, les trésors d'un corps écorché. Son cinéma est ainsi aussi visuel, graphique, que tactile – nous retrouvons cette présence de la main déjà perçue dans le processus créateur de Shore [170].

Sculpteur de corps, manipulateur de matière organique, Cronenberg développe un art sculptural similaire à celui du *body art* :

169. « *[My scientists] [a]re my artists. They're my heroes. Because I think the process is the same. A brilliant scientist is as creative as a brilliant artist* » (Cronenberg; cité dans David Breskin, « David Cronenberg », dans David Breskin, *Inner Views : Filmmakers in Conversation*, New York, Da Capo Press, 1997, p. 247. Notre traduction).

170. Cette présence de la main, c'est aussi celle des personnages : la main caressante des rapports charnels – outre le corps martyrisé, c'est donc le corps que l'on touche – ou la main réconfortante qui s'assure de la réalité des événements (*Videodrome, Naked Lunch, eXistenZ*) – « c'est au corps qu'il faut aller pour vérifier toute chose », proclame Cronenberg (cité dans Grünberg, *David Cronenberg : entretiens avec Serge Grünberg*, p. 72). Parfois, la caméra se substitue à la main. Dans *Crash*, elle caresse ainsi littéralement toutes les peaux, métalliques ou humaines. C'est, en outre, à elle que revient de montrer, découper, isoler, ou cacher toutes ces chairs exhibées. On lira à ce propos l'étude de Paul-Marie Battestini sur *Crash* (*Pensée d'un corps, pensée d'une peau…*).

> Cronenberg rejoint ici les préoccupations d'un certain art moderne qui fait du corps son médium premier, sa matière première, non commercialisée, totalement libre et affranchie. Déjà, dans les films antérieurs du cinéaste, le gore constituait une variante extrême de l'esthétique du *body art*, cette forme d'expression où la chair est tout à la fois outil de création et œuvre aboutie. Préoccupé par la reconquête de cet univers de chaos et de contrôle, d'instinct et de raison, il s'en prend film après film à l'un des ultimes tabous de la civilisation contemporaine : le corps. Dans *Crash*, cette application du *body art* atteint une perfection surprenante [171].

Le cinéaste est ainsi comparé à l'artiste perforatrice française Orlan qui « utilise son propre corps comme matière première, non pas seulement dans une visée de représentation mais dans une métamorphose » [172]. En 2000, les deux artistes sont réunis à la galerie Enrico Navarra (Paris) pour une exposition sur « Le corps mutant » [173]. Mais si Cronenberg est un sculpteur de corps et de matière à l'intérieur du film, il est également un sculpteur de film en tant que tel. Il nous faut revenir ici à l'improvisation. Comme pour la musique, la création d'un film relève d'un combat :

> Même si on prépare un film, sa réalité nous subjugue. Ça devient vivant, organique. C'est ce qu'on veut. On ne veut pas que ce soit mécanique [...]. C'est un combat. Les choses qui devraient bien fonctionner marchent parfois. On se débat donc avec ça sur le plateau, puis ensuite pendant le montage et le mixage du son. Toutes ces choses s'allient pour former un tout organique qui nous surprend. En tant que réalisateur, je veux être surpris [174].

Afin de conserver « l'effet de surprise » et la conception organique de l'œuvre d'art, les scénarios cronenbergiens ne contiennent aucune information technique. Celui de *Crash*, par exemple, ne comprend essentiellement que les dialogues accompagnés de quelques descriptions détaillées sur les lieux où se déroule l'action ou sur l'action même des personnages, leur allure, ainsi que de vagues indications de temps (jour/nuit). Ces détails s'adressent au lecteur pour lui communiquer une idée sur le ton du film, même si certains changements surviendront – plusieurs pages du scénario de *Crash* ne figurent pas dans le film. Le scénario devrait alors se lire davantage comme une fiction que comme une liste de détails techniques [175] – c'est l'influence de la littérature. On ne retrouve ainsi aucune indication sur la caméra, ce qu'explique le cinéaste :

> La raison pour laquelle je n'indique aucune instruction de caméra est que je sais que je vais le faire sur le plateau [...]. C'est très palpable et concret pour moi. Ce n'est pas du tout une chose abstraite. Je ne sais pas comment faire un *storyboard* pour une scène comprenant deux personnes. Je veux impliquer mes acteurs dans la chorégraphie de la scène. [...] L'une des choses qu'un acteur fait, c'est utiliser son corps. C'est comme des

171. Pompon et Véronneau, *David Cronenberg*, p. 178.

172. Rossignol, *Le cinéma de David Cronenberg et la peinture de Francis Bacon*.

173. La présentation de l'exposition est disponible en ligne sur le site de la galerie : http://www.enriconavarra.com/pdf/LCMfr.pdf, consulté le 12 mars 2017. Sur l'utilisation du corps comme matière première, Cronenberg et le *body art*, voir Denis Baron, *Corps et artifices : de Cronenberg à Zpira*, Paris, L'Harmattan, 2007.

174. Cronenberg; cité dans « The Look of *The Dead Zone* » (2006), documentaire inclus dans David Cronenberg, *The Dead Zone*, réalisé en 1983, DVD, Paramount Pictures 11835, 2006.

175. Voir Breskin, « David Cronenberg », p. 245.

> danseurs. [...] Je veux travailler avec les acteurs. Je veux qu'ils me surprennent. Je veux qu'ils me montrent des possibilités auxquelles je n'ai pas pensé [176].

En effet, Cronenberg ne réalise aucun *storyboard* sauf, éventuellement, pour les séquences techniques qui comprennent des effets spéciaux – nous retrouvons ici une trace de son autodidactisme. Cette manière de procéder, qu'il qualifie d'« anti-hitchcockienne », lui confère davantage de liberté pendant le tournage [177] – c'est le refus de la contrainte autant que de la convention.

Le jour du tournage, Cronenberg n'a donc aucune idée préconçue et reste ouvert à toute possibilité ; l'image surgit pendant le tournage, au contact du matériau et des outils mis à sa disposition [178] – il s'agit là du même procédé créatif automatique et inconscient que chez Shore, ainsi qu'une actualisation directe de l'intérêt du cinéaste pour la matérialité corporelle. Pour décrire ce processus, il fait appel à la sculpture : « C'est un processus très organique, presque sculptural, que de faire un film. Il s'agit de poser un petit bout d'argile ici, de le lisser, de le toucher, graduellement. C'est pour cela que je ne fais pas de story-boards [*sic*] » [179]. Il précise :

> Pour moi, le scénario va de l'intérieur vers l'extérieur et pas l'inverse ; aussi, même s'il arrive parfois que nous ayons fait un film à partir d'une image, il est beaucoup plus probable que nous soyons partis d'une idée, ou d'un personnage qui n'en est que la conceptualisation – ce n'est pas l'idée physique d'un personnage, c'est le concept d'un personnage, ça peut être même le nom d'un personnage, mais ce n'est pas quelque chose qu'on pourrait story-boarder [*sic*]. [...] Le story-board [*sic*] n'est donc pas, pour moi, quelque chose d'utile ni même de souhaitable. [...] Les images ne viennent donc que plus tard. Et quand elles surgissent, elles doivent venir de l'intérieur. L'espace m'inspire énormément. Ainsi que les extérieurs que nous finissons par sélectionner. Les visages des acteurs, aussi. Les costumes que nous concevons pour eux. La lumière que crée mon directeur de la photo. Tout cela finit par devenir quelque chose de très plastique, le développement d'une imagerie plutôt qu'une conceptualisation [180].

Cronenberg puise ainsi son inspiration dans les mêmes éléments cinématographiques que Shore, à la différence que la matière filmique est encore en devenir. Leurs processus créateurs sont donc tout à fait similaires en termes de visualisation intérieure, improvisation et travail concret de la matière. Cronenberg s'inspire de la matière dont il dispose pour sculpter, modeler son film : il a ainsi également besoin d'un ancrage corporel pour créer – écrire le scénario, travailler avec le corps des acteurs, inscrire,

---

176. « *Well, the reason I don't put the camera instructions in there is because I know I'm going to make it up on the set [...]. It's very palpable and tangible to me. It's not an abstract thing at all. I wouldn't know how to make a storyboard of a scene of two people. I want to involve my actors in the choreography of the scene. [...] One of the things an actor does is use his body. They're like dancers. [...] I want to work with the actors. I want them to surprise me. I want them to show me some possibilities that I haven't thought of* » (*ibid.*, p. 245-246. Notre traduction).

177. Rodley, *Cronenberg on Cronenberg*, p. 153.

178. À ce propos, voir notamment le témoignage de Josh Olson, scénariste de *A History of Violence* (2005), dans Carolyn Zeifman, « Acts of Violence » (2005), documentaire inclus dans David Cronenberg, *A History of Violence*, réalisé en 2005, DVD, Alliance Atlantis 22135, 2006.

179. Cronenberg ; cité dans Grünberg, *David Cronenberg : entretiens avec Serge Grünberg*, p. 41-42.

180. *Ibid.*, p. 123.

comme Shore, son propre corps sur le plateau de tournage. À son tour, le compositeur s'inspire de la matière modelée, assemblée par Cronenberg, qui contient déjà sa musique – c'est cette matière sculptée qui lui dicte ses choix musicaux –, afin de lui-même modeler (peindre) la matière musicale. Sa première inspiration est elle-même la matière sonore de base (les premières idées issues de l'improvisation) qu'il sculptera à son tour, qu'il organisera, plaçant chaque morceau, chaque idée, les reliant et les assemblant pour créer une matière musicale unifiée, dernier morceau d'argile à placer, à fondre dans la matière (la chair) cronenbergienne. Là encore, Cronenberg sculptera, si nécessaire, cette nouvelle matière sonore – changer un morceau de place, quelques mesures, mixer deux morceaux ensemble ou même choisir, peut-être, le silence.

De l'artiste-artisan à l'artiste contemporain

L'artiste ne limite pas sa création à l'application d'un savoir-faire. Son instrument principal est son esprit, ou plutôt son intuition – l'instinct domine d'abord la raison. Il est le propre spectateur de son œuvre qui se dévoile peu à peu à lui : « L'idée lui vient à mesure qu'il fait ; il serait même rigoureux de dire que l'idée lui vient ensuite, comme au spectateur, et qu'il est spectateur aussi de son œuvre en train de naître »[181]. Produit d'une intuition et de l'instant de la création, l'œuvre de l'artiste est donc unique et non reproductible. À la différence de l'artisan, l'artiste peut être surpris : « C'est là le propre de l'artiste, écrit Alain. Il faut que le génie ait la grâce de la nature et s'étonne lui-même »[182]. Son processus est organique, alors que celui de l'artisan est mécanique. L'artisan répète un savoir-faire acquis. Pour créer, il dispose d'un plan qui précède l'œuvre et en règle l'exécution. L'objet final est ainsi conforme à sa cause formelle et est reproductible. Il a donc ses limites. Par opposition à l'artiste, le principal instrument de création de l'artisan est la main.

En tant qu'artistes, Cronenberg et Shore adoptent un processus créateur organique, l'improvisation, qui laisse place à la surprise. Pour l'un comme pour l'autre, l'œuvre émerge peu à peu sous leurs yeux, tel un produit de leur intuition. Autodidactes et expérimentateurs, leur savoir-faire est unique et en continuelle évolution. Il n'en demeure pas moins que ce savoir-faire évolutif comporte des constantes : certaines données sont acquises et répétées – Cronenberg et Shore partagent une même vision qui se rejoue de film en film. En ce sens, ils peuvent être également considérés comme des artisans, mais de leur propre art. Revoyons donc brièvement comment cela se traduit chez l'un et l'autre des deux collaborateurs.

Cronenberg est un autodidacte : au début de sa carrière, tel un apprenti dans l'atelier filmique, son laboratoire – lieu, par excellence de l'apprentissage –, il cherche, expérimente, tâtonne de ses mains ; il est à la fois le scénariste, le réalisateur, le chef opérateur, le monteur et le preneur de son. De film en film, bien qu'ayant délégué certaines tâches à ses collaborateurs, le cinéaste a conservé la trace de cet autodidactisme. Il ne

181. Alain, *Système des beaux-arts* [1920], édition nouvelle avec notes, Paris, Gallimard, 1926, p. 35. Pour Alain, la musique est le meilleur exemple de ce processus « parce qu'il n'y a pas alors de différence entre imaginer et faire ; si je pense, il faut que je chante » (*ibid.*, p. 36).

182. *Ibid.*

réalise pas de *storyboard* : il n'a pas d'idée préalable, de mesures précises. Son œuvre est encore en devenir, et Cronenberg se laisse la chance d'être surpris par le produit final en réalisant ses films à la manière d'un artiste-sculpteur : à l'aide de ses outils – sa caméra-bistouri –, travaillant toujours de ses mains, au contact de la matière filmique, le cinéaste façonne la matière, lui donne une forme, une structure, un mouvement, une couleur. Son travail n'est donc nullement mécanique (artisanal), mais organique et plastique (artistique). Cependant, Cronenberg est également un artisan(-chirurgien) en raison de son travail de (à même) la matière qu'il transforme et de son autonomie : il a déterminé ses propres règles, son savoir-faire et son propre genre filmique afin de donner chair à sa vision personnelle. Ce savoir-faire organique, inventé et réinventé, se renouvelle tout en se répétant de film en film. Cronenberg est l'artisan de son propre cinéma. Il est à la fois le maître – de sa matière première et de ses outils – et l'apprenti.

Le laboratoire cronenbergien est un atelier collectif. Rappelons que la fidélité du cinéaste à son équipe constitue l'une des principales constantes de son processus créateur. Malgré sa nature collaborative, l'œuvre de Cronenberg est souvent considérée comme celle d'un auteur. Il serait cependant plus pertinent de définir ses films comme l'expression de la vision et du point de vue d'un auteur et la réalisation du travail conjoint de plusieurs collaborateurs. C'est que le cinéaste travaille étroitement avec son équipe tout au long de la conception filmique et sollicite l'avis de ses collaborateurs avec qui il construit une relation intuitive et confiante. Il leur propose ainsi un projet filmique personnel qui se transforme en projet commun dans lequel chacun a sa part de responsabilité et de créativité. L'atelier du cinéaste compte dès lors de multiples mains : l'art cronenbergien est l'action (et l'ancrage) d'un corps pluriel (comme atteint d'un trouble de la personnalité multiple). Voilà donc l'émergence d'un nouveau monstre, un nouveau corps altéré à disséquer : tel Shiva, la chimère créatrice cronenbergienne, monocéphale, possède de multiples bras qui travaillent ensemble à l'actualisation de sa vision unique.

Parmi tous ces bras, nous avons porté attention à ceux de Shore. La position de ce dernier dans l'atelier cronenbergien est particulière : à la différence de ses coéquipiers, le compositeur œuvre dans son propre atelier et y transporte, grâce à sa vision intérieure, l'univers créé par ses collaborateurs. Travaillant ainsi plutôt en coulisse, il dispose de la même autonomie que le cinéaste. Également autodidacte, il a développé son propre savoir-faire en cherchant et tâtonnant de ses mains, manipulant la matière musicale sur le clavier, le papier ou au moyen du traitement électronique. Ses outils à lui ne sont cependant pas ceux du sculpteur, mais du peintre : le pinceau se substitue à la caméra-bistouri qui travaille l'argile et le corps; le papier de la partition, puis le film lui servent de toile – nous avons vu cependant que l'approche de Shore, distancée et réfléchie, instinctive, mais par la suite intellectuelle, peut être qualifiée de chirurgicale. Sur cette toile, le compositeur imprime les formes, structures, mouvements et couleurs, les sensations visuelles (voire viscérales) suscitées par l'expérience filmique. Se fondant ainsi sur une telle expérience, dès lors toujours reliée à une œuvre singulière, Shore se donne la possibilité d'expérimenter et de se renouveler : « Avec Cronenberg, confie-t-il, j'ai l'impression qu'à chaque fois, quelque chose d'inédit se produit »[183]. Seul maître de la matière musicale et de ses outils, il demeure, lui aussi, un continuel apprenti.

Si Cronenberg et Shore peuvent être qualifiés d'artistes-artisans en ce qu'ils sont devenus experts – apprentis et maîtres – de leur propre métier et de l'univers qu'ils ont façonné, leur approche conceptuelle et technique du cinéma, de la musique et de leur rapport, ainsi que le projet créateur de la transformation de l'esthétique humaine les rangent également du côté d'une autre figure artistique apparue au début du siècle dernier. Il s'agit de celle de l'artiste contemporain qui, selon Marie Rebeyrolle, « porte un regard critique sur l'art, le monde et la société dans laquelle il vit » ; ainsi, son travail consiste à « réinventer, décaler ou subvertir cette réalité à travers les représentations qu'il en produit »[184]. L'auteure ajoute :

> Il devient ainsi un *producteur d'idées*, sa démarche se définissant comme artistique dans la mesure où il donne à voir celles-ci, et son « génie » se révélant par sa capacité à les intégrer dans un processus créatif. L'artiste contemporain ne se caractérise donc plus par une virtuosité extrême ou une folie créatrice, mais par sa volonté de repousser les frontières de l'art, de le faire entrer dans le monde ordinaire en utilisant, par exemple, des objets du quotidien[185].

Cette description résume le portrait que nous avons dressé de Cronenberg en tant que cinéaste d'idées et philosophe réaliste. Elle intègre également sa vision ambiguë (mais réelle) de l'être humain à laquelle participe la musique de Shore, à la fois proche et distante de l'image. Chez le cinéaste, la subversion, ou la réinvention de la réalité humaine, passe par une représentation singulière – l'horreur intérieure – qui porte en elle-même l'idée créatrice : « L'œuvre serait artistique non plus parce qu'elle recèlerait une quelconque propriété intrinsèque particulière (sujet, savoir-faire, qualités esthétiques…), écrit Rebeyrolle, mais en tant que représentation ou support d'expression de l'idée de l'artiste »[186]. En outre, Cronenberg – comme Shore dans sa collaboration avec le cinéaste – est également un artiste contemporain en ce qu'il cherche à s'éloigner de la machinerie hollywoodienne. De plus, de même que Shore a choisi la musique de film comme champ d'expression et d'expérimentation de ses idées créatrices, Cronenberg, depuis le début de sa carrière, se définit comme un artiste qui a adopté le film comme médium, plutôt que comme un réalisateur qui se serait mis à faire de l'art[187]. Ainsi Cronenberg se considère-t-il lui-même comme un artiste plutôt que comme un cinéaste.

183. Shore ; cité dans Joyard et Larcher, « Shore-Cronenberg », p. 34.

184. Marie Rebeyrolle, « Acteurs solitaires ou solidaires dans l'entreprise d'aujourd'hui », *L'homme et la société : revue internationale de recherches et de synthèses en sciences sociales*, n° 162, 2006, p. 150.

185. *Ibid.* Nous soulignons.

186. *Ibid.*

187. « *Since the beginning of his career David Cronenberg has thought of himself as an artist whose medium happened to be film rather than as a filmmaker who happened to make art* » (Morris, *David Cronenberg*, p. 102. Notre traduction).

CHAPITRE V

POUR UNE RELECTURE DE *CRASH* (1996)

Peut-être la prochaine fois, chérie…
Peut-être la prochaine fois… [1]

UN FILM CONTROVERSÉ

Crash est particulièrement intéressant en ce qu'il semble proposer un exemple d'adéquation au modèle de la conception musico-filmique de David Cronenberg et Howard Shore, tel que défini dans le précédent chapitre. Au sein du corpus cronenbergien, il constitue le film qui a fait couler le plus d'encre : sa teneur sexuelle, l'apathie des personnages, sa structure répétitive et son style visuel lui ont valu d'être qualifié de « pornographique » et « froid ». Selon Cronenberg, cette réaction est sans doute due « à l'aspect visuel, et aussi à ce que raconte précisément le film : la déconnexion, l'absence d'émotion ressentie par les personnages, et contre laquelle ils se battent » [2]. Bien qu'il ait reçu le Prix spécial du jury à Cannes en mai 1996, pour l'originalité, le courage et l'audace, *Crash* a été l'objet d'attaques virulentes, notamment en Grande-Bretagne où l'on a essayé d'interdire la sortie du film pendant un an – tandis qu'il fut bien accueilli en France et au Québec, par exemple [3]. Voyons donc tout d'abord quelle est l'histoire de ce film si controversé.

1. « *Maybe the next one, darling… Maybe the next one…* » (James Ballard [James Spader] ; cité dans David Cronenberg, *Crash*, réalisé en 1996, DVD, version intégrale controversée, New Line Home Video N4691, 1998).

2. Cronenberg; cité dans Yann Tobin, « Qu'est-ce qu'ils entendent par pornographie ? », *Positif*, n° 425-426, juillet-août 1996, p. 89.

3. Le film a notamment été attaqué au nom de la moralité. Au sujet de la controverse qui entoure le film, surtout en Grande-Bretagne, voir : Martin Barker, Jane Arthurs et Ramaswami Harindranath, *The Crash Controversy : Censorship Campaigns and Film Reception*, Londres, Wallflower Press, 2001 ; la série d'articles publiés par la revue *Screen* en 1998 (vol. 39, n° 2), 1999 (vol. 40, n°s 2 et 4) et 2002 (vol. 43, n° 1) – références complètes en bibliographie. Pour la France et le Québec, voir, par exemple : Stéphane Bouquet, « Sweet movie », *Cahiers du cinéma*, n° 504, juillet/août 1996, p. 24-25 ; Jean-Philippe Gravel, « Le bal des éclopés », *Ciné-bulles*, vol. 15, n° 4, hiver 1997, p. 14-15 ; Serge Grünberg, « *Crash* : Eros + massacre », *Cahiers du cinéma*, n° 504, juillet/août 1996, p. 23 ; Réal La Rochelle, « "Salut ! Je m'appelle David Cronenberg et je visionne

Parce qu'ils ont peut-être oublié les raisons de leur union, James et Catherine Ballard (James Spader et Deborah Kara Unger) multiplient les relations extraconjugales, expériences qu'ils partagent ensuite pour atteindre le plaisir et renouer en tant que couple. Leurs aventures s'avèrent cependant peu concluantes, car ni l'un ni l'autre n'accèdent au plaisir recherché : « Peut-être la prochaine fois... », espère Catherine. Un jour, James a un accident de voiture qui implique le véhicule d'Helen Remington (Holly Hunter). Celle-ci représentera pour James une première porte ouverte sur les perspectives d'une nouvelle sexualité qui prend racine dans le *crash*, dans l'alliance de la chair et du métal. À l'hôpital, il prend conscience des possibilités de son corps et développe une fascination autour de l'érotisme de l'accident. Il retrouve Helen, avec qui il fait l'amour. Par son intermédiaire, James rencontre Vaughan (Elias Koteas), un chercheur hanté par les accidents et leur stimulation érotique qui l'introduit au sein d'un groupe vouant un même culte au pouvoir charnel des *crashs* et recréant des accidents célèbres, avec une « authenticité absolue ». Vaughan va initier James à son « projet » : « L'accident de la route, explique-t-il, n'est pas destructeur, mais au contraire fécondateur d'une libération d'énergie sexuelle, concentrant la sexualité de ceux qui sont morts avec une intensité impossible à atteindre autrement ». Les protagonistes se mettent ainsi en quête de la sexualité engendrée par le *crash* : ils multiplient les rapports charnels dans l'espace confiné des voitures, s'emboutissent sur les autoroutes, s'efforçant de réunir les conditions nécessaires à la décharge de cette énergie sexuelle. Cette aspiration mène les Ballard à l'expérience ultime : James poursuit le véhicule de Catherine et provoque son accident, l'initiant à la recherche du plaisir extrême, au plus proche de la mort. Mais Catherine survit, c'est l'échec : « Peut-être la prochaine fois, chérie... », la rassure James. L'expérience devra être ainsi renouvelée, encore et encore.

La question de la réception du film pose celle de la responsabilité musicale. La partition de Shore, caractérisée par son instrumentation insolite (harpes, guitares électriques, bois et percussions) et le traitement sonore, a été composée comme un long morceau retravaillé et analysé pour être intégré au film [4]. Fidèle à sa conception de la musique filmique, Shore a créé la partition de *Crash* en un seul bloc, dans un rapport distancé avec l'image, comme une musique « pure » qui possède sa propre cohérence. Les sons obtenus à l'enregistrement ont été ensuite manipulés électroniquement et d'autres sonorités électroniques ont été spécialement créées : il en résulte une combinaison de sons acoustiques purs ou traités électroniquement et de sons créés par ordinateur [5]. *Crash* est ainsi caractérisé par cet étrange mélange électroacoustique qui lui confère une identité sonore : celle de la froideur, d'une absence, *a priori*, de toute émotion. Cette sonorité froide, ce rapport distancé et cette « pureté » musicale répondent à ce que souhaitait le réalisateur : la neutralité.

Crash" », *24 images*, n° 91, printemps 1998, p. 26; Philippe Rouyer, « *Crash* : l'empire de l'essence », *Positif*, n° 425-426, juillet/août 1996, p. 87.

4. Voir Philip Brophy, « Howard Shore in Conversation : Composing with a Very Wide Palette », *Cinesonic : The World of Sound in Film*, North Ryde, NSW, Australia, Autralian Film, Television, and Radio School, 1999, p. 4.

5. Voir Fred Karlin et Rayburn Wright, *On the Track : A Guide to Contemporary Film Scoring* [1990], avant-propos de John Williams, 2ᵉ édition révisée par Fred Karlin, New York/London, Routledge, 2004, p. 312.

Pour Cronenberg, comme nous le savons, le problème de la musique de film repose dans son autorité : « Dans *Crash*, je ne veux pas dire au spectateur ce qu'il doit ressentir, il faut donc une musique qui génère autre chose, qui soit dans le ton du film – neutre »[6]. Il s'agit d'une neutralité émotionnelle, de froideur : celle du métal, de la tôle froissée, mais également des personnages, rongés par l'ennui et cérébraux, dont les visages laissent rarement transparaître une émotion et dont les coïts n'amènent guère au plaisir. C'est ce que James G. Ballard, auteur du roman original, nomme « psychosexualité », une sexualité réfléchie et peu spontanée[7]. Selon le cinéaste, Shore « n'avait jamais composé une partition de ce genre »[8]. En effet, la spécificité musicale de *Crash* réside dans sa neutralité émotionnelle et conséquemment l'impossibilité d'identification. Cette neutralité est-elle cependant synonyme de non-sens ? Pour Christine Cornea, la musique ne fait que reprendre le point de vue détaché de la caméra :

> Même la partition d'accompagnement d'Howard Shore, minimale, répétitive et sans ligne mélodique dominante, contrecarre toute recherche approfondie. En ce sens, elle n'offre pas la plus familière des hiérarchies musicales (avec les lignes mélodiques soutenues ou appuyées par d'autres lignes) et n'opère pas dans le but de connoter un sous-texte émotionnel ou une quelconque trame sous-jacente cachée ; elle fait simplement écho au regard quelque peu détaché de la caméra[9].

Le caractère neutre de la musique correspondrait ainsi à l'exigence réaliste et au regard clinique, objectif, caractéristiques du réalisateur. Le réalisme est d'ailleurs encore plus présent dans un film tel que *Crash*, qui a dû être tourné en extérieur, ce qui a en outre amené Cronenberg à qualifier son film de « documentaire »[10]. C'est notamment l'insuffisance du budget qui oblige à tourner le film dans le froid et la lumière ambiante de Toronto. Pour le cinéaste : « Il fallait que la musique suive cette pente »[11]. La musique aurait ainsi adopté le mode « documentaire » et réaliste en se faisant, *a priori*, apathique et « pure ».

Parce qu'il a dû s'accommoder, entre autres, des conditions du tournage en extérieur, pour Cronenberg, *Crash* est « l'un des films les plus improvisés » qu'il a réalisés[12]. De la même manière, la partition de Shore relève d'une certaine improvisation – quelques sections sont d'ailleurs destinées à être improvisées – en ce qu'elle se construit sur un

---

6. Cronenberg ; cité dans Serge Grünberg, « *Crash* : entretien avec David Cronenberg », *Cahiers du cinéma*, n° 504, juillet/août 1996, p. 30.

7. James G. Ballard ; cité dans Serge Grünberg, « *Crash* : rencontre avec James G. Ballard », *Cahiers du cinéma*, n° 504, juillet/août 1996, p. 31.

8. Cronenberg ; cité dans Grünberg, « *Crash* : entretien avec David Cronenberg », p. 30.

9. « *Even Howard Shore's accompanying musical score forestalls any depth of inquiry : it is minimal, repetitive and does not have a dominant melodic line. In this sense, the score does not offer the more familiar kind of musical hierarchy (with the melody lines supported or underpinned by other lines) and does not operate to connote emotional subtext or any kind of hidden undercurrent ; it simply echoes the somewhat detached view from the camera* » (Christine Cornea, « Generic Performance and Science Fiction Cinema », *Science Fiction Cinema : Between Fantasy and Reality*, New Brunswick, N.J., Rutgers University Press, 2007, p. 221. Notre traduction).

10. Cronenberg ; cité dans Grünberg, « *Crash* : entretien avec David Cronenberg », p. 27.

11. *Ibid.*, p. 30.

12. *Ibid.*

petit nombre d'idées sans cesse développées et amenées toujours un peu plus loin, variées – on retrouve ici une caractéristique du jazz, le développement extrême de l'idée, la reprise, la variation. Le caractère improvisé repose également dans l'indétermination suscitée par la musique, à l'écoute ou sur la partition, son manque de directionnalité et de clarté : l'absence d'indication de tonalité à la clé, de progression harmonique claire, de résolution, d'une ligne mélodique identifiable ; l'absence d'indication de jeu, sauf pour les sections improvisées (ex. : *cue* 4, mes. 24, percussions, « improvisation libre »[13]) ; la création d'un son hybride, fusion des guitares et des harpes qui, en rapport de doublure et de contrepoint, sont source de confusion – qui fait quoi ? C'est l'indétermination de la provenance du son[14] – ; enfin, la composition en un long morceau, tel un premier jet continu, autour des mêmes idées qui se répètent – on retrouve ici l'un des thèmes chers au cinéaste, celui du doute, de l'ambiguïté ou de l'illusion. Comme le suggérait Cornea, la musique semble ainsi ne rien dire en dehors d'elle-même : comment alors définir son rôle si elle « ne dit rien » ?

Iain Sinclair qualifie la musique composée par Shore de *muzak*, rejoignant ainsi l'idée d'une musique ambiante et asémantique[15]. Il en relève également la nature austère et répétitive. Selon Paul-Marie Battestini, le principe de répétition « régit l'ensemble du film » et « conjure d'abord son caractère narratif » : « Les mêmes scènes se rejouent, a priori indifféremment, et à quelques nuances près, très subtiles, sur l'écran cinématographique, sans qu'il soit possible de dégager de leur succession la moindre orientation commune, le moindre projet diégétique réalisable »[16]. Ainsi souligne-t-il le caractère tout aussi répétitif de la musique, annoncé dès le thème principal : « De ce point de vue, son expression, dès le générique initial, doit faire figure de référence, de modèle »[17]. La musique de *Crash* serait donc construite à la manière d'un thème et variations et soulignerait la structure du film, la répétition des scènes sexuelles qui se rejouent sans cesse, identiques, à quelques nuances près. Comme nous le montrerons, la musique se développe tout aussi subtilement, en variant un petit nombre d'idées fondamentales, en se rejouant donc, *presque* indifféremment. De la sorte, aucun thème ou motif ne semble caractériser un personnage ou une situation : la même musique est attribuée à toutes les scènes dans lesquelles elle est intégrée – il s'agit donc ici d'un écart à la « norme » hollywoodienne, d'un décalage par rapport à la réalité (aux habitudes) du spectateur (la musique n'est pas conçue pour guider, orienter).

---

13. « *Free improvisation* », dans la partition originale. Notre traduction.

14. On retrouve cette indétermination de l'origine chez les personnages créés par Cronenberg. Bien souvent, ses films ne prennent pas le temps d'introduire les protagonistes : qui sont-ils, d'où viennent-ils, quelle est leur histoire ? Cette donnée est particulièrement importante dans *A History of Violence*, l'intrigue s'articulant autour du passé trouble (et violent) du personnage principal, Tom Stall (Viggo Mortensen), autrefois nommé Joey Cusack – son vrai nom. Ce thème a donc également à voir avec le problème cronenbergien de l'identité et du double.

15. Iain Sinclair, *Crash : David Cronenberg's Post-mortem on J.G. Ballard's « Trajectory of Fate »* [1999], Londres, Palgrave Macmillan, 2008, p. 70.

16. Paul-Marie Battestini, *Pensée d'un corps, pensée d'une peau… Crash de David Cronenberg*, Paris, Dreamland, 2002, p. 109.

17. *Ibid.*, p. 126.

Dans sa description de la partition de *Crash*, Marie-Baptiste Roches reprend l'idée de thème et variations à laquelle elle adjoint la notion de linéarité en rappelant que Shore a conçu sa partition comme un long morceau. La sensation de linéarité est également retransmise par les emplacements de la musique qui perdure entre les séquences sexuelles, soulignant ainsi la répétition et les parallélismes de l'acte – sa reproduction. Selon Roches, en maintenant ainsi la musique entre les scènes sexuelles, à la manière d'un « crochet de liaison musicale », « Cronenberg marque clairement l'association temps musical/temps érotique »[18]. La musique serait ainsi l'expression du temps érotique, psychique, sensoriel et « hors du temps réel » : « Cette dimension singulière du temps érotique est inscrite dans le matériau musical lui-même, à la fois léger (clarinette, harpe) et obsédant, tant par ses infinis boucles et arpèges que par l'effet hypnotique des notes répétées de la guitare solo »[19]. Dès lors, la musique refléterait l'érotisme et non le caractère pornographique du film – et nous pourrions même soutenir que c'est elle qui crée, ou rétablit, l'érotisme du film, la répétition des scènes sexuelles, constitutives de la trame narrative, pouvant annihiler la dimension sensuelle.

Plus exactement, la musique contribue à *déréaliser* le monde de *Crash* en se faisant l'évocation sonore du fantasme[20]. Ne développant qu'un petit nombre d'idées musicales, la musique renforce le sentiment d'enfermement et d'intériorisation qui caractérise le film – l'univers claustral spécifique au cinéaste. J. G. Ballard parle de « psychodrame intérieur » : « Dans *Crash*, ce qui remplace la dramatisation extérieure, c'est le psychodrame intérieur, la quête obsessionnelle dans laquelle s'engagent les personnages ». Il ajoute : « Il y a un élément hyperréaliste dans *Crash*, tout y est parfaitement réel, mais le monde extérieur est constamment subverti par les obsessions des personnages. Rien de naturaliste, donc »[21]. De son côté, Battestini avance l'idée de la « contrainte obsessionnelle du phantasme »[22] qui contamine tant le visuel que le musical : « Quand la distribution et la succession des scènes du film participent d'une déconstruction de sa ligne narrative, la musique, au contraire, tisse, arrache et reconstruit. Elle assure, d'une séquence à une autre, le passage d'un élément subtil, indicible, qui se propage, qui circule… »[23]. Serge Grünberg, quant à lui, souligne que : « La construction de *Crash*, apparemment chaotique et sans liens de cause à effet, suit la logique même du fantasme. L'intrigue est une

18. Marie-Baptiste Roches, « Érotique asymptote : la musique de "Crash" », *Positif*, n° 501, novembre 2002, p. 93.

19. *Ibid.* Il n'y a pas de solo de guitare. Les guitares jouent toujours par paires et doublent les harpes. Cette erreur vient cependant renforcer l'idée d'indétermination de la provenance du son.

20. Il y a aussi déréalisation en ce que les protagonistes se mettent littéralement en scène, en recréant des situations qui leur permettent d'atteindre le plaisir. Les dialogues, détachés, qui reprennent parfois des segments inchangés du livre de Ballard, retransmettent également cette artificialité. Notons enfin la parenté entre mise en scène et fantasme : réalisé, ce dernier constitue la mise en scène d'une construction originellement imaginaire.

21. Ballard; cité dans Grünberg, « *Crash* : rencontre avec James G. Ballard », p. 32. Nous retrouvons ici deux caractéristiques de l'univers de Cronenberg : l'exigence réaliste et le rapport entre corps et esprit (la subversion du corps par l'inconscient).

22. Battestini, *Pensée d'un corps, pensée d'une peau…*, p. 123.

23. *Ibid.*, p. 125.

parenthèse »[24]. Si le film suit une telle logique et que la musique relie toutes les scènes, on peut supposer que l'élément qui circule, et dont elle assure le passage d'une séquence à l'autre, est précisément le fantasme, *a fortiori* son obsession, qui guide les protagonistes.

Selon Pierre Berthomieu, la musique du film vise à « instaurer le son de l'envie sexuelle, le son de la pulsion matrice, le son de l'agitation corporelle, titillante, obsédante, irrésolue »[25]. Elle intervient d'ailleurs principalement dans les scènes sexuelles, soit là où se développe la narration :

> Normalement, dans un film, les scènes sexuelles sont là pour exciter le spectateur [...]. Mais dans *Crash*, les scènes sexuelles sont précisément le lieu de la narration, là où les thèmes, les personnages et le récit se révèlent. Il faut être attentif à ces scènes pour comprendre le film[26].

Répétitive, obsédante et adoptant la forme du thème et variations, la musique soutient le drame de *Crash* et en souligne la structure. Linéaire, en ce qu'elle développe sans cesse un même matériau, composée comme un long morceau et reliant les différentes scènes, elle procure au film sa cohérence, sa fluidité. La musique semble ainsi raconter l'histoire de *Crash* en en recollant les fragments, en en clarifiant et en fortifiant la structure, à la manière d'un fil directeur. De la sorte, plus que de soutien, la musique adopte déjà la fonction d'approfondissement[27] en créant la cohérence *a priori* absente de l'image et en lui insufflant son potentiel érotique. Elle n'est donc pas redondante et ne fait pas que souligner le caractère détaché de la caméra. Neutre, « pure », mais indéterminée, ambiguë, la musique de *Crash* correspond à la conception musico-filmique du binôme.

Dans la revue *Positif*, Philippe Rouyer relève également l'univers fantasmatique de *Crash* dans lequel, note-t-il cependant, les héros du film se perdent afin de « communier avec l'être aimé » : « Car *Crash* raconte aussi la poignante histoire d'un couple qui trouve son second souffle en s'ouvrant à de nouveaux horizons, l'histoire d'un amour appelé à grandir jusqu'à exploser dans une ultime déflagration automobile »[28]. Contrairement à la pornographie, reliée à l'idée d'obscénité et de perversion, à l'excitation sexuelle, l'érotisme a à voir certes avec les plaisirs de la chair, mais également avec l'idée d'amour,

24. Serge Grünberg, *David Cronenberg* [1992], nouvelle édition augmentée, Paris, Cahiers du cinéma, 2002, p. 163.

25. Pierre Berthomieu, *La musique de film*, Paris, Klincksieck, 2004, p. 178.

26. Cronenberg; cité dans Tobin, « Qu'est-ce qu'ils entendent par pornographie ? », p. 90.

27. Vivien Villani définit ainsi cette fonction : « L'*approfondissement* renvoie au pouvoir de la musique de film de *révéler* des ressources enfouies de l'image, en faisant apparaître des éléments qui ne sont pas visibles ou en levant une ambiguïté qui pourrait exister au regard des seules images. Souvent, les aspects révélés par la musique seraient difficiles ou même impossibles à exprimer par un autre biais ; ils correspondent généralement à ce que les personnages pensent ou ressentent. L'approfondissement ne se limite jamais à un simple phénomène informatif qui aurait pour but de révéler au spectateur certains aspects invisibles ; avant d'apparaître au grand jour, les éléments dissimulés sont préalablement *traduits* en musique et apportent une dimension lyrique supplémentaire » (Vivien Villani, « Analyser les musiques de film : quelques études de cas », dans Frédéric Gimello-Mesplomb [dir.], *Analyser la musique de film : méthodes, pratiques, pédagogie*, Paris, Books on Demand GmbH, 2010, p. 74). De la même manière, Cristina Cano note que « dans le cinéma, la musique semble être le langage destiné à potentialiser l'aspect non traduisible de l'image cinématographique, c'est-à-dire à lui permettre d'atteindre et de dévoiler sa dimension prélinguistique, et non iconique » (Cristina Cano, *La musique au cinéma : musique, image, récit* [2002], traduction française par Blanche Bauchau, Rome, Gremese, 2010, p. 146).

28. Rouyer, « *Crash* », p. 87.

à la fois comme acte et comme sentiment. *Crash* est l'histoire d'un couple marié, les Ballard, qui, malgré leurs infidélités, restent ensemble jusqu'à la fin. Malgré sa froideur et son apathie apparente, le film peut être interprété comme une histoire d'amour, ainsi que le soutient Mark Browning[29]. À deux moments, Shore fait intervenir un petit orchestre à cordes. Par leur écriture plus conventionnelle et romantique, ces deux *cues* contrastent avec le caractère électrique, froid et métallique du reste de la partition. Destinées à deux scènes qui n'incluent que les Ballard, les cordes romantiques, quoique sombres, associées au couple seul, poussent ainsi à l'interprétation et, *a fortiori*, à une relecture de *Crash* en regard de sa dimension émotionnelle. Les cordes, nous a mentionné le compositeur, soulignent également le caractère élégiaque, lyrique et mélancolique, la tristesse sous-jacente du film : la recherche, pour les Ballard, d'une connexion émotionnelle perdue et l'échec, à la fin, de l'accident de Catherine. L'amour et le tragique se rejoignent dans l'idée du *Liebestod*, que nous retrouvons dans *Dead Ringers* : dans les deux films, les couples Mantle et Ballard, l'un lié par l'amour fraternel, l'autre par l'amour marital, s'unissent ou tentent de s'unir dans la mort[30]. Dans *Crash*, le plaisir touche à la mort et Catherine souhaite vivre son propre accident de voiture qui est la « révélation d'une possibilité, d'un potentiel insoupçonné, d'une voie vers un ailleurs » et lui permettra de « renouer avec son mari » qui lui, a déjà vécu l'expérience du *crash*[31].

Pour le réalisateur, *Crash* s'est finalement révélé un film très émotionnel : « C'est un film qui ne vous dicte pas ce qu'il faut que vous ressentiez. [...] Et pourtant, comme le livre, je pense que le film est finalement très passionnel, obsessionnel, chargé d'émotion, mais pas d'une façon attendue ni immédiate »[32]. L'ambiguïté réside donc ici aussi : *Crash* est-il si neutre que le prétend le cinéaste ? La musique ne souligne-t-elle pas, par exemple, la relation qui lie les Ballard et le caractère tragique de l'histoire d'un couple déconnecté qui tente de se retrouver[33] ? La neutralité implique l'absence de parti pris. Or, la présence des cordes à deux moments précis de la narration suggère à la fois l'expression d'un sentiment tragique et amoureux et semble indiquer au spectateur l'émotion à ressentir à ce moment. William Beard commente la scène finale : « Pour la première fois dans la partition d'Howard Shore, au lieu des guitares menaçantes ou des vents plaintifs, nous entendons le son tendre des cordes amassées, énonçant une musique profondément

29. Dans son livre sur Cronenberg, Browning sous-titre son chapitre sur *Crash* : « *Not a film about pornography – a love story* » (« Pas un film sur la pornographie – une histoire d'amour » ; voir Mark Browning, *David Cronenberg : Author or Film-Maker ?*, Bristol, Intellect, 2007. Notre traduction).

30. Sur l'aspect *Liebestod* dans *Dead Ringers* ou *Crash*, voir : Michel Ciment, *Petite planète cinématographique : 50 réalisateurs, 40 ans de cinéma, 30 pays*, Paris, Stock, 2003, p. 368 ; William Beard, *The Artist as Monster : The Cinema of David Cronenberg*, édition revue et augmentée, Toronto, University of Toronto Press, 2006, p. 408 ; Rouyer, « *Crash* », p. 87.

31. Cronenberg ; cité dans Tobin, « Qu'est-ce qu'ils entendent par pornographie ? », p. 91.

32. *Ibid.*, p. 89.

33. « La psychologie des personnages est futuriste. Essayons de nous placer dans trente ou cinquante ans. Si ça continue, nous verrons par exemple ([...] c'est ce que semble dire le livre) des couples vivant ensemble, mais ayant oublié les raisons, les émotions de cette vie commune. Ils sont déconnectés et réalisent qu'ils ne peuvent se procurer du plaisir que par l'intermédiaire de tierces personnes, en faisant l'amour avec elles, puis revenant s'en parler : leurs rapports sexuels se résument à ça. Mais au fond d'eux-mêmes, cela les laisse insatisfaits ; et comme ils ne peuvent pas revenir à leurs relations antérieures, ils tentent de reconstruire, d'une façon nouvelle et étrange, une entente sexuelle » (*ibid.*, p. 90).

sérieuse, très “grande” sur le plan sentimental »[34]. L'ambiguïté se crée dans le décalage entre ce que nous voyons et ce que suggère la musique, entre la recherche du plaisir dans la violence du *crash* et dans la mort, entre l'apathie des personnages et l'évocation finale d'une émotion significative par le caractère contrastant de la musique, des cordes, qui rompt avec l'indifférence émotionnelle du reste de la partition. Notons enfin que la mélancolie de la fin est absente du scénario ; Cronenberg écrit simplement que les yeux de Catherine sont humides, « comme si elle avait pleuré »[35]. La musique de Shore agit donc bien ici comme un ajout : l'émotion véhiculée par la musique résiste à l'apathie des personnages, en contrepoint, créant ainsi un champ de tensions qui force à une relecture, perverse, du film, presque contre ce dernier.

La compréhension de *Crash* et de son propos pose la question de la structure narrative du film. Nous avons suggéré l'idée du thème et variations, ce que confirme le cinéaste :

> Oui, thème et variations : comme dans les variations Goldberg de Bach, il y a répétition du motif, mais avec décalages successifs. Il y a donc progression dramatique : les personnages ne sont pas au même endroit à la fin et au début, ils ont évolué et leurs rapports aussi. Il a bien fallu les y amener[36].

Contrairement à certains auteurs – Battestini, entre autres –, Cronenberg défend l'idée d'une progression : les scènes sexuelles ne se succèdent pas sans logique et ont une signification précise. Nous opterons ainsi pour la structure spiralée proposée par Browning – la forme de la spirale impliquant à la fois la répétition et la progression –, et nous montrerons qu'elle est aussi adoptée par la musique. Nous verrons également que l'idée d'amour est liée à l'évolution dramatique du film : l'amour des Ballard, peu à peu dévoilé, permet de jeter un regard nouveau sur le reste de l'œuvre.

Ce qui impose encore ce regard rétrospectif est la réitération du thème principal à la fin, lors du générique de clôture. Que signifie ce retour ? Est-ce un marqueur de la fin du film, une désannonce ? Ce retour semble cependant signifier autre chose : l'idée de recommencement, de cycle, car à la suite de l'échec de l'accident de Catherine, le spectateur peut supposer que le couple ne s'arrêtera pas là, qu'il recommencera et que Catherine aura finalement son accident. L'idée de désannonce n'est cependant pas à rejeter, car elle implique son contraire, l'annonce, et l'idée du thème principal comme point de repère, qui indique le ton du film, mais peut-être aussi son déroulement et sa fin – une inévitabilité ? Selon Cronenberg, le générique d'un film doit « défricher l'œil, l'espace, le rapport à la salle » et « tirer le spectateur hors de son monde » : « Les séquences d'ouverture sont donc capitales pour mettre en place des repères nouveaux chez le spectateur »[37]. La musique du générique initial, le « thème principal » (« Main

34. « *For the first time in Howard Shore's score, in place of menacingly twanging guitars or plaintive winds, we hear the tender sound of massed strings, enunciating music that is deeply serious, very "big" in feeling* » (Beard, *The Artist as Monster*, p. 405. Notre traduction).

35. « A*s though she has been crying* » ; Cronenberg, *Crash*, Londres / Boston, Faber and Faber, 1996, p. 64-65. Notre traduction.

36. Cronenberg ; cité dans Tobin, « Qu'est-ce qu'ils entendent par pornographie ? », p. 90.

37. Cronenberg ; cité dans Olivier Joyard et Charles Tesson, « L'aventure intérieure : entretien avec David Cronenberg », traduit du français par Olivier Joyard, *Cahiers du cinéma*, n° 534, avril 1999, p. 73.

Title »), devrait remplir une telle fonction, soit installer les repères musicaux du film et faire figure de référence. Pour vérifier cette hypothèse, et confirmer l'idée du thème et variations, nous proposons une analyse du thème principal de *Crash* qui vise à en identifier les idées musicales constitutives dont nous suivrons ensuite l'évolution dans la partition entière. Le thème principal remplit-il sa fonction référentielle ? Quelles sont les variations mises en jeu ? Structurelle, notre analyse révèlera une partition construite selon les principes de la génération, de la répétition et de la variation, soit autant de principes narratifs employés par le film. Ceci nous permettra de proposer un autre niveau de lecture de *Crash* en dévoilant une progression narrative qui réfute l'interprétation pornographique. Au fur et à mesure de notre analyse, la partition se révèlera en outre moins neutre que ne le souhaitait le cinéaste qui, rappelons-le, avouait également la tendance émotionnelle de son film – nous sommes au cœur de l'ambiguïté cronenbergienne…

Analyse structurelle du thème principal : génération, répétition et variation

Crash est un très bon exemple pour questionner les fonctions de la musique de film et la méthodologie traditionnelle. Nous avons vu que Cronenberg souhaitait que son film soit accompagné d'une musique « neutre », qui ne dicterait aucune émotion au spectateur. Quoique permettant d'aboutir à une synthèse descriptive du rapport musique-image dans un film donné, la méthode traditionnelle de la *cue list* (élaboration d'une *cue list* ou rapport de contenu musical, identification et description générale des éléments musicaux importants, présentation des idées musicales)[38], pour analyser une musique de film, pose problème pour *Crash* étant donné la neutralité musicale souhaitée par le cinéaste. Efficace, quand il s'agit de repérer les thèmes musicaux et leur association avec les éléments du film, la *cue list* est insuffisante dans le cas d'une musique de film dont le mandat est, *a priori*, de ne rien exprimer – il nous faut ainsi procéder à une invention méthodologique, puisque l'objet de notre analyse résiste aux méthodes dominantes. La recherche ici d'une quelconque figuration musicale, entre autres, ne donnerait rien : le rôle et la signification de la musique de Shore sont à chercher ailleurs.

38. Voir Philip Tagg, « *Cue list* et analyse musicale d'un long métrage », 2007, http://www.tagg.org/udem/musimgmot/ProjAnal.pdf, consulté le 8 février 2017 ; Tagg, « Trois méthodes proposées pour l'analyse de musiques de films », dans Gimello-Mesplomb (dir.), *Analyser la musique de film*, p. 169-184. La *cue list* reprend *grosso modo* ce qui pourrait émaner des discussions préalables entre le compositeur et le réalisateur au sujet de l'emplacement, de l'utilisation ou encore du style de la musique, etc. Chaque *cue list* correspond à une occurrence musicale décrite conjointement à l'action filmique. Cette méthode qui analyse la musique en fonction de l'image est intéressante du fait qu'elle permet de supposer que l'image naît en partie du pouvoir subjectif de la musique – l'intervention musicale peut influencer la description de l'image, les deux données étant exposées conjointement. Cette remarque revient ainsi à avancer l'idée de musicalisation filmique, car la musique peut être perçue comme le moteur de la conception filmique. Mais la méthode pose problème dans le cas qui nous occupe, car elle présuppose un rapport hiérarchique alors que, chez Shore et Cronenberg, musique et image coexistent de manière égale. La méthodologie doit donc être remise en question. En outre, la *cue list* ne constitue pas une analyse : elle est un outil utile *pour* l'analyse et le repérage. Nous reproduisons ainsi tout de même en annexe de courtes *cues lists* réalisées pour *Crash* (annexe I) et *A Dangerous Method* (annexe V).

La nature ainsi distancée de la partition a imposé le recours à une méthode analytique autre que celle de la *cue list*, soit un retour, temporaire, à la musique même, à sa structure et son langage, au niveau neutre de l'œuvre, tel que défini en sémiologie musicale[39]. C'est ici aussi la structure même de la partition qui nous a suggéré un modèle analytique : régie par la répétition/variation, elle requérait une analyse de type paradigmatique[40]. Cette méthode qui consiste à réécrire la partition en plaçant les unes en dessous des autres les répétitions d'éléments musicaux équivalents, permet dès lors d'identifier les unités musicales de base et la structure de la partition, ainsi que de mettre en évidence des analogies entre des éléments *a priori* éloignés et d'émettre des hypothèses sur la démarche compositionnelle : par exemple, sur la nature et le devenir des idées musicales originelles.

Ici, l'analyse strictement musicale concernera le thème principal de *Crash*. Celui-ci nous intéresse particulièrement dans la mesure où il occupe l'espace sonore du générique initial. Or, nous savons que pour le réalisateur, le générique d'ouverture est important, car il doit mettre en place de nouveaux repères pour le spectateur. Nous supposons ainsi que la musique devrait participer à un tel processus en exposant les repères musicaux et faire figure de référence pour le reste du film. Nous vérifierons cette hypothèse en identifiant ces repères et en en suivant l'évolution dans la partition. Nous constaterons que le thème musical principal remplit sa fonction référentielle selon trois principes, génération, répétition et variation, qui régissent également la structure du film. Cela nous permettra d'émettre déjà un certain nombre d'hypothèses quant au rôle de la musique de *Crash*. Nous verrons ainsi comment la musique, par son écriture et son emplacement, remet en cause la structure narrative du film. Nous pourrons alors commencer à nuancer la question de la neutralité musicale souhaitée par le réalisateur.

Instrumentation, traitement sonore, « tonalité »

Le thème principal de *Crash* – intitulé lui-même « Crash » dans l'enregistrement sur disque – a été composé pour hautbois, clarinette en *si* bémol, clarinette basse et trois harpes doublées par six guitares électriques réparties par paires : les deux guitares électriques 1 doublent ainsi la harpe 1, les guitares 2 la harpe 2 et les guitares 3 la harpe 3[41]. Nous parlerons alors des guitares/harpe 1, 2 et 3 pour désigner les groupes ainsi formés. La partition précise également que ces derniers sont « doublés » par des « ordinateurs »[42].

39. Voir Jean-Jacques Nattiez, *Fondements d'une sémiologie de la musique*, Paris, Union générale d'édition, 1975 ; Jean Molino, *Le singe musicien : essais de sémiologie et d'anthropologie de la musique*, précédé de « Introduction à l'œuvre musicologique de Jean Molino » par Jean-Jacques Nattiez, textes réunis par Jean-Jacques Nattiez en collaboration avec Jonathan Goldman, Arles Actes Sud / INA, 2009.

40. Nicolas Ruwet, *Langage, musique, poésie*, Paris, Éditions du Seuil, 1972.

41. L'ensemble de la partition est composé pour flûte/flûte alto, hautbois, clarinette en *si* bémol, clarinette basse, trois harpes, trois guitares électriques, percussions (piano préparé, gongs, tabla, « tambours à main » [*hand drums*], sculpture en métal, cymbale) et cordes (violons, altos, violoncelles, contrebasses).

42. Comme nous l'a précisé Howard Shore, ces parties correspondent en fait aux esquisses de la partition, à sa réduction. Les différentes parties attribuées aux « ordinateurs » ont été ensuite distribuées aux divers instruments. Il n'en demeure pas moins que certains des éléments musicaux inscrits dans ces parties ont également été traités par ordinateur.

Pour ce qui est du traitement sonore propre aux guitares électriques, la partition du film ne fournit aucune indication. À l'écoute de l'extrait, un effet de délai (*delay*) est cependant clairement audible. C'est ici la partition de concert qui a apporté les données manquantes que nous avons reportées sur notre propre transcription : guitares électriques 1 = *delay* 970 ms + 50 % *feedback* ; guitares électriques 2 = *delay* 970 ms ; et, guitares électriques 3 = *delay* 200 ms + 50 % *feedback*. Le délai est un effet de répétition, d'écho du son : l'indication « 970 ms » (970 millisecondes) donne la durée entre chaque répétition du son d'origine. L'effet de rétroaction (*feedback* ou aussi effet Larsen) fournit quant à lui la profondeur du délai : le nombre et l'intensité (50 % du volume original) des répétitions du son. Comme nous le verrons, les guitares/harpe 3 doublent parfois les guitares/harpe 1. Or, les deux paires de guitares sont soumises à un traitement sonore différent, ce qui crée une sensation d'entremêlement et d'épaississement de la texture sonore – comme pour Cronenberg, le « double » génère la confusion.

Bien que nous n'en ayons aucune indication claire, il est possible de déterminer la « tonalité » du thème principal – qui domine aussi l'ensemble de la partition – grâce à la formule d'arpège qui entre à la mesure 13 (voir exemple 11). Celle-ci contient deux éléments principaux : les rapports *ré-la* (I-V dans le mode de *ré*) et *la-mi* (I-V dans le mode de *la*). Ces deux rapports intervalliques sont superposés, tantôt à l'intérieur d'un arpège, tantôt sous forme plaquée, créant alors une ambiguïté entre les modes de *ré* mineur naturel (mode éolien) et de *la* phrygien. À ces notes constitutives, Shore ajoute un *si* bémol, en rapport de triton avec le *mi*, de seconde mineure avec le *la* et de sixte mineure avec le *ré*. Cette note génère ainsi une tension tout en servant de pivot entre les deux modes mis en jeu, créant dès lors l'ambiguïté modale recherchée. Reprécisons alors la structure d'une telle formule : à l'enchaînement *ré-la-ré*, immuable, qui constituera la base des arpèges développés, succède l'enchaînement *la-si* bémol-*mi*, chromatique et générateur de tension, qui sera dupliqué à l'identique ou transposé sur sa base. Ainsi, c'est notamment la sixte mineure (le *si* bémol), en tant que pivot, qui crée l'ambiguïté modale. L'omniprésence de cette formule d'arpège dans l'extrait, ainsi que l'apparition du *fa* bécarre et du *si* bémol dès la mesure 7 aux guitares/harpe 1 et 3 (voir exemple 12) imposent cette « ambiance de *ré* mineur », malgré l'absence de l'armature correspondante.

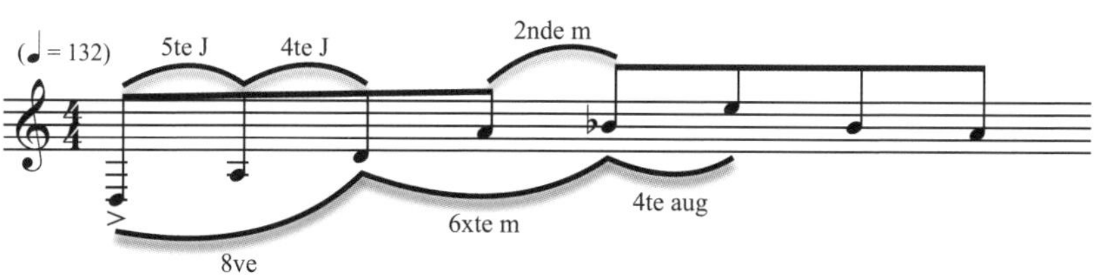

Exemple 11. Howard Shore, *Crash*, arpège du *cue* 1, guitares électriques 1, mes. 13[43].

43. Tous les exemples musicaux de ce chapitre sont issus de transcriptions personnelles, appuyées par la consultation de la partition originale au studio d'Howard Shore, des résultats de notre analyse et vérifiées par l'équipe du studio et l'auteure pour les besoins de ce livre. Toutes les transcriptions de l'auteure sont ainsi reproduites avec l'aimable autorisation de South Fifth Avenue Publishing.

Tout au long de sa progression filmique, la partition ne se prête guère à l'analyse harmonique. Encore que quelques passages soient plus conventionnels du point de vue de l'écriture et de l'harmonie – nous pensons particulièrement aux deux extraits écrits pour orchestre à cordes –, il semble bien que l'écriture de Shore s'organise autour de polarités et principalement celles de *ré* et *la*. Dans l'extrait analysé, la composition s'articule aussi autour de polarités secondaires : le *mi* et le *si* bémol, qui apparaissent respectivement dès les mesures 1 et 7 et reviennent fréquemment du fait de la constance de la formule d'arpège, et le *sol*, bécarre ou dièse, qui entre à la mesure 3 et sera à l'origine d'un des thèmes de l'extrait (voir exemple 12). Les principales notes pivots de la partition sont ainsi exposées dès les premières mesures (1-7) : le *mi*, le *la*, le *ré*, le *sol* et enfin le *si* bémol. Le système utilisé par Shore fonctionne donc par polarités, mais aussi par intervalles. L'analyse musicale révèle en effet la présence d'intervalles fondamentaux constitutifs des idées musicales de la partition et qui serviront aux développements ultérieurs de la partition. Ainsi, polarités, intervalles et idées musicales vont générer l'ensemble de la partition.

Idées musicales principales et structure générale

Dans le thème principal, « Crash » (*cue* 1 [44]), trois idées musicales sont clairement identifiables, car exposées successivement et isolées par l'instrumentation : la progression par quintes parallèles, dès les premières mesures aux guitares/harpe 1 et 3, le jeu chromatique *sol* dièse/bécarre, amorcé par les guitares/harpe 3 et le hautbois à la mesure 9, et la formule d'arpège, qui entre aux guitares/harpe 1 à la mesure 13.

La progression par quintes parallèles – thème 1

La première idée musicale est exposée dès les premières mesures et procède par progression parallèle de quintes à vide. Comme l'indique l'exemple 12, l'idée musicale est formée de quatre mesures : deux quintes à vide successives présentées avec le même rythme (mes. 1-4), la seconde un ton plus bas que la première. Cette idée est ensuite répétée deux fois, mais variée (mes. 5-8, 9-12), tant sur le plan des hauteurs, du mouvement mélodique, que du rythme et de l'instrumentation (mes. 9-12). Les 12 mesures ainsi organisées forment le premier thème de l'extrait, repris intégralement par les guitares/harpe 2 (mes. 19-30). Il apparaît une troisième fois aux guitares/harpe 1 et 3 (mes. 37-44), mais en ne conservant que les quatre premières mesures : chaque quinte occupe deux mesures, mais la première quinte est énoncée deux fois tandis que la seconde, toujours un ton plus bas, voit sa durée allongée d'un temps (mes. 37-40). Cette variation de l'idée musicale est reprise une fois, à l'identique (mes. 41-44). Les guitares/harpe 2 la rejouent, mais sans la répétition (mes. 59-62). Il y a donc à la fois retour et progression du thème puisqu'il ne revient pas à l'identique : il est varié et progressivement écourté.

44. Tel sera désigné ici le thème principal du film puisqu'il constitue la première occurrence musicale. *Crash* comporte en tout 18 *cues*, soit 18 occurrences musicales. Nous en dressons la liste dans l'annexe I.

[1] et [2] : Guitares électriques/harpes 1 et 3, mes. 1-12 ; guitares électriques/harpe 2, mes. 19-30

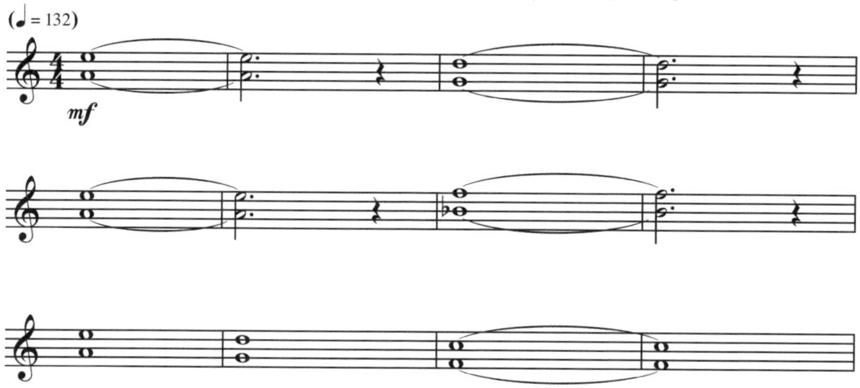

[3] : Guitares électriques/harpes 1 et 3, mes. 37-44

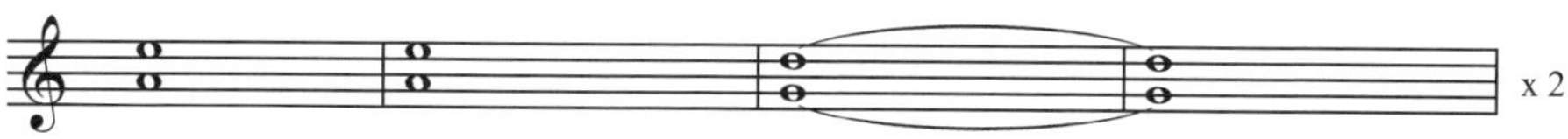

[4] : Guitares électriques/harpe 2, mes. 59-62

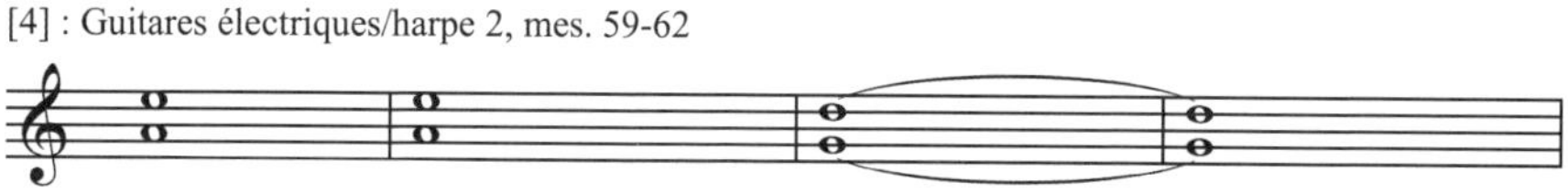

Exemple 12. Howard Shore, *Crash*, thème 1 (quintes à vide parallèles) du *cue* 1 et variations.

En parcourant la partition de *Crash* dans sa globalité, l'idée musicale de « progression par quintes parallèles » devient « progression parallèle d'accords ». Les prochaines figures montrent en effet que l'idée est reprise, mais amenée plus loin, étape par étape. Dans le premier exemple (13a), celui du *cue* 4 (guitares/harpe 1, mes. 62-70), les trois premières mesures réitèrent la progression par quintes parallèles, mais sur un rythme différent que dans le *cue* 1 et avec une seconde majeure ajoutée à la basse. La progression parallèle implique donc trois notes et intervalles (quinte et quarte justes, seconde majeure). Les mesures suivantes (65-70) ne conservent que la quinte et adoptent un rythme pointé qui était implicite dès la mesure 62. En outre, alors que dans le *cue* 1 l'idée musicale comprenait deux quintes réparties sur quatre mesures, l'idée est ici confinée dans une seule mesure. On observera aussi que les mesures 66-70 (et 62-64) décrivent, sur des hauteurs différentes, le même mouvement mélodique que les mesures 1-12 (et 9-12) du premier *cue*.

Exemple 13a. Howard Shore, *Crash*, progression parallèle d'accords dans le *cue* 4, guitares électriques/harpe 1, mes. 62-70.

Dans le *cue* 6 (guitares/harpes 3, mes. 25-38), le compositeur semble s'inspirer de l'exemple précédent, *a fortiori* des trois dernières mesures (exemple 13b). Il en utilise en effet le rythme pointé, dans sa version rétrograde, la succession de trois accords ainsi que le mouvement descendant. Cependant, ce ne sont plus ici des quintes qui sont utilisées, mais des sixtes, mineures ou majeures. En outre, aux mesures 29-32 et 35-38, le mouvement descendant n'implique plus trois, mais quatre accords parallèles.

Exemple 13b. Howard Shore, *Crash*, progression parallèle d'accords dans le *cue* 6, guitares électriques/harpes 3, mes. 25-38.

Dans l'exemple suivant, le *cue* 16 (toutes les guitares/harpes), la « progression parallèle d'accords », accompagnée d'une pédale de *fa*[45], occupe tout l'extrait (exemple 13c, premières et dernières mesures seulement). Comme dans le *cue* 4, les accords, hormis le dernier, impliquent trois notes et autant d'intervalles dans le parallélisme. Nous avons ainsi les combinaisons suivantes : quinte juste, triton et seconde mineure (mes. 3-10, 15-16, 19-20) ; quinte augmentée, quinte juste et seconde mineure (mes. 11-12, 17-18, 21-22) ; sixte mineure, quinte juste, seconde mineure (mes. 13-14, 30-32) ; sixte majeure, quinte juste et seconde mineure (mes. 33-34), sixte majeure, quinte augmentée et seconde mineure (mes. 25-26, 29, 37-40) ; sixte majeure, sixte mineure et seconde mineure (mes. 23-24, 27-28) ; septième mineure, sixte majeure et seconde mineure (mes. 35-36) ; et enfin, neuvième majeure, quinte juste, seconde mineure (ou sixte mineure) et triton (mes. 41-43). À la différence du *cue* 4, la seconde est mineure et la quarte est augmentée. La quinte cède peu à peu la place à la sixte, qui gouvernait l'exemple du *cue* 6, supplantée à son tour par la septième mineure puis la neuvième majeure – il y a donc progression par augmentation des intervalles, tel un vide qui se creuse.

45. Dans la partition de concert, la basse est une pédale de *ré*1.

Exemple 13c. Howard Shore, *Crash*, progression parallèle d'accords dans le *cue* 16, toutes les guitares électriques/harpes, mes. 3-14 et 37-43.

Les deux accords qui amorcent le mouvement mélodique descendant sont les mêmes qu'au début du *cue* 1 (*la-mi*, *sol-ré*), mais avec la seconde mineure ajoutée à la basse, dès lors en rapport de triton avec la note supérieure, le caractère de la pièce gagne en tension. Mis à part la constitution des accords, notons aussi la différence de progression qui distingue le *cue* 16 du *cue* 1, la progression descendante amorcée au début du film étant ici amenée plus loin et davantage gouvernée par le chromatisme.

Le jeu chromatique – thème 2

Le second thème du *cue* 1 entre aux guitares/harpe 3 à la mesure 9 (exemple 14). Gouverné par un jeu chromatique entre le *sol* dièse et le *sol* bécarre, ce thème est en relation dissonante avec les quintes à vide et les arpèges provoquant de la sorte un effet de tension. Le compositeur « joue » ainsi avec l'idée de chromatisme entre les deux notes en en variant le traitement rythmique et en insérant des sauts d'octave (juste ou augmentée).

Exemple 14. Howard Shore, *Crash*, thème 2 (jeu chromatique) du *cue* 1, guitares électriques/harpe 3, mes. 9-19.

Le thème se termine à la mesure 19, puis revient une seconde fois aux guitares/harpe 3 (mes. 59-95). Shore déploie alors son idée en ajoutant le *la*, dièse ou bécarre. Comme le montre l'annexe II au moyen de l'analyse paradigmatique, tout le développement du thème découle de l'idée originelle du chromatisme. Dans la seconde occurrence, le compositeur pousse les limites mélodiques du jeu : vers le haut, jusqu'au *si*4 (mes. 63), et vers le bas, jusqu'au *la*2 (mes. 81 puis 94). À la mesure 94, le *la*2 termine une ligne chromatique descendante amorcée à la mesure 89 aux guitares/harpe 1 et 3 et reprise par les guitares/harpe 2 (mes. 107-112). On notera également la ligne de basse des guitares/harpe 1 et 2, respectivement aux mesures 70-73 et 88-91, dominée par le chromatisme.

Guitares électriques/harpe 2 et flûte, mes. 1-16 ; guitares électriques/harpe 3, mes. 17-32 (♩ = 152)

Guitares électriques/harpe 3, mes. 33-42

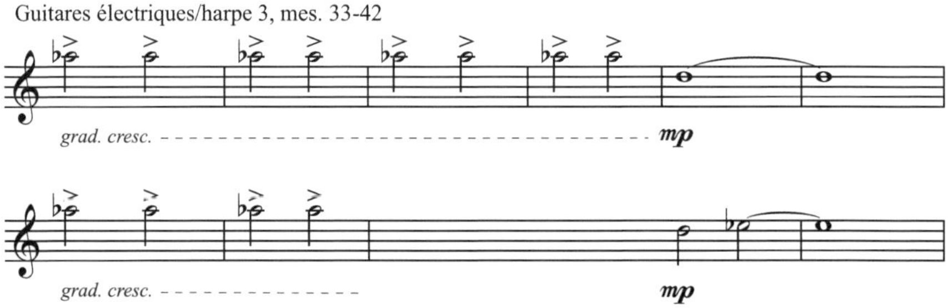

Exemple 15a. Howard Shore, *Crash*, occurrences du thème 2 dans le *cue* 2.

Comme l'idée musicale fondatrice du thème 1, le jeu chromatique du thème 2 va être repris et développé. Dans le *cue* 2 (exemple 15a), ce jeu implique le *la* bémol et le *sol* ainsi que le *fa* dièse/bécarre, toujours avec l'insertion du saut d'octave. Le *cue* 7 (exemple 15b) retient principalement l'idée de ligne chromatique du thème 2, mais en partant là aussi du *la* bémol et en ajoutant quelques tons – il en résulte une alternance entre ton et demi-ton.

Exemple 15b. Howard Shore, *Crash*, occurrence du thème 2 dans le *cue* 7, guitares électriques/harpe 3, mes. 21-53.

Dans le *cue* 9 (voir annexe III), le compositeur remplace le saut d'octave caractéristique du thème 2 par celui de quarte diminuée ou juste (mes. 44-48), augmentée ou juste (mes. 33-44). Le saut d'octave gouverne ensuite les mesures 49-64. Le chromatisme distinctif de l'idée musicale, annoncé dans les premières mesures (5-11) puis développé autour des polarités de *si* bémol et *mi* (mes. 33-48), revient à la fin par le biais du saut d'octave (mes. 68-69, *sol*4-*sol*3 dièse). À partir de là, les dernières mesures (69-77) décrivent une ligne mélodique descendante alternant entre ton et demi-ton – comme dans le *cue* 7 – qui clôt l'extrait avec une cadence sur *ré*. Le développement de l'idée musicale continue dans le *cue* 14 (voir annexe III) autour du *la* et du *sol* dièse/bécarre. Le traitement rythmique à base de croches rappelle la partie centrale du *cue* 9 (mes. 33-48), alors que précédemment l'idée musicale était soumise à un traitement rythmique en valeurs longues. Là encore, comme dans l'exemple suivant du *cue* 17 (exemple 15c), le compositeur cadence sur le *ré* qui s'affirme comme un pôle tonal, tel que nous l'avons identifié.

Exemple 15c. Howard Shore, *Crash*, occurrence du thème 2 dans le *cue* 17, premier thème de cordes, violons I et II, altos, violoncelles et contrebasses, mes. 7-19 (début seul).

L'arpège

La dernière idée musicale constitutive du thème principal de *Crash* est cette sorte d'arpège de *ré* mineur qui donne les intervalles fondamentaux qui serviront à l'élaboration des différentes idées musicales et des thèmes, ce que nous venons de suggérer à travers nos exemples. Nous avons donc la seconde et la sixte mineures, la quinte juste, la quarte juste ou augmentée et l'octave[46] (voir exemple 11).

L'arpège est omniprésent dans le *cue* 1. Il serait possible, par exemple, de délimiter des sections basées sur l'idée d'arpège en fonction de l'instrumentation (un groupe de guitares/harpe, deux ou trois). Mais à l'intérieur de ces sections, les groupes d'instruments ne se doublent pas nécessairement. Par exemple, aux mesures 20-30, les guitares/harpes 1 et 3 jouent la même chose. Mais à la section suivante (mes. 31-36), pendant que les guitares/harpe 1 et 3 se doublent, les guitares/harpe 2 entrent sur une autre formule de l'arpège. En réalité, aux mesures 31-48, elles reprennent exactement la ligne des guitares/harpe 1 et 3 des mesures 13-36. De la même manière, les mesures 37 (en comptant les premières quintes parallèles) à 95 des guitares/harpe 1 (parfois doublées par les guitares/harpe 3) sont reprises intégralement (sauf la répétition des quintes parallèles) par les guitares/harpe 2 de la mesure 59 à la fin. Ainsi, les mesures 96-103 des guitares/harpe 1 et 3 forment un groupe basé sur l'idée d'arpège, mais qui ne sera pas repris par les guitares/harpe 2 – ce que nous nommons « coda » dans le schéma structurel (tableau 5).

Tout au long de l'extrait, Shore répète et modifie l'arpège. L'annexe IV répertorie toutes les transformations subies par la formule d'arpège et déterminées par notre analyse paradigmatique – ce tableau est particulièrement révélateur du développement extrême de l'idée ainsi que de l'approche microchirurgicale (minutieuse) de Shore. Au centre figure sa première occurrence (I) qui donnera lieu à six transformations secondaires mélodiques, mélodicorythmiques ou rythmiques (II1-II6). Ces mêmes transformations donnent lieu à d'autres développements qui n'ont pas été considérés comme majeurs puisque découlant des autres transformations. Ainsi, le compositeur varie l'idée d'arpège mélodiquement ou rythmiquement par transposition partielle (groupe de notes), remplacement d'une seule note, ablation/ajout de notes, interversion et augmentation ou diminution du rythme.

46. La seconde majeure et la tierce sont peu présentes dans la partition. La tierce majeure apparaît dans les développements de l'arpège (mes. 21-28, par exemple), mais elle peut être considérée comme le renversement de la sixte mineure.

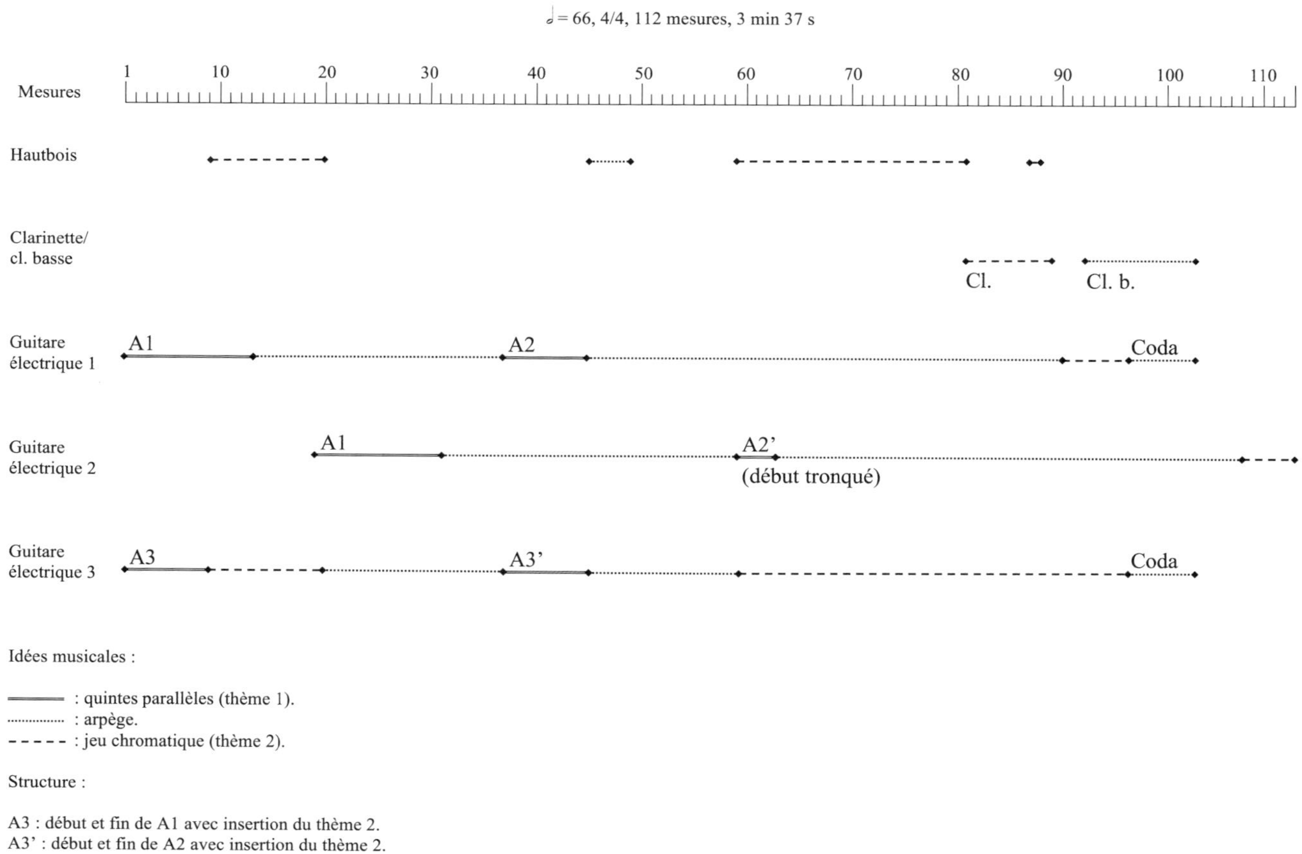

Tableau 5. Structure du thème principal de *Crash* de David Cronenberg.

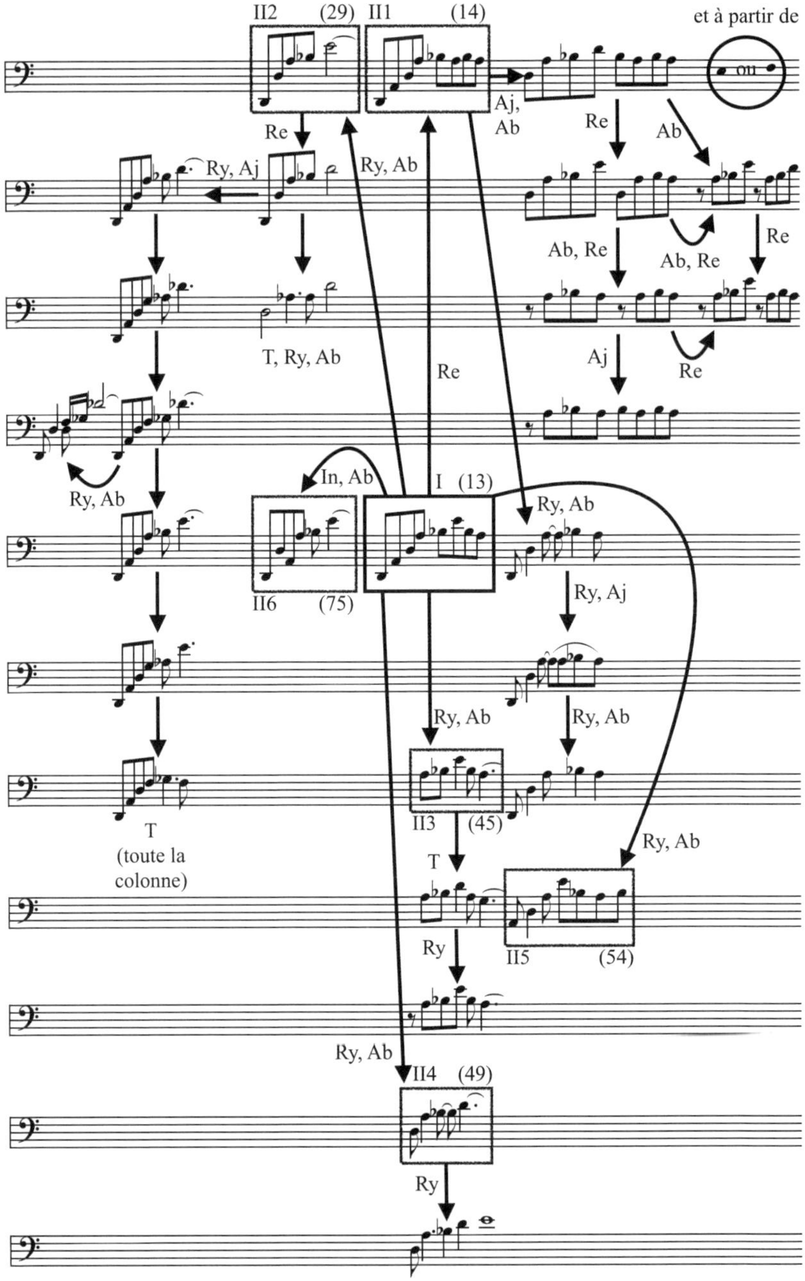

Ab = ablation de note(s)
Aj = ajout de note(s)
In = interversion
Re = remplacement d'une seule note

Ry = transformation rythmique (diminution ou augmentation)
T = transposition (partielle ou d'un groupe de notes)
(13) = numéro de la mesure où apparaît la formule d'arpège encadrée pour la première fois

Tableau 6. Transformations de l'arpège dans le thème principal de *Crash* de David Cronenberg.

Dans la suite de la partition, la formule d'arpège est constamment présente et toujours variée. Pour en rendre compte, nous avons regroupé dans le tableau 6 les premières mesures de chaque *cue*. Les exemples 16a et 16b présentent, quant à eux, deux extraits issus des *cues* 3 et 7 qui utilisent une autre forme de l'arpège. En effet, dans le premier, l'arpège apparaît pour la première fois sous sa forme plaquée, sans le *ré* à la basse[47].

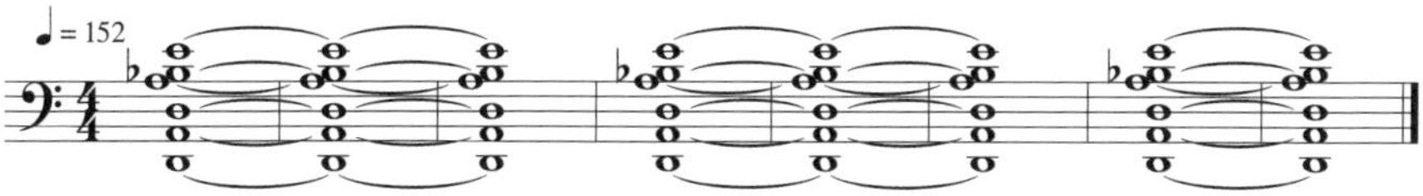

Exemple 16a. Howard Shore, *Crash*, arpège sous sa forme plaquée dans le *cue* 3, guitares électriques/harpe 2, mes. 1-8[48].

L'exemple du *cue* 7 est particulièrement intéressant dans la mesure où Shore y superpose l'idée d'arpège sous sa forme brute, en indiquant simplement les hauteurs (guitares/harpe 3), et sa forme plaquée (guitares/harpe 1, sans le *la*1). On remarquera que l'analogie entre cet accord et les cordes à vide de la guitare est assez frappante pour supposer que le compositeur s'en soit inspiré pour écrire sa musique : cet accord contient en germe toute la partition du film, ses pôles tonaux principaux et ses intervalles fondamentaux[49]. Il pourrait être ainsi perçu comme la traduction musicale du film dans son entièreté.

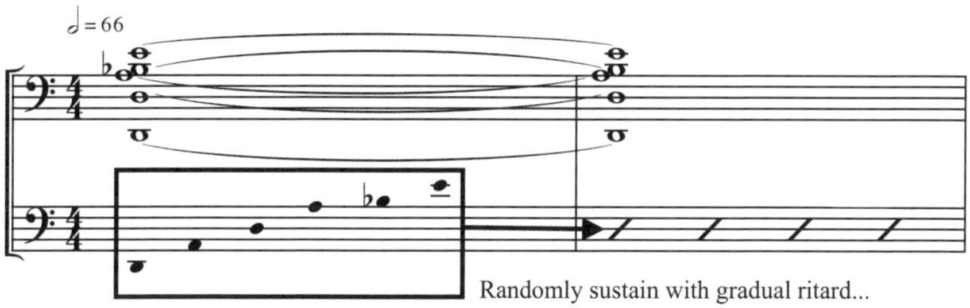

Exemple 16b. Howard Shore, *Crash*, arpège sous sa forme plaquée dans le *cue* 7, guitares électriques/harpe 1 (1re portée) et 3 (2de portée), mes. 61-62.

Structure du thème principal de Crash

La structure du *cue* 1 n'est pas découpée verticalement, mais horizontalement, les instruments se mêlant les uns aux autres en reprenant des lignes nouvelles ou déjà énoncées : il s'en dégage ainsi une sensation de linéarité. Le schéma reproduit dans le tableau 5 – en se basant principalement sur les groupes guitares/harpe puisque les bois

47. L'accord complet, ou non, sous sa forme plaquée apparaît dans les *cues* 3, 4, 7, 12, 13, 15, 16 et 17.

48. Dans la partition originale, ces huit mesures sont intégrées à ce que nous identifions comme le *cue* 2. Elles en constituent ainsi les mesures 65-72.

49. Ceci est d'autant plus flagrant lorsque le compositeur indique clairement que le *mi* grave des guitares doit être baissé d'un ton. Cet accordage spécial (*Drop-D tuning*), que l'on retrouve notamment dans les *cues* 2 et 4 (voir annexe IV), génère un effet de résonance, de profondeur en « élargissant » le son – la corde de *mi* étant plus détendue.

n'interviennent que pour des doublures ponctuelles – présente la structure globale sans tenir compte des mouvements internes de chaque idée musicale (variations).

Les parties A1 et A2 sont déterminées par la réintroduction du premier thème. A1 comprend ainsi le thème 1 dans son intégralité, tandis que A2 est introduite par la seconde version du thème telle que figurée dans l'exemple 12. En outre, la section d'arpèges y est allongée et variée. Dans A2' (guitares/harpe 2), la seconde version du thème 1 est tronquée (aucune répétition des accords). Le schéma met ainsi en évidence le rapport entre les deux premiers groupes de guitares/harpe : le groupe 2 joue la même chose que le groupe 1, mais entre en décalage, à la manière d'un canon. On remarquera que les guitares/harpe 2 apparaissent au moment où les guitares/harpe 3 terminent l'exposition du thème 2. De la sorte, le développement de l'arpège énoncé aux guitares/harpe 1 et 3, dès la mesure 20, accompagne le thème 1 et le met ainsi en relief. De la même manière, lorsque A2 entre aux guitares/harpe 1, les guitares/harpe 2 jouent l'arpège en arrière-plan. Cependant, au début de A2', les guitares/harpe 3 exécutent en même temps la variation du thème 2 tandis que les guitares/harpe 1 continuent à développer la formule d'arpège.

Les parties A3 et A3' appartiennent aux guitares/harpe 3 seules. Bien que reprenant les début et fin de A1 et A2, elles sont caractérisées par l'insertion du thème 2. Comme A3, A3' commence avec huit mesures de quintes à vide parallèles : dans A3, les guitares/harpe 3 doublent les guitares/harpe 1 avant de faire entendre le thème 2 à la mesure 9; dans A3', elles doublent également les guitares/harpe 1, mais continuent avec elles sur la formule d'arpège au lieu de poursuivre avec la variation du thème 2. Dès lors, comme nous l'avons mentionné, le retour du thème 2 accompagne l'entrée de A2' : comme au début de l'extrait, aux mesures 9-12, les deux thèmes s'entrechoquent, à la différence que, cette fois-ci, leur rencontre est soutenue par les guitares/harpe 1 qui continuent le développement de l'arpège. Nous avions déjà eu une exposition simultanée des idées musicales en même temps (mes. 19), mais elle dure plus longtemps ici (mes. 59-62) et occupe une place centrale – à peu près au milieu de l'extrait. Ces trois idées ne sont-elles pas contenues elles-mêmes dans une seule idée fondamentale, l'arpège de « *ré* mineur » dans sa version plaquée? Cette exposition simultanée des trois idées musicales fondatrices du *cue* 1, et placée en son centre, révèle le lien qui les unit. Ce lien, nous pouvons le comprendre en interrogeant la signification de chacune de ces idées et par confrontation avec l'image.

Pour une relecture de Crash *en forme de spirale*

Génération et linéarité

Nous avons démontré que le thème principal de *Crash*, qui constitue le *cue* 1, fait entendre trois idées musicales fondamentales et des éléments de langage – polarités et intervalles – qui vont générer l'ensemble de la partition. En outre, ce principe de génération est également particulièrement manifeste au niveau local – celui, non plus de la partition entière, mais à l'intérieur des *cues* – comme l'a montré le recours à l'analyse paradigmatique, notamment pour le thème 2. Les différentes occurrences musicales du film semblent dès lors dérivées du thème principal, à la manière d'un thème et variations :

> Shore a écrit sa partition comme un « *long morceau* », ensuite scindé et retravaillé de façon qu'il s'intègre dans le film. Ainsi s'explique cette impression que laisse *Crash* de n'être accompagné, à l'exception de l'envolée lyrique finale [*cue* 17, section de cordes], que d'une ligne mélodique unique, développée en ces « *nuées opaques* » caractéristiques du compositeur. Ces vagues troubles que forment [*sic*] chaque occurrence musicale semblent autant de dérivés du thème imposé au générique (baptisé *Crash*), initialement prévu pour la scène de reconstitution de l'accident de Jayne Mansfield. Ouvrant le film, il joue malgré tout le rôle de « thème principal », constituant un repère mélodique pour le spectateur, qui lui rattache les « variations » utilisées par la suite [50].

Du fait de la répétition-variation des différentes idées musicales, il règne donc constamment cette étrange sensation d'un élément qui circule à travers tout le film, ni tout à fait pareil ni tout à fait différent. Cette impression induit ainsi un sentiment de linéarité : la partition de *Crash* est une succession de pièces (*cues*) issues d'un thème originel qui expose les idées fondatrices. De même que l'accident de voiture, au centre du synopsis du film, est fécondateur de l'énergie sexuelle, le thème principal, censé représenter musicalement le film, en est la signature sonore : il est fécondateur, générateur de toute la partition.

Nous avons même supposé plus haut qu'un seul élément musical, l'accord de « *ré* mineur » plaqué, serait à l'origine de la partition puisqu'il contient en germe tous les éléments constitutifs. Cette remarque prend tout son sens en passant au niveau d'analyse suivant, le rapport avec l'image, et dès la première apparition de l'accord, dans le *cue* 3, qui vient clore la scène de l'accident de James. Cette très brève occurrence musicale n'est d'ailleurs composée que de trois énonciations de l'accord (voir exemple 16a) qui accompagnent trois plans successifs : 1) Helen Remington découvre un sein en détachant sa ceinture (ce qui provoque la première occurrence de l'accord) ; 2) le visage de James qui la regarde, hébété ; 3) la jambe de ce dernier, à l'hôpital, maintenue dans une structure métallique articulée – des fixateurs externes (conséquence de l'accident). La répétition de l'accord sur ces trois plans peut être considérée de trois façons. Tout d'abord, elle établit le lien entre l'accident et les possibilités sexuelles qui en résultent : Helen dévoile un sein sous le regard de James. Elle établit également le lien entre métal et chair, révélé par l'accident : le dernier accord résonne sur la jambe accidentée de James. Enfin, elle définit le *crash* en tant que l'événement fécondateur : il vient rompre l'ennui des Ballard et est libérateur d'une énergie sexuelle que rechercheront les protagonistes – c'est d'ailleurs à partir de cet accident, le seul authentique puisque tous les autres sont intentionnels, que le film commence véritablement, les premières scènes n'étant qu'une introduction qui présente le couple Ballard. De même que ce premier *crash* constitue donc un événement fécondateur pour James, l'accord qui lui est ici attribué contient en lui-même le matériau fondateur de la partition : il renferme l'idée maîtresse de *Crash*, soit la recherche de l'alliance de la chair et du métal, d'une nouvelle sexualité qui prend racine dans l'accident. Si l'interprétation est juste, il est possible de supposer que cet

50. Roches, « Érotique asymptote », p. 90.

extrait musical – le *cue* 3 étant en fait la continuation du *cue* 2, après une courte pause[51] – ait été composé en premier. Cette hypothèse est d'autant plus justifiée lorsque l'on sait que le thème principal du film qui occupe le premier *cue* a été originellement composé pour une autre scène, celle de la reconstitution de l'accident de Jayne Mansfield.

La linéarité induite par le principe de génération – et parce que la partition aurait été composée comme un « long morceau » – naît également de trois autres éléments, identifiés par Marie-Baptiste Roches. Selon elle, *Crash* se structure autour de la figure de la ligne : celle dessinée par le point de vue de James, quasi omniprésent – rappelons d'ailleurs que le livre de J. G. Ballard est un roman écrit à la première personne –, celle du rythme global du film, « ni vraiment lent ni rapide », et enfin celle du matériau musical, notamment dans la place qu'il occupe au travers du film[52]. « Dans la façon dont elle prend place dans le film, la musique répond ostensiblement à un souci de lissage et de fluidification du montage », explique Roches. Elle continue : « Une de ses modalités de placement est frappante : il s'agit du crochet de liaison musicale entre deux séquences, où la musique commence et/ou finit en cours de plan »[53]. Battestini confirme ce point de vue :

> La musique se voit [...] investie d'une fonction très précise, elle doit assurer une forme de transition entre les scènes limitrophes du film. [...] Elle assure, d'une séquence à une autre, le passage d'un élément subtil [...] qui se propage, qui circule[54].

Nous avons relevé cette fonction de transition dans plusieurs *cues* musicaux (voir annexe I, *cues* 4, 5 et 14). Dans le *cue* 4, par exemple, une même musique relie cinq scènes différentes : par sa présence ininterrompue, elle confère à ces scènes un lien temporel, peut-être celui du rétablissement de James, et accélère le temps du récit.

La figure de la ligne peut être ainsi considérée de plusieurs façons. Tout d'abord, parce que les autres pièces qui composent la partition du film découlent du thème principal, puisqu'elles en sont la répétition-variation, elles en propagent le même caractère vaporeux et froid à travers le film. Parce que majoritairement en arrière-plan, en arrière du dialogue et du son propre à l'action, disons de l'univers « réel », la musique de Shore semble se poursuivre derrière le film, comme un élément provenant d'un autre monde, sur lequel on ouvrirait une porte, à l'occasion. Non seulement elle semble assurer, comme nous venons de le voir, la continuité temporelle du récit en reliant différentes scènes, mais elle procure également, par son caractère répétitif, un sentiment d'hypnose, d'obsession, particulièrement transmis par la présence ininterrompue de la formule d'arpège, dès le thème principal et dans toute la partition.

Dans le *cue* 5, la musique relie deux scènes sexuelles : 1) Helen et James font l'amour dans la voiture de ce dernier, après avoir frôlé l'accident; 2) James et sa femme font l'amour chez eux dans la même configuration que dans la scène précédente. Invariable et continue, la musique souligne un parallélisme, la répétition de l'acte et l'importance non pas du temps réel, mais du temps érotique, comme le suggère Roches :

51. Ces deux *cues* sont issus de la même pièce intitulée « First Crash » dans la partition originale.
52. Roches, « Érotique asymptote », p. 90.
53. *Ibid.*, p. 91.
54. Battestini, *Pensée d'un corps, pensée d'une peau...*, p. 125.

> Cronenberg marque clairement l'association temps musical/temps érotique ; par la continuité musicale avec la scène précédente [...], le cinéaste signifie que le temps « réel » écoulé entre les deux actions n'a aucune valeur, et qu'il s'agit [...] d'un même temps psychique et sensoriel[55].

De la même façon, et en raison de son caractère répétitif et hypnotique, elle est la traduction musicale d'une obsession, plus exactement, de ce que Battestini a nommé la « contrainte obsessionnelle du phantasme », soit la recherche incessante de la sexualité issue de l'accident.

En reliant deux scènes contiguës, la musique accentue également un rapport cause-conséquence. En effet, comme l'ont souligné Chris Rodley et Cronenberg, chaque scène, notamment sexuelle, mène à l'autre[56]. En outre, par sa constance et sa linéarité, la musique procure au film son rythme ainsi qu'une certaine consistance en soutenant le jeu non naturaliste, neutre, des acteurs, la lenteur et l'indétermination des plans, des mouvements de caméra et de l'action. Par son emplacement et sa forme de thème et variations, la musique organise et crédibilise le film en créant des liens cohérents et significatifs – musicaux – entre les scènes.

Si la figure de la ligne peut être la représentation filmique et musicale de la quête obsessive des protagonistes, elle est aussi représentative de la neutralité recherchée par Cronenberg. Seuls deux *cues* – et non un seul, comme le mentionnait Roches – comportent une envolée lyrique : ce sont les *cues* 12 et 17, qui font entendre l'orchestre à cordes dans un emploi plus conventionnel, romantique, en soulignant l'amour qui unit James et Catherine. Cela ne veut pas dire que la musique composée par Shore est inexpressive, mais sa signification se situerait à un autre niveau, plus intellectuel, conceptuel qu'émotionnel. Enfin, l'idée de la ligne renvoie à celle de progression : dans le thème principal et la partition entière, la musique évolue par de subtiles variations ; les idées musicales ne sont pas simplement reprises, mais sans cesse développées.

Répétition-variation : du cercle à la spirale

Dès lors, la figure de la ligne pour représenter la structure de *Crash* ne suffit pas, car elle ne rend pas compte du processus de répétition-variation. Cette remarque est valable pour notre analyse de la structure du thème principal : certes, la ligne renvoie à sa structure horizontale, mais elle ne prend pas en considération les développements internes, les variations des idées musicales. Si le thème principal est régi par le principe de répétition-variation, ce qui est particulièrement visible et audible dans le développement de l'idée d'arpège, il souligne dès lors le caractère répétitif propre au film :

> Tout commence lorsque la voiture de James Ballard [...] emboutit violemment celle du Dr Helen Remington [...], dont le mari est tué sur le coup. Les deux survivants s'observent, hébétés, à travers les pare-brise éclatés, quand soudain Helen dégrafe sa tunique et laisse apparaître un sein. Belle et audacieuse métaphore de la stupeur érotique, de cet instant originel où le sexe nous creuse de son insatiable appétit. *Crash*, ensuite, rejouera sans fin cette scène primitive, *selon des combinatoires différentes*, pour parvenir au même émoi.

55. Roches, « Érotique asymptote », p. 93.

56. Voir Chris Rodley, « Crash », *Sight and Sound*, n° 6, 1996, http://www.davidcronenberg.de/snscrashint.html, consulté le 17 février 2017, p. 6-11.

> *Crash* est donc un film construit sur la répétition, mais une répétition a-dramatique, non progressive, sérielle[57].

En effet, à première vue, l'histoire se déroule par répétition des mêmes événements sans contexte précis ni grande variation, les personnages cherchant toujours à recréer l'événement fécondateur qui leur permet de s'allier au métal et de stimuler leur libido. Ainsi avons-nous l'impression d'une simple juxtaposition de scènes, les protagonistes s'adonnant encore et encore aux plaisirs de la chair sans logique apparente – et c'est cette juxtaposition des scènes sexuelles, entre autres, qui a valu à Cronenberg toute la polémique quant au caractère potentiellement pornographique de *Crash*, ce que le cinéaste ne revendique en rien contrairement à J. G. Ballard qui qualifiait son livre de « premier roman pornographique fondé sur la technologie »[58]. Comme le souligne Battestini, et nous partageons cet avis, s'il y a pornographie dans *Crash*, seule subsiste du genre la nature de certains plans : « Les gros plans qui célèbrent les cicatrices de Gabrielle [Rosanna Arquette] sont des plans pornographiques : leur nature (de gros plans qui découpent les corps), au-delà même de ce qu'ils montrent, semble légitimer l'excitation de Ballard »[59].

Pour plusieurs auteurs, le dernier coït du film, après l'échec du *crash* de Catherine, rappelle tous les autres et ne peut faire office de dénouement à l'intrigue : c'est une répétition, elle ne résout pas les questions posées. La répétition n'offrirait ainsi aucune progression, quelle qu'elle soit. Pour Battestini, la structure narrative est alors « davantage circulaire que linéaire »[60]. Nous pouvons observer cette même idée dans le thème principal avec la reprise des différentes sections (A1, 2 et 3) qui donne ainsi l'impression de tourner autour d'une même idée. En outre, avec l'entrée en décalage des guitares/harpe 2, nous avons dans le même temps exposition d'un élément déjà entendu et énonciation d'un nouvel élément (guitares/harpe 1) : en quelque sorte, passé et futur sont ici confrontés par superposition et nous savons donc déjà que certains événements se répéteront. Il est intéressant de noter l'alternance entre les sections de quintes à vide et d'arpèges qui rappelle la succession filmique du *crash*, ou son évocation, et des scènes sexuelles : la quinte à vide est fécondatrice de l'arpège, lui-même amorcé par un saut de quinte, et qui, en mouvement ascendant-descendant, peut suggérer l'acte sexuel ainsi que le principe de répétition, de retour. Le même processus apparaît au niveau de la partition entière qui alterne les *cues* à dominance électronique, pour les accidents, et acoustique, pour les scènes sexuelles.

Exposé par les guitares/harpe 3, le thème 2 semble établir le lien insolite entre le *crash* et la sexualité, du fait de son insertion entre les accords et les arpèges et de l'effet dissonant qu'il provoque, dès son apparition, avec les accords énoncés par les guitares/harpe 1. Caractérisé par le chromatisme, c'est en outre une idée qui en est dérivée qui

57. Bouquet, « Sweet movie », p. 24. C'est nous qui soulignons.

58. Voir J[ames] G. Ballard, *Crash!* [1973], traduction française par Robert Louit, Paris, Denoël, 2005, p. 10; Grünberg, « *Crash* : entretien avec David Cronenberg », p. 27; Xavier Mendik, « Logic, Creativity and (Critical) Misinterpretations : An Interview with David Cronenberg », dans Michael Grant, *The Modern Fantastic : The Films of David Cronenberg*, Westport, Conn. Praeger, 2000, p. 168-185.

59. Battestini, *Pensée d'un corps, pensée d'une peau*, p. 11.

60. *Ibid.*, p. 7.

termine la pièce aux guitares/harpe 2 (la ligne conjointe descendante et chromatique), mettant ainsi une fois de plus en évidence le lien qui unit *crash* et sexualité, métal et chair, et ce, dès la première scène (*cue* 1) : après le contact du sein de Catherine sur la tôle de l'avion, la musique s'éteint quand une main d'homme surgit dans le champ de la caméra pour saisir la chair ; mais Catherine replace immédiatement son sein dans son soutien-gorge, comme si le contact de sa peau n'était réservé qu'au métal. De la sorte, le lien entre chair et métal est réalisé tant à l'image que musicalement.

À la suite de l'analyse musicale du thème principal, nous pouvons émettre une objection quant à la structure narrative circulaire du film, même si c'est ce que semble proposer Cronenberg avec l'ajout de la dernière scène – l'accident de Catherine –, qui ne figure pas dans le livre de J. G. Ballard : « L'ensemble du scénario trace un cercle complet avec cette scène, et comme je le dis, je pense que c'est implicite dans le livre – vous comprenez qu'ils vont jouer à ces jeux ensemble et que Catherine finira aussi par avoir son accident »[61]. Notre objection naît en premier lieu de la structure même du thème principal : horizontale, elle suggère davantage la figure de la ligne que celle du cercle. Deuxièmement, son emplacement à trois endroits du film ne suggère pas plus la structure circulaire, mais plutôt celle d'une courbe à deux boucles, d'une spirale : sur ce point, l'approche de Shore et celle de Cronenberg proposeraient donc *deux trajectoires différentes*.

En effet, outre le générique initial, le thème principal revient à deux reprises, pratiquement inchangé. Nous l'entendons ainsi aux deux tiers (*cue* 10), lors de la scène de reconstitution de l'accident de Jayne Mansfield et pour laquelle il avait été originellement composé – avec des sons électroniques ajoutés. Le thème principal du film apparaît une troisième fois, au générique final. Nous croyons que sa fonction ici n'est pas tant de rappeler le thème principal que d'annoncer la potentielle reprise des événements, comme le suggérait le cinéaste : à la suite de l'échec du *crash* de Catherine, il faudra renouveler l'expérience. Cependant, entre chaque occurrence du thème, des événements ont pris place, même si, à chaque fois, il y a retour à l'événement fondateur.

L'idée de la spirale est contenue dans le matériau musical lui-même : pendant tout le film, la partition s'articule autour des mêmes idées sans arrêt développées, subtilement variées. C'est ce que suggère la superposition des lignes des guitares/harpe 1 et 2 dans le thème principal : pendant que le groupe 2 répète les quintes à vide, le groupe 1 fait déjà entendre autre chose. C'est aussi le constant développement de la formule d'arpège : il y a bien répétition d'une même idée, mais variée, et il en est de même pour toutes les formules musicales que nous avons dégagées dans l'ensemble de la partition. Il y a à la fois retour par la répétition, mais linéarité par la variation constante : c'est la forme de la spirale. Rappelons que celle-ci se définit comme une courbe décrivant des révolutions autour d'un axe imaginaire et linéaire. Du côté narratif, l'axe représente ici la « contrainte obsessionnelle du phantasme », telle que définie par Battestini, et la courbe, la recherche d'accomplissement de ce fantasme par la reproduction « selon des combinatoires différentes » de l'événement fondateur, comme le soulignait Stéphane

61. « *The whole script came full circle with this scene, and as I say I think it is implicitly in the book – you understand they are going to play these games together, and that Catherine ultimately will have her crash too* » (Cronenberg ; cité dans Beard, *The Artist as Monster*, p. 407. Notre traduction).

Bouquet. En outre, la figure spiralée rend compte du rapport cause-conséquence qui relie les scènes, chaque révolution menant à l'autre indéfiniment. Du côté musical, l'axe symbolise les idées musicales fondamentales de *Crash* et la courbe en représente les répétitions selon, là aussi, différentes combinatoires (l'instrumentation et le traitement sonore changent d'un *cue* à l'autre). Enfin, chaque répétition étant simultanément une variation, chaque révolution s'éloigne plus ou moins de l'axe suivant la nature de la transformation appliquée. Il y a donc à la fois circularité (répétition) et linéarité, progression (variation constante).

Bouquet défendait la nature « a-dramatique », « non progressive » de la répétition[62]. Cependant, s'il n'y avait eu que de simples répétitions, une circularité, le film se serait terminé là où il avait commencé. Certes, l'échec du dernier accident du film ramène James et Catherine au début de l'histoire – ils n'ont pas atteint le plaisir recherché –, mais le couple n'est plus le même qu'au début : les rôles ont changé. Du reste, nous le comprenons à deux moments précis du film. Le premier est la scène pendant laquelle James contemple les traces laissées par Vaughan sur le corps de Catherine, juste après avoir fait l'amour avec elle dans une station de lavage automobile (*cue* 12). Cette scène rappelle d'ailleurs le début, alors que Vaughan examine les cicatrices de James après son accident. Le second moment est la fin du film, l'accident de Catherine provoqué par son mari (*cue* 17). À ces deux endroits, nous comprenons que James remplace Vaughan (il devient son double), revêtant ainsi le rôle de maître du jeu, et que Catherine prend la place qui était celle de son mari au début du film, celle du disciple. Ces deux moments, avons-nous écrit, sont d'ailleurs accompagnés des deux seules interventions des cordes, dans une écriture plutôt conventionnelle, romantique.

L'apparition des cordes crée un lien significatif entre ces deux scènes en ponctuant l'évolution du couple. Dans la première, par son caractère sombre, ses trémolos et ses notes tenues marquées de *crescendos*, la musique suggère davantage la souffrance perceptible de Catherine au début de son parcours initiatique ainsi que le destin de James, qui remplacera Vaughan. Mais elle met également en exergue l'extrême tendresse de ce moment : la musique nous dit qu'il s'agit bien d'amour; le couple n'a peut-être jamais été aussi proche. Quant au *cue* final, les cordes lyriques transforment la scène finale en un climax romantique et soulignent le lien qui unit le couple Ballard. Selon Browning, ce n'est en effet qu'à la fin que nous comprenons l'amour qui lie James et Catherine : « Après tout, ce n'est pas seulement pour la cohésion narrative que James et Catherine restent ensemble pendant le film. Ils sont mariés, et malgré leurs infidélités, *ils restent ensemble* »[63]. Ainsi, seuls deux événements musicaux semblent rompre la neutralité souhaitée par le réalisateur. En contrastant fortement avec le reste de la partition et ce qui se déroule sous nos yeux – la recherche du plaisir au plus près de la mort, la violence du *crash* et ses conséquences –, la musique se charge d'une valeur significative frappante qui demande à être interprétée et qui force ainsi le spectateur à reconsidérer le reste

62. Bouquet, « Sweet movie », p. 24.

63. « *After all, it is not only for narrative cohesion that James and Catherine remain together through the course of the film. They are married and despite dalliances with others [...],* they stay together » (Browning, *David Cronenberg*, p. 150. Notre traduction).

du film, car le dernier accident ne peut être perçu comme une simple répétition – la musique propose, écrivions-nous, une (re)lecture déviante, perverse, et finalement, une lecture elle-même répétitive.

Pour ce qui est du thème principal de *Crash*, il remplit bel et bien sa fonction référentielle. Énoncé dès le début, il donne à entendre le matériau musical qui sera repris et développé dans toute la partition. Réitéré aux deux tiers et à la fin du film, quasiment à l'identique, il fait figure de repère. Gouverné par les principes de génération, répétition et variation, et donnant ainsi naissance à une partition en forme de thème et variations, il souligne, voire révèle, la structure narrative de *Crash* : celle d'une spirale de quête d'une nouvelle sexualité (répétition-variation) articulée autour de l'axe de la « contrainte obsessionnelle du phantasme », de l'accident de voiture, de l'événement fondateur (génération). Plus encore, la musique de Shore confère au film une progression et conduit la narration à une conclusion romantique et tragique, transformant le récit en un *Liebestod*. De cette façon, la partition de Shore résiste à l'interprétation pornographique de *Crash*.

Épilogue

L'artiste contemporain réinvente, décale et subvertit la réalité. Les personnages de *Crash*, autant de doubles du cinéaste, recomposent leur univers en se soumettant à la logique du fantasme. Cette subversion, dans le récit, contamine la structure même du film qui adopte le régime obsessionnel du fantasme, sa répétition, sa variation. Ce principe créatif est celui-là même que Shore a choisi pour composer sa partition. Mais il lui fallait découvrir le potentiel d'un tel régime créateur, son élément générateur, son origine. De même qu'un accident de voiture peut générer tout un récit, un seul accord fécondateur peut engendrer l'ensemble d'une partition. À partir de ces quelques éléments (un accord, un principe compositionnel), le compositeur a donné naissance à une pièce musicale en forme de thème et variations qui souligne la structure même du récit cronenbergien. Mais plus que souligner, la partition de Shore confère une cohérence et une unité au récit, réunissant les diverses scènes (les répétitions) par la réitération d'un même matériel musical – et pour poursuivre la métaphore chirurgicale, la musique de Shore pourrait être décrite comme la moelle spinale qui assure toutes les connexions nerveuses du film. Cependant, chaque réitération comporte en elle-même le potentiel d'une variation, d'une différence.

La partition de Shore révèle ainsi peu à peu la progression du récit, rendue significative, à la toute fin, lorsque la musique contraste avec l'univers sonore homogène qu'elle maintenait depuis le début, et injecte une émotion singulière qui rompt avec la neutralité qui la caractérisait, semble-t-il, jusqu'alors. Cette neutralité est par ailleurs tout à fait discutable. En effet, le thème principal de *Crash* comporte un certain nombre d'éléments qui peuvent donner lieu à l'interprétation. Nous aimerions ainsi proposer quelques *pistes* interprétatives, nécessairement non exhaustives, qui demanderaient à être confirmées ou infirmées par une analyse approfondie. Mais avant cela, deux mises en garde doivent être formulées.

La question de la signification et de l'émotion en musique n'est pas sans poser problème et exige d'être traitée avec précaution. Un premier avertissement est ainsi donné par Nicholas Cook qui, s'appuyant sur les pensées d'Eduard Hanslick, Stephen Davies et Peter Kivy, remarque que la musique ne possède qu'un potentiel d'expression : elle ne peut exprimer que des émotions générales, sans objet (joie, tristesse), et non des émotions complexes qui réclament un objet formel (amour, fierté, jalousie). Sans objet donc, la musique seule ne peut exprimer des émotions que dans leurs aspects génériques[64]. Le potentiel d'expression de la musique ne peut donc s'actualiser que dans les mots ou les images, qui proposent un objet à l'émotion générale véhiculée par la musique – et inversement, celle-ci peut nuancer une émotion déjà exprimée par un autre médium[65]. La musique ne peut donc être porteuse d'une signification immanente qu'elle prêterait ensuite aux images : elle participe à la construction du sens. La signification est engendrée par un processus dynamique, une influence réciproque de la musique et de l'image, et non par un système de reproduction. La musique d'un film n'est donc pas nécessairement l'expression de l'amour ; elle peut néanmoins en posséder le potentiel, activé au contact de l'image qui l'actualise : c'est précisément ce contact, cette rencontre, qui permet au sens de se déployer. Les émotions, idées et sentiments associés à telle formule mélodique ou rythmique, à tel degré ou tel intervalle, ne sont pas absorbés, mais transformés par la rencontre avec l'image ou le récit.

En outre, toute recherche de correspondance entre musique et signification devrait nécessairement être effectuée dans un *contexte précis et homogène*, à travers des œuvres issues d'une même époque, appartenant à des genres semblables et employant un langage musical commun. C'est la raison pour laquelle les quelques pistes d'interprétation qui suivent demeurent hypothétiques et sont à considérer avec précaution. Si nous croyons que, dans *Crash*, le recours aux quintes à vide et à la modalité contribue à générer une sensation de vide et d'insécurité, que l'ostinato créé par la répétition des arpèges participe à la fois de l'idée d'ennui et de celle d'obsession caractéristiques du film, que la tension produite par certains intervalles (sixte et seconde mineures, triton) et formules mélodiques (ex. : 5-6-5) suscite, une fois contextualisée par l'image, un sentiment d'angoisse ou de souffrance –, si nous croyons que ces différents éléments revêtent une signification précise dans *Crash*, qu'en est-il de leur utilisation dans la musique de Shore en général ? Les retrouve-t-on ailleurs et, le cas échéant, quelle est leur raison d'être ? Ainsi, chaque élément interrogé sur le plan de la signification devrait faire l'objet d'une contextualisation dans toute la filmographie cronenbergienne, ainsi que dans les films d'un genre similaire auxquels Shore a contribué – nous pensons particulièrement aux œuvres de David Fincher et de Jonathan Demme. Une telle recherche ne peut être réalisée ici et l'étude entamée dans les pages qui suivent mériterait d'être prolongée. Aussi, la partition de Shore partageant avec d'autres genres musicaux et d'autres partitions filmiques un certain nombre de traits en commun, nous pointerons quelques parallèles qui, afin d'éviter toute confusion, et étant donné la mise en garde formulée et la réserve qu'elle implique, seront cependant majoritairement indiqués en note de

64. Voir Nicholas Cook, *Analysing Musical Multimedia*, Oxford, Clarendon Press, 1998, p. 89-90.
65. *Ibid.*, p. 94-95.

bas de page. Leur objectif n'est donc pas de tracer des traits d'égalité, mais d'établir des points de comparaison entre des genres et des pratiques qui recourent à des procédés musicaux similaires qui semblent aller dans le même sens.

Vide et instabilité : quintes parallèles, modalité, ambiguïté

Les quintes à vide parallèles qui caractérisent en partie le thème principal de la partition, des accords de deux notes au caractère nu et quelque peu austère, portent bien leur nom : l'absence de tierce provoque une sensation de vide, la tierce conférant à l'accord sa plénitude et son identité (majeure ou mineure). Stérile, l'accord à deux sons ne semble ainsi renvoyer à rien si ce n'est à lui-même[66]. N'appartenant à aucune zone harmonique donnée (majeure ou mineure), la quinte à vide provoque une instabilité, voire une neutralité tonale. Cette dernière se double d'une neutralité émotionnelle, l'émotion étant majoritairement véhiculée par le contraste majeur/mineur (joyeux/triste) dans le système tonal occidental[67] – qui n'est cependant pas le langage employé par Shore. Nous aurions donc ici un élément musical qui pourrait répondre aux exigences du réalisateur – doter son film d'une musique neutre, n'imposer aucune émotion au spectateur et créer l'ambiguïté[68].

L'ambiguïté est également générée par une coexistence des modes éolien et phrygien. Le premier thème de *Crash* présente une progression construite à partir des trois accords caractéristiques du mode phrygien, à savoir A5 (I), G5 (VII) et B♭5 (II), ce dernier accord étant également le sixième degré distinctif du mode éolien (voir exemple 12). En outre, la basse de la progression fait entendre la relation instable des premier et deuxième degrés (*la-si* bémol, également cinquième et sixième degrés en *ré*)[69], renforcée par le propre caractère instable, l'ambiguïté modale de toute la partition. Comme nous le verrons, ce sentiment d'instabilité, ou d'inconfort, est aussi véhiculé par la présence insistante du triton (*si* bémol-*mi*) et de la formule mélodique 5-6-5 (*mi-fa-mi* en *la* ou *la-si* bémol-*la* en *ré*).

Si l'utilisation de la modalité participe à la construction d'une sensation d'ambiguïté et d'instabilité, elle nous semble également contribuer à l'édification d'une certaine

66. Un rapprochement est possible avec la musique populaire où l'emploi des quintes parallèles peut connoter le caractère vide, stérile, du « nulle part ». Voir Philip Tagg, *Everyday Tonality : Towards a Tonal Theory of What Most People Hear* [2009], version 1.3, New York / Montréal, The Mass Media Music Scholar's Press, 2012, p. 129-130.

67. Nous retrouvons cette idée de la neutralité tonale et émotionnelle dans le *heavy metal* qui, comme la partition de Shore, utilise la quinte à vide. Voir Rikky Rooksby, *Play Great Guitar : Brilliant Ideas for Getting More Out of Your Six-String*, Oxford, The Infinite Ideas Company Limited, 2008, p. 63-64.

68. L'utilisation des quintes parallèles à des fins d'ambiguïté n'est pas un procédé inédit. Dans la musique française de piano de 1880-1940, elles sont « souvent associées à des sections où les compositeurs recherchent un effet trouble ou confus », note Sylvie Noreau (*Étude de l'utilisation des quintes parallèles dans la musique française de piano entre 1880 et 1940*, mémoire de maîtrise, Université Laval, 2012, p. 165). Selon l'auteure, « l'ambiguïté du parallélisme en général, et des quintes en particulier, provient du fait que l'oreille a du mal à distinguer la note de référence entre les deux voix parallèles (*ibid.*, p. 63).

69. Un autre point de comparaison peut être ici établi avec le *heavy metal* qui emploie également le mode phrygien. À ce propos, voir Robert Walser, *Running With the Devil : Power, Gender, and Madness in Heavy Metal Music*, Middletown, Wesleyan University Press, 1993, p. 47.

temporalité. En effet, dans la littérature musico-filmique, les modes anciens sont principalement utilisés pour ancrer la narration dans une temporalité lointaine, notamment dans les films d'époque, ou dans un lieu (physique, ethnique) donné[70]. La distance ainsi générée par la modalité est également propice aux films fantastiques ou de science-fiction pour évoquer un monde étranger au nôtre[71]. Les modes anciens peuvent ainsi connoter le lointain, la distance (un autre monde, une autre culture). Cette interprétation de la modalité entre donc *en résonance* avec le propos de *Crash*, avec l'apathie des protagonistes qui, « habités » par un vide émotionnel, un ennui, sont devenus étrangers au monde qui les entoure, mais qu'ils subvertissent et reconfigurent par leurs obsessions, leurs fantasmes.

Ennui et obsession : l'ostinato

Cette idée de l'ennui et de l'obsession est également construite par le régime de répétition-variation des idées musicales constitutives de la partition. À ce propos, la formule d'arpège est particulièrement significative : répétée et variée pendant la quasi-totalité de la partition et du film, elle constitue un ostinato. Ce dernier ne contient pas nécessairement l'idée de l'ennui en lui-même, mais la répétition quasi immuable crée une certaine monotonie qui trouve son sens une fois recontextualisée par l'image et couplée au propre régime de répétition-variation du film ainsi qu'au caractère apathique de ses protagonistes. Comme le notent Fred Botting et Scott Wilson, la notion d'ennui réside tant dans le fond que dans la forme du film :

> *Crash* part de la prémisse, attribuée à Michel Foucault, que le « sexe est ennuyeux ». L'ennui est le milieu dans lequel évolue le film : généralement, *Crash* combine l'ennui stylisé d'un film d'aliénation urbaine allemand des années 1970 avec la répétition [d'une image] granuleuse, *low-tech* et sans humour d'un film porno allemand des années 1970[72].

Si nous disons que l'ennui ne prend pas nécessairement source dans la structure sonore en tant que telle, c'est que la répétition, nous l'avons vu, peut également être associée à l'idée d'obsession, à la contrainte obsessionnelle du fantasme qui, en retour, tire les personnages du film de leur torpeur et les amène ainsi à se dépasser. Leur univers, devenu obsession, subvertit peu à peu la réalité, les protagonistes reconfigurant leur espace réel selon les règles du fantasme. Mais la subversion a ses limites – c'est ce que cherchent les personnages, le dépassement des limites corporelles (réelles) – et entraîne inévitablement la mort[73]. Nous retrouvons ainsi l'une des constantes de l'univers cronenbergien, que Hugues Ghenassia synthétise en ces mots :

---

70. Voir Karlin et Wright, *On the Track*, p. 227.

71. Voir *ibid.*, p. 227 et 233.

72. « Crash *starts from the premiss, attributed to Michel Foucault, that "sex is boring". Boredom is the film's milieu : generically,* Crash *combines the stylized ennui of a seventies German urban alienation film with the grainy, low-tech, humourless repetition of a seventies German porn film* » (Fred Botting et Scott Wilson, « Automatic Lover », *Screen*, vol. 39, n° 2, été 1998, p. 186. Notre traduction).

73. Dans plusieurs films de Cronenberg, les protagonistes parviennent à se libérer de leur enveloppe corporelle par la mort. La tragédie de *Crash* réside donc peut-être ici aussi : toujours vivants, les Ballard n'accèdent pas à ce dépassement corporel, à l'éternité qu'offre la désincarnation.

> La quête [du héros cronenbergien] est toujours la fable d'une impossible et pathétique volonté de dépassement de soi – humain trop humain – sur un plan biologique, qui masque en réalité un désir d'éternité [...]. Comme si la volonté de puissance mégalo-nietzschéenne de ses héros mélancoliques (concrètement à l'œuvre aujourd'hui dans les biotechnologies) n'était qu'une sourde aspiration de l'homme à consacrer sa propre disparition [74].

Enfin, l'ostinato peut être également perçu comme un élément constitutif du sentiment d'inconfort évoqué précédemment à propos de l'utilisation des quintes à vide et des modes anciens. Dans son ouvrage sur l'ostinato, Laure Schnapper remarque que « la répétition statique peut ainsi créer un climat d'angoisse et de suspense lorsqu'elle est placée dans le registre aigu » [75]. Elle prend ainsi l'exemple de la musique composée par Bernard Herrmann pour *Vertigo* (1958) d'Alfred Hitchcock. Cette utilisation de l'ostinato est commune à la partition de *Crash* – mais qu'en est-il de l'ostinato, en général, chez Shore ? L'inconfort et l'instabilité déjà mentionnés peuvent être ainsi également perçus en termes d'attente – d'un événement qui vient rompre l'ennui – et d'insécurité – celle de l'accident et de la mort. Ce climat établi par la rencontre de l'image (structure visuelle répétitive, thèmes, personnages) et de la musique est également construit à partir de différents éléments de mise en tension qui tendent à générer un sentiment d'angoisse ou de souffrance.

Mise en tension, angoisse et souffrance : intervalles, degrés, harmonie, formules mélodiques

Jusqu'ici, la question de la neutralité a principalement été discutée en termes d'absence d'émotion significative : la partition de *Crash* serait ainsi émotionnellement neutre, mais cette neutralité, qu'elle aurait tendance à amplifier (sensation de vide, ambiguïté, distance, torpeur), n'est en rien synonyme de non-sens. Cependant, le thème principal contient un certain nombre d'éléments qui pourraient être porteurs d'émotions ou de sentiments singuliers – nous ne serions donc plus dans l'amplification (de la neutralité), mais dans l'ajout.

Portons tout d'abord notre attention sur son accord/arpège fondateur. Ce dernier est constitué de la superposition de deux quintes justes (*ré-la*, *la-mi*) dont le vide (la neutralité) est court-circuité par la présence du *si* bémol, en rapport de seconde mineure avec le *la*, de triton avec le *mi* et de sixte mineure avec le *ré*. Ce sont notamment ces trois intervalles qui génèrent la tension de l'accord ainsi que le sentiment d'instabilité, ou d'insécurité, susmentionné.

La sixte mineure et la seconde mineure provoquent un effet similaire du fait de leur relation de tension chromatique, de frottement, avec la dominante (en *ré*) ou la tonique (en *la*). Quant au triton, nous le retrouvons à deux endroits dans le thème principal de *Crash* : dans l'arpège (ou l'accord, *si* bémol-*mi*), dont il occupe le sommet, et lorsque

74. Hugues Ghenassia ; cité dans Sébastien Rossignol, *Le cinéma de David Cronenberg et la peinture de Francis Bacon : regard croisés*, mémoire de maîtrise, Université de Toulouse II, 2003, http://baconcronenberg.free.fr, consulté le 17 février 2017.

75. Laure Schnapper, *L'ostinato, procédé musical universel*, Paris, Librairie Honoré Champion, 1998, p. 226.

le *sol* dièse apparaît à la mesure 9 (quatrième degré augmenté en *ré*, avec tension chromatique vers la dominante, *la*). Si nous considérons le mode de *ré*, son triton, le *sol* dièse, ne se résout sur le *la* qu'à la mesure 61, à la réapparition du thème 2 –, mais à la fin du thème (mes. 78-79), le *sol* dièse paraît une dernière fois pour retomber sur le *ré*, par le biais du *ré* dièse, mettant ainsi en évidence l'intervalle dissonant sous sa forme pure et non dans un contexte modulant (voir annexe II). Avant cela, le triton fonctionne en tant que simple dissonance. Dans l'arpège, il n'est jamais résolu – le *mi* devrait se résoudre sur un *fa*, la tierce de *ré*, absente[76]...

Dans la littérature musico-filmique, le triton est largement employé dans les films policiers, où l'intervalle est synonyme de mort ou de danger[77]. À travers la recherche de la petite mort dans l'accident de voiture, ces deux thèmes sont au centre de *Crash*. La forte présence du triton, maintes fois répété et particulièrement mis en valeur dans les arpèges dont il constitue le climax, semble ainsi également aller dans ce sens. Il conviendrait cependant de confirmer cette hypothèse par une recherche systématique de l'emploi du triton dans la musique de Shore afin de voir si le compositeur lui-même tend à réaliser ce type d'association.

Quoi qu'il en soit, il est certain que les intervalles et degrés contenus dans l'accord de *Crash* sont utilisés à des fins de mise en tension. Mais cet accord pourrait connoter en lui-même une émotion particulière : celle de l'angoisse, ou même de la souffrance, un sentiment particulièrement présent dans *Crash*, mais également dans toute la filmographie cronenbergienne, que ce soit à travers le thème de la mort ou le choix du genre de l'horreur. Pour tenter de le démontrer, simplifions tout d'abord l'accord en en retirant les doublures ; nous avons ainsi, dans un ordre ascendant : *ré-la-si♭-mi*, ce qui nous donne un accord de neuvième suspendue (sus9) avec la sixte mineure ajoutée[78]. Selon Philip Tagg, l'accord parfait mineur (dans notre cas, la tierce est absente, mais implicite) avec une neuvième majeure suspendue est « paradigmatiquement identique à l'accord mineur avec 9e ajoutée (maj9) »[79]. Or, celui-ci serait particulièrement employé pour connoter l'angoisse, un terme général choisi par Tagg pour rassembler les données

76. La question de la résolution peut être vue autrement si l'on considère simplement le *mi* : en tant que dominante de *la*, la tension est résolue en retombant sur la tonique par le biais du *si* bémol. À titre de deuxième degré majeur de *ré*, ou neuvième majeure, son attraction vers la tonique se résout la plupart du temps dans le prochain arpège qui recommence sur *ré*. Par contre, comme neuvième ajoutée de l'accord sans tierce (sus9), le *mi* devrait se résoudre sur l'octave (*ré*) ; la tension est donc toujours présente.

77. À ce propos, voir : Philip Tagg, « Tritonal Crime and "Music as Music" », 1998, http://www.tagg.org/articles/xpdfs/morric70.pdf, consulté le 17 février 2017 ; Tagg, « Film Music, Anti-Depressants and Anguish Management », novembre 2004, http://tagg.org/articles/xpdfs/jochen0411.pdf, consulté le 17 février 2017, p. 5-14 ; Tagg, « Significations musicales dans les musiques classiques et populaires : l'expression musicale de l'angoisse », dans Jean-Jacques Nattiez (dir.), *Musiques : une encyclopédie pour le XXIe siècle*, vol. 5 : *L'unité de la musique* [2005], traduction française, Arles, Actes Sud / Paris, Cité de la musique, 2007, p. 752-762.

78. Il intéressant ici de noter que le compositeur Glover Gill emploie ce même accord, et sous sa forme arpégée, dans le film *Waking Life* (2001) de Richard Linklater. John Richardson, décrivant la première séquence du film, souligne l'ambiguïté tonale d'une telle formule ainsi que le vide connoté par l'absence de la tierce initiale. Si ce film appartient à un genre distinct de celui de *Crash*, et que le langage musical de Gill diffère de celui de Shore, nous retrouvons pourtant la même évocation de l'univers fantasmé (« *dreamy* »), obsessif (« *haunting* ») et stérile, vide (« *absence* », « *uncanny void* ») caractéristique du film de Cronenberg. Voir John Richardson, *An Eye for Music : Popular Music and the Audiovisual Surreal*, Oxford, Oxford University Press, 2012, p. 78-79.

79. Tagg, « Significations musicales dans les musiques classiques et populaires », p. 748.

recueillies auprès de centaines de personnes à la suite d'un test d'écoute impliquant notamment les thèmes principaux de *Roméo et Juliette* (1968) de Nino Rota, *A Streetcar Named Desire* (*Un tramway nommé désir*, 1951) d'Alex North[80] et de la chanson « Owed to "G" » (1975) de Deep Purple[81]. On le trouve aussi dans la musique d'Ennio Morricone « lors de situations d'affliction, de tragédie, de séparation ou de destin cruel »[82].

Dans *Crash*, ce sentiment d'angoisse est renforcé par la tension engendrée par les sixte et seconde mineures, ainsi que par le triton, mais également par plusieurs formules mélodiques qui s'articulent autour de la sixte mineure : 5-6-5 (*la-si♭-la* en *ré* mineur naturel[83] ou *mi-fa-mi* en *la* phrygien) et 1-5-6-9-6-5 (*ré-la-si♭-mi-si♭-la* en *ré* mineur naturel). La première formule figure au centre du thème 1 du thème principal de *Crash* : *mi-fa-mi* au soprano, accompagné par *la-si♭-la* à la basse (voir exemple 12). Dans ce cadre, c'est encore de la présence de la sixte mineure, et de la tension chromatique qu'elle induit, que l'angoisse surgit. Pour ce qui est de la formule 1-5-6-9-6-5, nous la retrouvons dans la formule d'arpège, en *ré* (mais avec ajout de la neuvième). Dans *Crash*, elle resurgit à deux moments significatifs, dans les *cues* 12 et 17, que nous avons déjà évoqués et dans lesquels d'autres formules mélodiques impliquant la relation chromatique entre le cinquième degré et la sixte mineure sont employées (voir tableau 7).

Cue 12	**Cue 17**
(4)-5-6-5-4-3-2-(1 ou 3) en *ré* mineur naturel (alt., vlc., mes. 3-4, 7-8 et 16)	5-4-6-5-4-3-2-3-4-5-6-5 en *mi* mineur naturel (alt., vlc., mes. 30-31)
1-2-5-6-5-1-5-4 en *ré* mineur naturel (fl. alto, vln, mes. 27-30) 1-2-3-4-3-4-5-6-5 en *sol* mineur naturel (fl. alto, vln I, alt., mes. 18-22)	1-2-5-6-5-1-5-4 en *ré* mineur naturel (vln, mes. 48-51) 1-3-6-5-3-2-3-2-1 en *sol* mineur naturel (vln I, alt., mes. 62-64)

Tableau 7. Formules mélodiques des *cues* 12 et 17 de la partition de *Crash*.

Les deux scènes insistent ainsi sur la sixte mineure qui, au sein de plusieurs formules mélodiques, révèle son plein potentiel expressif. Dans le *cue* 12, les différentes formules sont entrecoupées par la réitération de l'accord de *ré* sans tierce avec la sixte mineure et la neuvième ajoutées par les cordes en trémolo (tels des frissons), avec la flûte alto. À la suite de sa première expérience sexuelle, brutale, avec Vaughan – suscitée par la découverte du corps de Seagrave (Peter MacNeill), mort d'avoir recréé l'accident de

80. À propos de l'emploi de l'accord maj9 dans le thème principal de *A Streetcar Named Desire*, voir aussi Philip Tagg et Bob Clarida, *Ten Little Title Tunes : Towards a Musicology of the Mass Media*, New York / Montréal, Mass Media Music Scholar's Press, 2003, p. 579.

81. Voir Tagg, « Significations musicales dans les musiques classiques et populaires », p. 751-752.

82. *Ibid.*, p. 750. Sur la signification de l'accord mineur avec neuvième ajoutée, voir également Tagg et Clarida, *Ten Little Title Tunes*, p. 453-466; et Tagg, « Film Music, Anti-Depressants and Anguish Management », p. 3-5.

83. La formule 5-6-5 en *ré* mineur naturel correspond au 1-2-1 en *la* phrygien. Nous avons déjà mentionné la similitude expressive de la sixte mineure et de la seconde mineure qui engendrent toutes deux une tension chromatique, soit avec la dominante, soit avec la tonique. Quel que soit donc le contexte modal considéré, l'interprétation expressive demeure la même.

Jayne Mansfield –, Catherine est étendue sur son lit aux côtés de James qui contemple son corps couvert d'ecchymoses. Tendrement, il place sa main là même où demeure la trace des doigts de Vaughan. La douceur de ses gestes contraste avec la brutalité de ce dernier. Catherine semble bouleversée par son expérience sexuelle avec Vaughan. Paradoxalement, il s'agit peut-être ici de la véritable première scène d'amour des Ballard, du moins de la première scène de pure tendresse, comme si le choc de l'accident de voiture et la souffrance provoquée par Vaughan avaient permis une nouvelle connexion, une revitalisation émotionnelle. Le tempo lent (le plus lent de toute la partition, 63 à la noire) et la présence des cordes, dans un style plus conventionnel, romantique, avec ces quelques envolées lyriques, font de la pièce un moment solennel, à la fois tendre et tragique, soulignant tant la souffrance du corps blessé de Catherine (porte d'accès vers l'émotion) que la tendresse qui unifie le couple. Dans le *cue* 17, Catherine a vécu son propre accident. Étendue près de sa voiture, sur le bas-côté, elle est rejointe par James. Ce dernier contemple le tableau qui s'offre à lui et hume les émanations du véhicule accidenté. « Catherine, est-ce que ça va ? », demande-t-il. « James… J'en sais rien… », répond-elle. « Es-tu blessée ? », s'enquiert-il à nouveau. « Je crois que ça va aller… Je crois que ça va aller… ». James s'allonge près d'elle et lui fait l'amour. « Peut-être la prochaine fois, chérie… Peut-être la prochaine fois… », chuchote-t-il. Puis la caméra se retire doucement pour contempler une dernière fois le flot continu des voitures sur l'autoroute. Ici, la douleur exprimée est celle de l'échec : le plaisir, par la mort, n'a pas été atteint.

La partition de *Crash* n'est donc pas si neutre qu'a pu le prétendre le réalisateur : dans l'exemple tout juste mentionné, la présence de formules musicales génératrices de tension couplée, en outre, au timbre « romantique » et plus conventionnel des cordes, semble ici indiquer au spectateur ce qu'il devrait ressentir. Si la notion d'angoisse, telle que rapportée par Tagg, peut être intéressante pour décrire les procédés de mise en tension employés par Shore, la recontextualisation par l'image tend à nuancer cette première interprétation en favorisant les termes de souffrance, douleur ou échec. Mais est-ce si important de choisir entre toutes ces qualifications ? Nous croyons que ce qui est essentiel ici est l'ambiguïté qui se crée ainsi dans le décalage entre le voir et l'entendre. Et c'est d'ailleurs de ce même contraste, du complexe audiovisuel, qu'émerge la signification de l'œuvre qui interroge – pourquoi pas ? – l'angoisse du vide et de l'ennui, la peur existentielle suscitée par un monde dépourvu de vie et d'émotions. Dans cet univers d'errance futuriste, la sexualité ne peut même plus satisfaire le désir. Il ne reste alors que la souffrance et la mort – douleur ultime –, la violence de l'accident, pour tenter de se libérer d'une enveloppe charnelle devenue stérile et atteindre une émotion suprême et définitive.

La guitare électrique ou le son du corps technomodifié

Dans le monde de *Crash*, l'accident de voiture, fusion de la chair et du métal, constitue le moment singulier où mort et petite mort ne font plus qu'une. Cette rencontre constitue ainsi la condition nécessaire à la délivrance recherchée par les protagonistes. Ce lien insolite entre les corps métalliques et charnels, entre le technologique et l'humain, trouve son écho dans le recours à la guitare électrique.

De même que Cronenberg manipule les corps et que l'accident de voiture mène à une reconfiguration des corps, à un « remodelage du corps humain par l'application de nouvelles technologies », comme le déclare Vaughan[84], la guitare électrique permet une manipulation sonore, une production de sons qui ne pourraient être émis par un instrument acoustique. En outre, cette possibilité de contrôle et de manipulation sonore participe d'une symbolique sexuelle de l'instrument. C'est en tout cas ce que soutient Andrew J. Kellett qui rappelle que la guitare électrique était souvent associée à l'image de la femme en raison du côté « maîtrisable » ou « contrôlable » (« *masterable* ») et des courbes de l'instrument. Celui-ci est également parfois considéré comme un « phallus symbolique » (« *a symbolic phallus* ») en raison de la position qu'il occupe sur le corps de l'homme et de la façon dont il est manipulé[85]. Pour Steve Waksman, Jimi Hendrix est un bon exemple pour expliciter cette relation symbolique entre guitare électrique et sexualité masculine. Chez le musicien, l'instrument prend des allures d'extension technologique du corps, à la manière d'un « technophallus ». Selon Waksman, l'instrument représente alors « une fusion de l'homme et de la machine, un appendice électronique qui permet à Hendrix d'afficher sa prouesse instrumentale, et plus symboliquement, sexuelle »[86]. Ainsi perçue, la guitare électrique entre en résonance avec le propos de *Crash* : le remodelage du corps humain par l'application de nouvelles technologies, la célébration de l'alliance de la chair et du métal, sous la forme d'un accident de voiture et d'une érotisation (une humanisation) de cette dernière (de même que la guitare est elle-même érotisée).

Pour Kellett, guitare électrique et automobile partagent la même symbolique de puissance sexuelle – elles sont utilisées pour séduire ou remplacer (symboliquement) la femme[87]. Conscient de cette réalité, Cronenberg conçoit lui-même la voiture comme un symbole de liberté sexuelle : véritable chambre à coucher mobile, elle a été rapidement incorporée dans la sexualité des gens ; la métaphore du désir de fusion avec cette machine fonctionnait donc bien et pouvait ainsi prendre la forme, dans le film, d'une interaction technohumaine par le biais de la sexualité[88]. Symbolisée musicalement par la guitare électrique, cette relation se fait également entendre par cette dernière, notamment par l'utilisation de toutes sortes de pédales et d'effets (distorsion, délai, rétroaction,

---

84. Sorte de femme-machine au corps soutenu de multiples prothèses au caractère sadomasochiste, et dont elle a été affublée à la suite de son propre accident, le personnage de Gabrielle est l'exemple même de ce projet de remodelage. Si la guitare électrique permet un remodelage de l'acoustique, le piano préparé, également utilisé par Shore, peut être perçu comme le miroir du corps adapté et altéré de Gabrielle. Modifié par l'insertion d'objets métalliques, l'instrument propose de la même façon un remodelage du son et fait entendre un choc métallique qui entre en résonance avec l'impact des tôles automobiles. De la même manière, l'effet de distorsion parfois appliqué aux guitares peut être perçu comme le reflet sonore du froissement de la tôle, du moins d'une altération de la matière (sonore, organique ou métallique).

85. Voir Andrew J. Kellett, *Fathers and Sons : American Blues and British Rock Music, 1960-1970*, thèse de doctorat, Université du Maryland, 2008, http://drum.lib.umd.edu/handle/1903/8863, consulté le 17 février 2017, p. 226-227.

86. « *The electric guitar as technophallus represents a fusion of man and machine, an electronic appendage that allowed Hendrix to display his instrumental and, more symbolically, his sexual prowess* » (Steve Waksman, *Instruments of Desire : The Electric Guitar and the Shaping of Musical Experience*, Cambridge, Mass., Harvard University Press, 2001, p. 188. Notre traduction).

87. Kellett, *Fathers and Sons*, p. 229.

88. Voir Rodley, « *Crash* ».

etc.) : il y a interaction du corps avec l'instrument, une manipulation qui rend audible la reconfiguration des corps acoustique (en un corps électrique) et mécanique (par l'intervention du corps humain, du pied et de la main). Instrument moderne par excellence, la guitare électrique s'oppose ainsi aux instruments acoustiques et plus anciens que sont le hautbois, la clarinette, la clarinette basse ou encore la harpe (qu'elle double !). Plus qu'une opposition, il s'agit d'une rencontre, d'une fusion : l'ancien et le moderne, l'acoustique et le technologique, l'homme (l'organique) et la machine s'unissent dans le mélange électroacoustique et les manipulations sonores générés par Shore.

Subversion et perversion musico-visuelles

La neutralité de la partition ne serait donc en rien synonyme de non-sens : les éléments constitutifs du thème principal de *Crash*, réitérés tout au long de la partition, tendent à créer des sensations qui contribuent à amplifier l'idée de la neutralité, en termes d'absence émotionnelle. Si l'on en croit le processus créateur de Shore, le recours à de telles significations relèverait sans doute de l'inconscient. Mais si telle a été la position adoptée par le compositeur, celle-ci répondrait aux attentes du cinéaste en matière d'écart par rapport aux conventions hollywoodiennes et au regard clinique qu'il porte sur ses films. En outre, la plupart des éléments musicaux employés par Shore répondent, plus particulièrement, aux thèmes chers à Cronenberg. À la froideur de son univers filmique correspond également le recours aux timbres métalliques et à l'électroacoustique. La guitare électrique (et le piano préparé) se fait le double sonore du rapport cronenbergien entre corps et technologie, reprenant un autre thème, celui de la manipulation, qui traverse non seulement les films du cinéaste (thématiquement), mais également le processus créateur des deux artistes. De la sorte, le compositeur peut être décrit comme un complice.

Mais le complice de Cronenberg serait un double « pervers ». L'analyse, même succincte, des différents éléments constitutifs de la partition de Shore révèle une musique qui pourrait être perçue comme une sorte de contre-récit dominé par un sentiment d'angoisse ou de souffrance, un sentiment singulier qui résisterait ainsi à l'idée de neutralité. En faisant cela, en proposant sa propre lecture et en ajoutant un niveau émotionnel au récit, Shore répond aux thèmes du cinéaste tels que l'ambiguïté, le doute, ou encore sa volonté de révéler la beauté intérieure du corps. Shore dote les personnages « monstrueux » (banals et indolents) de Cronenberg d'une sensibilité émotionnelle, dévoilant de la sorte leur potentiel de beauté (même s'il s'agit d'une émotion négative, la musique résiste à leur apathie). L'œuvre du cinéaste comporterait ainsi plusieurs niveaux de lecture : la subversion (musicale) d'une subversion (filmique). Nous avons vu également que si, pour Cronenberg, son film adopte une forme cyclique, la musique de Shore tend à préciser cette forme en proposant celle de la spirale. Clarifions enfin qu'en ajoutant un discours (émotionnel) qui semble s'inscrire comme un contre-récit (à la neutralité), Shore ne s'oppose en rien au discours de Cronenberg – il n'y a pas de contradiction. Au contraire, sa musique serait l'expression de l'indicible dans un monde justement dénué d'émotion (là où elle n'existe plus). En cela précisément, la musique approfondirait le drame.

Chapitre VI

AU CROISEMENT DES PENSÉES ARTISTIQUES : *A DANGEROUS METHOD* (2011)

Celui qui introduisit dans mon âme le démon avec une évidence effroyable, ce fut Wagner [1].

Dans l'ensemble de la production cinématographique de David Cronenberg, *A Dangerous Method* [2] (*Une méthode dangereuse*, 2011) comporte plusieurs singularités [3]. Il s'agit d'un film basé sur la pièce du dramaturge anglais Christopher Hampton, *The Talking Cure* (*Parole et Guérison*, 2002), elle-même adaptée du roman-documentaire de John Kerr, *A Most Dangerous Method* (1993). Abordant le genre historique pour la première fois, Cronenberg propose une relecture de la naissance de la psychanalyse chez Sigmund Freud et Carl Gustav Jung, dans les années 1904-1913, à la lumière de la correspondance et du journal de Sabina Spielrein, d'abord patiente puis maîtresse de Jung, avant de devenir elle-même psychanalyste.

La musique constitue une autre particularité du long-métrage, puisqu'il s'agit d'une des rares fois où le tandem Cronenberg-Shore se réfère directement à un autre compositeur. Ainsi, en trame de fond, la partition de Howard Shore apporte la présence de Richard Wagner par mimétisme stylistique, citation ou transcription, une présence qui habite également le cœur du récit filmique. En effet, Jung et Spielrein partagent une admiration pour la tétralogie *Der Ring des Nibelungen* (*L'Anneau du Nibelung*,

1. Sabina Spielrein, *Entre Freud et Jung*, dossier découvert par Aldo Carotenuto et Carlo Trombetta, édition française de Michel Guibal et Jacques Nobecourt, traduit en français par Mathilde Armand, Marc B. de Launay et Pierre Rusch, Paris, Aubier Montaigne, 1981, p. 135.

2. Entre 2011 et 2012, le film remporte plusieurs prix dont celui de la meilleure réalisation de la Guilde canadienne des réalisateurs et le prix Génie de la meilleure musique originale de l'Académie canadienne du cinéma et de la télévision.

3. Ce chapitre est la version révisée et étendue d'une conférence donnée à Plaisir (France) le 24 mai 2013, en partenariat avec Sylvain Caron, lors du colloque international « The Medium is the Message », et publiée dans les actes du colloque : Lenka Stranska et Hervé Zenouda (dir.), *Son-image-geste : une interaction illusoire ?*, Paris, L'Harmattan, 2016, p. 113-138. Nous tenons à remercier Sylvain Caron pour son importante contribution.

1876)[4]. Malgré leur préférence pour le premier opéra du cycle, *Das Rheingold* (*L'Or du Rhin*), ce sont l'histoire et la musique du troisième opéra, *Siegfried*, qui alimentent une partie de l'action. Pourquoi ce choix ? La réponse réside en partie dans la *Siegfried-Idyll* (*Idylle de Siegfried*, 1870), composée par Wagner pour célébrer son bonheur auprès de sa femme Cosima et reprise dans l'acte III de *Siegfried* par la Walkyrie Brünnhilde qui tente de résister à la passion du héros. Chez Cronenberg, l'œuvre ainsi citée semble faire écho aux amours et à la tendresse de Jung envers Spielrein. Selon Freud, dans le film, cette dernière rêvait d'une « union mystique avec un grand Siegfried blond », cependant vouée à l'échec. Dans ce contexte, vers quelles significations et références intertextuelles, les renvois à Wagner orientent-ils la compréhension du film ?

D'entrée de jeu, il faut prendre acte du haut degré d'érudition de l'œuvre qui ne peut souffrir de la passivité ou de la non-connaissance du spectateur-auditeur. Comme pour *Crash*[5], le film et sa musique ne révèlent leurs secrets que par une réflexion, une recherche et une réécoute. C'est que la musique ne joue nullement un rôle secondaire et les longs dialogues non musicalisés donnent tout son poids à la partition de Shore lorsqu'elle intervient. Cette dimension intellectuelle passe par la médiation du sensible : il s'agit d'une œuvre d'art. C'est ici que la valeur expressive de la musique prend tout son sens, réunissant intelligence et émotion de manière préconceptuelle. En fait, Shore applique presque la technique wagnérienne du leitmotiv au film de Cronenberg. À la première écoute, l'auditeur ne peut saisir d'emblée à quel point le mythe de Siegfried est important, mais, jouxtées au texte, les occurrences et allusions à l'*Idylle* et à *Siegfried* permettent progressivement de le comprendre. Ici, le sens n'émerge pas seulement à la jonction de la musique et de l'image, mais au cœur d'un *réseau d'interférences* qui réunit images, personnages (réels et fictifs), histoires (réelles et fictives), partitions (Wagner et Shore) et réécritures (de l'histoire, d'un mythe, de la musique).

Cronenberg et Shore offrent une nouvelle œuvre qui tend à relancer la question du rôle de la musique au cinéma et s'inscrit ainsi de plain-pied à la suite de leurs réalisations communes. Ce chapitre vise dès lors à croiser les pensées visuelle (Cronenberg) et musicale (Shore et Wagner) en identifiant les références wagnériennes – personnelles, narratives et musicales –, les différentes strates sémantiques du film, avant d'analyser comment le croisement des pensées des trois artistes parvient à créer une « signification résultante ». Outre la compréhension de l'œuvre, le parcours analytique se donne pour objectif secondaire de requestionner le rapport musique-image au moyen d'un exemple singulier et de comprendre les stratégies créatives ainsi mises en œuvre dans le cadre de cette collaboration artistique originale.

4. Rappelons que ce n'est pas non plus la première fois que Shore fait référence à l'opéra dans sa collaboration avec Cronenberg : *The Fly* (1986), dont la partition contenait déjà une dimension opératique, avait donné lieu à la création d'un opéra du même nom au Théâtre du Châtelet de Paris (2008). En outre, pour Shore, tel qu'il le confiait à Michael Schelle, la musique de film s'apparente à l'opéra en ce qu'elle ne doit pas nécessairement exprimer ce qui est *déjà* proposé visuellement ; elle doit supporter le drame, le commenter, mais tout en opérant sur d'autres niveaux, notamment émotionnels. Les deux hommes en venaient ainsi à mentionner Wagner : « La musique exprime l'indicible ». Il n'est donc pas surprenant que Shore invoque à nouveau l'opéra pour *A Dangerous Method* et qu'il y établisse un lien plus direct avec Wagner. Voir Michael Schelle, « Howard Shore », dans Michael Schelle, *The Score : Interviews with Film Composers*, Los Angeles, Silman-James Press, 1999, p. 349.

5. Voir le chapitre précédent.

Un carrefour d'histoires

Le sujet historique, voire biographique, du film, ainsi que son esthétique très classique, étonnent au premier abord. L'horreur graphique des premières œuvres (thèmes de la mutation et de l'organique) de celui que l'on nommait alors le « Baron du sang » (« *Baron of Blood* »), tout comme la violence des derniers films – *A History of Violence* (2005) et *Eastern Promises* (2007) – ont disparu, laissant place à un tourment plus intériorisé. Aussi, les couleurs mornes et froides, comme dans *Crash* (1996), ou au contraire viscérales, longtemps caractéristiques de l'esthétique cronenbergienne, sont remplacées par une palette dominée par le blanc des costumes féminins, symbole de pureté[6]. Mais cela ne fait pas moins de *A Dangerous Method* une œuvre cronenbergienne. Pour le réalisateur, comme pour Shore, il s'agit toujours d'adopter la meilleure approche :

> Le film me dicte ce dont il a besoin. [...] C'eut [*sic*] été trahir l'essence de cette histoire que de ne pas laisser simplement les personnages parler. Le style est lié à la période : prospère, mais très réprimée. C'est l'empire austro-hongrois. Chacun savait où était sa place, on ne parlait pas de sexe, pas du corps[7].

Nous retrouvons ici quelques-unes des caractéristiques du cinéaste, discutées, pour la plupart, dans le chapitre IV : l'intérêt pour le verbe[8], le corps et la sexualité, la répression et le refoulement, source de désordre et de chaos; en outre, le thème de la folie a déjà été abordé dans *Spider* (2002), à travers la schizophrénie. Plus généralement, la névrose, l'hallucination ou toute autre sorte de trouble mental, souvent lié au corps et à la question de l'identité, ont largement habité le corpus cronenbergien depuis ses débuts. En considérant ainsi les liens entre névrose et sexualité, *A Dangerous Method* s'inscrit dans la lignée thématique du corpus. Afin de comprendre pourquoi Cronenberg s'est intéressé à la naissance de la psychanalyse, il faut donc remonter à quelques-uns de ses thèmes de prédilection, que nous venons de nommer.

Dès son premier court-métrage, *Transfer* (1966), Cronenberg met en scène un psychiatre et son patient, témoignant ainsi son intérêt pour Freud et sa thérapie par la parole, pour le pouvoir du verbe. Dans l'œuvre du réalisateur, la parole est libérée : « L'essence du cinéma est une personne qui parle »[9], déclare-t-il, et c'est ce qu'il

6. « Tout cela est très précisément documenté, à partir de catalogues de l'époque. Les femmes étaient des anges, elles étaient mises sur un piédestal. Si vous êtes un ange, vous n'avez pas de sexualité. Pas d'esprit, vous ne lisez pas, vous ne pensez pas, vous ne causez pas de problèmes » (Cronenberg; cité dans Isabelle Regnier, « David Cronenberg : "il faut hypnotiser le public" », 21 décembre 2011, http://www.lemonde.fr/cinema/article/2011/12/21/david-cronenberg-il-faut-hypnotiser-le-public_1620822_3476.html, consulté le 23 décembre 2016).

7. *Ibid.*

8. L'intérêt pour la parole, le pouvoir du verbe, traverse la filmographie cronenbergienne. Pensons aux longs monologues de *Naked Lunch* (1991) ou encore aux dialogues étendus de *Cosmopolis* (2012), film qui présente en soi très peu d'action. Dans *Crash*, la parole incantatoire active le plaisir : Catherine Ballard invoque ainsi la présence de Vaughan pendant qu'elle fait l'amour avec son mari, démultipliant de la sorte leur jouissance (voir annexe I, *cue* 8).

9. Cronenberg; cité dans Loïc Valceschini et Thomas Gerber, « David Cronenberg expose sa "Dangereuse Méthode" », 16 octobre 2011, www.daily-movies.ch/david-cronenberg-expose-sa-dangereuse-methode, consulté le 23 décembre 2016.

doit photographier. Mais ce que le cinéaste filme aussi, ce sont des corps, et l'horreur polymorphe qui traverse son corpus est ainsi liée à son intérêt pour le corps humain. Le cinéma cronenbergien traite « du corps et de ce qui lui arrive », ce qui a amené Cronenberg au genre de l'horreur intérieure. Cet ancrage dans le corps humain rapproche le cinéaste de Freud : « La réalité pour [Freud], c'est le corps humain. Il suffit de voir mes films pour comprendre que je partage ce point de vue » [10].

Enfin, nous avons vu précédemment que, de film en film, Cronenberg mène une enquête sur la nature humaine, qui s'inscrit dans une large étude des rapports entre corps et esprit, inconscient et conscient, et que ce thème est sans doute celui qui unifie le plus un corpus dans lequel les films constituent autant d'observations de ce moment où l'inconscient se révolte contre la répression, où le fragile équilibre entre corps et esprit est subverti. Cette manifestation de l'inconscient s'exprime notamment à travers une sexualité peu conventionnelle, voire perverse. *A Dangerous Method* ne fait pas exception : la sexualité est analysée et se manifeste par le sadomasochisme. Ce film peut être ainsi perçu comme un point culminant, ou un retour aux sources. Cette fois-ci, l'intérêt pour les théories de Freud est clairement énoncé puisque ce dernier est lui-même un protagoniste du film.

Dans *A Dangerous Method*, Cronenberg redécouvre la naissance de la psychanalyse à travers la relation complexe entre Freud, Jung et Spielrein (interprétés respectivement par Viggo Mortensen, Michael Fassbender et Keira Knightley), et notamment la contribution à la théorie psychanalytique de Spielrein, qui sera, plus tard, l'une des pionnières de la psychanalyse en Russie. Outre ces trois principaux protagonistes, le film met également en scène Emma Jung (interprétée par Sarah Gadon), la femme trompée et obsédée par l'idée de donner un fils à son mari, pour le reconquérir, et le docteur Otto Gross (interprété par Vincent Cassel), un toxicomane polygame que Freud envoie à Jung à des fins analytiques. Gross parvient à convaincre ce dernier de ne pas réfréner sa sexualité. Jung cède à la tentation et devient l'amant de Spielrein. S'ensuit alors une liaison entre patiente et docteur qui remet en cause l'amitié entre Jung – disciple et héritier – et Freud – mentor et père, symboliquement –, ainsi que les fondements mêmes de la psychanalyse.

Il faut cependant rappeler qu'il s'agit là d'une adaptation et de la réappropriation de faits historiques : le film s'inspire de la pièce de théâtre de Hampton, également coscénariste de *A Dangerous Method*. Selon Giovanni Sorge, historien et spécialiste de Jung, Cronenberg n'aurait pas utilisé comme sources de travail la correspondance entre Freud et Jung, publiée en 1974, ni même les carnets personnels et les lettres échangées entre Spielrein, Freud et Jung, découverts à Genève en 1977 : « Le choix de ne pas prendre en compte les documents de première source accentue l'aspect de "fiction" du film qui malheureusement ne suit pas toujours les faits qui sont avérés » [11]. Ainsi, les scènes sadomasochistes qui ponctuent la relation de Jung et Spielrein, dans

10. Cronenberg ; cité dans Regnier, « David Cronenberg ».

11. Giovanni Sorge ; cité dans Alessandra di Montezemolo, « *A Dangerous Method* – David Cronenberg », [2011], www.cgjung.net/publications/sabina-spielrein/a-dangerous-method.htm, consulté le 23 décembre 2016.

le film, « ne correspondent à aucun fait connu ». En effet, Cronenberg reconnaît avoir déduit avec Hampton l'existence de telles pratiques à partir des sources factuelles[12]; le cinéaste s'est surtout appuyé sur la pièce de théâtre et l'ouvrage qui l'a inspirée – le roman-documentaire de Kerr. De ce fait, le film contient deux histoires en une seule : une version cronenbergienne et une autre, factuelle. Mais rappelons que le film croise également un troisième récit : en arrière-plan, la musique de Shore apporte la présence de Wagner et l'histoire de *Siegfried.*

SIEGFRIED, MYTHE ET COMPLEXE

Chez Wagner, la figure de Siegfried est associée au héros pur, sans peur et sans péchés, qui renversera l'ordre séculaire établi par les dieux et permettra le retour à une liberté première, celle des origines de la création. Né de l'union incestueuse des jumeaux Siegmund et Sieglinde, Siegfried est un orphelin, élevé dès sa naissance par le forgeron Mime. Ce dernier tente obstinément de façonner une épée suffisamment solide pour Siegfried, mais doit constamment recommencer. Tout le début de l'opéra est construit sur le motif de « Mime, le forgeron obstiné » (ou motif de la forge dans toute la Tétralogie), qui recommence sans cesse à forger cette épée (motif Z_1)[13]. Un jour, Mime rencontre le dieu Wotan, déguisé en voyageur, qui lui recommande de réaliser son épée en fondant les restes de Nothung, l'épée brisée de Siegmund. Le projet réussit, mais c'est Siegfried, et non Mime, qui parvient à reforger l'arme. Grâce à Nothung, Siegfried tuera le dragon Fafner, gardien du trésor et de l'anneau du Nibelung. Mime espérait s'approprier le butin, mais les choses ne se passent pas comme prévu; il tente alors d'empoisonner Siegfried pour récupérer le trésor. Celui-ci se rend compte de la perfidie de son père adoptif et le tue. Poursuivant son épopée, il se dirige vers Brünnhilde, la Walkyrie endormie, mais rencontre à son tour Wotan. Celui-ci s'interpose avec sa lance, symbole de son autorité (motif X_2). Grâce à Nothung, Siegfried brise la lance; il peut alors franchir le cercle de feu et embrasser Brünnhilde, la réveillant ainsi de son sommeil magique. Tous les deux tombent éperdument amoureux. Cette idée de Brünnhilde tirée hors du sommeil qui la tenait prisonnière est très riche comme symbole (motif R; exemple 17). Par analogie, dans le film, c'est la cure psychanalytique qui permet à Spielrein d'éveiller sa conscience pour réaliser ses potentialités. Une fois son humanité retrouvée, son premier souhait sera de contribuer à la « rédemption psychique » de ses semblables en devenant à son tour psychanalyste.

12. Voir Regnier, « David Cronenberg ».

13. Nous avons identifié et nommé les leitmotive wagnériens en nous appuyant sur le travail de Peter Billam, qui propose une liste et classement des leitmotive de la Tétralogie en se référant à des systèmes de classement déjà réalisés (Roger Donington en 1963, William Mann en 1964, Lawrance Collingwood en 1931 et Hans von Wolzogen en 1911; voir Peter Billam, « The Leitmotifs of Wagner's Ring », [s.d.], www.pjb.com.au/mus/wagner/index.html, consulté le 23 décembre 2016). Les motifs répertoriés dans le cadre de notre analyse sont présentés dans l'annexe VI. Les extraits et motifs issus de la partition de Shore proviennent de nos propres transcriptions vérifiées par l'équipe du studio du compositeur et l'auteure pour les besoins de ce livre. Toutes les transcriptions de l'auteure sont ainsi reproduites avec l'aimable autorisation de South Fifth Avenue Publishing.

Exemple 17a. Richard Wagner, *Siegfried*, motif Z_1 de « Mime, le forgeron obstiné ».

Exemple 17b. Richard Wagner, *Siegfried*, motif X_2 de la « Lance de Wotan ».

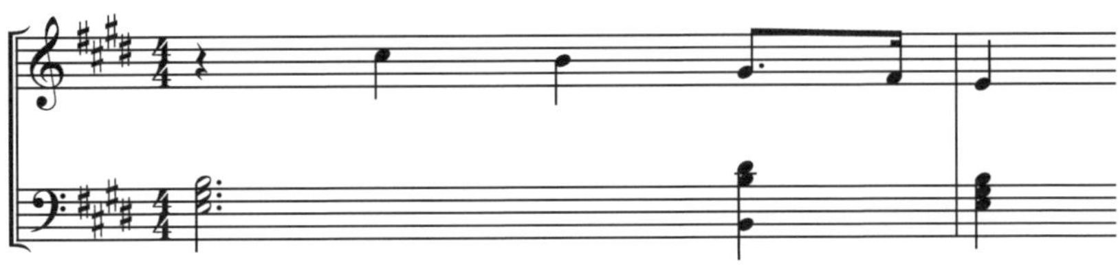

Exemple 17c. Richard Wagner, *Siegfried*, motif R du « Sommeil innocent ».

L'analogie entre les récits wagnérien et filmique ne se limite pas aux événements, mais englobe également une dimension symbolique. Le film condense ce que Kerr nomme le « complexe de Siegfried » (« *Siegfried complex* ») de Spielrein[14]. Le mythe de Siegfried, tel qu'interprété par Wagner, est ce qui permet à Spielrein de justifier et d'expliquer sa relation adultère avec Jung. Spielrein retient ainsi l'idée selon laquelle la perfection, incarnée par Siegfried, est le fruit du péché, celui de l'inceste. Seul le péché, sexuel, « le résultat de l'énergie créée par la friction des opposés », « le choc des forces destructrices », peut « créer un renouveau »[15]. On trouve de cette manière les premiers indices d'une théorie qu'elle développera en 1912 dans son essai intitulé « La destruction comme cause du devenir »[16]. Comme relaté dans le film, le 17 avril 1912, alors en visite chez Freud, à Vienne, Sabina discute avec ce dernier de son essai. À l'issue de la conversation, Freud lui dit : « J'ai bien peur que votre vision d'une union mystique avec un grand Siegfried blond n'ait été vouée à l'échec dès le départ. Ne jamais faire confiance aux Aryens. Nous sommes juifs, Mademoiselle Spielrein. Et juifs nous ne cesserons jamais d'être. » Il nomme ainsi, pour la première fois dans le film, le complexe de Spielrein.

C'est cependant en 1906 que la figure de Siegfried apparaît chez Spielrein :

14. John Kerr, *A Dangerous Method* [1993], New York, Vintage Books, 2011, p. 160-164.

15. Spielrein déclare ainsi dans le film : « [Wagner] dit que la notion de perfection est seulement atteignable grâce à ce qu'on nomme communément le péché. N'est-ce pas ? Ce doit sûrement être le résultat de l'énergie créée par la friction des opposés. […] Si je ne m'abuse, il n'y a que le choc des forces destructrices qui puisse créer un renouveau. »

16. Le texte est reproduit dans l'ouvrage *Entre Freud et Jung* qui comprend également des extraits du journal de Spielrein, des lettres échangées avec Freud et Jung, ainsi que plusieurs autres de ses écrits.

> Un changement décisif se produisit dans l'esprit de Spielrein à la suite de ses séances avec Jung au mois d'octobre 1906 [...]. Spielrein commença à envisager une carrière de psychiatre, tel quelqu'un qui pourrait faire pour les autres ce que Jung avait fait pour elle. Jung était devenu son héros et son modèle. Son « complexe du moi » renforcé par la relation thérapeutique, Spielrein reprit confiance en elle, ce qui coïncida avec un changement de ses rêves. Siegfried apparut[17].

Il s'agit donc d'abord du Siegfried-sauveur de Brünnhilde, que Spielrein associe à Jung, qui l'a guérie et lui a rendu sa liberté. Dès lors, Siegfried est non seulement le héros, l'amant, mais aussi le modèle : Spielrein voudra elle-même devenir psychiatre, pour libérer les patients. Ce héros a cependant besoin de l'assistance d'une femme, Brünnhilde, qui a protégé sa naissance, qui s'est sacrifiée pour lui, renonçant à son immortalité, et qu'il sauverait et aimerait par la suite. L'analogie entre Brünnhilde et Spielrein ne fait aucun doute : Jung la sauvera et deviendra son amant[18]. De son côté, vers 1907, Jung interprète Siegfried comme l'enfant que Spielrein voudrait lui donner. Celui-ci naît en 1908, mais il s'agit du fils de Carl et Emma Jung, un nouveau Siegfried-sauveur, un héritier longtemps désiré – ce qui est d'ailleurs assez développé dans le film. Même si les amants n'auront jamais d'enfant, l'essai de 1912, comme le remarque Kerr, peut être considéré comme le symbole de leur union, un Siegfried spirituel incarné dans l'acte d'écriture[19]. Kerr rapporte qu'en 1911, une copie est envoyée à Jung accompagnée de la note suivante : « Recevez maintenant le produit de notre amour, le projet qui est votre petit garçon Siegfried »[20]. Siegfried symbolise donc à la fois l'amant (Jung) et le fils (l'essai). De ce fait, Spielrein et Jung sont perçus tantôt comme le couple Brünnhilde-Siegfried, tantôt comme les parents (et frère et sœur) Sieglinde et Siegmund. Le complexe de Spielrein interchange les rôles – nous sommes au cœur de l'une des thématiques cronenbergiennes, celle de l'identité et du double. C'est donc notamment cette fascination pour le Siegfried de Wagner qui sera à l'origine de la liaison, ce qui explique l'utilisation de la musique de *Siegfried* en contrepoint du récit filmique.

De Wagner à Shore : genèse et analogies musicales

Outre le mythe de Siegfried, Shore établit un lien biographique entre la genèse de l'opéra *Siegfried* et la relation amoureuse qui se développe entre Jung et Spielrein. Il faut tout d'abord remonter à la création de l'*Idylle*, composée en 1869 (motif T, chez Wagner et Shore; exemple 18). Cette pièce constitue à la fois un cadeau d'anniversaire adressé à Cosima et une œuvre qui marque la naissance de leur premier enfant, Siegfried

17. « *A decisive change occurred in Spielrein's spirits following her sessions with Jung in October 1906 [...]. Spielrein began to envision for herself a career as a psychiatrist, as someone who could do for others what she felt Jung had done for her. Jung had become her hero and her model. Her "ego complex" having been strengthened through the therapeutic rapport, Spielrein's renewed self-confidence was paralleled by a change in her dreams. Siegfried appeared* » (Kerr, *A Dangerous Method*, p. 161. Notre traduction).

18. Sur l'impact du cycle opératique *Der Ring des Nibelungen* sur Spielrein, voir *ibid.* p. 161-164.

19. *Ibid.*, p. 322.

20. « *Receive now the product of our love, the project which is your little son Siegfried* » (*ibid.*, p. 324. Notre traduction).

(6 juin 1869). Elle est ainsi créée le 25 décembre 1870, le lendemain de l'anniversaire de Cosima, pour célébrer le bonheur conjugal du couple récemment marié (25 août 1870). Enfin, Wagner a intégré cette *Idylle* dans l'acte III de *Siegfried*, lorsque le héros tombe amoureux de Brünnhilde – le motif symbolise l'amour de cette dernière.

Exemple 18. Howard Shore, *A Dangerous Method*, thème de l'*Idylle* (motif T).

À la fois présent comme mythe et comme opéra, Siegfried est important dans les vies de Spielrein et de Jung lorsqu'ils se rencontrent. De plus, les analogies musicales et narratives entre l'opéra et le film sont trop frappantes pour que l'auditeur qui connaît *Siegfried* ne réalise pas d'associations assez claires. Dans le film, le motif de l'*Idylle* survient à trois moments :

1) À la naissance du fils du couple Jung (l'enfant que Spielrein n'a pu donner à son amant ; *cue* 13).

2) Lorsque Jung met fin, une première fois, à sa relation avec Spielrein (*cue* 16).

3) Au moment où les amants se séparent définitivement, en conclusion du film (*cue* 26)[21].

Au fur et à mesure de ces occurrences, ce motif symbolise Siegfried, figure de l'amour (même impossible) partagé par Jung et Spielrein.

À côté de l'*Idylle*, un autre motif de l'opéra aisément identifiable dans le film est celui du bonheur (motif V, chez Wagner et Shore ; exemples 19a et 19b). Ce motif apparaît pour la première fois lorsque Jung cède à la tentation et part retrouver sa maîtresse – c'est le bonheur désiré, anticipé et vécu (*cue* 11). Il resurgit après la rupture des amants alors que Jung nie sa relation adultère dans une lettre adressée à Freud – c'est le bonheur perdu (*cue* 17). Le motif ponctue ainsi deux étapes de la relation amoureuse entre Jung et Spielrein : la consommation, puis la rupture, ou encore, l'acceptation, puis la négation du péché. Dans l'opéra, le motif est lié à la quête d'un ami par Siegfried, ce qui l'amène à

21. L'annexe V répertorie toutes les occurrences musicales (*cues*) du film accompagnées d'une brève description de chaque scène associée.

découvrir l'existence de Brünnhilde. Pareillement, Jung et Spielrein sont en quête d'une âme sœur : Jung, pour révéler son monde intérieur, refoulé, Spielrein, pour atteindre le renouveau, la perfection.

Exemple 19a. Richard Wagner, *Siegfried*, motif V du bonheur.

Exemple 19b. Howard Shore, *A Dangerous Method*, motif V du bonheur.

Par ailleurs, notons que le motif Y ponctue également la relation de Jung et Spielrein (exemples 20a et 20b). Dans l'opéra, il s'agit du motif du destin tragique et héroïque de la race des Volsung, celle de Siegfried et de ses parents Siegmund et Sieglinde, condamnés à la souffrance. De la même manière, la liaison adultère de Jung et Spielrein est vouée à l'échec. Cependant, d'un côté comme de l'autre, la relation des jumeaux wagnériens et des amants cronenbergiens, destinée à un accomplissement salvateur, revêt une dimension héroïque : c'est le sacrifice parental et l'enfantement d'un héros, pour les premiers, la grande contribution à l'avancement des théories psychanalytiques, pour les seconds.

Exemple 20a. Richard Wagner, *Siegfried*, motif Y du destin des Volsung.

Exemple 20b. Howard Shore, *A Dangerous Method*, motif Y de la relation Jung-Spielrein.

On comprend ainsi que Shore cherche à établir un parallèle avec l'opéra en *ajoutant* un autre niveau de signification : il ne se contente pas de puiser un leitmotiv wagnérien pour le greffer au film, pour créer des analogies ; il adapte, réinterprète le matériau, se le réapproprie pour engendrer une affinité. En effet, nous disons « affinité » dans le sens où ce terme implique un lien de parenté, une filiation, ce que la notion d'« analogie » ne comprend pas nécessairement – deux éléments peuvent présenter des traits communs sans être issus d'une même source. En réadaptant le matériau musical wagnérien, Shore crée davantage qu'une simple correspondance entre les histoires cronenbergienne et wagnérienne : il construit un discours hybride qui présente des traits communs avec l'une et l'autre des deux histoires – et ce sont ces analogies-là qui génèrent une affinité entre les discours –, il tisse, par la musique, des connexions entre l'idéal de Siegfried, tel que Spielrein le conçoit, et l'œuvre de Wagner.

Originalité de la partition : adaptation et transférabilité

Tout en entrecroisant le récit historique et le récit opératique, Cronenberg crée une œuvre différente basée sur une tout autre histoire que celle de Wagner, tout comme les motifs de Shore ne sont ni les copies, ni un simple réassemblage des leitmotive de l'opéra. Paradoxalement, les motifs musicaux contribuent grandement à nourrir cette distinction tout en permettant des analogies. D'une œuvre à l'autre, il s'opère une transférabilité des motifs qui, en dépit de leur provenance wagnérienne, revêtent une signification différente dans le contexte du film.

Par exemple, le motif de la force jeune et héroïque de Siegfried devient dans le film le motif de la pulsion[22] sexuelle et de son pouvoir de persuasion (motif X_1, chez Wagner et Shore ; exemples 21a et 21b). Dans l'opéra, le motif fait référence à la force de Siegfried, liée à sa jeunesse et à son insouciance (il brise des épées, forge la sienne et affronte le dragon Fafner sans trembler). Dans le film, le motif ne possède pas de lien direct avec Siegfried, mais avec cette idée de l'insouciance, ou du comportement impulsif, toujours reliée à la question de la sexualité : la pulsion sexuelle, sa force d'attraction, persuade les protagonistes de lui céder. C'est donc l'obsession de la sexualité chez Freud (tout s'explique par la sexualité, refoulée) et Otto Gross (il ne faut rien réfréner), récupérée par Spielrein (Freud a raison, les prescriptions de Gross sont justes, il faut pécher sexuellement pour atteindre la perfection), ou encore la conscientisation, par Jung, convaincu par Freud et Gross, de ses propres frustrations sexuelles. Ces derniers représentent deux figures d'autorité par rapport aux deux amants encore insouciants, mais sur la voie de l'initiation, comme Siegfried. Il n'est donc pas étonnant de voir apparaître aussi, peu à peu, dans le développement du motif de la force de Siegfried, le motif X_2 (voir exemple 25) qui correspond, dans l'opéra, au motif de la lance de Wotan, symbole de l'autorité de celui qui détient les lois et la connaissance. Si, chez Wagner, le motif relie la force à l'autorité, dans la partition de Shore, il associe la pulsion sexuelle et son pouvoir de persuasion à l'idée de conviction, toujours reliée à la sexualité (et l'adultère) : Otto Gross amène Jung à céder à la tentation, Emma Jung tente de persuader son mari de mettre fin à sa relation avec Spielrein, cette dernière est convaincue, à la suite de sa seconde rupture avec Jung, que c'est à Vienne, où se trouve Freud, qu'elle accédera à la liberté qu'elle recherche.

Exemple 21a. Richard Wagner, *Siegfried*, motif X_1 de la force jeune et héroïque de Siegfried.

Exemple 21b. Howard Shore, *A Dangerous Method*, motif X_1 de la pulsion sexuelle.

22. Par « pulsion », nous entendons la « force biophysique inconsciente créant dans l'organisme un état de tension propre à orienter sa vie fantasmatique et sa vie de relation vers des objets et suscitant des besoins dont la satisfaction est nécessaire pour que la tension tombe » (Jean-Marie Pierrel [dir.], *Centre national de ressources textuelles et lexicales*, www.cnrtl.fr, consulté le 23 décembre 2016).

La force de la sexualité représente un fondement important de la théorie psychanalytique de Freud. Elle agit cependant de manière souterraine, inconsciente, alors que la force de Siegfried est plus exubérante. Pour prendre en compte à la fois ce qui unit et distingue les deux œuvres, Shore récupère les mêmes notes que Wagner, mais leur donne un timbre plus intime et un tempo plus retenu. Il incorpore donc les motifs sélectionnés dans *Siegfried* dans une partition semi-originale.

À la différence des autres films cronenbergiens, c'est la figure de Wagner qui habite la musique d'un bout à l'autre, tant par les leitmotive utilisés que par l'esprit classique[23] de son écriture. Shore a ainsi opté pour une partition en adéquation avec le style visuel du film, son esthétique non moins classique, son genre historique et élégant – sa « couleur ». Aussi, au lieu de reprendre la véhémence de la musique de Wagner, Shore a doté le film d'une musique plus calme et intime en remplaçant le grand orchestre wagnérien par l'orchestre de chambre de l'*Idylle*, une formation plus appropriée :

> L'instrumentation était pour orchestre de chambre, ce qui semblait approprié pour cette partition. Dans le film, on voit la villa que Carl Jung avait au bord du lac Léman. Lorsque je me suis rappelé que Wagner avait écrit son *Idylle* au bord du lac de Lucerne, j'avais là une raison de plus pour que cette formation soit la bonne approche pour *Une méthode dangereuse*[24].

En outre, Shore rompt avec l'opéra en ajoutant un piano soliste, instrument plus intimiste qui se fait ainsi l'écho des sentiments intimes refoulés par les protagonistes. Par ailleurs, les motifs chez Shore ne sont pas rattachés aux personnages, mais aux situations; ils sont transférables d'un protagoniste à l'autre. Comme dans la partition de *Crash*[25], une même musique, un même motif peut être associé à n'importe quel personnage – il n'y a pas d'identification claire (un motif pour un personnage). La pulsion sexuelle, par exemple, concerne tout autant Spielrein que Jung. Le motif se dote ainsi d'une signification expressive qui permet à la musique d'entrer en contrepoint avec la trame narrative du film. Au contraire de ses commentateurs, Wagner se méfiait des associations trop directes entre personnages et leitmotive qu'il considérait plutôt comme des fils conducteurs permettant de retracer une évolution psychologique : les leitmotive sont malléables dans leur caractère expressif tout en étant reconnaissables musicalement. Shore supporte ainsi le drame en suivant les aléas émotionnels et psychologiques des personnages. De Wagner, il ne garde que le style et la signification psychologique des motifs pour élaborer un contrepoint sémantique entre musique et narration filmique. En sélectionnant quelques motifs de *Siegfried* qui créent un parallèle entre opéra et récit

23. Le qualificatif « classique » est ici employé dans le sens populaire de « musique classique », et non dans le sens musicologique qui désigne spécifiquement le style musical viennois de la fin du XVIIIe siècle.

24. « *"The Siegfried Idyll" was a piece that Wagner wrote for the birthday of his wife, Cosima. Its instrumentation was for a small, chamber-size orchestra, a size that seemed appropriate for this score. In the film, you see the villa that Carl Jung had on Lake Geneva. When I recalled that Wagner wrote his "Idyll" on Lake Lucerne, it became another reason that this small orchestral size was the right approach for "A Dangerous Method"* » (Howard Shore; cité dans Daniel Schweiger, « Interview With Howard Shore », 5 décembre 2011, www.filmmusicmag.com/?p=8894, consulté le 23 décembre 2016. Notre traduction).

25. Voir le chapitre précédent.

filmique, Shore enrichit et dédouble[26] la narration. Les motifs sont parfois repris tels quels, parfois adaptés, et ne sont donc pas toujours immédiatement reconnaissables.

Jusqu'ici, nous avons surtout expliqué le film en référence à Wagner. Il est cependant possible d'en développer une première compréhension sans l'aide de l'opéra wagnérien. Comment l'œuvre cinématographique se suffit-elle à elle-même ? À l'écoute de la musique de Shore, et à la suite de la transcription, l'auditeur peut déjà remarquer la récurrence de thèmes et de motifs, puis les associer, par la mise en parallèle avec l'action filmique, à des situations factuelles ou psychologiques ponctuelles et à leur évolution. Après avoir identifié les thèmes et motifs et répertorié leurs occurrences dans le film, il est possible de déduire, par la mise en série des images et des motifs associés, la signification reliant ces diverses occurrences.

Prenons pour exemple le motif du choc causant le malheur (motif Z_1), qui est assurément celui qui, avec ses variantes, est le plus présent dans la partition de Shore[27] (exemple 22).

Exemple 22. Howard Shore, *A Dangerous Method*, motif Z_1 du choc causant le malheur (pour son homologue wagnérien, voir exemple 17a).

Dans le film, les occurrences du motif et de ses variantes correspondent à certaines situations qui impliquent Spielrein, puis Jung, et sont reliées par l'idée de crise : les crises d'hystérie de Spielrein (1904 ; *cues* 1, 2 et 3), la crise personnelle de Jung (première rencontre avec Freud à Vienne en mars 1906 ; la culpabilité de l'adultère, puis sa négation, en 1909 ; les rêves qu'il conte à Freud ; *cues* 6, 12, 17 et 19), sa frustration sexuelle (l'arrivée de Gross en 1908, la découverte de son message encourageant Jung « à ne rien réfréner » ; *cues* 8 et 11). Cet état de crise associé à ce motif musical passe d'un personnage à l'autre : Spielrein guérie (1905), Jung entame une crise personnelle sur laquelle il s'entretient avec Freud (de ses frustrations sexuelles) et que Gross « guérit », à son tour, en le convainquant de céder à la tentation. L'interprétation pourrait s'arrêter là, mais la mise en parallèle avec l'opéra permet de raffiner la compréhension.

26. Par « dédoubler » et non « redoubler », qui implique la notion de redondance –, nous entendons « faire apparaître deux choses là où d'abord il n'y en avait qu'une » (Pierrel, *Centre national de ressources textuelles et lexicales*).

27. Ce motif comprend plusieurs variantes dans la partition de Shore (voir annexe VI). Z_1 correspond à deux triolets (double broderie du *mi*) suivis d'un triolet-dactyle (répétition du *mi*). Z_1' diffère de Z_1 en ce que les triolets accompagnent l'autre moitié du motif, étirée au soprano (répétition du *sol* en rythme pointé). Z_2 correspond à une inversion de Z_1 : un dactyle précède et succède un groupe de trois croches en double broderie. Z_3, une appoggiature supérieure, n'a rien à voir avec le groupe Z si ce n'est que Z_2 l'accompagne à chaque fois ; il conserve ainsi l'appellation du groupe. Enfin, Z_4 ne conserve plus que le groupe de croches seul sur un tempo plus lent, toujours sur une pédale.

Dans *Siegfried*, le motif est rattaché à Mime le forgeron et symbolise le martèlement du marteau sur l'enclume (motif Z_1) ; au fil de ses occurrences, il fait également référence à l'obsession du nain pour l'anneau. Réinjecté dans le film, ce motif ne présente pas de lien avec le personnage de Mime, mais il évoque l'idée du martèlement, du choc : celui qui provoque l'hystérie, chez Spielrein, quand elle se remémore le plaisir masochiste que lui procuraient les corrections *à répétition* de son père, ou encore la crise personnelle de Jung, précipitée par l'argumentation *continue* de Gross en faveur de la polygamie. Plus exactement, le motif symbolise le choc causant le malheur. Comme dans *Crash*, l'obsession, le martèlement de l'idée tourmente les personnages – et elle contamine ici aussi les autres protagonistes. Seul un auditeur averti peut saisir de telles subtilités, ce qui rend la signification de l'œuvre riche, mais également compliquée, car les rôles changent au fil de la narration, et il est difficile de créer une association claire entre les personnages du film et ceux de l'opéra.

Les rôles changent en effet constamment, à l'image du complexe de Spielrein : Spielrein et Jung sont tantôt associés aux amants Brünnhilde et Siegfried, tantôt aux jumeaux incestueux Siegmund et Sieglinde, notamment lorsqu'on entend le motif de la cohabitation du bien et du mal, qui était celui de l'inceste chez Wagner (motif U, chez Wagner et Shore ; exemples 23a et 23b).

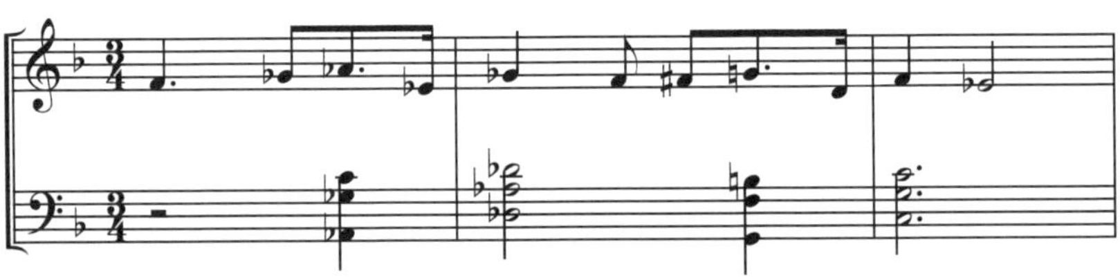

Exemple 23a. Richard Wagner, *Siegfried*, motif U de l'inceste.

Exemple 23b. Howard Shore, *A Dangerous Method*, motif U
de la cohabitation du bien et du mal.

Un autre exemple est celui de la figure d'autorité que représente Wotan, et qui passe d'un personnage à l'autre dans le film : Freud, Gross, ou encore Emma Jung, qui sont autant de personnages dotés d'une force de persuasion (motif X_2, chez Wagner et Shore ; exemple 25). On se rend ainsi compte que Shore ne retient que l'attitude psychologique reliée à un personnage dans l'opéra et qu'il la distribue à différents protagonistes du film, se faisant alors l'expression du complexe de Spielrein qui interchange les rôles.

Cette redistribution d'un rôle mythologique à travers plusieurs personnages du film va de pair avec la transférabilité des motifs musicaux aux différents protagonistes.

Nous avons constaté que le motif du choc causant le malheur, le martèlement de l'idée, passe de Spielrein à Jung. De la même manière, celui de la souffrance (motif $Z_{2\text{-}3}$; exemples 24a et 24b), combinaison du motif de Mime le forgeron et d'une appoggiature qui symbolise, dans l'opéra, le malheur ou la peine, accompagne tout aussi bien une crise de Spielrein – qui n'accepte pas sa souffrance psychique et lutte pour sa guérison –, que la réaction stoïque d'Emma Jung, l'épouse trompée qui endure silencieusement la douleur de l'adultère et de ne pouvoir donner un fils à son mari, tout en se battant en coulisse, à coups de lettres anonymes, afin que son époux mette un terme à sa relation extraconjugale (*cues* 5 et 12).

Exemple 24a. Richard Wagner, *Siegfried*, motif Z_3 du malheur et de la peine.

Exemple 24b. Howard Shore, *A Dangerous Method*, motif $Z_{2\text{-}3}$ de la souffrance.

Réinterprétation, régénération

La complexité psychologique est aussi accentuée par le fait que, pour Wagner et Cronenberg, les notions de pureté et de péché sont troubles – c'est le thème cronenbergien de la dichotomie humaine – et font l'objet d'une importante réinterprétation. Sabina Spielrein est une femme pure, « innocente », vêtue de blanc. Mais lorsqu'elle peut exprimer les pensées malsaines qui l'habitent, révéler le désir qu'elle ressentait à l'idée que son père la frappe, son visage se déforme. Libérée par Jung – son Siegfried-sauveur –, bercée de mythologie, elle se convainc qu'un grand destin l'attend, mais que pour cela elle doit se sacrifier, telle Brünnhilde renonçant à son immortalité pour couvrir la liaison incestueuse des jumeaux qui donneront naissance à la pureté que représente Siegfried[28]. Pour atteindre la perfection, il faut donc pécher et se sacrifier. Spielrein persuade ainsi Jung de la nécessité de leur relation en se basant sur le « discours » de Wagner[29]. De son côté, martelé par les arguments de Gross en faveur de la polygamie, enfermé dans ses propres frustrations sexuelles, Jung cède à la tentation. Les deux amants se retrouvent et font l'amour. La robe blanche et pure de Spielrein se tache de rouge, couleur de la passion, du péché, un alliage de teintes qui réapparaît sur le bateau qu'Emma Jung offre à son compagnon : un bateau blanc orné d'une voile rouge. Emma sait tout et tente de récupérer son mari par la ruse.

Ce lien entre perfection et péché est également exprimé par les rapports sado-masochistes des deux amants. Certes déduite par Cronenberg, et sans justification factuelle, cette pratique fait écho aux convictions de Spielrein : il faut pécher, sexuellement, pour atteindre la perfection, se sacrifier pour embrasser une grande destinée héroïque. Se sacrifier, c'est perdre son individualité, le prix exigé par le côté destructeur de la libido. Pour Spielrein, la sexualité est une perte de soi dans l'autre et nécessite une destruction de l'individualité, de l'ego. La pulsion sexuelle est ainsi reliée à un instinct de mort – ce qui était déjà développé dans *Crash* : pour aimer, créer, il faut détruire. La sexualité constitue ce « choc des forces destructrices » qui permet de « créer un renouveau », tel que le proclame Spielrein dans le film de Cronenberg. La destruction rend ainsi possible la création, et même une renaissance : voilà un thème ô combien cronenbergien ! En entrevue, le cinéaste discute de l'exemple significatif que représente ce moment où Seth Brundle, dans *The Fly* (1986), se téléporte lui-même avant de resurgir du télépode en forme d'œuf. Si, pour Serge Grünberg, cet exemple est représentatif de l'intérêt du réalisateur pour le thème de la naissance, Cronenberg lui-même y voit une forme de renaissance :

> Il est évident que la naissance est un événement important, pour des tas de raisons. Mais peut-être est-ce plutôt de renaissance et de transformation que nous devrions parler. Un changement si substantiel qu'il équivaut pratiquement à une renaissance. Je pense vraiment que je m'y intéresse plus qu'à la naissance comme point de départ. La naissance est bien sûr le commencement de toutes choses, mais une renaissance est bien plus complexe. On ne part pas de zéro, de rien. [...] Il y a une telle part de ce qui était déjà là qui s'est maintenue que je trouve ça fascinant ; comme si nous nous régénérions sans cesse. Que nous nous réinventions. [...] Ce qui me passionne plus que tout, c'est moins l'événement biologique qu'est la naissance que l'événement créatif de la renaissance humaine. L'idée que nous nous réinventons ou que nous réinventons quelque chose, le monde[30].

28. Sur le complexe de Spielrein et sa destinée mystique, voir Kerr, *A Dangerous Method*, p. 165.

29. Dans le film, cette donnée nous est livrée très explicitement à travers une discussion entre Spielrein et Jung : « Vous aimez Wagner ? », demande Spielrein. « La musique et l'individu, oui », répond Jung. « Je m'intéresse énormément au mythe de Siegfried, enchaîne-t-elle. L'idée que ce qui nous paraît pur et héroïque puisse ne venir en fait que d'un péché. Un péché aussi grave que celui de l'inceste ».

30. Cronenberg ; cité dans Serge Grünberg, *David Cronenberg : entretiens avec Serge Grünberg*, Paris, Cahiers du cinéma, 2000, p. 95-96. L'ouvrage est une reprise des entretiens filmés par André S. Labarthe, *David Cronenberg : I Have to Make the Word Be Flesh*, Paris, AMIP la Sept-ARTE / Bry-sur-Marne, Ina, 1999 (extraits disponibles sur : www.youtube.com). Une version en anglais augmentée existe également. Nous y ferons référence pour les pages qui ne figurent pas dans la version française : Serge Grünberg, *David Cronenberg : Interviews with Serge Grünberg*, Londres, Plexus, 2006.

Le processus créateur de Shore dans *A Dangerous Method* n'est pas étranger à ce thème. Pour composer sa partition, il a dû décomposer, détruire celle de Wagner pour la réinventer et donner naissance à une nouvelle musique – la régénération, la réinvention, est un acte créatif. Il y a donc renaissance de la musique de Wagner. Mais comme le dit Cronenberg, la renaissance implique une survivance ; quelque chose subsiste au cours de la transformation. De Wagner à Shore demeurent en effet des motifs et des significations, des états psychologiques cependant modifiés par le processus de transférabilité, de l'opéra au film.

Le rôle du docteur Gross est de toute première importance dans le lien qui unit péché et perfection, destruction et renouveau. Nous avons déjà expliqué la nature de sa relation avec Jung. Disons simplement ici que Gross est un être qui donne libre cours à sa sexualité et pour qui la monogamie constitue un « concept angoissant », une polygamie réprimée. D'une certaine façon, il établit également un lien entre péché et perfection : le péché de la polygamie, la libération sexuelle, permettra l'avènement d'une nouvelle société libérée de la répression monogame. Dès lors, puisque Gross est si important, narrativement, dans *A Dangerous Method*, on peut se demander s'il fait l'objet d'un traitement musical particulier : y a-t-il des significations supplémentaires qui lui seraient associées par la musique ?

Bien que la bande sonore, disponible sur disque compact, comprenne une pièce intitulée « Otto Gross », l'analyse musico-filmique n'a révélé aucune association motivique stricte au personnage. Comme les autres protagonistes, Gross est relié à des états psychologiques transférables (exemple 25). Il peut être ainsi associé au motif rattaché à l'idée d'ambition de Jung (motif Z_4), à sa volonté de puissance – dans l'opéra, c'est le motif qui symbolise l'entêtement de Mime à récupérer l'anneau (motif Z_4 également). L'occurrence du motif relie ainsi l'ambition de l'un à la conviction de l'autre : Gross persuade Jung de la nécessité de la polygamie, ce qui servira les ambitions sexuelles et professionnelles de Jung.

Tel que le montre l'exemple suivant, Gross est également associé ponctuellement au motif qui symbolise tantôt l'idée de pulsion sexuelle (motif X_1), tantôt l'idée de conviction et d'autorité (motif X_2)[31]. Dans l'opéra, le motif est rattaché à Siegfried, à sa force, à son insouciance (motif X_1 également). Dans ses développements, il devient le motif de la lance de Wotan, symbole de l'autorité du dieu (motif X_2). Dans le film, le motif et ses variantes (X_1, X_1', X_2, X_2' et X_2") peuvent être associés à Gross, Freud, Spielrein ou Emma Jung, soulignant leur autorité ou leur pouvoir de conviction, surtout à l'égard de Carl Jung.

31. Le groupe de motifs X comprend plusieurs variantes (voir annexe VI). X_1 se compose de sauts de quartes justes descendantes sur un rythme de croches, voire de noires. Sa variante directe, X_1', remplace les quartes par des quintes. X_2 est la transformation de X_1 en une ligne conjointe descendante, en retirant les sauts de quartes ou quintes, sur un rythme syncopé. Ses deux variantes directes, X_2' et X_2", présentent la même ligne étirée d'un ton à un ton et demi vers le haut, et d'un ton vers le bas, tantôt en croches, tantôt en valeurs longues.

Siegfried	*A Dangerous Method*
Z_4 : Mime entêté 	Z_4 : Ambition (volonté de puissance) de Jung 
X_1 : Force de Siegfried 	X_1 : Pulsion sexuelle 
X_2 : Lance de Wotan 	X_2 : Conviction, autorité 
W : Infortune de Sieglinde 	W_2 : Péché ambivalent (acceptation et refus) 

Exemple 25. Parallèle entre les motifs de *Siegfried* (Richard Wagner) et de *A Dangerous Method* (Howard Shore) autour du personnage d'Otto Gross.

Lorsque Gross persuade ce dernier de céder à la tentation, il l'enjoint à pécher. Dans la partition, un motif est d'ailleurs associé à cette idée du péché (motifs W_1 et W_2; exemple 25[32]). La plupart du temps, il précède ou suit le motif de la conviction (X_2) et relie ainsi les deux idées : la conviction du besoin de pécher. Sans surprise, ce motif est parfois associé à Gross. Dans l'opéra, il symbolisait l'infortune de Sieglinde qui avait commis le péché de l'inceste (motif W). Shore récupère donc une fois de plus l'idée derrière le leitmotiv wagnérien – et non nécessairement le personnage qui lui est associé. Ce motif est ainsi utilisé en lien avec la relation adultère de Jung et Spielrein, conséquemment aux arguments de Gross.

32. Le motif est caractérisé par un arpège ascendant d'accord mineur, en croches : *do* mineur dans W_1 et *ré* mineur dans W_2. Alors que dans W_1 l'arpège se termine sur une double broderie, supérieure puis inférieure, de la quinte de l'accord, dans W_2, l'accord revient en mouvement inverse, et en valeurs allongées, à son point de départ avant de réitérer l'arpège. Dans l'opéra, le motif procède également par arpèges, en mouvement ascendant puis descendant (sans considération de la basse : *si* diminué, puis *ré* mineur – ce sont les mêmes notes principales et la même courbe que dans W_2, mais sur un rythme différent; voir annexe VI).

De cette manière – par ce système de transférabilité ou de non-exclusivité des motifs –, la musique nous informe du rôle primordial de Gross dans le parcours de Jung et Spielrein : c'est lui qui leur permet de franchir le pas, de braver l'interdit, de pécher, pour atteindre la perfection. On retrouve là un lien avec la théorie, l'essai de Spielrein sur « La destruction comme cause du devenir », sur la nécessaire destruction à la base de toute création.

Il faut dire que cette idée d'une destruction d'un monde corrompu par un ordre moral factice provient en droite ligne de la Tétralogie de Wagner. Dans le dernier opéra du cycle, *Götterdämmerung* (*Le Crépuscule des dieux*), Siegfried, le héros pur et sans peur, se fait assassiner. Reprenant alors le destin du monde entre ses mains, c'est Brünnhilde qui se jette vive dans les flammes funéraires de son bien-aimé. Grâce à son sacrifice, le Walhalla prend feu, et les filles du Rhin retrouvent leur anneau sacré. Destruction et renouveau sont réunis dans un même processus : l'incendie du Walhalla représente la disparition de l'ordre ancien, alors que l'anneau remis à ses propriétaires symbolise l'unité originelle retrouvée. Mais quel est, pour Cronenberg, l'incendie du Walhalla qui apporte le renouveau ?

Dans *A Dangerous Method*, cette régénération prend plusieurs aspects. Elle est tout d'abord théorisée dans l'essai de Spielrein sur « La destruction comme cause du devenir ». Mais c'est également la rupture de Jung et Freud (1913), au sujet de la libido et de la mythologie, ainsi que la remise en cause de l'autorité de Freud qui ouvrent à Jung la voie de l'indépendance. Il s'agit, ensuite, de la dépression nerveuse de Jung, à la fin du film, et sous l'effet de cette rupture, qui va ultérieurement lui permettre de refonder puis de développer sa carrière et sa version de la psychanalyse – c'est-à-dire non plus exclusivement ancrée sexuellement –, pour devenir un éminent psychanalyste. On nommera également la séparation de Jung et Spielrein. Cette dernière va refaire sa vie, avoir des enfants et amener en Russie la liberté par la psychanalyse. Le rapport destruction-renouveau est, en outre, condensé dans la relation des deux amants, Spielrein révélant à Jung ses frustrations, permettant ainsi à ce dernier de développer une première complicité intellectuelle avec Freud, de devenir un homme nouveau. À la fin du film encore, c'est enfin le rêve prémonitoire et apocalyptique de Jung : la Première Guerre mondiale, la destruction qui annonce la création d'un ordre nouveau. Il n'est donc pas étonnant que le film se termine, visuellement, sur un texte qui rappelle l'avenir des protagonistes, après 1913, accompagné, musicalement, par les motifs du Walhalla (motif S) et du sommeil innocent de Brünnhilde (motif R ; *cue* 27) : les deux motifs sont ici associés, l'ordre ancien (le règne des dieux) et l'ordre nouveau (l'avènement de l'humanité)[33]. Nous avons là deux significations qui, de prime abord, semblaient opposées, mais qui, dans le film, sont apparentées (exemple 26).

33. Un retour aux origines rend également possible le renouveau : c'est le motif Q, qui, dans l'opéra, est celui du Rhin, symbole de l'unité originelle et de la prémonition de la conscience. Dans le film, l'apparition du motif accompagne la reprise de la collaboration de Jung et Spielrein : ce retour aux origines de leur rencontre (alors que Spielrein assistait Jung à la clinique psychiatrique Bürghölzli de Zürich), au travail en commun, permet un renouveau de la pensée psychanalytique puisque c'est pendant cette période que Spielrein va élaborer son essai sur « La destruction comme cause du devenir », s'opposant de la sorte aux théories de Freud. Cet essai, du moins l'idée qu'il défend, peut être également associé à un motif. C'est le motif P qui,

Siegfried	*A Dangerous Method*
S : Walhalla 	S : Liberté, ordre nouveau 
R : Sommeil innocent 	R : Éveil de la conscience 

Exemple 26. Richard Wagner, *Siegfried*, motif S du Walhalla et R du sommeil innocent, et Howard Shore, *A Dangerous Method*, motifs S de la liberté, de l'ordre nouveau, et R de l'éveil de la conscience.

C'est d'ailleurs grâce aux motifs musicaux que l'œuvre cinématographique parvient à engendrer des significations qui s'approfondissent dans le temps : au terme du film, la globalité de la trame narrative et du spectre émotif a été couverte. C'est donc rétrospectivement que l'on comprend les significations qui résultent du croisement des pensées filmique, musicale et wagnérienne.

Motifs et significations

Jusqu'à maintenant, nous avons abordé la question des significations musicales par analogie avec la dénomination wagnérienne des leitmotive. Afin de saisir plus profondément les liens qui unissent musique, signification et expression musico-filmique, quelques éléments de réflexion sur la notion de leitmotiv et sur la modélisation de leur expression sont nécessaires.

Dès ses origines, dans l'univers wagnérien, l'appellation leitmotiv a suscité autant d'intérêt que de crainte. De l'intérêt, parce que la conscientisation des récurrences mélodiques et leur association avec l'action dramatique a servi de piste de compréhension et d'approfondissement des œuvres. Pour Wagner, sa technique constitue une stratégie de composition qui permet d'unifier musique et action scénique, de créer « une forme

chez Wagner, est rattaché à Fafner, le dragon qui garde l'anneau et symbolise l'inertie ainsi que l'attraction de l'inconscient. Pour accéder à l'ordre nouveau, à la liberté et à la connaissance (récupérer l'anneau), Siegfried doit détruire le dragon. Dans le film, le motif intervient précisément au moment où Spielrein et Jung reprennent leurs pratiques sadomasochistes (1911, ce qui mènera à l'essai de Spielrein) et lorsque Freud et Jung mettront fin à leur relation (celle-ci survient juste après l'évanouissement de Freud, sentant que son « héritier » s'éloigne : la scène suggère la mise à mort du père).

unitaire parfaite »[34]. En 1876, c'est Hans von Wolzogen qui popularise la notion de leitmotiv avec son guide musical de la Tétralogie[35], destiné à aider le public à se repérer à travers la monumentalité du cycle. Trois ans plus tard, dans son essai « De l'application de la musique au drame »[36], Wagner émet cependant des réserves sur une association trop précise entre leitmotiv et action : les significations musicales s'entrelacent avec l'ambiance générale que génère la musique et cette dernière conserve une certaine autonomie par rapport au texte[37]. Dans notre travail de dénomination des leitmotive, nous avons adopté une démarche analogue à celle de Wolzogen. Nous avons transcrit chaque piste de la bande sonore, par la suite mise en relation avec l'action filmique et analysée afin d'en dégager les significations. Nous avons nommé les différents leitmotive en fonction de leurs occurrences et, en conséquence, leurs significations dans le film, en plus de leur signification intertextuelle avec l'opéra *Siegfried*[38].

Les motifs musicaux portent en eux-mêmes des potentialités expressives qui, dans le contexte narratif de l'œuvre, engendrent des significations et des émotions particulières. Du moment qu'un motif musical a été entendu dans une situation donnée, ses occurrences subséquentes entraînent immanquablement le rappel de cette situation, créant ainsi une mise en résonance entre narrations présente et passée. La signification musicale naît donc par une mémoire qui interagit avec le présent et engendre l'appréhension de ce qui va suivre. Afin d'exposer ce phénomène, nous proposons une modélisation qui permet de distinguer les différents motifs et de les mettre en relation au sein d'une globalité.

---

34. « Devenus des moments mélodiques qui réalisent pleinement leur contenu, et nettement différenciés, les motifs principaux de l'action dramatique se développent par leur répétition, selon des relations multiples toujours strictement déterminées – semblable à la rime – en une forme artistique unitaire, qui s'étend non seulement sur certaines parties restreintes du drame, mais sur tout le drame comme un enchaînement qui relie, où, non seulement les éléments mélodiques apparaissent comme se rendant intelligibles les uns les autres, et partant, comme constituant une unité, mais aussi où les motifs évocateurs de sentiments et d'images inclus en eux, se font connaître au *sentiment*, comme les plus forts de l'action, et englobent en eux les plus faibles, – comme se déterminant réciproquement et constituant par l'essence du genre une unité –. Dans cet enchaînement est réalisée la forme unitaire parfaite et ce n'est que par cette forme qu'est rendue possible la manifestation d'un contenu unitaire, donc, en réalité, ce contenu lui-même » (Richard Wagner, *Opéra et drame*, seconde partie, dans *Œuvres en prose*, vol. 5 [1910], traduit de l'allemand par Jacques-Gabriel Prod'homme, Plan-de-la-Tour, Éditions d'Aujourd'hui, 1982, p. 240).

35. Hans von Wolzogen, *Thematischer Leitfaden durch die Musik zu Rich. Wagner's Festspiel « Der Ring des Nibelungen »*, Leipzig, Edwin Schloemp, 1876.

36. « *Über die Anwendung der Musik auf das Drama* ». Voir Richard Wagner, *Œuvres en prose*, vol. 12, traduit de l'allemand par Jacques-Gabriel Prod'homme, Paris, Delagrave, 1924, p. 271-295.

37. En réalité, Wagner regrettait que ses motifs aient surtout été considérés d'un point de vue sémantique plutôt que structural. « Quelles que soient la ou les significations propres aux leitmotive et aux tonalités, cette fonction sémantique des leitmotive n'était ni la seule, ni peut-être la plus importante pour Wagner. [...] Dans l'essai [...] de 1879 [« De l'application de la musique au drame »], Wagner préfère l'expression de "*Grundthema*" et prend ses distances à l'égard de Wolzogen "qui a pris la caractéristique des leitmotive – ainsi nommés par lui – en sérieuse considération, plutôt au point de vue de leur importance et de leur effet dramatiques, [...] qu'au point de vue de leur utilité pour la structure de la composition musicale" [...] » (Jean-Jacques Nattiez, « L'univers wagnérien et les wagnérismes », dans Jean-Jacques Nattiez [dir.], *Musiques : une encyclopédie pour le XXIe siècle*, vol. 4 : *Histoires des musiques européennes* [2004], Arles, Actes Sud / Paris, Cité de la musique, 2006, p. 1227-1228).

38. L'annexe VI regroupe les leitmotive utilisés et permet la comparaison de leur dénomination entre opéra et film.

1	2	3	4	5	6	7	8
spirituel	pathétique	rêveur	lyrique	humoristique	gai	euphorique	vigoureux
noble	malheureux	docile	paisible	taquin	joyeux	planant	robuste
impressionnant	triste	doux	plaisant	fantaisiste	enjoué	triomphant	véhément
digne	douloureux	sentimental	serein	fantasque	heureux	dramatique	martial
sacré	tragique	envieux	tranquille	curieux	réjouissant	passionné	lourd
solennel	mélancolique	ardent	calme	vif	brillant	sensationnel	majestueux
grave	frustré	implorant	apaisant	délicat		agité	exaltant
sérieux	déprimant	plaintif		léger		excitant	
	morose			gracieux		impétueux	
	pesant						
	sombre						

Tableau 8. Cercle des émotions de Kate Hevner[39].

39. Kate Hevner, « Experimental Studies of the Elements of Expression in Music », *The American Journal of Psychology*, vol. 48, n° 2, 1936, p. 249. Notre traduction (pour voir le cercle original : http://www.music-cog.ohio-state.edu/Music829D/Notes/Hevner.html, consulté le 28 décembre 2016). Dans cet article – qui nous a été suggéré par Sylvain Caron –, Hevner poursuit des travaux antérieurs sur la signification et l'expressivité musicale. Après avoir développé une méthode qui lui permettait d'isoler certaines variables de la structure musicale, de mesurer leur expressivité et d'étudier la valeur affective, elle s'intéresse ici aux variables de la

Les recherches des psychologues sur les émotions musicales ont produit un outil conceptuel intéressant : le cercle des émotions de Kate Hevner, reproduit ici. Développé dans les années 1930, puis repris lors de la dernière décennie par les psychomusicologues, notamment David Huron à la Ohio State University School of Music, le cercle vise à énoncer les émotions les plus fréquemment induites par la musique. Sous forme d'un cercle adjectival, le modèle de Hevner comprend 66 émotions divisées en huit catégories. La circonférence du cercle décrit un parcours par nuances émotives tout en faisant ressortir des polarisations opposées, comme la joie (catégorie 6) et la tristesse (catégorie 2). Pour passer de la joie à la tristesse, il faut par exemple transiter par la sérénité (catégorie 4) ou la vigueur (catégorie 8).

Nous avons utilisé ce modèle dans un but différent de celui pour lequel il a été conçu. Au lieu de servir à identifier expérimentalement les émotions ressenties par les auditeurs, le cercle a été exploité en tant que modèle de référence pour disposer les motifs musicaux selon leurs différentes colorations expressives. Nous avons ainsi placé chaque motif musical autour du cercle suivant la signification et l'expression qui leur sont propres, par analogie avec les adjectifs de Hevner (tableau 9).

Le cercle que nous avons créé permet de mesurer le degré de nuance ou de contraste entre les situations, ainsi que de comprendre l'évolution psychologique de l'œuvre. Les motifs sont identifiés selon l'ordre alphabétique inverse de leur apparition, de Z à P. On remarque ainsi une progression en deux temps, allant, globalement, du bas vers le haut, de la souffrance au bonheur (de Z à V), par la gauche du cercle, puis par la droite, ce qui correspond, à peu près, aux deux moitiés du film. En effet, le motif du bonheur n'arrive que deux fois, vers le milieu du film (*cues* 11 et 17), scindant ainsi l'œuvre en deux parties égales. Par ailleurs, le caractère fragile et éphémère du bonheur (V) est obtenu par un grand contraste entre son avant et son après, dans le film, celui du péché ambivalent (W) et de la cohabitation du bien et du mal (U), qui représente une sorte d'inceste psychologique. Le péché est ambivalent puisque Gross prêche l'évangile de la perfection grâce au péché, à la liberté sexuelle, alors que le bien (l'innocence) et le mal (le péché) cohabitent lorsqu'Emma Jung offre à son mari le bateau qu'il désirait, mais qui lui donne l'occasion de rejoindre aisément sa maîtresse. Les voiles sont rouges, le bateau est blanc : la symbolique des couleurs est éloquente. Ce petit triangle psychologique, tout à fait central, incarne pleinement la pensée de Spielrein : le péché (W) est ce qui permet d'accéder à la perfection, au bonheur (V), qui cependant implique nécessairement une dualité (U) en raison de son origine (l'inceste) et de la nature de celle-ci (« le résultat de l'énergie créée par la friction des opposés »). Ce complexe reflète également la propre pensée de Cronenberg relativement à ce que nous avons nommé la dichotomie humaine et à l'absence d'absolus moraux (l'être humain est un être complexe et dualiste)[40].

---

ligne mélodique, du rythme et de l'harmonie. À la suite d'une expérience pendant laquelle les participants devaient choisir parmi 66 adjectifs ceux qu'ils jugeaient les plus appropriés pour les pièces musicales entendues, les adjectifs ont été regroupés en catégories homogènes et selon une échelle plus ou moins continue. D'un groupe à l'autre, le cercle présente un parcours progressif complet des expériences affectives les plus communes. C'est ce que l'on peut constater dans le tableau 8.

40. Voir le chapitre IV.

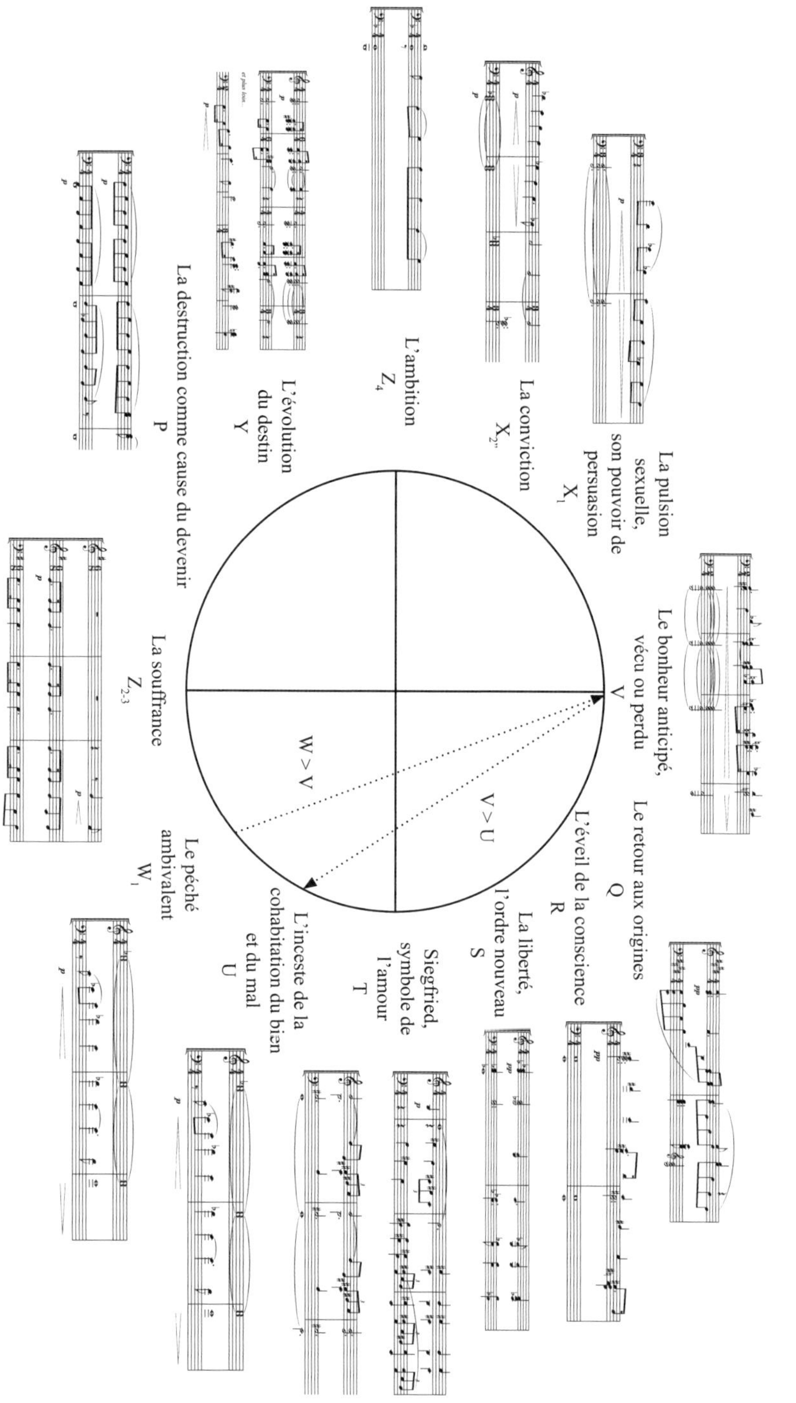

Tableau 9. Cercle des émotions et motifs de la partition de *A Dangerous Method* de David Cronenberg.

Le cercle révèle plusieurs situations psychologiques contrastantes : le bonheur (V) s'oppose au malheur (Z), l'ordre nouveau (S+R) à la destruction (P), le destin (Y) aux origines (Q), par exemple. Mais chaque élément de ces couples antagonistes implique nécessairement l'autre : le bonheur exige la souffrance; le renouveau, l'éveil de la conscience, réclame une destruction de l'ordre ancien. Chaque objectif nécessite un sacrifice : l'héroïsme présuppose la tragédie (Sieglinde/Siegmund, Spielrein/Jung), l'amour requiert une perte de soi (divinité/humanité, insouciance/conscience, pulsion sexuelle/instinct de mort), l'ambition condamne l'amour (Emma Jung/Carl Jung, Freud/Carl Jung, Spielrein/Carl Jung), la perfection naît du péché (renouveau/destruction, pureté-héroïsme/inceste-adultère). Ainsi Jung conclut-il le film : « On est parfois obligé de poser des gestes impardonnables afin de pouvoir continuer à vivre ».

Une œuvre autoréférentielle

Que peut-on retenir d'une œuvre filmique aussi vaste, comprenant de multiples niveaux de significations? On peut déjà observer que Shore et Cronenberg tirent du passé des enseignements pour créer de nouveaux moyens d'expression. C'est comme si, par ses différents niveaux de significations narratifs, le film devenait la métaphore de l'expression artistique, une métaphore qui se joue à trois niveaux.

Il y a d'abord celui de la réécriture d'un opéra ancien dans un film nouveau, avec les mêmes motifs musicaux, établissant ainsi une filiation et une évolution dans deux genres apparentés et en continuité : c'est le niveau de la *filiation musicale*. À un deuxième niveau, les périodes historiques s'entrecroisent : celles de Wagner et de Jung, l'univers de Cronenberg et Shore entrent en dialogue dans un jeu de cohabitation des temps, un cycle d'éternels retours. N'est-ce pas d'ailleurs le propre du mythe de prendre des formes diverses tout en conservant la même essence, de manière intemporelle? Nous occupons ici le niveau de la *permanence mythologique*. Enfin, Shore donne l'impression de vouloir retourner à une source importante de la musique de film : l'opéra wagnérien. La résultante des deux niveaux précédents constituerait une sorte d'hommage à Wagner, une reformulation de ses procédés musicaux repris par la musique de film : c'est le niveau de la *filiation d'un genre*, celui de l'œuvre d'art totale.

Éventuellement, il y aurait aussi un quatrième niveau : celui de rendre explicite, par ce film, la psychologie sous-jacente à toute la production de Cronenberg et Shore. Il s'agirait donc d'un niveau *autoréférentiel*. Il faut ici rappeler que pour Cronenberg, la vérité, c'est le corps humain : « C'est vers le corps qu'il faut aller pour connaître la vérité »[41]. Authentique critère de réalité, le corps constitue un espace de médiation entre le flux et le reflux des temporalités et des lieux, entre réalité et fantasme, hallucination, raison et instinct, névrose. Le corps est une zone de devenir, d'expérience; une expérience, d'ailleurs, que Shore récupère en s'inspirant de sa propre expérience du film, émotionnelle, subjective, sensorielle, pour élaborer une partition. Aussi, les deux artistes cherchent toujours, dans leur processus créateur, à ancrer leur corps dans

41. Cronenberg; cité dans Grünberg, *David Cronenberg*, p. 73.

l'œuvre en devenir – dans sa matérialité – pour produire une œuvre d'art figée dans le temps de sa réalisation, de son ressenti – d'où le recours à l'improvisation dans leur processus créateur. L'œuvre d'art cronenbergienne est un corps en devenir.

Le spectateur, qui ancre également son propre corps dans l'instant du visionnement, est confronté au questionnement métaphysique que lui présente le cinéaste, sur la vie, la mort… toujours le corps. Le réalisateur *propose* des expériences à un spectateur dont il requiert une participation active. Chez Cronenberg, le corps spectatoriel est actant et percevant. Ce corps, c'est également celui de l'analyste, qui contribue au devenir de l'œuvre en y ajoutant son propre corps, ses émotions, ses désirs, son savoir et son expérience pour faire émerger un sens vécu, une signification résultante, au croisement des pensées artistiques.

À première vue, l'œuvre semblait quelque peu éloignée de la conception musico-filmique du binôme : le recours à une musique préexistante, celle de *Siegfried*, crée nécessairement un lien avec la propre réalité construite par Wagner dans son opéra, avec les significations qui y étaient rattachées. De facture et de style classiques, influencée par l'opéra wagnérien, la musique de Shore contraste fortement avec ses partitions antérieures, si l'on pense, par exemple, aux sonorités électriques et métalliques de *Crash*, à la partition semi-électronique de *Scanners* (1980), aux sons synthétiques de *Videodrome* (1982), à la partition épurée et atonale de *Spider*, au collage expérimental de *Naked Lunch* (1991), au langage polytonal de *The Fly*, au dodécaphonisme de *The Brood* (1978) ou encore à la tonalité de l'effroi[42] de *Dead Ringers* (1988). De la même manière, le sujet historique et biographique, le style élégant et classique du film de Cronenberg étonnaient au premier abord. Et pourtant, l'œuvre porte bel et bien la signature des deux artistes. Comme nous l'avons vu, le fait même de recourir à une musique préexistante et de la déconstruire pour en créer une nouvelle répond au propre thème cronenbergien de la renaissance, qui implique une transformation.

Avec *A Dangerous Method*, Cronenberg revient à l'un de ses premiers intérêts : la psychanalyse. Et l'on parle – on s'analyse – beaucoup dans ce film : la cure par la parole libère du refoulement – comme dans *The Brood*, où la parole permet d'extérioriser, physiquement, un malaise intérieur – et le verbe autorise la transgression (les séances d'analyse de Gross et Jung) ; les théories psychanalytiques évoluent et se rejouent constamment à travers l'explicitation de nombreux concepts et au fil de débats qui invitent à la réflexion ; le dialogue transforme les protagonistes (Jung prend conscience de ses frustrations) et fait progresser leurs relations (jusqu'à la rupture). Et de quoi parle-t-on ? De sexualité. Ainsi Otto Gross prône-t-il la liberté sexuelle, panacée d'une société enfermée dans l'oppression et le refoulement, alors que Jung, emprisonné par ses propres frustrations, préconise la répression, garante de l'ordre – n'est-ce pas là un dilemme tout à fait cronenbergien ? De son côté, comprenant la nature sexuelle de son trouble et acceptant ses refoulements, masochistes, Spielrein perçoit un rapport entre pulsion sexuelle et instinct de mort. Pour Freud, seule la sexualité – véritable obsession que lui reproche Jung – permet d'expliquer la complexité de l'esprit humain et de ses relations sociales. Quant à Emma Jung, les rapports charnels qu'elle semble partager

42. Voir le chapitre IV.

avec son mari – et que nous ne voyons jamais ! – ont pour unique but la procréation (la conception d'un fils). *A Dangerous Method* traite ainsi de questions difficiles (cronenbergiennes) en relatant un moment crucial de l'histoire de la psychanalyse qui se joue entre relations professionnelles, intimes et charnelles, mais aussi entre histoires factuelle (ce que disent les faits) et fictionnelle (ce que dit Cronenberg).

Comme nous avons voulu le démontrer, *A Dangerous Method* croise une troisième histoire, celle du Siegfried de Wagner, mais à travers l'interprétation de Spielrein. La présence du compositeur allemand est donc justifiée narrativement : les deux amants, Jung et Spielrein, partagent une admiration pour la Tétralogie, surtout pour *Das Rheingold*, et Spielrein développe une fascination pour le personnage et l'idéal de Siegfried. C'est précisément à ce point que Shore intervient dans le drame, en établissant ainsi des connexions entre cet idéal, tel que façonné par Spielrein, et l'opéra de Wagner. Par la sélection, la réappropriation, la réinterprétation et la recombinaison des leitmotive wagnériens, le compositeur parvient à enrichir et dédoubler la narration en créant une passerelle musicale et signifiante entre les récits cronenbergien et wagnérien. Cette passerelle, c'est le complexe de Spielrein, au croisement des concepts psychanalytiques et mythologiques. La musique fait ainsi office de passeur d'histoires en proposant sa propre lecture des faits, du récit cronenbergien à travers le récit wagnérien, et inversement. Il y a donc également dialogue entre les différentes temporalités et émergence d'un discours au cœur d'un réseau d'interférences (musiques, images, histoires, pensées) et qui ne jaillit qu'à ce point précis du complexe – et qui serait, en fait, la propre interprétation de Spielrein.

Fidèles à leur conception du rapport musique-image, Cronenberg et Shore proposent ainsi une œuvre riche en significations, où la musique permet d'exprimer l'immontrable et l'indicible – et c'était d'ailleurs précisément en ce sens que Shore se référait à l'opéra, et à Wagner, dans son entrevue avec Schelle[43]. Et de la même manière que Cronenberg, par l'adaptation, rejoue les enjeux et les fondements de la psychanalyse en y injectant ses propres préoccupations et thématiques, Shore propose une réinterprétation du discours de Wagner, fantasmé par Spielrein, à travers son expérience personnelle de la musique de film, telle que vécue au sein de sa collaboration avec Cronenberg : l'image dicte l'instrumentation ; la musique, qui n'a de lien qu'avec la réalité alternative du film (ce n'est pas la musique de Wagner, mais ce sont ses leitmotive réinterprétés et réagencés au sein du récit cronenbergien), doit approfondir le drame, mais n'exprime « rien d'évident ». Et c'est, en effet, l'analyse, la mise en parallèle de l'opéra et de la partition de Shore, puis avec le film, qui nous a permis de faire émerger une signification complexe et multiple. Si l'image, son style classique et élégant, et les références à Wagner, dans les dialogues, ont inspiré la musique, cette dernière influence en retour notre perception du film en faisant ressortir une intrigue supplémentaire, celle du complexe de Spielrein, qui est abordé indirectement et ponctuellement dans le film. C'est cependant le discours filmique qui nous a permis de comprendre comment le compositeur a adapté le matériau puisé chez Wagner et de proposer une nouvelle nomination des motifs. Le complexe de Spielrein interchangeant les rôles, les leitmotive qui l'incarnent, et dont

43. Voir Schelle, « Howard Shore », p. 319-358.

Shore n'a retenu, de Wagner, que la signification psychologique, peuvent circuler d'un personnage à l'autre. Comme dans *Crash*, les différents protagonistes bénéficient de la même musique, ce qui contribue à l'impossibilité d'identification, caractéristique de Cronenberg, et à la richesse du discours.

Là où l'œuvre propose une divergence par rapport au modèle de la collaboration Cronenberg-Shore, c'est sur le plan de l'improvisation. Mais dans l'étape d'intellectualisation de son processus créateur, le compositeur conserve tout de même l'approche chirurgicale (ou sculpturale) cronenbergienne qui sonde, prélève les matériaux et construit patiemment l'œuvre d'art. Nous demeurons donc dans le niveau autoréférentiel de l'œuvre, le processus créateur reflétant le propre discours de Spielrein : il s'agit de déconstruire, analyser l'œuvre de Wagner pour en élaborer une nouvelle, et proposer, par la musique, un discours supplémentaire qui permet d'enrichir le drame. Ce discours ne dit rien d'évident en ce que seul l'auditeur averti (un spectateur actif, un analyste), qui connaît l'œuvre de Wagner et le complexe de Spielrein, peut saisir les subtilités du propre discours de Shore et la signification qui en résulte – l'incarnation (musicale) du complexe de Spielrein. Le niveau autoréférentiel se joue également dans le dialogue, à double sens, de l'image et de la musique : l'image inspire la musique (références à Wagner, style classique) qui influence en retour la perception du film (relire l'histoire de Cronenberg du point de vue du complexe de Spielrein et donc du discours de Wagner). En outre, Shore conserve un rapport distancé en composant une musique non pas dans un rapport direct avec l'image (stratégie hollywoodienne), mais en agissant en profondeur, dans les souterrains du drame. Enfin, l'œuvre permet de se rendre compte que, comme dans *Crash*, la musique refuse toute possibilité d'identification par le concept de transférabilité des motifs (la même musique pour tous, ce qui constitue un écart à la norme) : c'est comme si le complexe de Spielrein contaminait l'ensemble de son entourage.

Dans *A Dangerous Method*, nous avons démontré que les états psychologiques étaient transférables de l'un à l'autre des protagonistes, par la propre transférabilité des motifs musicaux. Le complexe de Spielrein, exprimé par la musique, contamine l'ensemble des personnages. De la même manière, dans *Crash*, la musique, presque indifférenciée assure la contamination du fantasme d'un protagoniste à l'autre. Ainsi, de même que ces « virus » se transmettent parmi les protagonistes, la musique contamine également les personnages en se rattachant indifféremment aux uns et aux autres (transférabilité), et la narration, en ajoutant un contre-récit au récit filmique (en créant un pont avec *Siegfried*, en court-circuitant l'absence d'émotions par l'expression d'émotions significatives). Par ailleurs, nous retrouvons cette idée dans *Dead Ringers*.

Pour Cronenberg, les jumeaux Mantle forment un couple. L'un, surnommé « petit frère » par son jumeau, introverti, fragile, porte un prénom féminin, Beverly ; l'autre, *a priori* plus fort, porte un prénom masculin, Elliot, et fréquente les milieux mondains. Le cinéaste commente leur rapport :

> La vérité, anticipée par les parents de Beverly [...] est que ce dernier correspond à la partie féminine du yin-yang. Elliot et Beverly forment un couple, ils sont incomplets en

> eux-mêmes. [...] Pour Beverly, l'idée qu'il soit la femme du couple est inacceptable. Il ne peut pas accepter qu'ils forment un couple[44].

Le film est ainsi structuré autour de la complémentarité et de la ressemblance des Mantle : « Je voulais que vers le milieu du film, on commence à savoir qui est qui. Puis, petit à petit, ils redeviennent très proches et on les confond à nouveau »[45]. Afin de compliquer leur différenciation, Cronenberg a ainsi choisi de filmer les deux frères de la même manière : « Je ne voulais pas utiliser d'angles particuliers pour l'un, et pas pour l'autre, parce que je pensais que ça détruirait l'illusion plutôt que de la renforcer »[46].

De même que le réalisateur ne permet aucune facilité du point de vue de la distinction des jumeaux, le compositeur choisit également de ne pas différencier les deux protagonistes par la musique. C'est ce qu'argumente Durrell Bowman dans son analyse succincte de la partition de Shore. L'auteur compare la musicalisation de quatre films concernant la gémellité : *The Dark Mirror* (*La Double Énigme*, 1946) de Robert Siodmak avec une partition de Dimitri Tiomkin, *Dead Ringer* (*La Mort frappe trois fois*, 1964) de Paul Henreid avec une musique d'André Prévin, *Sisters* (*Sœurs de sang*, 1973) de Brian De Palma en collaboration avec Bernard Herrmann et *Dead Ringers* de Cronenberg. Il remarque ainsi que, contrairement aux autres films où, musicalement, les deux jumeaux sont différenciés – l'un est bon, l'autre est mauvais –, la partition de Shore tend à les confondre :

> Ces films utilisent des thèmes, des leitmotive additionnels et d'autre musique pour aider à distinguer leurs jumeaux. Par comparaison, la musique, beaucoup plus subtile, que Shore a composée pour le film de Cronenberg aide à confondre ses jumeaux[47].

Nous retrouvons donc ici la composante cronenbergienne de l'ambiguïté que Shore obtient par de subtiles transformations thématiques : « Ces transformations thématiques subtiles rappellent les *Grunthemen* [thèmes fondamentaux] de Richard Wagner plutôt que le recours "classique" à la signification facile et uniforme des leitmotive »[48], précise Bowman. Par une pratique qui diffère donc de celles habituellement employées – plus hollywoodiennes et commodes –, Shore ne distingue pas les jumeaux par des thèmes et motifs reconnaissables qui leur seraient respectivement associés, mais les confond

44. « *[T]he truth, anticipated by Beverly's parents [...] was that he was the female part of the yin/yang whole. Elliot and Beverly are a couple, not complete in themselves. [...] The idea that Beverly is the wife of the couple is unacceptable for him. He can't accept that they are a couple* » (Cronenberg ; cité dans Chris Rodley, *Cronenberg on Cronenberg*, Toronto, Alfred A Knopf Canada, 1992, p. 147. Notre traduction).

45. Cronenberg ; cité dans Charles Tesson, Iannis Katsahnias et Vincent Ostria, « Entretien avec David Cronenberg », traduit de l'anglais par Vincent Ostria, *Cahiers du cinéma*, n° 416, février 1989, p. 62. Dans l'histoire originale, le livre *Twins* (1977) de Bari Wood et Jack Geasland, l'un des jumeaux est homosexuel, ce qui ne correspondait pas à la vision de Cronenberg, plus intéressé par leur ressemblance que par leur différence (*ibid.*, p. 12). À la fin du film, les jumeaux sont en effet plus indissociables que jamais.

46. *Ibid.*, p. 63.

47. « *Those films use titles music and additional leitmotifs and other music to help separate their twins. By comparison, Shore's much more subtle music for Cronenberg's film helps to merge its twins* » (Durrell Bowman, « Dark Mirrors and Dead Ringers : Music for Suspense Films about Twins », *Intersections*, vol. 27, n° 1, 2006, p. 54. Notre traduction).

48. « *Subtle thematic transformations such as this recall Richard Wagner's* Grundthemen *rather than the "classic" film scoring practice of easily and consistently signifying leitmotifs* » (*ibid.*, p. 67. Notre traduction).

en privilégiant l'utilisation d'un même matériau qu'il développe et varie subtilement jusqu'à la fin – on retrouve donc ici un traitement musical similaire à *Crash* et *A Dangerous Method*, l'attribution d'un matériau identique, développé, pour tous[49]. De la sorte, Shore complèterait la vision de Cronenberg qui, au cours de son film, rend ses jumeaux de plus en plus semblables, psychologiquement, tels des siamois. Géraldine Pompon et Pierre Véronneau soulignent, de leur côté, la capacité de la musique à lier les jumeaux, non pas seulement, comme le suggérait Bowman, en leur attribuant un même matériau thématique pour les confondre, mais en reliant, par exemple, deux séquences limitrophes qui impliquent chacune un des deux frères en proie au même trouble, accentuant ainsi leur relation symbiotique – comme dans *Crash*, la fonction de liaison musicale concerne donc autant une fluidification du montage que le passage d'un élément qui circule entre les séquences, une sorte de contamination[50].

49. Le même matériau musical est utilisé tout au long de *Dead Ringers*, mais la musique est surtout présente dans la seconde moitié qui concerne principalement la relation des deux jumeaux – la première s'attache à la relation de Beverly avec Claire Niveau (interprétée par Geneviève Bujold). Nous pourrions alors supposer que la musique de *Dead Ringers* est celle du couple gémellaire et qu'elle est l'expression de leur relation unitaire, de sa complexité et de son caractère tragique.

50. Géraldine Pompon et Pierre Véronneau, *David Cronenberg : la beauté du chaos*, Paris, Éditions du Cerf / Condé-sur-Noireau, Corlet, 2003, p. 137.

Conclusion

UNE MÉTHODE DANGEREUSE

Se mettre en danger, dire la vérité, aller derrière la façade, casser le consensus de la civilité et de la civilisation. C'est quelque chose qu'on vous pardonne difficilement[1].

La thérapie par la parole, telle que qualifiée par David Cronenberg dans *A Dangerous Method*, est une méthode dangereuse : elle crée un rapport intime (voire adultère) entre le patient et son analyste (sondant un territoire encore inexploré, l'inconscient, les refoulements), qui relève de la catharsis, d'une libération. La collaboration à long terme du réalisateur avec Howard Shore, fondée elle-même sur un dialogue des deux artistes, construit une relation similaire : le compositeur « analyse » le travail du cinéaste, l'inconscient de son film (son rêve), afin d'en expliciter l'indicible – et d'ailleurs, dans son processus créateur, le compositeur procède lui-même à l'autoanalyse de son propre rêve créatif. Et comme en psychanalyse, la collaboration revêt une dimension libératrice : Cronenberg accorde une liberté totale à Shore qui lui-même voit dans le cinéma le potentiel d'une libération, un champ d'expression de ses idées créatrices. De la même manière, Maurice Blackburn avait trouvé dans le cinéma de Norman McLaren la possibilité d'un affranchissement de la servitude, un substrat à l'expression de ses idées les plus expérimentales qui le mèneront au bricolage et au concept de bande sonore totale. D'un binôme à l'autre, le cinéma se transforme en laboratoire, un atelier de tous les possibles dans lequel l'apprenti-compositeur et l'apprenti-cinéaste, tels deux alchimistes, se prêtent à toutes formes d'expériences (dangereuses !) leur permettant de découvrir de nouveaux outils, des mondes inconnus, des formes inédites, des combinaisons encore insoupçonnées.

1. David Cronenberg ; cité dans Serge Grünberg, *David Cronenberg : entretiens avec Serge Grünberg*, Paris, Cahiers du cinéma, 2000, p. 125. L'ouvrage reprend les entretiens filmés par André S. Labarthe, *David Cronenberg : I Have to Make the Word Be Flesh*, Paris, AMIP la Sept-ARTE / Bry-sur-Marne, Ina, 1999 (extraits disponibles sur : www.youtube.com). Une édition en anglais augmentée existe également. Nous y ferons référence pour les pages qui ne figurent pas dans la version française : Serge Grünberg, *David Cronenberg : Interviews with Serge Grünberg*, Londres, Plexus, 2006.

Mais l'accès au laboratoire nécessite une question, un problème. Dans le cinéma cronenbergien, la question problématique que se pose le cinéaste est celle de la transformation de l'esthétique humaine. Celle-ci prend tout d'abord la forme d'un genre insolite, celui de l'horreur corporelle, puis intérieure, qui l'amène à créer une imagerie monstrueuse – c'est ici aussi l'influence de la littérature, plus exactement une réponse au problème de la transposition de la métaphore littéraire au cinéma –, ainsi que toutes sortes d'objets, créatures et maladies – c'est également l'influence de la science et de la sculpture. Véritable constante, l'horreur traverse le corpus du réalisateur sous la forme d'un corps altéré conçu comme la métaphore visuelle du problème philosophique de la dichotomie corps-esprit que chaque film rejoue pour en observer les conséquences. Derrière sa caméra-microscope, Cronenberg examine le résultat de ses expériences avec le regard clinique du scientifique. Le patient (ou cobaye), l'homme, est ainsi décrit dans toute son ambiguïté – c'est l'absence d'absolus moraux. Sa complexité intérieure (ses refoulements, son anatomie, sa sexualité), sa beauté (ce qui fait son humanité, au premier sens du terme), est exhibée sans retenue. Le spectateur, peu habitué à autant de « vérité », et ne pouvant dès lors s'identifier à ce qui se déroule sous ses yeux, se voit attribuer le rôle du témoin et complice (ou du laborantin) : confronté à sa propre monstruosité, il participe au déchiffrement de l'expérience du cinéaste. Telle est la méthode dangereuse de Cronenberg : son cinéma, toujours perturbant, met en danger l'ordre établi (ce qui est répugnant peut être beau, l'être humain est un monstre, la mort constitue une délivrance) et exige une participation active de celui qui en fait l'expérience.

Tel est aussi le rôle que jouent ses collaborateurs qui, de film en film, contribuent à l'actualisation de la vision artistique du cinéaste. Le danger de la méthode cronenbergienne réside également ici, car le recours aux mêmes collaborateurs expose le réalisateur au risque de la répétition. Cependant, la répétition implique la possibilité d'une différence, ou d'une renaissance, si l'on reprend l'un des thèmes chers à Cronenberg : de film en film, le cinéaste rejoue ses thèmes et les constantes de son cinéma (par exemple, l'horreur et la sexualité cronenbergiennes sont polymorphes), mais ne part jamais de rien, il se régénère sans cesse – chaque film est une nouvelle problématisation de son idée, une nouvelle solution nourrie par les déterminations antérieures, mais jamais épuisée. C'est notamment le recours à un processus créateur organique (artistique), à l'improvisation, qui lui permet cette constante réinvention. Nous l'avons vu, ce renouvellement constant va de pair avec une volonté de dépassement (et d'expérimentation) partagée par les collaborateurs du cinéaste, comme le confiait le compositeur.

L'expérimentation, le renouvellement, ainsi que le projet de la transformation de l'esthétique humaine tiennent également de l'autodidactisme de Cronenberg. Et ce qui aurait pu constituer un risque devient la force du cinéaste : l'inexpérience, l'absence de contraintes, pousse le réalisateur à inventer ses propres moyens d'expression (une redéfinition des genres connus, par exemple) pour donner forme à sa vision artistique singulière et à se construire ses propres modèles (influence de la littérature et de la science, de l'écriture et de la sculpture). De la même manière, McLaren s'inspire de ses champs d'intérêt premiers, le dessin et la peinture, et des premières expériences de sons optiques et synthétiques de Rudolf Pfenninger, pour développer son propre cinéma d'animation et sa technique du son animé au moyen des cartes de son ou du dessin direct sur la pellicule, une méthode de composition expérimentale proche de la pratique de la musique concrète ou électronique. En cela, McLaren peut également être comparé à un scientifique, qui cherche, calcule, expérimente, et à l'artiste-artisan, maître et apprenti de son propre art. Et comme pour Cronenberg, l'invention répond à une question problématique du cinéaste d'animation et qui concerne ici directement ce qui nous intéresse, à savoir celle du rapport de la musique et de l'image et de leur indissociabilité. Le son photographié ou gravé, ainsi fixé sur la pellicule, crée de la sorte un rapport de synchronisme extrême entre les expressions visuelle et sonore, à un tel point que le spectateur ne sait plus s'il faut d'abord voir ou écouter. Tel est ce que révèlent les expériences de McLaren : la musique se voit, l'image s'écoute.

C'est aux côtés de McLaren que Blackburn fait lui-même l'expérience du problème de l'indissociabilité de l'image et de la musique, à partir duquel il développera sa propre pensée musico-filmique qui aboutira au concept de bande sonore totale et à la fondation de l'Atelier de conception et de réalisation sonores. Comme le compositeur onéfien, c'est au contact du cinéma, celui de Cronenberg, que Shore a pu développer sa propre conception du rapport musique-image ainsi qu'une méthode de travail qui répond aux propres thèmes et processus créateur du cinéaste et participant de la sorte au projet de ce dernier. Chacune des deux collaborations est en ce sens tout à fait fondatrice. Voilà ce qui relierait en premier lieu nos deux études de cas. Mais au terme de notre enquête, de nos portraits et de nos analyses, force est de constater que face aux problèmes posés par les cinémas de McLaren et de Cronenberg, les deux compositeurs en sont venus à proposer des solutions similaires, des pensées comparables et originales qui ont permis, en outre, de repenser notre propre approche théorique et pratique (analytique) du complexe musico-filmique.

L'indissociabilité de la musique et de l'image se traduit d'abord par la conception d'une musique originale qui n'a de lien qu'avec le film pour laquelle elle a été conçue. Cela implique en premier lieu le non-recours à une musique préexistante. Pour Blackburn, celle-ci – et il se réfère à la musique de concert – se suffit à elle-même. Cependant, l'utilisation d'une musique préexistante peut se justifier si cette dernière fait partie du film (musique d'écran) ou si elle est traitée en tant qu'objet sonore soumis à la décomposition et au montage, comme ce fut le cas dans *Pas de deux* (1968) de McLaren. Du côté de Shore, l'utilisation de la musique préexistante est également possible si justifiée par le film. Mais elle doit ici aussi faire l'objet d'une transformation (d'une nouvelle œuvre), par collage, dans *Naked Lunch* (1991), ou par une décomposition suivie d'une recomposition, dans *A Dangerous Method* (2011), par exemple. Pour Cronenberg, le recours à une musique originale implique non seulement que celle-ci n'aura de lien qu'avec la réalité alternative qu'il crée, mais également un plus grand contrôle de la réponse du public en réalisant une musique ambiguë qui ne dicte aucune réaction, aucune émotion au spectateur – qui doit demeurer actif, faire des choix dans sa perception. Cela se traduit, pour Shore, par la composition d'une musique qui ne doit pas commenter l'image (être redondante, tel un miroir de l'action), mais ajouter un niveau de signification. C'est notamment en ce sens qu'il se réfère à l'opéra, où la musique agit tel un discours sous-jacent. En tant qu'ajout, la musique devrait ainsi exprimer autre chose que ce qui est proposé visuellement et dès lors approfondir, enrichir, complexifier le film. Ce peut être donc doter le film d'un contre-récit, d'une relecture perverse (*Crash*, 1996), ou d'un dédoublement narratif complémentaire (*A Dangerous Method*).

Dans son propre discours, Blackburn fait également référence à l'opéra, mais le rapprochement est ici invoqué dans le sens d'une abolition de la hiérarchie, certes, entre les différentes matières d'expression, entre image et musique, mais aussi entre bruits, voix et musique, en faveur de l'élaboration d'un continuum sonore ou d'une bande sonore totale. Dans *A Phantasy* (1952), le continuum sonore sert de guide en expliquant et en articulant la logique fantaisiste de l'animation de McLaren qui exigeait l'élaboration d'un rapport de synchronicité entre l'image et le son. Dans *Jour après jour* (1962) – et c'est précisément ici que la pensée du compositeur onéfien rejoint celle de Shore –, la bande sonore totale permet également d'enrichir le discours filmique non plus par l'explication, voire la figuration, mais par la création d'un discours supplémentaire qui tire encore son origine d'un synchronisme cette fois-ci pervers, c'est-à-dire en créant des rapprochements inouïs, des tensions, des écarts, qui forcent au questionnement. « Il faut craindre la musique imitative et le commentaire descriptif »[2], proclamait Blackburn. La musique est un langage qu'il faut laisser s'exprimer, elle possède un potentiel expressif qui permet de dépasser une fonction purement imitative.

Bien que la musique ne soit pas conçue, dans un cas comme dans l'autre, comme un miroir de l'action filmique, elle tire pourtant son origine de l'image. Pour Blackburn, comme pour Shore, l'indissociabilité de la musique et de l'image se traduit par une conceptualisation de la musique en tant qu'art visuel. Pour le compositeur onéfien, la musique est tributaire de son support visuel sans lequel elle perdrait toute logique : ainsi ne se comprend-elle qu'en lien avec l'image qui lui a donné naissance, qui lui a imposé ses lois organisationnelles (la musique de cinéma, c'est l'organisation visuelle des sons). Dans *A Phantasy*, Blackburn s'inspire des idées et procédés créatifs qui ont donné naissance au film. Ses stratégies de composition sont ainsi déterminées par l'image qui contient déjà, en puissance, une musique que le compositeur doit trouver et exprimer (l'image est une partition visuelle en mouvement). L'exemple de *Jour après jour* ne contrevient pas à ce principe : l'écoute de l'image permet à Blackburn de sélectionner les matériaux constitutifs de sa bande sonore totale ainsi que les principes de son élaboration (réduction, mise en tension, répétition/variation, flottement, résistance). Dans les deux cas, le discours visuel lui a inspiré une invention, une nouvelle expérimentation, un bricolage sonore, celui du son synthétique ou de la musique concrète.

De la même manière, ce sont tous les éléments du film, proprement visuels donc, qui dictent à Shore ses choix musicaux : que ce soit une forme (un thème et variations), un principe structurel (la répétition), une couleur (le bleu), une voix (neutre, apathique), une matière (le métal), un thème (la mort), une émotion sous-jacente (une angoisse), un genre (historique), une esthétique (classique) ou une influence (Richard Wagner ou le *cut-up* de William S. Burroughs). Mais là où Blackburn crée des rapports synchroniques (même déviants), le compositeur de Cronenberg recherche la distance et la sensation.

2. Maurice Blackburn, « Récitatif », document dactylographié, [1986], Trois-Rivières, Collection (Archives Maurice Blackburn) de Louise Cloutier, p. 1.

C'est ici, notamment, que siège le danger de sa propre méthode, car une composition qui se base uniquement sur le ressenti prend le risque d'illustrer les émotions déjà invoquées par l'image. Mais Shore déjoue ce problème en concevant sa musique à la manière d'une relecture, mais aussi en composant dans un rapport distancé (et non de front), sur un souvenir de l'image, et en adoptant l'improvisation au cœur de son processus créateur. Ce procédé compositionnel lui permet d'extérioriser sa visualisation interne (formes, couleurs, mouvements) stimulée par l'image – et qui crée chez lui une nécessité créatrice.

L'improvisation répond ainsi au propre processus créatif organique et sculptural de Cronenberg et à un besoin d'ancrage corporel dans la création. L'art visuel qu'est la musique de film exige ainsi non seulement une part active du regard, mais également de la main : sur l'instrument (un clavier, une guitare électrique), l'enregistreur (lorsqu'on improvise ou pour faire du montage), sur le papier (celui de la partition ou du scénario) ou sur la toile (l'écran filmique), sur l'ordinateur (pour créer de nouveaux effets, sonores ou visuels), sur le corps des acteurs, la peau (le *body art*), la caméra, sur le corps même du film, véritable matière palpable et modulable. Chez McLaren et Blackburn, nous avons perçu cette même exigence de la manipulation : c'est la présence directe de la main sur la pellicule, peinte et gravée, le son synthétique, la confection de nouveaux outils (un peigne métallique, des cartes de son) ou d'instruments inédits, le recours à des objets, le montage et le mixage sonores, la musique concrète. Ce principe compositionnel, considéré comme un geste artistique et non technique (même si la présence de la main renvoie à un certain artisanat), figurait également parmi les motivations de l'Atelier de conception et de réalisations sonores afin de créer des trames sonores élaborées, voire de véritables œuvres électroacoustiques (des bandes sonores totales).

Le souhait fondateur de l'Atelier et de Blackburn était de donner une place de premier ordre à la bande sonore, de sorte que celle-ci n'était plus considérée comme le simple double sonore de l'image, mais bien comme une matière d'expression constitutive du complexe audiovisuel qui participe à la construction du sens visé par celui-ci. Ce sens, nous l'avons vu émerger à la jonction des matières musicale (ou sonore) et visuelle, une approche également issue de la conceptualisation de la musique en tant qu'art visuel, développée tant par Blackburn que par Shore. Dans *A Phantasy*, le croisement des parties visuelle et musicale nous a permis de mettre en évidence des analogies thématiques, structurales, formelles, compositionnelles et idéelles, une interdépendance de l'image et de la musique constituant un tout cohérent et indivisible. Dans *Jour après jour*, le sens se construit dans la création et l'enchaînement de rapports audiovisuels novateurs (convergents ou divergents) à l'intérieur desquels les matériaux révèlent leur plein potentiel expressif. Dans *Crash*, nous avons vu cette dernière conception se déployer en observant comment les idées ou sentiments associés aux éléments constitutifs de la partition se trouvent activés par la rencontre avec l'image et le récit, dont elle révèle le potentiel émotionnel (par un contraste, une résistance), tout en en clarifiant la structure et le développement (par analogie). *A Dangerous Method* constitue le meilleur exemple de cette approche intime du rapport musique-image, puisque la signification émerge ici du cœur d'un réseau d'interférences qui croise les images, les personnages, les histoires, les partitions et les réécritures.

Ce rapport intime de la musique et de l'image a été également suscité par la propre approche des réalisateurs qui, contrairement à la méthode habituelle, impliquent très tôt le compositeur dans la conception de leur œuvre, une démarche permettant à celui-ci de penser longuement à ses idées et d'expérimenter de nouveaux outils, des combinaisons inédites. Chez McLaren, cette implication précoce résulte de sa propre idée problématique de l'indissociabilité de la musique et de l'image, à tel point que, parfois, la réponse à ce problème prend la forme d'une inversion du processus créateur musico-filmique, en précédant la conception filmique de la conception musicale (dans *Blinkity Blank*, 1955, par exemple). Chez Cronenberg, cette approche provient d'une conception du cinéma comme un laboratoire collectif dans lequel chacun de ses doubles créatifs, libres d'exprimer leur propre sensibilité, participe à l'actualisation de sa vision artistique. Chaque collaborateur est ainsi impliqué très tôt afin de fournir au cinéaste-sculpteur la matière que ce dernier modèlera pour donner forme à une nouvelle œuvre d'art, à « un tout organique qui nous surprend »[3].

Si cette vision originale de l'indissociabilité de la musique et de l'image ou du film comme œuvre d'art collective a mené à une conceptualisation insolite de la musique filmique et à l'élaboration de processus créateurs novateurs, elle a également permis l'expérimentation de différents outils d'approche du complexe audio(ou musico-)visuel. Devant autant d'œuvres qui résistent à la définition traditionnelle de la musique de film (secondaire et acréative, purement fonctionnelle et illustrative) et, de ce fait, aux méthodes dominantes (*cue list*, grilles fonctionnelles, analyse des développements thématique et motivique, de leurs fonctions dramatiques et de leurs significations en parallèle avec l'image), il nous a fallu nous-même procéder à une invention méthodologique. Plutôt donc que d'essayer d'appliquer à notre corpus des grilles d'analyse préexistantes qui auraient pu éclipser une large part de l'expérience musico-filmique (notamment la question du processus créateur), nous avons souhaité engager un dialogue avec ces acteurs et leurs œuvres, leur permettre de s'exprimer, de nous parler pour, ici aussi, les laisser nous surprendre. Notre démarche a donné ainsi une place importante au discours de ces créateurs. Mais leurs propos ne constituant qu'une conjecture sur la pratique et sur ce que dit l'œuvre, nous avons à chaque fois également laissé celle-ci parler d'elle-même et nous imposer sa propre méthode d'approche, ses outils d'analyse, qu'ils soient musicologiques (ex. : Nicolas Ruwet), purement descriptifs (ex. : Pierre Schaeffer, Serge Cardinal Michel Chion, Stéphane Roy), voire même psychologiques (Kate Hevner). Telle a été notre méthode dangereuse : intimiste, elle s'inscrit au cœur et au croisement des discours, des pratiques, des œuvres et des outils, là précisément où se dissimule l'idée créatrice (secrète, intérieure), qu'elle cherche à exprimer ; libératrice, elle réintègre la dimension créative de l'art qu'est celui de la musique de film, en l'affranchissant d'une conceptualisation archaïsante.

Au terme de ces pages, quelques questions demeurent en suspens. Du point de vue de la notion de collaboration, nous amorcions notre parcours à travers le laboratoire musico-filmique en invoquant l'importance des relations à long terme entre réalisateurs et compositeurs. Il serait à cet égard tout à fait passionnant d'élargir le corpus de

3. Cronenberg ; cité dans « The Look of *The Dead Zone* » (2006), documentaire inclus dans David Cronenberg, *The Dead Zone*, réalisé en 1983, DVD, Paramount Pictures 11835, 2006.

recherche en confrontant les résultats ici obtenus à d'autres binômes – à leurs propres pratiques et à leurs œuvres – et de voir, là aussi, comment peut s'expliquer la durabilité et la réussite de leur partenariat. En outre, en réduisant le corpus à deux collaborations spécifiques, nous avons choisi d'étudier deux corpus canadiens en en écartant cependant la dimension nationale. Il pourrait être ainsi révélateur de réintégrer cette donnée en élargissant l'étude à un autre binôme, celui formé par Atom Egoyan et Mychael Danna. Enfin, pour ce qui est de la pratique propre à Blackburn et à Shore, la poursuite de la recherche pourrait suivre deux trajectoires. La première consisterait en la multiplication des analyses, chez McLaren, d'un côté, et chez Cronenberg, de l'autre, afin de voir si les autres œuvres des deux corpus tendent à confirmer ou à infirmer les conclusions ici tirées, ou si elles proposent de nouvelles problématisations de l'idée créatrice (ou même si d'autres problèmes sont soulevés). La seconde trajectoire élargirait cette fois-ci les corpus réciproques de Blackburn et Shore et concerne la question de la migration des techniques : si leurs collaborations respectives avec McLaren et Cronenberg sont fondatrices, de quelle manière le savoir ainsi acquis est-il exploité ailleurs ? Nous avons observé, chez Blackburn, une évolution de sa pensée de ses débuts, aux côtés de McLaren dans *A Phantasy*, à son paroxysme dans *Jour après jour* de Clément Perron. Mais du côté de Shore, que devient la notion d'image-souvenir ? Est-elle propre à un genre – on la retrouverait ainsi, sans doute, dans les films de Jonathan Demme et de David Fincher, souvent invoqués par Shore par comparaison aux films de Cronenberg – ou fait-elle toujours partie intégrante de son processus créateur ? En entretien, lorsqu'il évoque son processus créateur, le compositeur décrit la plupart du temps une méthode de travail générale, mais il conviendrait tout de même de préciser celle-ci par une investigation plus large de son corpus, pour éventuellement découvrir quelques « shorismes »[4].

Une autre réflexion qui demanderait à être approfondie est celle qui concerne l'improvisation. Si pour Shore ce procédé compositionnel fait partie intégrante de son processus créateur, il demeure une expérience ponctuelle pour Blackburn. Pour *Blinkity Blank*, il crée ainsi une improvisation semi-dirigée, qui précède l'image de McLaren, tandis que *Lignes verticales* (1960) fait l'objet d'une improvisation au piano électrique élaborée directement sur l'animation conçue par McLaren et Evelyn Lambart et à partir de motifs écrits à l'avance. Le compositeur traduit ainsi instantanément le mouvement visuel en mouvement musical et crée, ici aussi, une indissociabilité des deux matières d'expression par le synchronisme. D'essence musicale, l'image contient également ici le potentiel d'une musique à actualiser. Pour mieux comprendre le rôle de l'improvisation dans la conceptualisation de la musique comme art visuel, il serait intéressant d'établir une comparaison avec la pratique d'Angelo Badalamenti, collaborateur régulier de David Lynch. Installés côte à côte devant le piano, Lynch décrit ses idées et le compositeur « traduit son discours en musique »[5]. Enregistrées sur magnétophone, ces

---

4. À ce propos, voir l'entretien réalisé par Michael Schelle : Michael Schelle, « Howard Shore », dans Michael Schelle, *The Score : Interviews with Film Composers*, Los Angeles, Silman-James Press, 1999, p. 319-358.

5. Angelo Badalamenti ; cité dans Nicolas Saada, « "Tout est affaire de mélodie" : entretien avec Angelo Badalamenti », traduction française par Sylvie Durastanti et Jean Pêcheux, *Cahiers du cinéma*, n° 540, novembre 1999, p. 61.

improvisations sont ensuite utilisées telles quelles sur le tournage, puis dans le film. C'est de cette façon qu'a été créée la musique de la série *Twin Peaks* (1990-1991), en établissant ainsi le climat en amont des images, par les mots et leur traduction musicale. Une nouvelle interrogation surgit : en quoi et comment l'improvisation a-t-elle la puissance de traduire ou de configurer a) l'image-mouvement (McLaren) ; b) l'image-souvenir (Cronenberg) ; et c) l'imaginaire du film (Lynch) ?

Nous revenons ainsi à la notion de la musique comme un art visuel. D'une collaboration à l'autre, le processus créateur musico-filmique prend trois formes : la synchronisation, la remémoration et la verbalisation. Ces trois processus sont cependant reliés par une même idée : la première partition, c'est l'image, animée, sensorielle ou verbale. Le compositeur y perçoit déjà une musique et transforme cette partition originelle en sons musicaux, au moyen de l'improvisation : il entend les images. La logique musicale est donc d'abord visuelle et la musique est indissociable de l'image qui lui a donné forme : « La musique de film, privée de son support visuel, n'a plus de forme, de logique interne »[6], déclarait Blackburn. Inversement, dépourvue de son support musical, l'image ne peut pleinement exprimer l'idée qui la sous-tend : « Son rythme est parfaitement en phase avec mon cinéma, essentiel à sa réussite »[7], confiait Cronenberg à propos de la musique de Shore. Le réalisateur perçoit ses images dans la musique du compositeur : en écoutant la musique composée par Shore pour la scène de l'accident de Jayne Mansfield, dans *Crash*, Cronenberg a perçu l'ensemble de son film et a décidé de l'intégrer au générique d'ouverture. Une fois leur séance d'improvisation terminée, Lynch demande à Badalamenti de ne rien changer : « Ne fais rien [...]. Je vois *Twin Peaks* »[8]. De son côté, McLaren crée des films d'animation dominés par le rythme : créateur de véritables partitions en mouvement – voire de son animé –, ses films sont d'essence musicale. Ainsi, chaque cinéaste, à sa manière, voit les sons. Une nouvelle réflexion se dessine : la création de la musique de film ne nous apprend-elle pas ici quelque chose sur le rôle de l'image et de la vision dans toute création musicale ? Et plus largement, le rapport à l'image, ou à la vision, aurait-il un rôle à jouer dans toutes les formes de processus de création musicale ?

6. Blackburn, « Récitatif », p. 1.

7. Cronenberg ; cité dans Olivier Joyard et Charles Tesson, « L'aventure intérieure : entretien avec David Cronenberg », traduction française par Olivier Joyard, *Cahiers du cinéma*, n° 534, avril 1999, p. 73.

8. Lynch cité par Badalamenti ; dans Charles de Lauzirika, « Where We're From : Creating the Music » (1990), documentaire inclus dans David Lynch, *Twin Peaks*, série réalisée en 1990-1991, coffret de 10 DVD, Definitive Gold Box Ed., Paramount CBS DVD, 2007.

ANNEXES

ANNEXE I. *CUE LIST* DE *CRASH* (DAVID CRONENBERG, 1996)

Cue	Entrée[1]	Sortie	Durée	Description brève
1	00:29	03:40	03:11	Générique initial et présentation de Catherine.
2	05:56	06:45	00:49	Accident de James et Helen Remington.
3	07:23	07:35	00:12	Trois plans successifs sur Helen et James après l'accident.
4	10:36	13:48	03:12	Succession de cinq scènes : 1) à l'hôpital, Catherine décrit sa voiture accidentée à James; 2) retour en taxi; 3) discussion sur le balcon; 4) James dans le parking; 5) puis à la fourrière.
5	19:45	22:30	02:45	Deux scènes : 1) James et Helen font l'amour dans le parking de l'aéroport; 2) James et Catherine font l'amour chez eux.
6	27:47	31:27	03:40	Reconstitution de l'accident de James Dean par Vaughan.
7	37:26	40:05	02:39	Vaughan poursuit Catherine sur la route.
8	40:14	43:05	03:09	Les Ballard font l'amour en parlant de Vaughan.
9	51:15	53:25	02:20	Vaughan fait l'amour avec une prostituée à l'arrière de sa voiture. James conduit.
10	57:11	01:01:02	03:51	James, Catherine et Vaughan errent sur la scène de la reconstitution de l'accident de Jayne Mansfield.
11	01:02:16	01:06:54	4:38	Dans un lave-auto, Catherine et Vaughan font l'amour dans la voiture. James est au volant[2].
12	01:06:55	01:08:33	01:38	James contemple le corps de Catherine à la suite de son rapport sexuel avec Vaughan.
13	01:11:34	01:14:00	02:26	Dans un parking souterrain, James fait l'amour avec Gabrielle, le pendant féminin de Vaughan.
14	01:19:36	01:22:30	02:54	Deux scènes : 1) après le coït des deux hommes, Vaughan emboutit la voiture dans laquelle James s'est assis; 2) James et Catherine sur leur balcon.
15	01:23:37	01:27:15	03:38	Vaughan poursuit les Ballard sur l'autoroute avant de se suicider.
16	01:27:35	01:29:15	01:40	À la fourrière, Helen et Gabrielle cherchent la voiture de Vaughan pour y faire l'amour.
17	01:29:52	01:35:35	05:43	James provoque le crash de Catherine. Elle survit.
18	01:35:40	01:39:14	03:34 (total : 47:21)	Générique final.

1. Les temps d'entrée et de sortie, la durée des *cues* sont exprimés en heures:minutes:secondes.

2. L'ambiance sonore créée pour cette scène peut être considérée comme une partition de musique concrète. Voir Philip Brophy, « Howard Shore in Conversation: Composing with a Very Wide Palette », *Cinesonic : The World of Sound in Film*, North Ryde, NSW, Australia, Autralian Film, Television, and Radio School, 1999, p. 7.

Annexe II. Analyse paradigmatique du thème 2 du thème principal de *Crash* (David Cronenberg, 1996)

[1] : guitares électriques/harpe 3 et hautbois, mes. 1-19

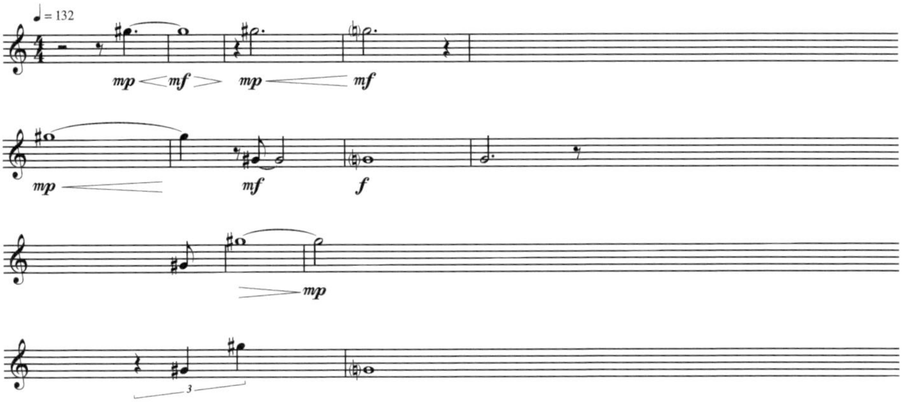

[2] : guitares électriques/harpe 3 et hautbois, mes. 59-95

[3] : guitares électriques/harpe 3 et hautbois, mes. 59-95 (suite)

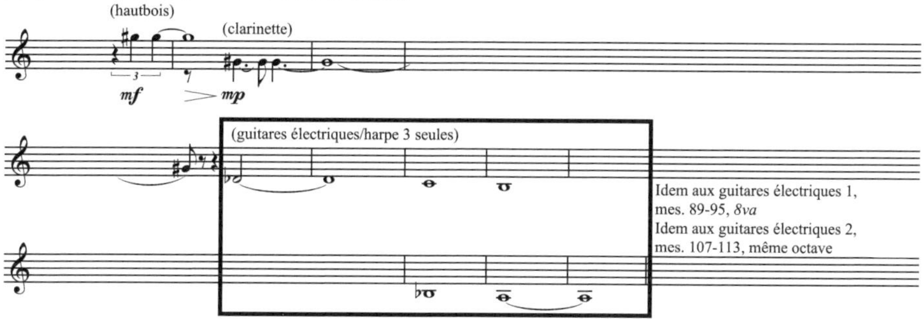

[4] : chromatisme, ligne de basse, aux guitares électriques 1, mes. 70-73, et aux guitares électriques 2, mes. 88-91

Annexe III. Occurrences du thème 2 dans la partition de *Crash* (David Cronenberg, 1996), *cues* 9 et 14

[1] : *Cue* 9, guitares électriques/harpe 3, mes. 1-78 (𝅗𝅥 = 76)

(mes. 34-49)

[2] : *Cue* 14, guitares électriques/harpe 3, mes. 50-77 (♩ = 120)

Annexe IV. Omniprésence et transformations de l'arpège dans la partition de *Crash* (David Cronenberg, 1996)

Guit. él. 1 = *delay* 970 ms + 50% *feedback*

[1] : *Cue* 1, guitares électriques/harpe 1, mes. 13-14

« Guitars tune down to low D » (Drop-D tuning = le *mi* grave devient un *ré*)

[2] : *Cue* 2, guitares électriques/harpe 1, mes. 1-4

Guit. él. 3 = « tune down to low D »

[3] : *Cue* 4, guitares électriques 3 et harpe 2, mes. 1-2

Guit. él. = 365 ms

[4] : *Cue* 5, toutes les harpes et toutes les guitares électriques, mes. 1-2

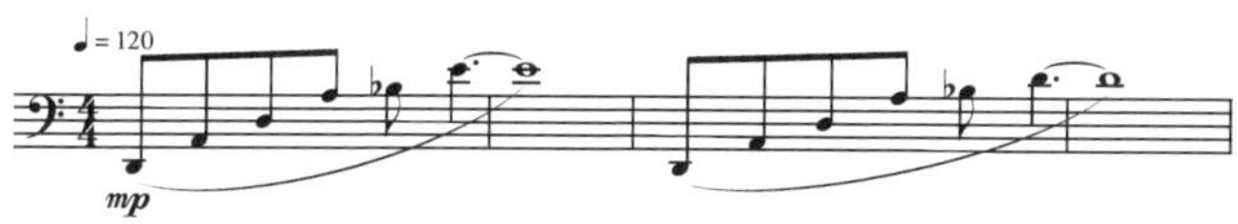

[5] : *Cue* 6, toutes les harpes et toutes les guitares électriques, mes. 1-4

Guit. él. = 600 ms
volume et distorsion

[6] : *Cue* 7, toutes les harpes et toutes les guitares électriques, mes. 1-4

Guit. él. = *delay* 300 ms

[7] : *Cue* 8, toutes les guitares électriques, mes. 1-4

Guit. él. = 1000 ms + 50% *feedback*

[8] : *Cue* 9, harpes 1 et 2 et guitares électriques 1et 2, mes. 1-4

[9] : *Cue* 12, altos, violoncelles et contrebasses, mes. 3-4

[10] : *Cue* 13, clarinette basse solo, mes. 1-4

[11] : *Cue* 14, guitares électriques/harpes 2 et 3, mes. 1-2

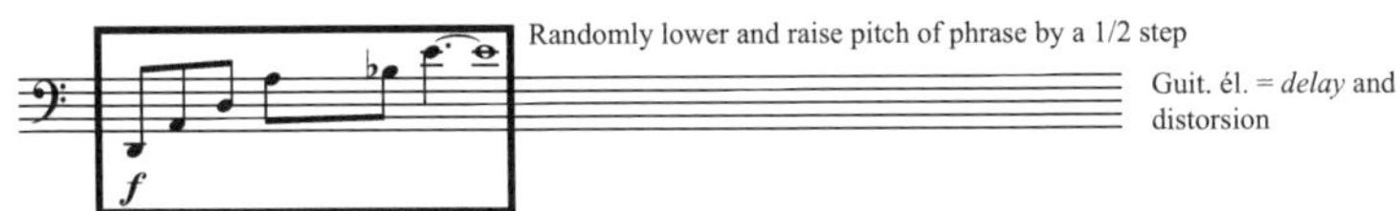

[12] : *Cue* 15, section 2, guitares électriques/harpe 1 (« Baissez ou augmentez la hauteur de la phrase d'un demi-ton de manière aléatoire »)

ANNEXE V. *CUE LIST* DE *A DANGEROUS METHOD* (DAVID CRONENBERG, 2011)

Cue	Entrée	Sortie	Durée	Description brève
1	00:00	01:23	01:23	Générique initial. 1904 : arrivée de Sabina à la clinique.
2	09:16	10:11	00:55	Sabina joue avec sa nourriture. Une infirmière prévient le Pr Bleuer, mais Sabina a disparu.
3	11:09	11:52	00:43	En proie à une nouvelle crise, Sabina est ramenée dans sa chambre. Elle refuse de revoir Jung.
4	12:27	13:22	00:55	Expérience du galvanomètre.
5	14:55	15:16	00:21	Emma quitte le bureau de Jung après l'expérience.
6	22:13	23:15	01:02	1906 : les Jung sont à Vienne pour voir Freud.
7	30:25	32:18	01:53	La discussion entre Freud et Jung a duré 13 H. Jung parle à Sabina du pouvoir de persuasion de Freud : il est dangereux, obsessif et ramène tout à la sexualité.
8	33:35	34:18	00:43	1908 : envoyé par Freud, Otto Gross arrive à la clinique de Jung.
9	37:12	37:56	00:44	Expérience d'écoute de Wagner (extrait de *Die Walküre*) aux patients (musique diégétique).
10	41:52	42:42	00:50	Sabina explique que la perfection est atteignable par le péché, l'énergie créée par la friction des opposés. Le renouveau naît du choc des forces destructrices. Puis Sabina embrasse Jung.
11	44:35	47:30	02:55	Jung se méfie de Gross et de son pouvoir de persuasion. Il en fait part à Sabina. Gross s'évade. Dans sa chambre, Jung découvre ses dessins et une lettre qui l'incite à rejoindre Sabina, ce qu'il fait aussitôt. Le couple s'embrasse et fait l'amour.
12	48:37	49:03	00:26	Emma offre un bateau rouge et blanc à Jung, ce qui déclenche sa culpabilité.
13	51:15	52:19	01:04	Le fils de Jung vient de naître. Emma pense que tout va changer à présent, mais Jung part retrouver Sabina.
14	55:36	56:30	00:54	Sabina veut rendre aux patients leur liberté comme l'a fait Jung pour elle.
15	57:18	57:35	00:17	Freud rend visite à Jung. Celui-ci l'emmène sur son bateau. Freud lui faire part des commérages.

Cue	Entrée	Sortie	Durée	Description brève
16	59:16	01:00:10	00:54	Jung vient de rompre avec Sabina. Emma avoue à Jung être à l'origine des lettres anonymes.
17	01:02:53	01:05:20	02:27	1909 : échange de lettres entre Sabina, Freud et Jung. Sabina est dévastée par la réponse de Freud. Jung nie sa relation adultère.
18	01:08:48	01:09:36	00:48	Jung écrit à Freud pour lui avouer la vérité. Revirement : Freud s'excuse envers Sabina.
19	01:10:41	01:11:18	04:16	Voyage de Jung et Freud en Amérique. Jung raconte son rêve.
20	01:13:15	01:14:14	00:59	Arrivée à New York. Puis, 1910 : Sabina arrive chez Jung (pour publier son mémoire, ce qui sera fait en 1911).
21	01:15:13	01:16:03	00:50	Jung avoue à Sabina qu'elle est la « perle rare ».
22	01:16:55	01:17:34	00:39	1911? : reprise de la relation adultère après une discussion sur l'ego. Préparation de l'essai sur la « La destruction comme cause du devenir ».
23	01:18:30	01:18:55	00:25	Sabina souhaite partir, probablement à Vienne. Nous l'y retrouvons, en 1912, avec Freud.
24	01:21:55	01:22:25	00:30	Freud remet en question les théories de Sabina et son rapport avec Siegfried.
25	01:24:25	01:26:51	02:26	Suite à un malaise de Freud (mort du père) et à la discussion sur le monothéisme, rupture avec Jung.
26	01:32:28	01:34:24	01:56	1913 : chez les Jung, à Küsnacht (au bord du lac). L'enfant de Sabina devrait être celui de Jung. Sabina le quitte. Jung reste seul.
27	01:34:26	01:34:52	00:26	Cartons sur l'avenir des protagonistes.
28	01:34:53	01:39:09	04:16 (total : 35:57)	Générique final.

Annexe VI. *Siegfried* (Richard Wagner, 1876) et *A Dangerous Method* (David Cronenberg, 2011) : Tableau comparatif des motifs et des significations

Wagner		Shore-Cronenberg	
Leitmotiv	**Signification** [3]	**Leitmotiv**	**Signification**
Motif Z_1 	Mime, le forgeron obstiné (reforger Nothung)	Motif Z_1 	Choc causant le malheur
		Motif Z_1' 	(*cues* 1 et 2)

3. Les leitmotive wagnériens et leurs significations sont repris du travail de Peter Billam (« The Leitmotifs of Wagner's Ring », [s.d.], www.pjb.com.au/mus/wagner/index.html, consulté le 23 décembre 2016).

Wagner		Shore-Cronenberg	
Leitmotiv	**Signification**	**Leitmotiv**	**Signification**
Motif Z_3 	Malheur, peine	Motif Z_2 (rythme pointé) et Z_3 (appoggiature) 	Souffrance (*cues* 2, 3, 5, 6, 11, 28)
Motif Z_4 	Mime entêté (récupérer l'anneau)	Motif Z_4 	Ambition (volonté de puissance) (*cues* 4, 8, 11, 12, 17, 19, 24)
Motif Y 	Destin tragique et héroïque de la race des Volsung, celle de Siegfried	Motif Y 	Évolution du destin et de la relation entre Sabina et Jung, à la fois professionnelle et adultère (*cues* 4, 15, 17)

Wagner		Shore-Cronenberg	
Leitmotiv	**Signification**	**Leitmotiv**	**Signification**
Motif X_1 	Force de Siegfried, liée à sa jeunesse et son caractère héroïque	Motif X_1 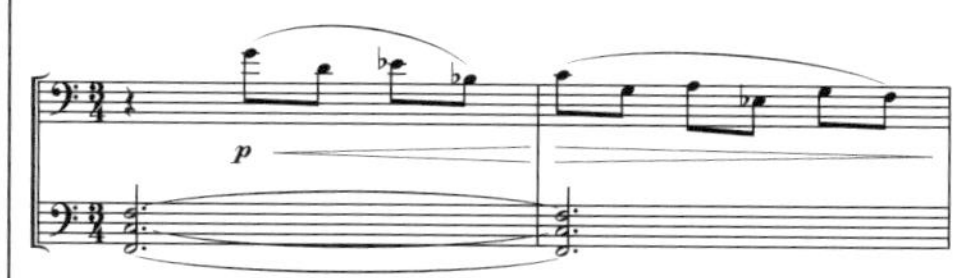	Pulsion sexuelle, son pouvoir de persuasion
		Motif X_1' 	(*cues* 7, 8, 10, 11, 28)

Wagner		Shore-Cronenberg	
Leitmotiv	**Signification**	**Leitmotiv**	**Signification**
Motif X_2 	Lance de Wotan, symbole de son autorité	Motif X_2 	Conviction, qui passe de l'insouciance à la confrontation avec l'autorité
		Motif X_2' 	
		Motif X_2'' 	(*cues* 8, 10, 11, 12, 23, 28)

Wagner		Shore-Cronenberg	
Leitmotiv	**Signification**	**Leitmotiv**	**Signification**
Motif W 	Infortune de Sieglinde	Motif W_1 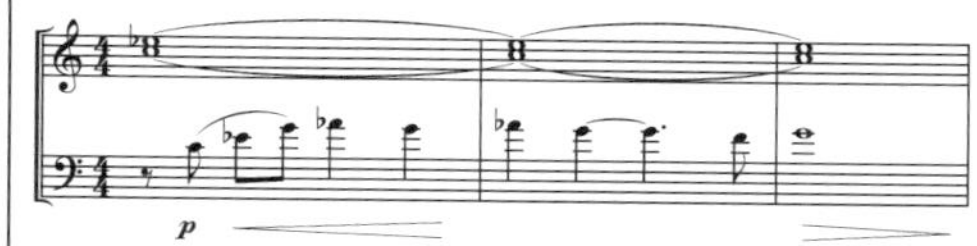	Péché ambivalent (acceptation et refus)
		Motif W_2 	(*cues* 8, 10, 11, 12, 17, 28)
Motif V 	Bonheur ou son aspiration au bonheur	Motif V 	Bonheur anticipé, vécu ou perdu (*cues* 11, 17)

Wagner		Shore-Cronenberg	
Leitmotiv	**Signification**	**Leitmotiv**	**Signification**
Motif U 	Amour de Siegmund et Sieglinde, inceste	Motif U 	Inceste de la cohabitation du bien et du mal, de l'innocence et du péché, d'où naîtra un ordre nouveau (*cue* 12)
Motif T 	*Idylle de Siegfried* – amour de Brünnhilde pour Siegfried	Motif T 	Siegfried, symbole de l'amour entre Jung et Spielrein (*cues* 13, 16, 26, 28)

Wagner		Shore-Cronenberg	
Leitmotiv	**Signification**	**Leitmotiv**	**Signification**
Motif S 	Walhalla	Motif S 	Liberté, ordre nouveau apporté à l'humanité par la psychanalyse (toujours avec R) (*cues* 20, 27)
Motif R 	Sommeil innocent	Motif R 	Éveil de la conscience (toujours avec S) (*cues* 20, 27)
Motif Q 	Rhin, symbole de l'unité originelle et de la prémonition de la conscience	Motif Q 	Retour aux origines permettant le renouveau (*cues* 21, 28)

Wagner		Shore-Cronenberg	
Leitmotiv	**Signification**	**Leitmotiv**	**Signification**
Motif P 	Dragon Fafner, inertie	Motif P 	Destruction comme cause de devenir, pulsion de mort (*cues* 22, 25)

BIBLIOGRAPHIE

ARCHIVES

Canada, Québec, Montréal, Archives de l'Office national du film (ONF)

BLACKBURN, Maurice, « Mémorandum », sujet : Démission du poste de producteur-délégué de l'Atelier sonore, adressé à Yves Leduc, document dactylographié, 11 mars 1974, 2105-1057_1974-03-11_demission, 1 p.

—, « Mémorandum », sujet : Laboratoire de recherches sonores, point de vue personnel, adressé à Gilles Dignard, document dactylographié, 20 avril 1971, 2105-1057_1971-04-20_laboratoire, 1 p.

—, « Mémorandum », sujet : *Verbération*, adressé à Marcel Martin, document dactylographié, 22 avril 1968, 2105-1057_1968-04-22_essentiel, 1 p.

— *et alii*, « Mémorandum », sujet : Liste de l'équipement suggéré pour le laboratoire de recherches sonores, adressé à Len Green, document dactylographié, 1er décembre 1970, 2105-1057_1070-12-01_liste, 1 p.

— et CLAVIER, Alain, « Mémorandum », sujet : Atelier de conception et de réalisations sonores, réflexions sur l'expérience réalisée entre la production fr. et le Département du son d'une part et Maurice Blackburn et Alain Clavier d'autre part, du 1er janvier 1971 au 31 mars 1971, adressé à Gilles Dignard, document dactylographié, 19 avril 1971, 2105-1057_1971-04-19_atelier, 4 p.

— et CLAVIER, Alain, « Mémorandum », sujet : Compositeur vs. département du son, adressé à Gilles Dignard, document dactylographié, 1er décembre 1970, 2105-1057_1970-12-01_compositeur, 1 p.

— et CLAVIER, Alain, « Rapport d'activités du Laboratoire de recherches sonores », document dactylographié, [1971], Montréal, Archives de l'Office national du film, boîte F-0563, 81-120_1971_Rapport_activites_laboratoire_recherches_sonores, 3 p. numérotées de 3 à 4.

— et POIRIER, Anne Claire, « Mémorandum », sujet : Atelier sonore 1977, adressé à François Macerola, document dactylographié, 26 avril 1977, 2105-1057_1977-04-26_atelier, 2 p.

CLAVIER, Alain, « Réflexions sur l'Atelier de conception sonore », document dactylographié, 1973, 2105-1057_1973, 5 p.

COMITÉ DU PROGRAMME, Extrait du compte rendu de réunions tenues les « 11-12 avril 1978 et 20 avril 1978 », document dactylographié, 20 avril 1978, 2105-1057_1978-04-20, 1 p.

—, Extrait du compte rendu de « Sessions d'étude tenues les 21-22-23 mars et les 19 et 20 avril 1977 », document dactylographié, 20 avril 1977, 2105-1057_1977-04-20, 1 p.

[DAOUST, Yves], « Atelier sonore : idéologie – orientation – politique », document dactylographié, [28 février 1977], 2105-1057_1977-02-28, 9 p.

Dion, Serge, « Projet d'organisation pour l'expansion extérieure de l'Atelier sonore », document dactylographié, [1975], 2105-1057_1975, 7 p.

—, « Rapport sur la situation actuelle de l'Atelier sonore au niveau de l'expansion extérieure », document dactylographié, 12 novembre 1974, 436_1974-11-12, 4 p.

Forget, Robert, « Films parlants et films sonores : atelier de conception sonore », document manuscrit accompagné de deux diagrammes (« Atelier sonore » et « Atelier de conception sonore, production annuelle ») et d'une annexe de 4 p. (« Liste des réalisateurs qui font ou ont fait un usage majeur de l'Atelier… »), janvier 1979, 2105-1057_1979, 6 p.

Canada, Québec, Trois-Rivières, Collection (Archives Maurice Blackburn)[1]

Blackburn, Maurice, « *Blinkity Blank* », copie d'un extrait de la partition manuscrite, [1955 ?], 1 p.

—, « *Fantasy* » [*sic*], copie de la partition musicale manuscrite divisée selon les parties d'instruments : saxophone soprano (5 p.), saxophone alto (7 p.) et saxophone ténor (5 p.), [1952 ?].

—, « Récitatif », document dactylographié, [1986], 1 p.

Cloutier, Louise, « Interview de Maurice Blackburn en présence de sa femme Marthe, par Louise Cloutier », enregistrement sur audiocassette, puis dactylographié, 22 février 1983, 44 feuillets.

—, « Interview de Maurice Blackburn en présence de sa femme Marthe, par Louise Cloutier, à leur domicile (Ville Mont-Royal) », enregistrement sur cassette, puis dactylographié, 8 décembre 1980, 30 feuillets numérotés à partir de 3.

« Illustrations », document dactylographié, [s.d.], 1 p.

« *Jour après jour* », storyboard, document manuscrit, [1962 ?], 1 p.

National Film Board of Canada, « Information Sheet : *A Phantasy* », fiche d'informations, [*ca*1952], 1 p.

Poulenc, Francis, « La musique de film au festival », *La cinémathèque française*, 3e année, n° 17, 11 mai 1955, [s.p.].

Rivard, Yolande, Extrait d'un entretien avec Maurice Blackburn, document sans titre dactylographié, [*ca*1969-1970], 1 p.

Sources publiées

Adams, Doug, *The Music of The Lord of the Rings Films : A Comprehensive Account of Howard Shore's Scores*, disque audio inclus, Van Nuys, Carpentier / Alfred Music Publishing, 2010.

Adorno, Theodor W. et Eisler, Hanns, *Musique de cinéma : essai* [1947], texte français de Jean-Pierre Hammer, Paris, L'Arche, 1972.

Alain, *Système des beaux-arts* [1920], édition nouvelle avec notes, Paris, Gallimard, 1926.

Ap Siôn, Pwyll, *The Music of Mychael Nyman : Texts, Contexts and Intertexts*, Aldershot, Hants / Burlington, VT, Ashgate, 2007.

Ballard, J[ames] G., *Crash !* [1973], traduction française par Robert Louit, Paris, Denoël, 2005.

Barbeau, Marius, *Dansons à la ronde : danses et jeux populaires / Roundelays : Folk Dances and Games*, recueillis au Canada et en Nouvelle-Angleterre et préparés par Marius Barbeau, accompagnements de piano, Maurice Blackburn, Ottawa, Ministère du Nord canadien et des Ressources nationales, 1958.

1. Ces archives on fait l'objet d'une donation à Bibliothèque et Archives nationales du Québec en juin 2017. Elles font à présent partie du Fonds Famille Blackburn Rochon (P957) à la BAnQ Vieux-Montréal.

BARKER, Martin, « Crashing Out », *Screen*, vol. 43, n° 1, printemps 2002, p. 74-78.

—, ARTHURS, Jane et HARINDRANATH, Ramaswami, *The Crash Controversy : Censorship Campaigns and Film Reception*, Londres, Wallflower Press, 2001.

BARON, Denis, *Corps et artifices : de Cronenberg à Zpira*, Paris, L'Harmattan, 2007.

BASSAN, Raphaël, « Le Festin nu : de la "nouvelle chair" au verbe incarné », *La revue du cinéma*, n° 480, mars 1992, p. 22-24.

BATTESTINI, Paul-Marie, *Pensée d'un corps, pensée d'une peau... Crash de David Cronenberg*, Paris, Dreamland, 2002.

BEARD, William, « L'esprit viscéral : les films majeurs de David Cronenberg », dans Piers Handling et Pierre Véronneau (dir.), *L'horreur intérieure : les films de David Cronenberg*, Paris, Éditions du Cerf / Montréal, Cinémathèque québécoise, 1990, p. 57-135.

—, *The Artist as Monster : The Cinema of David Cronenberg*, édition revue et augmentée, Toronto, University of Toronto Press, 2006.

—, HANDLING, Piers et VÉRONNEAU, Pierre, « Entretien avec David Cronenberg », dans Piers Handling et Pierre Véronneau (dir.), *L'horreur intérieure : les films de David Cronenberg*, Paris, Éditions du Cerf / Montréal, Cinémathèque québécoise, 1990, p. 11-55.

BERTHOMIEU, Pierre, *La musique de film*, Paris, Klincksieck, 2004.

BLACKBURN, Maurice, « Le don de l'imagination créatrice », *Séquences*, n° 82, octobre 1975, p. 132-133.

—, « Maurice Blackburn », *The Canadian Composer / Le compositeur canadien*, n° 38, mars 1969, p. 4-7.

— et MCLAREN, Norman, *Six formes musicales audiovisuelles : six formes musicales mises en dessin par Norman McLaren / Six dessins de Norman McLaren mis en musique par Maurice Blackburn*, texte et maquette de Marthe Blackburn, avant-propos d'Andrée Desautels, Montréal, Jeunesses musicales du Canada, avec disque sonore.

BONNEVILLE, Léo [L.B.], « Jour après jour », *Séquences*, n° 31, décembre 1962, p. 51-52.

—, « Entretien avec Anne-Claire Poirier », *Séquences*, n° 81, juillet 1975, p. 4-12

—, « Entretien avec Maurice Blackburn », *Séquences*, n° 115, janvier 1984, p. 4-12.

BOTTING, Fred et WILSON, Scott, « Automatic Lover », *Screen*, vol. 39, n° 2, été 1998, p. 186-192.

BOUQUET, Stéphane, « Sweet movie », *Cahiers du cinéma*, n° 504, juillet/août 1996, p. 24-25.

BOWMAN, Durrell, « Dark Mirrors and Dead Ringers : Music for Suspense Films about Twins », *Intersections*, vol. 27, n° 1, 2006, p. 54-74.

BOZYNSKI, Carole, *Music in Canadian Visual Narrative – Musical Collaboration in Five Films of Atom Egoyan and Patricia Rozema*, thèse de doctorat, Université de Toronto, 2004.

BRESKIN, David, « David Cronenberg », dans David Breskin, *Inner Views : Filmmakers in Conversation*, New York, Da Capo Press, 1997.

BROPHY, Philip, « Howard Shore in Conversation : Composing with a Very Wide Palette », *Cinesonic : The World of Sound in Film*, North Ryde, NSW, Australia, Autralian Film, Television, and Radio School, 1999, p. 1-14.

BROWN, Royal S., *Overtones and Undertones : Reading Film Music*, Berkeley, University of California Press, 1994.

BROWNING, Mark, *David Cronenberg : Author of Film-maker ?*, Bristol, Intellect, 2007.

BRUCE, Graham Donald, *Bernard Herrmann : Film Music and Narrative*, révision de la thèse de l'auteur [Ph.D.], Ann Arbor, Michigan, UMI Research Press, 1985.

BUHLER, James, « Analytical and Interpretative Approaches to Film Music (II) : Analysing Interactions of Music and Film », dans K. J. Donnelly (dir.), *Film Music : Critical Approaches*, New York, The Continuum International Publishing Group, Inc., 2001, p. 39-61.

—, NEUMEYER, David et DEEMER, Rob (dir.), *Hearing the Movies : Music and Sound in Film History*, New York / Oxford, Oxford University Press, 2010.

CANO, Cristina, *La musique au cinéma : musique, image, récit* [2002], traduction française par Blanche Bauchau, Rome, Gremese, 2010.

CARDINAL, Serge, *Deleuze au cinéma : une introduction à l'empirisme supérieur de l'image-temps*, Québec, Les Presses de l'Université Laval, 2010.

—, « Où (en) est (l'étude de) la musique (au cinéma ?) du film ? », *Intersections*, vol. 33, n° 1, 2012, p. 35-49.

CARRIÈRE, Louise, *Les films d'animation à l'ONF (1950-1984) et la protestation sociale*, thèse de doctorat, Montréal, Université McGill, 1988.

CHION, Michel, *Guide des objets sonores : Pierre Schaeffer et la recherche musicale* [1983], préface de Pierre Schaeffer, Paris, Buchet/Chastel / Brys-sur-Marne, Institut national de la communication audiovisuelle, 1995.

—, *La musique au cinéma*, Paris, Fayard, 1995.

—, *Un art sonore, le cinéma : histoire, esthétique, poétique* [2003], Paris, Cahiers du cinéma, 2010.

CIMENT, Michel, « Autour de *Faux-Semblants* » [janvier 1989, Paris], dans Michel Ciment, *Petite planète cinématographique : 50 réalisateurs, 40 ans de cinéma, 30 pays*, Paris, Stock, 2003, p. 359-376.

— et NIOGRET, Hubert « Entretien avec David Cronenberg : la réalité, c'est le corps », *Positif*, n° 561, novembre 2007, p. 16-18.

— et VACHAUD, Laurent, « Entretien avec David Cronenberg : l'homme n'a pas encore vraiment accepté son corps », *Positif*, n° 458, avril 1999, p. 15-20.

CLOUTIER, Louise, *Arthur Hoérée, musicien d'écran, technicien du cinéma et critique cinématographique*, mémoire de maîtrise, Paris, Université de Paris-Sorbonne, 1977.

—, « Maurice Blackburn et la "filmusique" », *Cahiers de l'ARMuQ*, n° 10, juin 1988, p. 24-33.

COOK, Nicholas, *Analysing Musical Multimedia*, Oxford, Clarendon Press, 1998.

COOKE, Mervyn, *A History of Film Music* [2008], 3e impression avec corrections, Cambridge / New York, Cambridge University Press, 2010.

CORNEA, Christine, « Generic Performance and Science Fiction Cinema », *Science Fiction Cinema : Between Fantasy and Reality*, New Brunswick, N.J., Rutgers University Press, 2007.

CRONENBERG, David, *Crash*, Londres / Boston, Faber and Faber, 1996.

DALLAIRE, Frédéric, « Son organisé, partition sonore, ordre musical : la pratique et la pensée cinématographiques d'Edgar Varèse et de Michel Fano », *Intersections*, vol. 33, n° 1, 2012, p. 71-76.

DALLET, Sylvie, *Bibliographie commentée de l'œuvre éditée de Pierre Schaeffer : itinéraires d'un chercheur*, avec la collaboration de Sophie Brunet, Montreuil, Centre d'études et de recherche Pierre Schaeffer, 1997.

DELEUZE, Gilles, « Qu'est-ce que l'acte de création ? », conférence donnée aux étudiants de l'École nationale supérieure des métiers de l'image et du son (FEMIS) le 17 mars 1987, à l'invitation de Jean Narboni, dans le cadre des « Mardis de la Fondation », *Trafic*, n° 27, septembre 1998, p. 133-142.

— et GUATTARI, Félix, *Qu'est-ce que la philosophie ?*, Paris, Édition de Minuit, 1991.

DONNELLY, K. J., *Film Music : Critical Approaches*, New York, The Continuum International Publishing Group, Inc., 2001.

EUGÈNE, Jean-Pierre, *La musique dans les films d'Alfred Hitchcock*, Paris Dreamland, 2000.

GAYOU, Évelyn, *Le GRM, Groupe de recherches musicales : cinquante ans d'histoire*, Paris, Fayard, 2007.

GOLIOT-LÉTÉ, Anne et VANOYE, Francis, *Précis d'analyse filmique* [1992], 2e édition, Cinéma-image, Paris, Armand Colin, 2009.

GORBMAN, Claudia, *Unheard Melodies : Narrative Film Music*, Londres, BFI Pub, 1987.

GRANT, Michael, *The Modern Fantastic : The Films of David Cronenberg*, Westport, Conn., Praeger, 2000.

GRAVEL, Jean-Philippe, « Le bal des éclopés », *Ciné-bulles*, vol. 15, n° 4, hiver 1997, p. 14-15.

GRÜNBERG, Serge, « *Crash* : entretien avec David Cronenberg », *Cahiers du cinéma*, n° 504, juillet/août 1996, p. 26-30.

—, « *Crash* : Eros + massacre », *Cahiers du cinéma*, n° 504, juillet/août 1996, p. 23.

—, « *Crash* : rencontre avec James G. Ballard », *Cahiers du cinéma*, n° 504, juillet/août 1996, p. 31-32.

—, *David Cronenberg* [1992], nouvelle édition augmentée, Paris, Cahiers du cinéma, 2002.

—, *David Cronenberg : entretiens avec Serge Grünberg*, Paris, Cahiers du cinéma, 2000.

—, *David Cronenberg : Interviews with Serge Grünberg*, Londres, Plexus, 2006.

HAMPTON, Christopher, *The Talking Cure*, Londres, Faber and Faber, 2002.

HANDLING, Piers, « Un Cronenberg canadien », dans Piers Handling et Pierre Véronneau (dir.), *L'horreur intérieure : les films de David Cronenberg*, Paris, Éditions du Cerf / Montréal, Cinémathèque québécoise, 1990, p. 179-196.

— et VÉRONNEAU, Pierre (dir.), *L'horreur intérieure : les films de David Cronenberg*, Paris, Éditions du Cerf / Montréal, Cinémathèque québécoise, 1990. Version française actualisée de Piers Handling (dir.), *The Shape of Rage : The Films of David Cronenberg*, Toronto, Académie canadienne du cinéma et de la télévision, 1983.

HELLÉGOUARCH, Solenn et CARDINAL, Serge, « Introduction : musiques aux limites de l'image / Images at the Limits of Music », *Circuit, musiques contemporaines*, vol. 26, n° 3, 2016, p. 7-10.

— et CARON, Sylvain, « Au croisement des pensées artistiques : Cronenberg, Shore et Wagner dans *A Dangerous Method* (2011) », dans Lenka Stranska et Hervé Zenouda (dir.), *Son-image-geste : une interaction illusoire ?*, Paris, L'Harmattan, 2016, p. 113-138.

HEVNER, Kate, « Experimental Studies of the Elements of Expression in Music », *The American Journal of Psychology*, vol. 48, n° 2, 1936, p. 246-268.

HICKMAN, Roger, *Reel Music : Exploring 100 Years of Film Music*, New York, W. W. Norton, 2006.

JEAN, Marcel, « Maurice Blackburn : filmusique, filmopéra », *24 images*, n° 82, été 1996, p. 15.

JOYARD, Olivier et LARCHER, Jérôme, « Shore-Cronenberg : l'état de grâce », *Cahiers du cinéma*, n° 551, novembre 2000, p. 34-35.

— et TESSON, Charles, « L'aventure intérieure : entretien avec David Cronenberg », traduction française par Olivier Joyard, *Cahiers du cinéma*, n° 534, avril 1999, p. 67-73.

KALINAK, Kathryn, *Film Music : A Very Short Introduction*, New York / Oxford, Oxford University Press, 2010.

KANDINSKY, Wassily, *Du spirituel dans l'art et dans la peinture en particulier* [1912], traduction française par Pierre Volbout, Paris, Denoël / Gonthier, 1969.

KARLIN, Fred et WRIGHT, Rayburn, *On the Track : A Guide to Contemporary Film Scoring* [1990], avant-propos de John Williams, 2e édition révisée par Fred Karlin, New York / London, Routledge, 2004.

KASSABIAN, Anahid, « Rethinking Point of Audition in *The Cell* », dans Jay Beck et Tony Grajeda (dir.), *Lowering the Boom : Critical Studies in Film Sound*, Urbana, University of Illinois Press, 2008, p. 299-305.

KELLETT, Andrew J., *Fathers and Sons : American Blues and British Rock Music, 1960-1970*, thèse de doctorat, Université du Maryland, 2008, http://drum.lib.umd.edu/handle/1903/8863, consulté le 17 février 2017.

KERR, John, *A Dangerous Method* [1993], New York, Vintage Books, 2011.

KUHN, Annette, « Debate : *Crash* and Film Censorship in the UK », *Screen*, vol. 40, n° 4, hiver 1999, p. 446-450.

LACOMBE, Alain Lacombe et ROCLE, Claude, *La musique du film*, Paris, Francis Van de Velde, 1979.

LA ROCHELLE, Réal (dir.), *Écouter le cinéma*, Montréal, Les 400 coups, 2002.

—, « Entretien avec Michel Fano », dans Réal La Rochelle (dir.), *Écouter le cinéma*, Montréal, Les 400 coups, 2002, p. 182-190.

—, « Entretien avec Norman McLaren », *Séquences*, n° 42, octobre 1965, p. 52-55.

—, « Introduction : "écouter/voir" », *Écouter le cinéma*, Montréal, Les 400 coups, 2002, p. 7-14.

—, « L'Atelier de conception et de réalisations sonores (ONF/1971-1980) : partition sonore filmique pour un "nouvel opéra" », *24 images*, n° 60, printemps 1992, p. 29-31.

—, « L'opéra audiovisuel dans le cinéma québécois : vecteur de l'expérimentation sonore », *Circuit, musiques contemporaines*, vol. 19, n° 3, p. 66-76.

—, « Maurice Blackburn : partition filmique pour un "nouvel opéra" », dans Réal La Rochelle (dir.), *Écouter le cinéma*, Montréal, Les 400 coups, 2002, p. 27-36.

—, « McLaren et la musique : le "compositeur incomplet" », *24 images*, n° 120, décembre 2004-janvier 2005, p. 27-29.

—, *Opérascope : le film-opéra en Amérique, avec les voix de Alain Resnais et François Girard*, Montréal, Triptyque, 2003.

—, « Parcours québécois et canadiens en cinéphonographie », *CiNéMAS*, vol. 3, n° 1, automne 1992, p. 95-112.

—, « "Salut! Je m'appelle David Cronenberg et je visionne *Crash*" », *24 images*, n° 91, printemps 1998, p. 26.

LARUE, Johanne, « Le Canada selon David Cronenberg », *Séquences*, n° 167, novembre-décembre 1993, p. 53-56.

LAULIAC, Christian, « Howard Shore : la lumière passe de l'œil au cerveau », entretien réalisé le 16 novembre 2002, *Positif*, n° 502, décembre 2002, p. 93-96.

LISSA, Zofia, *Ästhetik der Filmmusik*, Berlin, Henschelverlag, 1965.

LOISELLE, André, « Au-delà de Cronenberg et Egoyan : faire connaître le cinéma canadien-anglais aux Québécois », *Québec français*, n° 117, printemps 2000, p. 77-80.

MATHIJS, Ernest, *The Cinema of David Cronenberg : From Baron of Blood to Cultural Hero*, Londres, Wallflower Press, 2008.

MELNYK, George, « David Cronenberg : Mapping the Monstruous Male », dans George Melnyk (dir.), *Great Canadian Film Directors*, Edmonton, The University of Alberta Press, 2007, p. 79-98.

—, « English-Canadian Auteurs : David Cronenberg and Atom Egoyan », *One Hundred Years of Canadian Cinema*, Toronto, University of Toronto Press, 2004, p. 146-157.

MENDIK, Xavier, « Logic, Creativity and (Critical) Misinterpretations : An Interview with David Cronenberg », dans Michael Grant, *The Modern Fantastic : The Films of David Cronenberg*, Westport, Conn. Praeger, 2000, p. 168-185.

MOLINO, Jean, *Le singe musicien : essais de sémiologie et d'anthropologie de la musique*, précédé de « Introduction à l'œuvre musicologique de Jean Molino » par Jean-Jacques Nattiez, textes réunis par Jean-Jacques Nattiez en collaboration avec Jonathan Goldman, Arles, Actes Sud / INA, 2009.

MOORMAN, Peter, *Spielberg-Variationen : Die Filmmusik von John Williams*, Nomos, Reinhard Fischer, 2010.

MORRICONE, Ennio, « Un compositeur derrière la caméra », dans Jean-Jacques Nattiez (dir.), *Musiques : une encyclopédie pour le XXIe siècle*, vol. 1 : *Musiques du XXe siècle*, 2001, Arles, Actes Sud / Paris, Cité de la musique, 2003, p. 795-806.

MORRIS, Peter, *David Cronenberg : A Delicate Balance*, Toronto, ECW Press, 1994.

MOUËLLIC, Gilles, *La musique de film : pour écouter le cinéma*, Paris, Cahiers du cinéma, 2003.

NATTIEZ, Jean-Jacques, *Fondements d'une sémiologie de la musique*, Paris, Union générale d'édition, 1975.

—, « L'univers wagnérien et les wagnérismes », dans Jean-Jacques Nattiez (dir.), *Musiques : une encyclopédie pour le* XXIe *siècle*, vol. 4 : *Histoires des musiques européennes* [2004], Arles, Actes Sud / Paris, Cité de la musique, 2006, p. 1221-1257.

NEUMEYER, David et BUHLER, James, « Analytical and Interpretative Approaches to Film Music (I) : Analysing the Music », dans K. J. Donnelly (dir.), *Film Music : Critical Approaches*, New York, The Continuum International Publishing Group, Inc., 2001, p. 16-38.

NOREAU, Sylvie, *Étude de l'utilisation des quintes parallèles dans la musique française de piano entre 1880 et 1940*, mémoire de maîtrise, Université Laval, 2012.

« Norman McLaren au fil de ses films », *Séquences*, n° 82, octobre 1975, p. 6-92.

PARRAT, Jacques, *Des relations entre la peinture et la musique dans l'art contemporain*, Nice, Z'éditions, 1993.

PELLETIER, Esther, et MORIN, Steven, « Le scénario au Québec de 1913 à 2003 », dans Stéphane-Albert Boulais (dir.), *Le cinéma au Québec : tradition et modernité*, Saint-Laurent, Fides, 2006, p. 29-45.

POMPON, Géraldine et VÉRONNEAU, Pierre, *David Cronenberg : la beauté du chaos*, Paris, Éditions du Cerf / Condé-sur-Noireau, Corlet, 2003.

PRÉDAL, René, compte rendu de *L'horreur intérieure : les films de David Cronenberg* par Piers Handling et Pierre Véronneau (dir.), *CiNéMAS*, vol. 2, n° 2-3, printemps 1992, p. 237-241.

REBEYROLLE, Marie, « Acteurs solitaires ou solidaires dans l'entreprise d'aujourd'hui », *L'homme et la société : revue internationale de recherches et de synthèses en sciences sociales*, n° 162, 2006, p. 135-156.

« Rencontre avec Clément Perron », *Séquences*, n° 30, 1962, p. 49-52.

RICHARDSON, John, *An Eye for Music : Popular Music and the Audiovisual Surreal*, Oxford, Oxford University Press, 2012.

ROCHES, Marie-Baptiste, « Érotique asymptote : la musique de "Crash" », *Positif*, n° 501, novembre 2002, p. 90-93.

RODLEY, Chris, *Cronenberg on Cronenberg*, Toronto, Alfred A Knopf Canada, 1992.

ROOKSBY, Rikky, *Play Great Guitar : Brilliant Ideas for Getting More Out of Your Six-String*, Oxford, The Infinite Ideas Company Limited, 2008.

ROSSIGNOL, Sébastien, *Le cinéma de David Cronenberg et la peinture de Francis Bacon : regards croisés*, mémoire de maîtrise, Toulouse, Université de Toulouse II, 2003, http://bacon cronenberg.free.fr, consulté le 17 janvier 2017.

ROUYER, Philippe, « *Crash* : l'empire de l'essence », *Positif*, n° 425-426, juillet/août 1996, p. 87.

ROY, Stéphane, *L'analyse des musiques électroacoustiques : modèles et propositions*, Paris, L'Harmattan.

RUSSELL, Mark et YOUNG, James, « Howard Shore », *Les compositeurs de musique*, traduction française par Corinne Laven, Paris, La Compagnie du livre, 2000, p. 133-145.

RUWET, Nicolas, *Langage, musique, poésie*, Paris, Éditions du Seuil, 1972.

SAADA, Nicolas, « "Tout est affaire de mélodie" : entretien avec Angelo Badalamenti », traduction française par Sylvie Durastanti et Jean Pêcheux, *Cahiers du cinéma*, n° 540, novembre 1999, p. 60-63.

SCHAEFFER, Pierre, *Essai sur la radio et le cinéma : esthétique et technique des arts-relais 1941-1942*, édition établie par Sophie Brunet et Carlos Palombini, Paris, Allia, 2010.

—, « L'élément non visuel au cinéma », *Revue du cinéma*, vol. 1, n°s 1-2-3, octobre-décembre 1946, p. 45-48, 62-65, 51-54.

—, *Traité des objets musicaux : essai interdisciplines*, Paris, Éditions du Seuil, 1966.

SCHELLE, Michael, « Howard Shore », dans Michael Schelle, *The Score : Interviews with Film Composers*, Los Angeles, Silman-James Press, 1999, p. 319-358.

SCHNAPPER, Laure, *L'ostinato, procédé musical universel*, Paris, Librairie Honoré Champion, 1998.

SCIANNAMEO, Franco, *Nino Rota, Federico Fellini, and the Making of an Italian Cinematic Folk Opera : Amarcord*, Lewiston, NY, Edwin Mellen Press, 2005.

SIMON, Roland, « Maurice Blackburn nous explique comment on synchronise la musique et l'image des films au cinéma », *Photo Journal*, 19 mai 1946, p. 12, 21.

SINCLAIR, Iain, *Crash : David Cronenberg's Post-mortem on J.G. Ballard's « Trajectory of Fate »* [1999], Londres, Palgrave Macmillan, 2008.

SMALL, Mark, « Howard Shore : Subliminal Scores », dans Mark Small et Andrew Taylor, *Masters of Music : Conversations with Berklee Greats*, Boston, Berklee Press, 1999, p. 258-267.

SMITH, Marq, « Wound Envy : Touching Cronenberg's *Crash* », *Screen*, vol. 40, n° 2, été 1999, p. 193-202.

SOCIÉTÉ RADIO-CANADA, *Thirty-Four Biographies of Canadian Composers / Trente-quatre biographies de compositeurs canadiens*, Montréal, La Société, 1964.

SPIELREIN, Sabina, *Entre Freud et Jung*, dossier découvert par Aldo Carotenuto et Carlo Trombetta, édition française de Michel Guibal et Jacques Nobecourt, traduit en français par Mathilde Armand, Marc B. de Launay et Pierre Rusch, Paris, Aubier Montaigne, 1981.

STRAVINSKY, Igor, *Poetics of Music in the Form of Six Lessons* [1942], édition bilingue, Cambridge, Conn., Yale University Press, 1970.

SULLIVAN, Jack, *Hitchcock's Music*, New Haven, Conn., Yale University Press, 2006.

TAGG, Philip, *Everyday Tonality : Towards a Tonal Theory of What Most People Hear* [2009], version 1.3, New York / Montréal, The Mass Media Music Scholar's Press, 2012.

—, « Significations musicales dans les musiques classiques et populaires : l'expression musicale de l'angoisse », dans Jean-Jacques Nattiez (dir.), *Musiques : une encyclopédie pour le XXIe siècle*, vol. 5 : *L'unité de la musique* [2005], traduction française, Arles, Actes Sud / Paris, Cité de la musique, 2007, p. 743-772.

—, « Trois méthodes proposées pour l'analyse de musiques de films », dans Frédéric Gimello-Mesplomb, *Analyser la musique de film : méthodes, pratiques, pédagogie*, Paris, Books on Demand GmbH, 2010, p. 169-184.

— et CLARIDA, Bob, *Ten Little Title Tunes : Towards a Musicology of the Mass Media*, New York / Montréal, Mass Media Music Scholar's Press, 2003.

TEMMERMAN, Jan, « Howard Shore », dans Ray Bennet *et alii*, *Moving Music : Conversations with Renowned Film Composers*, Tielt, Lannoo, 2003, p. 92-99.

TESSON, Charles, KATSAHNIAS, Iannis et OSTRIA, Vincent, « Entretien avec David Cronenberg », traduction française par Vincent Ostria, *Cahiers du cinéma*, n° 416, février 1989, p. 12-13, 62-64.

THÉBERGE, Paul, « "These Are My Nightmares" : Music and Sound in the Films of David Cronenberg », dans Philip Hayward (dir.), *Off the Planet : Music, Sound and Science-fiction Cinema*, Eastleigh, John Libbey, 2004, p. 129-148.

TOBIN, Yann, « Qu'est-ce qu'ils entendent par pornographie ? », *Positif*, n° 425-426, juillet-août 1996, p. 88-94.

TYLSKI, Alexandre, *John Williams : un alchimiste musical à Hollywood*, Paris, L'Harmattan, 2011.

VALLERAND, François, « Ramage – Maurice Blackburn sur disque : *Narcisse* », *Séquences*, n° 115, janvier 1984, p. 70-71.

VAN ORDER, M. Thomas, *Listening to Fellini : Music and Meaning in Black and White*, Madison, Wis., Fairleigh Dickinson University Press, 2009.

VAN STEERTHEM, Angie, « La sonorité des films coctaliens », dans David Gullentops et Malou Haine (dir.), *Jean Cocteau : textes et musique*, Sprimont, Mardaga, 2005.

VILLANI, Vivien, « Analyser les musiques de film : quelques études de cas », dans Frédéric Gimello-Mesplomb, *Analyser la musique de film : méthodes, pratiques, pédagogie*, Paris, Books on Demand GmbH, 2010, p. 73-89.

VÉRONNEAU, Pierre, « Introduction : l'effet David Cronenberg », dans Piers Handling et Pierre Véronneau (dir.), *L'horreur intérieure : les films de David Cronenberg*, Paris, Éditions du Cerf / Montréal, Cinémathèque québécoise, 1990, p. 7-9.

—, « Monstration et démonstration », dans Piers Handling et Pierre Véronneau (dir.), *L'horreur intérieure : les films de David Cronenberg*, Paris, Éditions du Cerf / Montréal, Cinémathèque québécoise, 1990, p. 137-158.

WAGNER, Richard, *Œuvres en prose*, vol. 12, traduit de l'allemand par Jacques-Gabriel Prod'homme, Paris, Delagrave, 1924.

—, *Opéra et drame*, seconde partie, dans *Œuvres en prose*, vol. 5 [1910], traduit de l'allemand par Jacques-Gabriel Prod'homme, Plan-de-la-Tour, Éditions d'Aujourd'hui, 1982.

WAKSMAN, Steve, *Instruments of Desire : The Electric Guitar and the Shaping of Musical Experience*, Crambridge, Mass., Harvard University Press, 2001.

WALSER, Robert, *Running With the Devil : Power, Gender, and Madness in Heavy Metal Music*, Middletown, Wesleyan University Press, 1993.

WOLZOGEN, Hans von, *Thematischer Leitfaden durch die Musik zu Rich. Wagner's Festspiel « Der Ring des Nibelungen »*, Leipzig, Edwin Schloemp, 1876.

WOOD, Robin, « Un point de vue dissident sur Cronenberg », dans Piers Handling et Pierre Véronneau (dir.), *L'horreur intérieure : les films de David Cronenberg*, Paris, Éditions du Cerf / Montréal, Cinémathèque québécoise, 1990, p. 197-214.

DISQUES ET SOURCES AUDIOVISUELLES

BLACKBURN, Maurice, *Ciné-crime*, Office national du film, 1968, https://www.onf.ca/film/cine-crime, consulté le 16 janvier 2019.

—, *Filmusique, filmopéra*, 2 disques compacts, Analekta AN-2-7005-5, 1996.

— *et alii*, *Musiques de l'ONF / Music of the NFB*, vol. I, 1 disque 33 tours, Atelier de conception sonore de l'Office national du film, 1977.

CRONENBERG, David, *A Dangerous Method*, réalisé en 2011, DVD, Entertainment One 210890DV, 2012.

—, *A History of Violence*, réalisé en 2005, DVD, Alliance Atlantis 22135, 2006.

—, *Crash*, réalisé en 1996, DVD, version intégrale controversée, New Line Home Video N4691, 1998.

—, *The Dead Zone*, réalisé en 1983, DVD, Paramount Pictures 11835, 2006.

LABARTHE, André S., *David Cronenberg : I Have to Make the Word Be Flesh*, Paris, AMIP la Sept-ARTE / Bry-sur-Marne, Ina, 1999, extraits disponibles sur https://www.youtube.com, consulté le 16 janvier 2017.

LYNCH, David, *Twin Peaks*, série réalisée en 1990-1991, coffret de 10 DVD, Definitive Gold Box Ed., Paramount CBS DVD, 2007.

MCLAREN, Norman, *Blinkity Blank*, Office national du film, 1955, https://www.onf.ca/film/blinkity_blank_fr, consulté le 16 janvier 2017.

—, *Merle (Le)*, Office national du film, 1958, https://www.onf.ca/film/merle, consulté le 16 janvier 2017.

—, *Narcisse*, Office national du film, 1983, https://www.onf.ca/film/narcisse, consulté le 16 janvier 2017.

—, *Norman McLaren : l'intégrale*, 7 DVD, livret de 88 p., Montréal, Office national du film 183F 9306 153 ONF, 2006.

—, *Pas de deux*, Office national du film, 1968, https://www.onf.ca/film/pas_de_deux, consulté le 16 janvier 2017.

—, *Poulette grise* (*La*), Office national du film, 1947, https://www.onf.ca/film/la_poulette_grise, consulté le 16 janvier 2017.

— *et alii*, *Caprice de Noël*, Office national du film, 1963, https://www.onf.ca/film/caprice_de_noel, consulté le 16 janvier 2017.

— et JODOIN, René, *Sphères*, Office national du film, 1969, https://www.onf.ca/film/spheres_fr, consulté le 16 janvier 2017.

PERRON, Clément, *Jour après jour*, Office national du film, 1962, https://www.onf.ca/film/jour_apres_jour, consulté le 16 janvier 2017.

SHORE, Howard, *A Dangerous Method*, Sony Music Entertainment/Howe Records 88697-98726-2, 2011.

—, *Crash*, Milan/BMG 73138 35774-2, 1996.

WILLIS-SWEETE, Barbara, *A Composer's Dream/Le rêve d'un compositeur*, Office national du film, 2011, https://www.onf.ca/film/reve_d_un_compositeur, consulté le 16 janvier 2017.

SOURCES ÉLECTRONIQUES

ALLAIRE, Denis et CLOUTIER, Louise, « Blackburn, Maurice », *L'encyclopédie canadienne*, 21 août 2006, http://www.thecanadianencyclopedia.ca/fr/article/maurice-blackburn, consulté le 20 octobre 2016.

AUFORT, Thomas et DUPONT, Jacky, « Entretien avec Howard Shore part. 1 », entretien réalisé le 5 décembre 2000, *Colonne sonore*, n° 3, printemps-été 2001, publié en ligne le 11 juillet 2011, http://lecranmusical.blogspot.com/2011/07/entretien-avec-howard-shore-part-1.html, consulté le 27 janvier 2017.

—, « Entretien avec Howard Shore part. 2 », entretien réalisé le 5 décembre 2000, *Colonne sonore*, n° 3, printemps-été 2001, publié en ligne le 11 juillet 2011, http://lecranmusical.blogspot.ca/2011/07/entretien-avec-howard-shore-part-2_03.html, consulté le 27 janvier 2017.

BERLIOZ, Hector, « Exposition universelle : les instruments de musique à l'Exposition universelle », *Journal des débats*, 12 janvier 1856, www.hberlioz.com/feuilletons/debats560112.htm, consulté le 27 septembre 2016, p. 3.

BILLAM, Peter, « The Leitmotifs of Wagner's Ring », [s.d.], www.pjb.com.au/mus/wagner/index.html, consulté le 23 décembre 2016.

BÜDINGER, Matthias, « Howard Shore on *The Silence of the Lambs* », *Soundtrack Magazine*, vol. 10, n° 37, 1991, publié en ligne en 2013, www.runmovies.eu/?p=3567, consulté le 27 janvier 2017.

CARDINAL, Serge, « Relations audio-visuelles (Chion-Cardinal) », organigramme basé sur le tri-cercle des modes de relations à l'image de Michel Chion, [s.d.], http://www.creationsonore.ca/wp-content/uploads/2015/09/enseignements_tableaux_relations-audio-visuelles.pdf, consulté le 21 novembre 2016.

DAST, Stéphanie. « Je est un autre, les transmutations dans l'œuvre de David Cronenberg », *Cadrage*, septembre 2005, www.cadrage.net/dossier/cronenberg.htm, consulté le 23 janvier 2017.

DESHAYS, Daniel, « Daniel Deshays, créateur sonore : théâtre, disque, cinéma, radio », atelier de maître tenu le 15 février 2010 à l'Université de Montréal, transcription d'Anne-Marie

Leclerc, montage de Frédéric Dallaire, texte revu et complété par Daniel Deshays, http://www.creationsonore.ca/wp-content/uploads/2014/09/ateliers_daniel-deshays.pdf, consulté le 25 novembre 2016.

GEA, Emmanuel et DAMIAN, Arnaud, « Entretien avec Howard Shore », www.traxzone.com/textes/index.asp?id=1795, consulté en mars 2008.

HONEGGER, Arthur et HOÉRÉE, Arthur, « Particularités sonores du film *Rapt* » [1934], *1895 : mille huit cent quatre-vingt-quinze*, n° 38, 2002, http://1895.revues.org/359, consulté le 20 octobre 2016.

KEILLOR, Elaine, « Fleming, Robert », *L'encyclopédie canadienne*, 14 mai 2007, http://encyclopediecanadienne.ca/fr/article/fleming-robert, consulté le 20 octobre 2016.

—, FORD, Clifford et WARE, Evan, « Rathburn, Eldon », *L'encyclopédie canadienne*, 15 juin 2009, http://encyclopediecanadienne.ca/fr/article/rathburn-eldon, consulté le 20 octobre 2016.

LAMOUREUX, Jacques et POTVIN, Gilles, « Musique de film », *L'encyclopédie canadienne*, 7 février 2006, http://www.thecanadianencyclopedia.ca/fr/article/musique-de-film, consulté le 21 octobre 2016.

« Le corps mutant », présentation de l'exposition de la galerie Enrico Navarra (Paris), 12 octobre-15 novembre 2000, http://enriconavarra.com/pdf/LCMfr.pdf, consulté le 12 mars 2017.

LEVER, Yves, « Jour après jour », 1991, http://pages.videotron.com/lever/Films/Jour.html, consulté le 21 novembre 2016.

LEVIN, Thomas Y., « "Tones from Out of Nowhere" : Rudolph Pfenninger and the Archaeology of Synthetic Sound », *Grey Room*, n° 12, été 2003, http://www.centerforvisualmusic.org/LevinPfen.pdf, consulté le 20 octobre 2016, p. 32-79.

LORFÈVRE, Alain, « Les métamorphoses de Cronenberg », 24 octobre 2008, http://www.lalibre.be/culture/cinema/les-metamorphoses-de-cronenberg-51b8a0d2e4b0de6db9b4060a2008, consulté le 3 février 2017.

MCNAMARA, Helen, « Niosi, Bert », *L'encyclopédie canadienne*, 1er juillet 2008, http://www.thecanadianencyclopedia.ca/fr/article/niosi-bert, consulté le 27 septembre 2016.

MCWILLIAMS, Donald, « Biographie », dans *Norman McLaren : projection cinématographique « à l'ancienne »*, http://docplayer.fr/19982042-N-o-r-m-a-n-m-c-l-a-r-e-n.html, consulté le 24 octobre 2016, 8 p.

MONTEZEMOLO, Alessandra di, « *A Dangerous Method* – David Cronenberg », [2011], www.cgjung.net/publications/sabina-spielrein/a-dangerous-method.htm, consulté le 23 décembre 2016.

OFFICE NATIONAL DU FILM, « Notes techniques par Norman McLaren (1933-1984) », 2006, http://www3.nfb.ca/archives_mclaren/notech/NT_FR.pdf, consulté le 27 septembre 2016.

OLDS, David et LAINE, Mabel H., « Applebaum, Louis », *L'encyclopédie canadienne*, 10 juin 2008, http://encyclopediecanadienne.ca/fr/article/applebaum-louis, consulté le 20 octobre 2016.

— et WARE, Evan, « Daoust, Yves », *L'encyclopédie canadienne*, 6 juin 2006, http://www.thecanadianencyclopedia.ca/fr/article/daoust-yves, consulté le 28 octobre 2016.

PIERREL, Jean-Marie (dir.), *Centre national de ressources textuelles et lexicales*, www.cnrtl.fr, consulté le 23 décembre 2016.

PRESTON, R. J., LANDRY, Renée et MÉNARD, Denise, « Barbeau, Marius », *L'encyclopédie canadienne*, 19 mai 2008, http://www.thecanadianencyclopedia.ca/fr/article/barbeau-charles-marius, consulté le 20 octobre 2016.

REGNIER, Isabelle, « David Cronenberg : "il faut hypnotiser le public" », 21 décembre 2011, http://www.lemonde.fr/cinema/article/2011/12/21/david-cronenberg-il-faut-hypnotiser-le-public_1620822_3476.html, consulté le 23 décembre 2016.

REYNOLDS, Cory, « Howard Shore », entretien, 2001, www.indexmagazine.com/interviews/howard_shore.shtml, consulté le 27 janvier 2017.

RODLEY, Chris, « Crash », *Sight and Sound*, n° 6, 1996, http://www.davidcronenberg.de/snscrashint.html, consulté le 17 février 2017, p. 6-11.

SCHWEIGER, Daniel, « Interview With Howard Shore », 5 décembre 2011, www.filmmusicmag.com/?p=8894, consulté le 23 décembre 2016.

TAGG, Philip, « *Cue list* et analyse musicale d'un long métrage », 2007, http://www.tagg.org/udem/musimgmot/ProjAnal.pdf, consulté le 8 février 2017.

—, « Film Music, Anti-Depressants and Anguish Management », novembre 2004, http://tagg.org/articles/xpdfs/jochen0411.pdf, consulté le 17 février 2017.

—, « Functions of Film Music and Miscellaneous Terminology », [s.d.], http://tagg.org/udem/musimgmot/filmfunx.html, consulté le 3 février 2017.

—, « Tritonal Crime and "Music as Music" », 1998, http://www.tagg.org/articles/xpdfs/morric70.pdf, consulté le 17 février 2017.

VALCESCHINI, Loïc, et GERBER, Thomas, « David Cronenberg expose sa "Dangereuse Méthode" », 16 octobre 2011, www.daily-movies.ch/david-cronenberg-expose-sa-dangereuse-methode, consulté le 23 décembre 2016.

Entretiens et conférences

CLOUTIER, Louise, « Lieux communs, clichés, stéréotypes et autres formes sémiotiques collectives », conférence présentée au Congrès de l'Acfas, Sherbrooke, Université de Sherbrooke, 16 mai 2001 (copie fournie par l'auteure).

—, « Maurice Blackburn (1914-1988) », conférence présentée à la Chapelle historique du Bon-Pasteur, Montréal, 25 mars 2009.

HELLÉGOUARCH, Solenn, Entretien avec Howard Shore, 1er juin 2011, Tuxedo Park, NY.

—, Entretien avec Louise Cloutier, 21-22 février 2011, Trois-Rivières.

Filmographies

HELLÉGOUARCH, Solenn, « Filmographie de Howard Shore (1975-) », 2018, http://www.creationsonore.ca, section « Livres ». Cette filmographie chronologique répertorie tous les films pour lesquels Howard Shore a composé la musique. Pour chaque film, on y retrouve ainsi l'année de sortie, le titre, le nom du réalisateur, le(s) genre(s) et les prix remportés (musique seulement). Ce document sera régulièrement mis à jour.

—, « Filmographie de Maurice Blackburn (1941-1985) », 2018, http://www.creationsonore.ca, section « Livres ». Cette filmographie chronologique répertorie tous les films pour lesquels Maurice Blackburn a composé la musique ou réalisé la sonorisation, les effets sonores ou le montage sonore, de même que les films qu'il a réalisés. Pour chaque film, on y retrouve ainsi l'année de sortie, le titre (bilingue, s'il y a lieu), le nom du(des) réalisateur(s), le genre, la durée (court- ou long-métrage) et la(les) fonction(s) occupée(s) par Blackburn et ses collaborateurs, s'il y a lieu.

INDEX DES NOMS

INDEX DES ŒUVRES

TABLE DES MATIÈRES

Seconde partie

DAVID CRONENBERG ET HOWARD SHORE : LE LABORATOIRE MUSICO-FILMIQUE

ACHEVÉ D'IMPRIMER
EN JANVIER 2020
SUR LES PRESSES
DE
L'IMPRIMERIE F. PAILLART
À ABBEVILLE

DÉPÔT LÉGAL : 1er TRIMESTRE 2020
N°. IMP. 16453